# 文化遺産と生きる

飯田卓 編

臨川書店

# はじめに

本書は、国立民族学博物館が二〇一三年度から一五年度の三年間にわたって実施した機関研究「文化遺産の人類学――グローバル・システムにおけるコミュニティとマテリアリティ」の成果報告書である。このプロジェクトでは、他分野の研究対象となってきた文化遺産を文化人類学の分野であらためてとり上げなおすことにより、文化人類学と文化遺産研究（ヘリテイジ・スタディーズ）の双方にあらたな対象や研究方法を導入する意義を議論した。本書では主として、文化遺産学全般に文化人類学的な視点を導入する意義をよく示している諸論考をとり上げた。

後段でとりあげる「略称・略号などの一覧と解説」で述べるように、文化遺産という語は曖昧である。日本では、ユネスコの認定を受けた文化的所産という当初の意味がどんどん拡大して、各国政府が認定したもののほか、さまざまな機関や団体（文化関係以外の省庁、地方自治体、政府外郭団体、学会、新聞社、放送局）、ときには個人が「認定」することもある。文化の本質が社会的に共有された価値に関わり、そうした価値が二十一世紀のこんにち経済的価値の前で存在感を薄めつつあることを考えれば、当然の成りゆきであろう。国によっては、こうした価値にもとづく文化的営為を公的な認定と関わりなく文化遺産と呼び、民族アイデンティティや地域アイデンティティの象徴ととらえ、アイデンティティ政治の資源としようとする動きもみられる。いずれの場合も、文化遺産という語の範囲は拡大傾向にあるのだ。

このような現状をふまえれば、文化遺産はもはやたんなる文化行政の関心事ではなく、政治や経済の主流にうまく乗じきれなかった人たちの再挑戦に関わる重要なトピックだといえる。文化行政にとって、このことは一面で厄介なはずだが、一面では縦割り行政から漏れてきた事業を実現するため、現在のところ多くの政府が「文化遺産の民主化」を前向きにとらえているようにみえる。日本政府が認定する日本遺産と地域活性化政策との結びつき、中国政府が認定する非物質文化遺産と少数民族政策との結びつきは、その例といえる。

こうした動きと連動して生じているのが、建造物などの有形物からその担い手へという、文化遺産に関わる中心課題の移行である。もちろん、物質的な保存や修復、復元はあいかわらず重要なテーマだが、無形文化遺産というあたらしいタイプの文化遺産が一般に認知されつつある現在、国際学会や学術雑誌であつかわれるテーマは、物質性から非物質性・社会性へと重点を移行させつつある。

それにもかかわらず、とりわけ日本語での商業出版をみるかぎり、こうした二十年来の動きを反映した出版企画はほとんどなかった。そこで本書では、国立民族学博物館のプロジェクトの成果出版の一環として、文化人類学や民族学の立場から「文化遺産の担い手」をみたときのさまざまな問題をとりあげ、文化遺産研究における今後の課題を考察することにした。文化人類学と文化遺産研究を対照させて派閥的な主張をしようというのではなく、両分野に共通の課題を解決するため、文化人類学の側からのあゆみ寄りを試みたものととらえていただきたい。

本書では、とりあげる国や地域が東アジアに偏ってはいるが、担い手から行政までに至るさまざまなレベルに関連して、文化遺産をめぐる問題系を提示した。より広範な事例については、本書と同時に刊行される姉妹書『文明史のなかの文化遺産』をお読みいただきたい。本書の刊行を機に、このあたらしい潮流に関心をもつ若手研究者がひとりでも多くあらわれ、歴史や文化の愛好者たちがひとりでも多く文化遺産の問題に関心を寄せてくれるようになれば、望外のよろこびである。

# 文化遺産と生きる　目次

# 略称・略号などの一覧と解説

本書では、国際機関や国際条約、日本の法令などのうち、頻繁に登場するものを略称や略号で表記して解説をほどこした。これらはいずれも、文化遺産や文化財の議論においても頻出する。したがって、ここに掲げた一覧は、文化遺産学（ヘリテイジ・スタディーズ）のキーワード集として用いることもできよう。本書を読みすすめる前に、まずこの一覧を一読することをお勧めする。

## ユネスコ

国際連合教育科学文化機関（United Nations Educational, Scientific, and Cultural Organizations、略称UNESCO）。一九四六年に設立された、国際連合の専門機関。たんにユネスコという場合、その事務局を意味する場合が多いが、場合によっては議決機関である総会やそれを構成する加盟国、ユネスコの活動を支援するユネスコ協会や各国のユネスコ協会連盟を含むこともある。ユネスコ総会が採択した国際条約には、後述する世界遺産条約や無形文化遺産条約などがあり、それらの運営にあたる各種委員会もまた、ユネスコに含まれることがある。

## 文化遺産

日本語では一九九〇年頃まで、ユネスコが定める世界遺産（World Heritage）のうちの世界文化遺産（対となるカテゴリーは世界自然遺産）を意味した。しかし次第に、文化的な価値をもつことがら全般をあらわす普通名詞としてこの語を用いるようになっており、日本政府（文化庁）も、指定を受けていない文化財とほぼ同じ意味で文化遺産という語を用いている。二〇〇七年に設立された国立文化財機構の英語名はNational Institutes for Cultural Heritageで、文字どおりに訳せば国立文化遺産機構となるし、二〇一一年には「文化遺産を活かした観光振興・地域活性化事業」（その後、

「観光振興」は名称から脱落）が始まり、二〇一五年には「日本遺産」の認定が始まった。本書における文化遺産の考えかたは、序章で述べる。

## 世界遺産条約

正式名称は「世界の文化遺産及び自然遺産の保護に関する条約（Convention Concerning the Protection of the World Cultural and Natural Heritage）」。一九七二年にユネスコ総会で採択され、一九七五年に発効した。日本政府の受諾は一九九二年。この条約を運営するための資金源として世界遺産基金（World Heritage Fund）が、締約国代表などが構成する運営機関として世界遺産委員会（World Heritage Committee）が設置されている。世界遺産委員会は、世界遺産の一覧表（List of World Heritage Sites）や危機にさらされている世界遺産の一覧表（List of World Heritage in Danger）を作成する責任と権限をもつため、しばしばユネスコと同一視される。また、各国が世界遺産の候補として推薦した物件を調査して評価するイコモス（後述、文化遺産の場合）やＩＵＣＮ（国際自然保護連合、自然遺産の場合）もまた、ユネスコと混同されることがある。

世界遺産に関する一覧表記載においては、申請案件が「顕著な普遍的価値（Outstanding Universal Value）」を備えていることが求められる。この点は（ユネスコの）無形文化遺産と大きく異なる点で、多様な価値観が共在する現状において矛盾を宿している。

## グローバル・ストラテジー

正式名称は「世界遺産一覧表の代表性、均衡性、信用性のためのグローバル・ストラテジー（Global Strategy for a Representative, Balanced and Credible World Heritage List）」。遺産分布の地域的な偏りを正すため、一九九四年に世界遺産委員会が打ちだした戦略。この戦略にもとづいて、いわゆる生きた遺産（living heritage）や文化的景観（cultural landscape）の一覧表記載が奨励され、「世界遺産条約履行のための作業指針（Operational Guidelines for the Implementation of the World Heritage Convention）」でも、現在に息づく伝統との結びつきが「顕著な普遍的価値」とみなされるようになった。

## イコモス

国際記念物遺跡会議（International Council on Monuments and Sites、略称 ICOMOS）。一九六四年に発表されたヴェニス憲章（International Charter for the Conservation and Restoration of Monuments and Sites）をきっかけとして、一九六五年に設立された非政府組織。世界遺産の候補地を調査し評価する諮問機関として、ユネスコと協業している。

## 文化的景観

一九九三年、ニュージーランドの「トンガリロ国立公園」が世界遺産一覧表に記載されたのを最初の例として、近年あたらしく遺産とみなされるようになったカテゴリー。ただし、実質的に文化的景観とみなせる遺産は、それ以前にも存在した。一九九四年以降の「世界遺産条約履行のための作業指針」では、「自然と人による合作」である（自然遺産と文化遺産の両方の側面をもつ）ことと、地理的な制約や社会文化的な圧力を受けつつ長期にわたって形成されてきたことに、その価値を見いだせるとしている。

日本ではユネスコの動きをふまえ、二〇〇四年に改正された文化財保護法において文化的景観が次のように定義された。「地域における人々の生活又は生業及び当該地域の風土により形成された景観地で我が国民の生活又は生業の理解のため欠くことのできないもの」。ユネスコの定義ではたえざる変化が、日本政府の定義では現在の地域生活が、それぞれ文化的景観の基盤になっていると暗示されており、「生きた遺産」の好例といえる。

## 無形文化遺産条約

正式名称は「無形文化遺産の保護に関する条約（Convention for the Safeguarding of the Intangible Cultural Heritage）」。二〇〇三年にユネスコ総会で採択され、二〇〇六年に発効した。日本政府の受諾は二〇〇四年。この条約を運営するための資金源として無形文化遺産基金（Intangible Cultural Heritage Fund）が、締約国代表などが構成する運営機関として政府間委員会（Intergovermental Committee for the Safeguarding of the Intangible Cultural Heritage）が設置されている。政府間委員会は、以下に述べる代表一覧表や危機遺産一覧表を作成し、ベスト・プラクティスを登録する。二〇一五年からは、一覧表記載にむけての推薦書を評価するため、評価部会（Evaluation Body）が政府間委員会のもとに設置された。

無形文化遺産に関する一覧表記載においては、世界遺産の場合と異なり、顕著な普遍的価値を備えていることは求められない。この点は世界遺産と大きく異なる点で、人類文化（および価値観）の多様性を尊重する趣旨にはかなうが、審査基準に曖昧さを残している。

## 危機遺産一覧表

一般的には、世界遺産条約に定められた「危機にさらされている世界遺産の一覧表（「世界遺産条約」の項参照）」を指すことが多いが、本書では、無形文化遺産保護条約に定められた「緊急に保護する必要がある無形文化遺産の一覧表（List of Intangible Cultural Heritage in Need of Urgent Safeguarding）」のことも指す。緊急に保護すべき無形文化遺産を各国政府が推薦する場合、条約に関わる政府間委員会が審査したのち、この一覧表に追加される。

## 代表一覧表

無形文化遺産保護条約に定められた「人類の無形文化遺産の代表的な一覧表（Representative List of the Intangible Cultural Heritage of Humanity）」のこと。人類の文化的多様性を示すのにふさわしい無形文化遺産を各国政府が推薦する場合、条約に関わる政府間委員会が審査したのち、この一覧表に追加される。

## ベスト（グッド）・プラクティス

無形文化遺産条約に関して選ばれた「条約の理念と目的をもっともよく反映するプログラム、プロジェクトおよび実践（Programmes, Projects and Activities Best Reflecting the Principles and Objectives of the Convention）」のこと。当初は「ベスト・プラクティス」と略称されたが、二〇一六年の政府間会議以降は、「ベスト」にこだわらない「グッド・プラクティス」の略称が使われるようになっている。各国政府や非政府組織がおこなう無形文化遺産の保護措置のうち、条約の理念にふさわしいものを各国政府が提案して、条約に関わる政府間委員会が審査したのち、グッド・プラクティスに選ばれる。

## 無形遺産の傑作宣言

正式名称は「人類の口承及び無形遺産の傑作に関する宣言」。無形文化遺産条約の発効に先だつ二〇〇一年と二〇〇三年、二〇〇五年の三回にわたって出された。それぞれの宣言では、人類の文化的多様性を示すのにふさわしい文化的所産の代表が明記され、その数は三回を合計すると九十件にのぼる。日本のものでは能楽（第一回）、人形浄瑠璃文楽（第二回）、歌舞伎（第三回）の三つが傑作として宣言された。これら九十件の傑作は、無形文化遺産条約が発効した後の二〇〇八年、人類の無形文化遺産の代表的な一覧表に転記された。

## 文化財保護法

一九五〇年に制定・施行された日本の法律。戦前の国宝保存法、重要美術品等ノ保存ニ関スル法律、史蹟名勝天然紀念物保存法などを継承しつつ、戦後の文化財保護を統一的に基礎づけた法律。一九五四年の改正では、戦前の法令で規定されなかった無形文化財や民俗文化財（当時の名称は民俗資料）などの保護措置が講じられた。また、一九七五年の改正では伝統的建築群保存地区や保存技術についての規定が、二〇〇四年の改正では文化的景観についての規定が加えられた。

## 選択無形文化財

文化財保護法に定められた「記録作成等の措置を講ずべき無形文化財」のこと。重要無形文化財と異なり、行政的な保護措置は講じられていない。

## 選択無形民俗文化財

文化財保護法に定められた「記録作成等の措置を講ずべき無形民俗文化財」のこと。重要無形民俗文化財と異なり、行政的な保護措置は講じられていない。

## 伝建地区

文化財保護法に定められた「伝統的建造物群保存地区」。そのなかでもとくに保護措置の講じられた「重要伝統的建造物群保存地区」は「重伝建地区」と表記する。個別の建造物でなく、定められた地区内の建造物群を一括して文化財とみなすもので、有形文化財と文化的景観の両方の性格を併せもつ。

ユネスコおよび日本政府（文化庁）が関係する文化遺産・文化財と、根拠となる条約・法令・プログラム（一部自然遺産を含む、2016年現在）

| | |
|---|---|
| **ユネスコ** | |
| World Heritage（世界遺産） | Convention Concerning the Protection of the World Cultural and Natural Heritage（1972） |
| Intangible Cultural Heritage（無形文化遺産） | Convention for the Safeguarding of Intangible Cultural Heritage（2003） |
| Memory of the World（記憶遺産） | Memory of the World Programme |
| Audiovisual Heritage（視聴覚遺産） | なし（毎年10月27日をWorld Day for Audiovisual Heritageと制定） |
| Languages in Danger（危機言語） | なし（*Atlas of the World's Languages in Danger*, UNESCO, 1996（revised in 2001 and 2009）） |
| Biosphere Reserves（生物圏保護地域、通称エコパーク） | Man and the Biosphere Programme（MAB） |
| Global Geoparks（ジオパーク） | International Geoscience and Geoparks Programme（IGGP） |
| **日本（文化庁）** | |
| 国宝 | 古社寺保存法（1896）→国宝保存法（1929）→文化財保護法（1950） |
| 重要文化財 | 古器旧物保存方（1871）→古社寺保存法（以下、国宝に同じ） |
| | 古器旧物保存方→重要美術品等ノ保存ニ関スル法律（1933）→文化財保護法（1950） |
| 史跡・名勝・天然記念物 | 古墳発見ノ節届出方（1874）→史蹟名勝天然紀念物保存法（1919）→文化財保護法（1950） |
| 登録有形文化財 | 文化財保護法（1996） |
| 登録美術品 | 美術品の美術館における公開の促進に関する法律（1998） |
| 登録記念物 | 文化財保護法（2004） |
| 重要無形文化財（人間国宝） | 文化財保護法（1954） |
| 選択無形文化財 | 文化財保護法（1954、正式名称は「記録作成等の措置を講ずべき無形文化財」） |
| 重要有形民俗文化財 | 文化財保護法（1954「重要民俗資料」→1975現行名称） |
| 登録有形民俗文化財 | 文化財保護法（2004） |
| 重要無形民俗文化財 | 文化財保護法（1975） |
| 選択無形民俗文化財 | 文化財保護法（1954、正式名称は「記録作成等の措置を講ずべき無形の民俗文化財」） |
| 重要伝統的建造物群保存地区 | 文化財保護法（1975） |
| 選定保存技術 | 文化財保護法（1975） |
| 重要文化的景観 | 文化財保護法（2004） |

根木昭ほか編『文化財政策概論』（東海大学出版会、2002年）などをもとに作成。カッコ内の数字は条約の採択年、または法律の制定年、改正年。

# 序章　「人間不在の文化遺産」という逆説を超えて

飯田　卓

文化遺産についての考えかたが、変わりはじめている。正確にいえば、変化の兆しがみえはじめたのはかれこれ二十年も前で、日本で文化遺産という語が一般化した一九九〇年代、すでに変化は始まっていた。つまり文化遺産という語は、人口に膾炙した当初からさまざまな意味合いで用いられ、現在でもなおゆらぎをともなっている。とはいえ、一九九〇年代以前に一般的だった意味合いと、それ以後に登場した新しい意味合いを区別して理解しておくことは、文化遺産に関するさまざまな議論を理解するうえで不可欠だ。

ごく単純に述べれば、従来からの意味合いとは「人類史的に重要な建造物や遺跡など」、新しい意味合いとは「担い手の思想や価値観と結びつくことにより人類文化の多様性を示す文化的所産」である。後者の意味合いが今後優勢になっていくとはかぎらないが、本書ではとりわけ後者の考えかたを重視して、文化遺産の問題を考えなおしてみたい。

担い手の思想や価値観と結びついたあたらしい文化遺産の典型として、ユネスコが世界遺産の枠組のなかで提唱した文化的景観をみてみよう。最初の認定は一九九二年、つまり、リオデジャネイロで国際連合環境開発会議（いわゆる地球サミット）が開かれたのと同じ年にまで遡る。文化的景観はたんなる自然景観ではなく、後述する棚田に代表されるように、人びとが自然環境に対しておこなった働きかけがなんらかの意味で刻印された景観である。この種の文化遺産は、それまで世界遺産の典型とされていた建造物などと異なり、多くの人びとが長期にわたって築いた営みを反映する。そしてしばしば、現在の人びとの手によって、改変を受けつづけている。それを世界遺産保護条約にもとづいて「保護」することは、多かれ少なかれ、人びとの営みに介入することを意味しよう。変化がめまぐるしい現代にあって、そうした「保護」措置は現実的なのか。一般論では解決しにくい問題を残したまま、文化的景観は現在に至っている。

世界遺産の一覧表記載（登録）の実務を担うユネスコは、文化的景観を皮切りとして、続々とあたらしいタイプの遺産を積極的に認めるようになった（垣内 二〇〇二、宗田 二〇〇六）。あたらしい遺産はいずれも、過去からのインスピレーションを受けた担い手たちによって維持されるという共通点がある。二〇〇一年に認められるようになった産業遺産も、稼働中の工場を含むことがあるため、現在の担い手たちに関わる。また、二〇〇三年に無形文化遺産条約で認められるようになった無形文化遺産は、担い手が関わる典型例である。

ユネスコのねらいは、こうしたタイプの遺産をアジアやアフリカなどで増やしていき、欧米に偏っていた一覧表記載の割合を是正することだった（UNESCO n.d.a）。ユネスコにとって重要だったのは、文字で書かれた歴史に登場しない遺産を再評価することだったが、意図せざる結果として、人類の普遍的価値とはいえないローカルな担い手の思想や価値観を尊重せざるをえなくなってしまった。その経緯については次節で詳述したい。

担い手なき文化がありえないとするならば、文化遺産の担い手を重視する傾向は、本来あるべき文化遺産概念への回帰とも受けとれよう。ただし、それにはよい効果もあるが、問題も少なくない。一覧表への記載が遺産の担い手の社会関係を変質させたり、観光振興が過熱して大勢の外来者が地域社会に負荷をかけたり、といったケースが考えられる。担い手や地域社会の変化を放置するか介入するかという問題も、未解決なまま残されている。こうしたことを考えれば、国際条約を運営する現場でも個々の文化遺産を運営する現場でも、担い手の問題を文化遺産との関わりにおいて位置づけていくことが急務である。

文化遺産の担い手に目を向けなおすことは、文化遺産が誰のものかを再考することでもある。旅行パッケージ商品として人気の高い文化遺産観光では、観光対象となる文化遺産は全人類に共有されるという論理のもとに観光客自身が担い手とみなせる場合がある。しかし、とくに世界遺産以外の文化遺産では、そのような前提が成りたたないことも多い。そうした場合に、その文化遺産が担い手たちにどのような意味をもってくるのか、人類にとって文化とはなにかといった問いかけは、切実な意味をもってくる。人手や金をかけて文化遺産を修復・維持するだけでなく、担い手の生活を支えるものとして文化遺産が意味をもつこともある。それは、広い意味での他者理解の始まりである。

本書は、あたらしいタイプの文化遺産において主要な役割をはたす担い手や、文化遺産とともに生きる人びとに目を向けることで、文化や文化遺産についてあらたな視点を提供することをめざしている。そのことは最終的に、文化遺産の問題が文化行政の範囲を大きくふみ越え、多様な価値観の許容という全人類的な課題にまで関わってこよう（飯田　二〇一七）。本書ではそうした議論にたち入らないが、それを考えるための素材は豊富に盛りこまれているはずである。

担い手に着目するには人文社会科学の視点を欠かすことができず、現場の動きを論じるうえではフィールド研究の手法を無視できない。このため、本書に寄稿した執筆者の大多数は、人類学や民俗学などのフィールド系人文社会科学を専攻している。文化遺産の問題について建築史や美術史、考古学など、遺産物件そのものに関わる学問分野がこれまで幅をきかせていたのと較べれば[1]、異色の執筆陣といってよいかもしれない。しかし、文化遺産の今後を考えるうえでは、文化遺産を生みだした過去の担い手だけでなく、それを遺産としてうけ継ぐ現代の担い手についての理解を深めていかなければならない。こうしたフィールド系人文社会科学の知見を生かしていくことで、勢いを増しつつある文化遺産学（ヘリテイジ・スタディーズ）の社会的貢献は確固たるものとなろう。

## 一九九〇年代という転換点

本章ではこうした学際的交流のイントロダクションとして、まず、一九九〇年代が文化行政にどのような意義をもっていたかを示す。また、その前後における文化遺産概念を整理することで、じっさいの文化遺産がどのような影響を受けたかを示したい。それらをふまえて、本章の最後では、担い手に関わって本書全体が明らかにする諸課題について述べる。

文化的景観に関わって一九九二年の地球サミットについて触れたが、この会議が成功裡に終わった背景を整理しておくのは、本書にとっても重要である。この会議に先立つ一九八九年にはベルリンの壁が崩れ、さらに一九九一年にはソヴィエト連邦が瓦解した。つまり、東西冷戦の構図の解消にともなって、安全保障に関わる国家目標が意味を失い（実際には、当時そのように見えたというだけの話だが）、代わって「持続可能な開発」という国際レベルの開発目標が登場したのである。もちろんその背景には、環境運動の機運が高まって環境問題の重要性が認知されたこともあるが、それを別としても、冷戦終結によってあらたな政治的課題が脚光を浴びるようになったという時代背景が浮かびあがる。

環境問題だけではない。同じ時期には先住民運動も盛りあがった。国連総会が定めた国際先住民年は一九九三年で、地球サミットの翌年だが、これは偶然の一致と考えておこう。先住民運動には、それに到るまでの長い前史がある。アメリカでは、第二次世界大戦時に米軍兵士となった先住民がみずからの権利を意識するようになり（スチュアート 二〇〇九）、一九七〇〜八〇年代に国際連合などの国際機関がこの問題をとり上げはじめる（高倉 二〇〇九）。英語圏において、native や aborigines という語に代わって indigenous という語が使われだしたのも、一九八〇年代のことである[2]（窪田 二〇〇九）。この流れが一九九三年の国際先住民年としてひとまず結実するわけだが、それに続く一九九五〜二〇〇四年の「世界の先住民の国際一〇年」の間に、運動はますます活発化した。日本でアイヌ文化振興法が施行されたのもこの時期（一九九七年）で、その後も運動の熱は冷めず、二〇〇七年には「先住民の権利に関する国連宣言」が採択されるに到る。

一九九〇年代に起こったもうひとつの大きな出来事として、「人間の安全保障」という考えかたの提唱をあげられよう。この語の普及に一役買ったのは、一九九四年にＵＮＤＰ（United Nations Development Program、国際連合開発計画）が刊行した『人間開発報告 一九九四』（国連開発計画 一九九四）だった。この報告書は、国家の防衛を意味した安全保障概念を再定義し、個人が抱く不安や恐怖の予防や除去をもって「人間の安全保障」と名づけた。そして、国家は自国の安全を保障するだけでなく、この個人を対象にした安全も保障すべきだと唱えられた。つまり人間の安全保障は、国の貧富や体制のちがいを超えて、すべての人類が享受すべきものだと規定されたのである。この考えかたは、冷戦の終結を追い風として急速に広まっていった(3)。

このように環境問題、先住民問題、人間開発問題は、冷戦終結後のあらたな政治目標として、互いに関わりあいつつ論じられていった。このなかにあって、ユネスコが担当する文化や文化遺産の問題もまた、他の問題と結びつきを強めながら深められていった。世界遺産条約の前文は、「文化及び自然の遺産には、特別の価値を有しており、したがって、全人類のための世界の遺産の一部として保存しなければならないものがある」と謳っており、「援助を与えることによってこの遺産の保護に参加することが、国際社会全体に課された義務である」と強調している（UNESCO 1972）。こうした理想のもとに一覧表作りがなされてきた世界遺産は、人類共通の安全保障を増進するうえでも役だちうる。少なくとも、そのような議論が出てくることは、経緯からみて自然だった。

## 各国の文化財保護とユネスコの普遍的遺産

だが、先住民運動や人間開発のような国際的潮流に世界遺産関連の活動を連携させていくには、若干の工夫が必要だった。というのも、世界遺産の価値は全人類に共通で普遍的だと条文では謳われているが、実際には西欧中心的だという批判が高まっていたからである。歴史をひも解いてみると、たしかに世界遺産の理念は、限られた国の文化財保護制度を色濃く反映している。

文化財保護を比較的古い時代から制度化したのは、西ヨーロッパと日本である。イギリスでは一八八二年に古代記念物保護法（Ancient Monuments Protection Act）が、フランスでは一八八七年に歴史的建造物の保護に関する法律（La loi du 30 mars 1887 pour la conservation des monuments historiques）が、そして日本では一八九七年に古社寺保存法が公布・施行された。当時の古社寺保存法では社寺建築のほか、「古物」と呼ばれる動産の美術品・工芸品の海外流出や破損も同じ法律で防止した。日本ではこのように、動産の文化財を対象としてきた点が英仏と異なるが、いずれも、有形の文化財を対象とする点で共通する。

アメリカではこうした文化遺産よりも、自然公園の設立と維持に関心が向けられた。その立役者であるジョン・ミューア（John Muir, 1838~1914）は、アメリカ自然保護の父と呼ばれる。彼は、一八六四年のヨセミテ州立公園設立、および一八七二年のイエローストーン国立公園設立に啓発されるようにして、合衆国内外の大自然の価値を訴えつづけた（岡島　一九九〇）。欧米や日本よりも「若い国」アメリカでは、歴史的建造物とは異なるタイプの遺産に関心が向けられた。歴史的建造物に関わる遺跡保存法（Antiquities Act）がアメリカで公布・施行されるのは、日欧に少し遅れた一九〇六年である。

言うまでもなく、日欧が重視した歴史的文化財は現在の世界文化遺産のモデルに、アメリカが重視した自然公園は現在の世界自然遺産のモデルになっている。また、文化財保護運動の発端は、ナショナリズム発揚の時期に一致しており（塩路　二〇一七、巻頭の略号など一覧も参照）、アメリカの動きにみられるように、その目的もナショナリズム発揚に直結していたふしがうかがえる。

それはともかく、二十世紀には、各国の法体制下でさまざまな専門家が文化財保護にたずさわるようになった。学術分野でいうと、保護対象の来歴調査に関わる建築史や美術史、考古学、そして、その保存修復に関わる建築学や保存科学などが積極的に発言した。とりわけ、第二次世界大戦時の文化財破壊や戦後の文化財略奪を受けて、一九五四年にユネスコ総会が「武力紛争の際の文化財の保護のための条約」（ハーグ条約、発効は一九五六年）を採択するにあたり、これらの専門的知見が活用された。また、専門家らは、一九六四年に「記念建造物および遺跡の保全と修復のための国際憲章」（ヴェネツィア憲章）を起草し、その後の文化財保護に指針を与えた。この憲章の理念にもとづいて翌年に発足したのがイコモスである。この学会は、世界遺産条約が発効すると世界遺産委員会の諮問機関となり、一覧表記載を提案された物件の審査や現地調査を担当している。

こうした経緯からわかるように、世界遺産条約以前には、国家史的に重要な建造物や記念碑、遺跡の保護が目ざされ、世界遺産条約にもその理念がうけ継がれた。ところがユネスコ会議の舞台では、一国だけの観点から提案物件の価値を主張しても、受けいれられない。そこで、世界遺産を構成する物件には、「顕著な普遍的価値（Outstanding Universal Value）」を有することが求められた。ひらたく言えば、誰がみても価値が高いということである。

とはいえ、その価値がどのようなものかについては、条約採択時に議論されたわけではなかった。このため、一九九〇年代に世界遺産の普遍性をどれだけ主張できるかが政治的に問題化したとき、けっきょくは西欧的価値を普遍的価値と言いかえただけだろうという批判が、かなりのていど説得力を持ってしまった。端的に一覧表記載されている世界遺産物件だけをみても、全体の四十六パーセントを北米とヨーロッパが占める（田中 二〇〇九）。文化遺産だけに着目すると、過半数が西ヨーロッパ諸国に属する（吉田 二〇一三）。また遺産タイプも、建造物やその遺構、記念碑、遺跡といったものが当時は多かった。建造物も、石を素材としたものが中心で、木や泥を素材としたものは、定期的な改築によって古式が伝えられている場合でも価値が認められにくかった。

こうした問題を受けてユネスコが一九九四年に打ちだしたのがいわゆる「グローバル・ストラテジー」である（UNESCO n.d.a、関 二〇一七）。その基本方針が意図するところは、ヨーロッパの建造物や記念碑を偏重する実態を改め、バランスのとれた一覧表作りを進めるいっぽう、一覧表の信頼性も損なわないようにすることだ（河上 二〇〇八、UNESCO 1994a）。こうした工程を打ちだしてはじめて、世界遺産活動は冷戦後の世界での意義を訴えられるようになった。

グローバル・ストラテジーに関してユネスコが一九九四年六月に開いた専門家会議の報告書は、次のように指摘する。これまでに文化遺産として一覧表に記載されてきた記念碑的な建造物は、過去の文化的所産とは言えるだろうが、現在に息づく文化とはいえない。社会構造や生活様式、信仰、知識体系、表象など、人びとの生活に息づきつつ生活を構成していくような「文化」を、今後の一覧表記載では重視したほうがよい（UNESCO 1994a）。この意見には、文化が人間の行動全般に関わるという、文化人類学的な文化観が反映されている（飯田 二〇一七）。また、考古学遺跡の価値を専門家だけで独占せず、近隣住民にも理解してもらいつつ積極的に文化的営みに組みこんでいこうという公共考古学の立場にもかなっている（松田・岡村 二〇一二、関 二〇一五）。こうした考えかたをふまえながら、あたらしいタイプの遺産を徐々に一覧表記載していき、西洋中心的な文化遺産の脱却を図ること。専門家会議で提案されたこの工程は、ユネスコの他の委員会でも受けいれられ、現在に到るまでこの工程にもとづいた作業が続いている。

## モノから担い手へ――文化的景観

グローバル・ストラテジーの効果は、けっして小さくなかった。至近的な目標である地域的な偏りの是正は、まだじゅうぶんに解消したとはいえないものの、けっして看過されていたわけでなく、二十年間で多少は是正されたとみるむきもある(4)（Meskell 2013）。なによりも大きな効果として、文化的景観をはじめとするあたらしいタイプの遺産が続々と登録され、ユネスコの文化行政は西欧中心主義の軛から解放されつつあると評価されるに至っている。不均衡の完全な解消には、時間がかかるとひとまずは判断してよい。

国際政治の場で文化問題の存在感を高めていくという冷戦後の目的もまた、一定の成果を収めた。とりわけ、一九八〇年代に脱退していたイギリスが一九九七年にユネスコに復帰し、同じくアメリカ合衆国が二〇〇二年にユネスコに復帰した意義は大きい。もっともアメリカは、二〇一一年にパレスチナがユネスコに加盟したことに反対して拠出金の支払いを停止し、事実上の脱退状態が続いている。ただしこのことは、グローバル・ストラテジーの成果とはいちおう別に考えるべきだろう。このほか、地球サミット開催二十周年にあたる二〇一二年に開かれた「リオ・プラス二〇」会議において、イリナ・ボコヴァ事務局長は「経済と環境に加え、ヒューマンな次元を尊重したグリーンな社会」の実現を訴えた。

とはいえ、こうした文化的問題の政治課題化とは別に、グローバル・ストラテジーには「意図せざる効果」が伴っていた。それは、世界遺産活動の焦点が、文化遺産そのものからその担い手へ移行してきたことである。そうした動きが生じた理由のひとつは、世界遺産活動が先住民運動や人間開発に連動するようになったためだろう。一九九七年には、文化的景観でも他のタイプの遺産でも、一覧表記載のプロセスではローカル住民の関与が求められるようになった（UNESCO 1997）。また、二〇〇一年にユネスコ総会が採択した「文化の多様性に関する世界宣言」では、マイノリティや先住民の権利をふまえた文化的多元主義が提唱されている[5]（UNESCO 2001）。さらに二〇〇七年、世界遺産委員会は、グローバル・ストラテジーの「四つの目標」に「地域社会の活性化」を加え、五つめの目標とした[6]。

世界遺産活動の焦点が「モノから担い手へ」移行したもうひとつの理由として、あたらしいタイプの遺産がそもそも現在の担い手を抜きに語れないということがあげられる。このことは本書のテーマに深く関わるので、以下では、文化的景観と無形文化遺産といった典型例にふれながら、やや詳しくみてみたい。

グローバル・ストラテジーの提案を反映して、一九九四年に刊行された「世界遺産条約履行のための作業指針（以下「作業指針」と記す）」（UNESCO 1994b）では、前年度にない変更がいくつか加えられている。もっとも重要な変更は、「顕著な普遍的意義をもつ行事・理念・信条に直接的ないし有形的に結びつくこと」という、文化遺産の選定基準に加えられた変更だろう。一九九四年版では、行事・理念・信条に加え、生きた伝統（living traditions）と美術および文学作品が追加されている。「生きた伝統に結びつく」こととは、まさしく現在の担い手手が関与することにほかならない。

この文言は、グローバル・ストラテジーに先だってあらたに提唱された文化的景観を強く意識したものである。つまり、普遍的価値のある文化的景観は、普遍的価値のある「生きた伝統」に支えられることを条件とする。たとえば棚田という景観は、物理的な地形としては普遍的な価値をもつとはいえない。しかし、人間が毎年のように畦畔を補強しながら食糧生産をおこなうという「生きた伝統」が普遍的価値をもつのであれば、この棚田という景観は普遍的価値をもつとみなされるのである。じっさいにユネスコのサイトでは、棚田をめぐるこうした活動が創造的な気風や社会発展、そして人間の想像的・精神的なバイタリティを証明するものとして評価されている（UNESCO n.d.b）。

文化的な営みが展開される空間を、建築と同様の文化遺産と捉える考えかたは斬新で、無形の文化財を認めてきた日本にも当時はなく、ユネスコの作業指針を後追いするかたちで文化的景観を文化財カテゴリーに加えた（二〇〇五年に施行）。しかし、それだけに問題もある。たしかに文化的景観は、人間が大地にほどこした刻印を含む点でまちがいなく「文化的」である。だが、その文化的営みが「生きた伝統」というかたちで継続しているならば、「遺産」というかたちで存続させることの意味はなんなのだろうか？　そこでくり広げられる文化的営みは、未来永劫まで変えてはいけないのだろうか？

前者の問いに対しては、次のように答えられよう。「生きた伝統」の存続が危うくなったとき、「後代にまで伝えるべき遺産」であることが事前に認定されていれば、行政的措置もとりやすい。だから「遺産」として認定しておくというわけだ。後者の問いも、原則としては担い手の判断に任せるしかない。しかし、この問いをたとえば「生きた遺産を担い手の都合で絶やしてはいけないのか」と言いかえたとき、おそらく一般論で答えるのは不可能であろう。無意識のうちに継承されてきた遺産は、社会状況の変化によって知らないうちに断絶していることも少なくない。人類学者としては、上空飛翔的な一般論でなく、個々の遺産が置かれた条件や来歴をふまえた個別論で対処するのがよいと思う。ユネスコの実務家も、生きた伝統に関わる文化遺産をまず周知させ、その後に運用を考えていこうとしているようだ。この大きな問題については深入りするのを避け、担い手の意思が決定にむけての鍵を握っていることを確認しておきたい。

## モノから担い手へ——無形文化遺産

ユネスコは、世界遺産条約にもとづいた世界遺産の照準を担い手に合わせるいっぽうで、同じく担い手が重要な役割をはたす無形文化遺産の保護と振興を目的に、無形文化遺産条約を総会で採択した。二〇〇三年のことである(7)(発効は二〇〇六年)。無形文化遺産の定義は追って述べるが、条文中でさしあたって例示されているのは、口承表現やその媒体としての言語、伎芸(performing arts)、社会的慣習(social practices)、儀礼、祭祀的行事、自然と宇宙に関する知識と実践、伝統的職能(traditional craftsmanship)などである(第2条、UNESCO 2003)。

無形文化遺産条約は、日本の文化財保護法を参考にして起草されたといわれる(岩本 二〇一三、菊地 二〇一三)。ヨーロッパの文化財保護制度では、美術作品や建造物など、一体性と物質性を備えた物件のみが保護の対象となっていた。しかし日本では、一九五〇年の文化財保護法に選択無形文化財が含まれたのを皮切りとして、さまざまなタイプの無形文化財を保護対象としてきた。選択無形文化財の「選択」とは、記録作成による保護措置の対象とするということであり、行政的な保護措置の対象として指定することではない(巻頭の略称など一覧を参照)。この方法は消極的すぎるという意見が出されたため、選択無形文化財は一九五四年の法改正で廃止され、代わって、重要無形文化財が保護対象として指定されることになった(橋本 二〇一七、本書笹原論文も参照)。また同じ年、有形の重要文化財から独立して重要民俗資料(現在の重要有形民俗文化財)が創設されたのに対応して、選択無形民俗文化財というカテゴリーが創設された。さらに一九七五年には、重要無形民俗文化財と選定保存技術が加えられた(和田 二〇〇二)。

ユネスコの無形文化遺産と日本の各種無形文化財とでは、審査過程に大きなちがいがある。日本の文化財の場合、一九六八年までは文化財保護委員会が、それ以降は文化庁が、指定・選択の対象候補としてあげられた文化財の審査を進めてきた。ちょうど、世界遺産の候補となる資産の実態をイコモスが調査し、「顕著な普遍的価値」にみ合うかどうかを審査するのと同様である。審査過程では、日本民俗学が蓄積してきたモノグラフや論考が参照された（菊地 二〇〇一）。

いっぽうユネスコの無形文化遺産の場合は、書類の体裁さえ整っていれば内容にたち入って詮索することはない（本書岩崎論文を参照）。書類だけが審査されて、書類と実態との照合はおこなわないということだ。この点は、日本の文化財制度と比較したとき、杜撰な運営をしているようにみえる。しかし見かたを変えれば、そうとばかりもいえない。書類を出すのは締約国なので、締約国が候補となる物件の実態をあるていどは説明しているはずだからだ。顕著な普遍的価値を有するかどうかがわからないという批判があるかもしれないが、無形文化遺産にかぎっては、普遍的尺度を定めずに制度を運用できる可能性がある。その理由として、以下の三つがあげられる。

第一に、無形文化遺産には必ず「担い手」がおり、それぞれの基準にもとづいて自律的に無形文化遺産を運用している。少なくとも、潜在的にそうなりうるからこそ、巨大資本や行政から支援を受けずに生きながらえてきた。無形文化遺産条約第2条によると、無形文化遺産とは「実践、表象、表現、知識、技能ならびに、それらに関連する器具、オブジェ、器物、文化的空間であって、地域社会（communities）や集団（groups）、場合によっては個人がみずからの文化遺産の一部と認めるもの」だという。この条文により、ユネスコは無形文化の定義を担い手に委ねているわけだから、価値判断も担い手に委ねてしまってよいわけだ。へたに普遍的尺度で評価しようとすると、担い手たちとの間で軋轢を生む可能性がある。

普遍的尺度を用いずに無形文化遺産を運用できる第二の理由として、外部者よりも担い手のほうが、遺産を身近に見ていることがあげられる。無形文化遺産は、実演によって目に見える姿を現すものの、それが終われば消えてしまう。御輿や仮面、楽器や衣装など物質的なものは消えないが、次回の実演まで分散して収納される。その次の実演は、それまでと類似の条件のもとでおこなわれることもあるが、まったく同じではない。長い年月のあいだには、観客も変われば演じ手も変わる。演じ手の体調なども、一回一回の実演で異なるだろう。差異をはらみながら離散的に反復される実演を同一のものと認め、さらにその正銘性を判断するのは、無数のバリエーションに立ちあった経験をもつ担い手、観客や演じ手をはじめとする担い手にほかならない（Blake 2009）。

第三に、無形文化遺産条約は日本の文化財保護制度とちがって、物件のひとつひとつの保護だけを目的とするわけではない。当初はむしろ、多数の無形文化遺産を記載した一覧表によって文化の多様性を示すことに重きがあった(8)。これは、条約の目的のひとつとして「無形文化遺産を重要とみなす意識や、それにともない相互の無形文化財を理解しようとする意識を、地域的・国内的・国際的に高めること」（条文第1条の第3項）があげられていることにも示されている。条約起草時の一時期、この目的がもっとも重視されていたことは、一覧表に記載されてから一定期間がすぎた無形文化遺産を一覧表から外すという「サンセットクローズ方式」が構想されていたことからもわかる（宮田 二〇〇八、岩崎 二〇一二）。この方式は、締約国から異議が出たために実現しなかった。もし実現していれば、「変わることによって正銘性を維持する」という無形文化遺産の性格を、直接的に伝える効果があったにちがいない。いずれにせよ、一覧表に記載された物件どうしのあいだで整合性をとることは、もともと重視されていなかった。

このように無形文化遺産条約は、世界遺産条約や日本の無形文化財保護制度にないユニークなアイデアをとり入れた制度である。とりわけ、担い手の裁量を大幅に認める点では、他に類がない。しかし現実をみると、担い手の価値観や意向などなんら踏まえることなく一覧表記載が申請されるケースは少なくなく、担い手が尊重されるケースよりもあるいは多いかもしれない。もしそうであれば、各国政府はユネスコの理念を軽視することになるわけで、解決すべき課題は大きいといえよう。また、ユネスコのような公的機関に文化的ブランドの認定を期待する人びとも少なくなく、そうした人たちにとっては、普遍的尺度を設けることなく制度を運用するユネスコのやりかたは理解しがたいものとなろう。

無形文化遺産はまた、文化的景観にもまして捉えどころがない遺産である。文化的景観の場合は、人びとが文化的なはたらきかけをおこなう空間や地勢が、まだしも物理的に往古の姿を保持していた。これに対して無形文化遺産の場合、それが厳密に存続していると視認できるのは、一回一回の実演のときのみである。実演がおこなわれていないときには、昔のかたちで存続しているのか、これからも存続しそうかどうかを判断する手がかりがない。

日本の重要無形文化財では保持者（人間国宝）を認定し、重要無形民俗文化財では保存会を認定することにより、その確実性を少しでも高めようとしてきたが、人間の寿命には限りがあるし、保存会もどのような理由で解散してしまうかわからない。しかし、この点についてあえて介入しようとしないユネスコの態度は、ひとつの見識だと筆者は思う。問題は、担い手とのつながりをユネスコが持たないため、一覧表への記載が終わってしばらく時間が経てば、記載がなかったのとなにも変わらなくなってしまうことである。この点に関して、担い手と強くつながる文化人類学の方法論がユネスコ実務家にも役立つのではないかというのが、本書の問題意識のひとつである。

## 本書の内容と構成

冒頭に述べたように、本書は、文化遺産そのものよりもその「担い手」に着目することで、文化遺産がはらむ問題を特定し解明しようとしている。さらに言えば、担い手がおこなう数々の実践――文化遺産にはたらきかける実践（創出・継承・修復・反復・複製・普及・流用・商品化・秘匿・放置など）や、それらに関連して担い手が相互におこなう実践（協力・競合・妥協・決裂など）の記述と分析をとおして、上記の目的をはたそうと計画した（Iida in prep.)。くり返しになるが、主としてローカルな水準におけるこうした微視的なプロセスの分析は、文化人類学がもっとも得意とするところである。あらたな局面を迎えたヘリテイジ・スタディーズに対して、文化人類学の立場から有効な視点を提供できよう。

第一部「無形文化遺産とその影響力」では、とくに担い手が重視される無形文化遺産の問題をとり上げ、本書の問題意識のひな型を提示する。岩崎まさみによる「無形文化遺産を語る人たち」と、菅豊による「幻影化する無形文化遺産」は、ある意味で対照的な論文である。岩崎論文は、条約を運営するユネスコ事務局や締約国の動きを追ったもので、条約の理念をあるていど評価しながらも運営上ではさまざまな混乱が生じていることを指摘している。このことは、多様な価値観に支えられる文化遺産の一覧表を作る作業がけっして容易ではなく、多様な価値観のぶつかり合いになっていることを示している。その原因のいくつかを解決するためには、条約の理念が理解されて運営の資金も潤沢に割りあてられるなど、長い時間をかけなければならない。こうした国際的な舞台に対して、文化遺産が担われている現場のようすを報告したのが菅論文で、文化遺産という目標のもとにさまざまな思惑を実現しようという意図せざる結果が描かれる。無形文化遺産は顕著な普遍的価値を有するものとはかぎらないが、そうした事情とは無関係に、文化遺産に期待する現場では予想外のことが起こってくる。こうしたことも、担い手に支えられる文化遺産のゆくえを考えるうえでは一考に価しよう（Foster and Gilman 2015）。兼重努による「遺産登録をめぐるせめぎあい」もまた、文化遺産に期待する担い手たちの競合を描いたものである。中国の貴州と湖南、広西の三省にまたがって居住するトン族の歌謡を題材としており、少数民族政策と結びついた中国特有の文化政策（本書長谷川論文も参照）が地域間の競合関係を煽る事情が描かれている。

第二部「無形の遺産の担い手たち」では、第一部にひき続き、「担い手」を重視する無形の遺産をとり上げる。俵木悟による「伝承の「舞台裏」」は、日本の無形民俗文化財に指定された岡山県の備中神楽を主題とし、物質の維持によらずに無形の遺産がどのように伝わるかを論じたもので、とりわけ人びとの行為や記憶を重視している。観客になることの多い人たちは、本番の舞台が伝承の場であると誤解しがちだが、それ以上の時間をかけた稽古こそが真の伝承の場であり、所作の連鎖といった言語化できないことがらの重要性が指摘されている。このように視覚と聴覚によって魅力の伝わる芸能に関しては、映像記録という継承が考えられる。川瀬慈による「映像がとらえる儀礼と音楽」はこの問題を論じたもので、そうした記録の重要性は客観性にあるのではなく、豊かな表現をひき出したり、演じ手の認識を聞きとったりできることにあると述べる。川瀬が主題とした音楽職能集団や憑依儀礼は、エチオピア国内において恥ずべきおこないとされているが、川瀬がそれを記録・調査したのはユネスコ アジスアベバ事務局のプロジェクトの一環だった。文化遺産にさまざまな担い手がいるとすれば、文化遺産にはさまざまな評価を与えられる可能性があり、多様な価値観の許容という理想は現時点では容易でないとおもい知らされる。笹原亮二による「文化財の演じ方」は、日本の無形民俗文化財に指定された神奈川県の獅子舞をとり上げ、文化財指定を受けたことによる変化を論じている。遺産化による商品化の問題は第四部であらためてとり上げるが、笹原が論じるのはそれ以外の変化で、保存会の結成や補助金の獲得、上演機会の増加などを指摘している。しかし笹原がとくに注目するのは、担い手自身の意識の変化である。文化財として外の人びとから注目を浴びるようになった獅子舞をとおして、担い手たちは日常経験の範囲を広げていく。ただし、このように担い手たちの手に戻った民俗は、文化財の理念と両立しがたく、あらためて社会にとっての文化財（文化遺産）について再考する必要性を示唆している。

第三部「世界遺産のゆくえ」は、有形の世界文化遺産として名が知られた日本や中国の事例をとり上げ、担い手という観点からあらためて見なおしてみたものである。高倉健一による「住民不在の世界遺産」は、中国雲南省の麗江古城を論じたもので、旧来の住民の流出と観光業を営む新住民の流入が問題視されている。同地では、急激に担い手が入れ替わったことで、景観保全につながる日常生活のルールなどが維持できなくなった。担い手をめぐる問題は、有形の文化遺産においても焦点になりつつあるといえる。この問題は、才津祐美子が岐阜県の白川郷を事例として論じてきたが（才津 二〇一五）、本書の分担章「世界遺産のまもり方」において彼女は、やや視点を変えて場所というコンテクストを考察している。白川郷が世界遺産リストに記載される以前に白川郷の古民家を移築した、日本民家集落博物館や合掌造り民家園では、居住目的で今も利用されている白川郷の民家とは異なる要素が保存されている。このことは、文化遺産が指定された物件単体で意味をもつのではなく、さまざまな文化実践とのつながりにおいて価値を増すことと関係していよう（飯田 二〇一七）。そのなかでは当然、人びとの無形の営みも関係してくる。第三部の締めくくりとして、阿部朋恒による「生活の中に見出された世界遺産」は、人びとの視点から世界遺産を考えるうえで新鮮な考察材料を提供している。中国雲南省の紅河ハニ棚田群の文化的景観が世界遺産リストに記載されたとき、阿部は現地で調査をおこなっており、人びとの反応に接する機会を得た。その体験を動機として阿部が調査したところでは、ハニの人びとが必ずしも世界遺産の理念を理解していないいっぽうで、リスト記載のための現地調査にあたったイコモスもまた、ハニの生活実態を誤解している点があった。担い手の価値にもとづいて、異なる価値観をもつ実務家がリスト記載の手続きを進めるからには、両者のコミュニケーションが重要なことは言うまでもなく、今後の文化行政の課題として指摘できる。

第四部と第五部では、第三部までに提示された事例にも見いだされる問題点を、とくに絞りこんで考察する論文を配置した。第四部「商品としての無形文化遺産」では、遺産化によって観光業やツーリスト・アートの製作が盛んになり、結果として伝統的な要素が衰微してしまうという問題をとり上げている。長谷川清による「遺産観光の光と影」では、中国雲南省のタイ族の生活習俗が文化遺産としての価値を認められるにつれ、そうした生活習俗に観光客が触れるための宿泊施設や観光園が整備されて文化が商品になってしまう過程が報告されている。本書において笹原や才津が示したように、変化そのものは文化の本質であり、是非を問うようなものではない。しかし、文化的価値が経済的価値におき換えられた結果、消費者が飽きると文化が衰退するというのでは、すべての商品化が問題視されて当然だろう。長谷川が異を唱えるのは、そうした「過度な商業主義」である。同様の商品化は、飯田卓による「商品化と反商品化」でも報告されている。マダガスカルのザフィマニリは、ユニークな木彫り知識を伝える人びとだが、その木彫りが外の人びとから注目されたために商品化が進み、いっぽうでは生活技術として木彫りが必要とされなくなっている。商品化が進めば、その基盤をほり崩す資源枯渇などの問題が懸念されるため、商品化には一定の歯止めが必要だ。飯田が提案するのは、鑑賞のための文化だけでなく生存のための文化の側面を見なおすことによって、商品化の問題を克服することである。

第五部「文化行政への問いかけ」では、担い手だけでなく行政もまた、文化遺産のあらたな動向をふまえて対応すべきであることを論じている。清水拓野による「変化のただ中の継承者育成」は、無形文化遺産にリスト記載された中国の演劇 秦腔をとり上げ、担い手の育成という広くみられる問題を考察する。担い手はキャリアに応じて異なる技能を習得するため、政治的あるいは経済的な理由によって短期たりともその芸能が衰微した場合、担い手はバランスのとれた技能習得ができなくなってしまう。中国のように文化政策の変化が著しい状況では、そのことによる影響は少なくなく、すでに伝承は大きな変化を被っているが、教育行政との連動を含めて文化行政に期待を寄せている。日髙真吾による「地域文化遺産の継承」もまた、教育の問題を重視する。日髙がもともと専門としてきたのは有形の文化財だが、二〇〇七年の能登半島地震で破損した石川県穴水町の町指定文化財の灯籠を修復した経験から、その歴史的意義を伝えるワークショップを開催した。そして、鋳物技術そのものは途絶してしまったが、左官業などの生活技術として伝わっていることに着目し、かたちを変えて生活に息づく歴史がそのまま文化的価値に結びついていることを指摘する。文化行政は、たんに指定文化財を保護するだけでなく、そうした身近な歴史の存続にも意を払うべきだろう。

今後のさらなる応用問題を考えるうえでの基本問題集として、本書が役だてば幸いである。

（1） ヘリテイジ・スタディーズは、一九九〇年代から二〇〇〇年代にかけて成立した学際的分野である。その構成の中心は美術史や建築史、考古学、保存修復科学などで、近年は社会学や地理学、文化人類学、カルチュラルスタディーズなどの視点もとり入れているが、文化人類学者はこの学際的な動きに対して冷ややかなようだ。

これは、昨今の文化遺産ブームがマスメディアに先導される傾向が強く、分析のさいにふまえるべきローカルなコンテクストに乏しいと思われてきたためかもしれない。じっさい、文化遺産の普及という現象は、マスツーリズムやマスメディアとの関わりおいて分析するのに適しており（門田 二〇一三）、フィールドワークでの資料収集に専心しがちな文化人類学は、広い意味での社会学的研究に遅れをとってきた（荻野 二〇〇二、西山 二〇〇四、二〇〇六、藤木 二〇一〇）。しかし本書で主として扱うのは、普及の問題というより、運営に関わるより基礎的な問題である。

文化人類学者が文化遺産の問題から距離をとりたがるもうひとつの理由について、口頭で次のように述べた研究者もいる。「文化遺産という語は社会において過度に尊重されているため、文化遺産の研究では、社会的な勢いに流されて文化遺産のはらむ問題点を視野に収めにくくなる」というのである。この警句は真剣に受けとめなければならないが、筆者の考えは別である。社会との関わりを維持しながら学術活動をおこなう姿勢を崩さなければ、研究課題にどの語を標榜しても同じことであり、むしろ文化遺産の語を避けることで大きな問題を看過する危険があるのではないか。筆者と同じ立場に立つ英語圏の研究者は、みずからの研究分野を「クリティカル・ヘリテイジ・スタディーズ（批判的文化遺産学）」と名づけ、この点での舵取りを誤らないよう努めている。

（2） 一九八〇年代に「先住民」という語が使われだしたことは、文化人類学における研究方針の大きな転換にも関わると筆者はみている。この時代は、文化人類学において「表象の危機」が訪れた時代と位置づけられてきたが（マーカス／フィッシャー 一九八九）、文化人類学自体は衰退したわけではない。事後的に懐古するならば、それまでに専門家が文化人類学の土俵で語ってきた文化の問題が、この時代に、広範な人たちによって語られるようになった（太田 二〇〇一、吉田 二〇一三）。とりわけ、先住民や性的少数者などの社会運動と関わりつつ文化人類学の課題が見なおされたことが、この時代の大きな転換である。そのように考えれば、文化人類学における表象の危機そのものが、先住民運動の高まりを背景としていたと考えても無理はない。国立民族学博物館のアイヌ展示に対する批判とその反批判が、先住民の声を反映しているか否かを争点としていたことは象徴的である（Niessen 1994, 1997, Ohtsuka 1997, Shimizu 1997）

もちろん、先住民運動が高まった背景としては、本文で指摘した冷戦終結も軽視できない。ただし、文化の問題を社会問題や政治問題と関わらせる視点そのものは、植民地主義が台頭した二十世紀前半にすでに生じており（ルクレール 一九七六、清水 一九九九）、この時代に特有のものではない。二十世紀前半に投げかけられた問いが答えられないまま連綿と持続し、冷戦終結後に政治的課題の優先順位が組みなおされるようになってから、あらためて頭をもたげてきたと考えるべきだろう。

（3） 人間の安全保障という考えかたは、いわゆる発展途上国では民主化すなわち市民の権利の拡大というかたちで実現されつつある。筆者がこれまで調査してきたマダガスカルでは、土地をはじめとする天然資源が地方分権化によって市民が管理するようになった。

国家が担ってきた広域的な情報を市民が収集するうえでは、主として海外に拠点を置く非政府組織（ＮＧＯ）がしばしば支援する（飯田 二〇一四ａ）。村落開発において、貧困削減に関わるさまざまなプログラムが進められることのほか、その他の村落開発プログラムが「住民参加型」で進められることは近年の大きな特徴だろう（Blake 2009）。また、マダガスカルの例からは、環境プロジェクトと人間開発プロジェクトが関わりつつ進展していることもみてとれよう。

（4） 遺産の数では欧米がなお優位に立っているものの、遺産とするべき物件の範囲は、欧米の遺産よりも確実に広くなっている。本文で紹介した文化的景観が加わっただけでなく、建造物だけをとっても、ヨーロッパ的な石造建造物以外のものも含まれるようになってきている。これは、グローバル・ストラテジーが提唱されたのと同じ一九九四年に採択された「オーセンティシティに関する奈良ドキュメント」によるところが大きい（ICOMOS 1994、上野 二〇〇七）。この文書では、一定の手続きによって保存修復をおこなえば、木や泥を素材としたアジアやアフリカの建造物もオーセンティシティ（正銘性、出所の正しさ、真正性）を主張できるとした。

（5） ユネスコの文化行政が先住民運動に歩みよるのに対応する動きとして、先住民運動の側もまた、文化の問題に力点を移しつつある。二〇〇七年に国際連合総会が採択した「先住民の権利に関する国際連合宣言」では、文化的多様性の理念にもとづいて先住民の知識や文化、伝統的慣行を尊重することが謳われている（United Nations 2007、スチュアート 二〇〇九）。また、二〇〇〇年代以降には、欧米の博物館に収められた先住民関係資料の返還を求める運動が盛んになっている（吉田 二〇一三）。

（6） 原文は enhancement of local communities。communities のＣは、先に定められていた四つの目標に関わるＣ（credibility, conservation, capacity-building, communication）とあわせて、「戦略目標の五つのＣ」と呼ばれる（World Heritage Committee 2007）。

（7） 無形文化遺産条約は、二〇〇三年にユネスコ総会で採択され、二〇〇六年に発効した。しかしその前段階として、二〇〇一年に事務局の活動として開始された「人類の口承及び無形遺産の傑作に関する宣言」というプログラムがある（Nas 2002）。このプログラムでは、無形文化遺産条約の構想から発効までの期間中、無形文化遺産にふさわしい物件をリストアップし、無形文化遺産条約の布石とした。二〇〇一年の第一回宣言、二〇〇三年の第二回宣言、二〇〇五年の第三回宣言で選ばれた合計九十件の「傑作」は、条約発効後の二〇〇八年にすべて無形文化遺産として一覧表記載された（宮田 二〇〇七、Aikawa-Faure 2009）。

（8） 厳密にいうと、ひとつひとつの物件の保護を重視する場合もある。そうした物件は「緊急に保護する必要のある無形文化遺産の一覧表」に記載されている。これは、日本のすべての無形文化遺産が記載されている「人類の無形文化遺産の代表的な一覧表」とは異なる。文化庁の見解では、日本の無形文化遺産は文化財保護法で手厚く保護されているので、「緊急に保護する必要」はないというのである。本文では混乱を避けるため、前者の一覧表でなく後者の一覧表に記載されているものを「無形文化遺産」と呼んでいる。

参考文献

飯田卓（二〇一四ａ）「自然と向きあうための技術的対応と社会的調整――マダガスカル、ヴェズ漁民が生きぬく現在」東賢太朗・市野澤潤平・木村周平・飯田卓（編）『リスクの人類学――不確実な世界を生きる』二六二―二八四頁、世界思想社。

――――（二〇一四ｂ）「「文化遺産の人類学」とはなにか」『民博通信』一四五：八―九。

――――（二〇一五）「和食は誰のものか？――公開フォーラムが投げかけた問い」『民博通信』一四九：一〇―一一。

――――（二〇一七）「人類的課題としての文化遺産――二つの文化が出会う現場」飯田卓（編）『文明史のなかの文化遺産』一二―三五頁、臨川書店。

飯田卓・河合洋尚（二〇一五）「序」河合洋尚・飯田卓（編）『中国地域の文化遺産――人類学の視点から』一―一七頁、国立民族学博物館。

岩崎まさみ（二〇一二）「無形文化遺産保護条約の概要とその意義」『年報新人文学』九：五三―七七。

上野邦一（二〇〇七）「日本での世界文化遺産登録と課題――奈良会議の意義」『歴史地理学』四九（一）：七一―八五。

太田好信（二〇〇一）『民族誌的近代への介入――文化を語る権利は誰にあるのか』人文書院。

荻野昌弘（編）（二〇〇二）『文化遺産の社会学――ルーヴル美術館から原爆ドームまで』新曜社。

岡島成行（一九九〇）『アメリカの環境保護運動』岩波書店。

垣内恵美子（二〇〇二）「文化財に関する国際交流・協力と世界遺産条約・無形遺産プロジェクト」川村恒明（監修）・根木昭・和田勝彦（編）『文化財政策概論――文化遺産保護の新たな展開に向けて』一八一―二一六頁、東海大学出版会。

河上夏織（二〇〇八）「世界遺産条約のグローバル戦略を巡る議論とそれに伴う顕著な普遍的価値の解釈の質的変容」『外務省調査月報』二〇〇八（一）：一―二四。

菊地暁（二〇〇一）『柳田国男と民俗学の近代――奥能登のアエノコトの二十世紀』吉川弘文館。

窪田幸子（二〇〇九）「普遍性と差異をめぐるポリティックス――先住民の人類学的研究」窪田幸子・野林厚志（編）『「先住民」とはだれか？』一―一四頁、世界思想社。

国連開発計画（一九九四）『人間開発報告書 一九九四（日本語版）』国際協力出版会。（http://www.undp.or.jp/HDR_J/HDR_light_1994_Japanese_Version.pdf 二〇一五年七月二四日閲覧）

才津祐美子（二〇一五）「「白川郷」で暮らす――世界遺産登録の光と影」鈴木正崇（編）『アジアの文化遺産――過去・現在・未来』三五九―三八六頁、慶應義塾大学東アジア研究所。

塩路有子（二〇一七）「遺産に暮らす新旧住民――英国カントリーサイドの「住まい」とコミュニティ」飯田卓（編）『文明史のなかの文化遺産』三〇九―三三五頁、臨川書店。

清水昭俊（一九九九）「忘却の彼方のマリノフスキー――一九三〇年代における文化接触研究」『国立民族学博物館研究報告』二三（三）：五四三―六三四。

スチュアート、ヘンリ（二〇〇九）「先住民の歴史と現状」窪田幸子・野林厚志（編）『「先住民」とはだれか？』一六―三七頁、世界思想社。

関雄二（二〇一四）『アンデスの文化遺産を活かす――考古学者と盗掘者の対話』臨川書店。

――（二〇一七）「遺跡をめぐるコミュニティの生成――南米ペルー北高地の事例から」飯田卓（編）『文明史のなかの文化遺産』六三―九三頁、臨川書店。

高倉浩樹（二〇〇九）「先住民問題と人類学――国際社会と日常実践の間における承認をめぐる闘争」窪田幸子・野林厚志（編）『「先住民」とはだれか？』三八―六〇頁、世界思想社。

田中俊徳（二〇〇九）「世界遺産条約におけるグローバル・ストラテジーの運用と課題」『人間と環境』三五（一）：三―一三。

西山徳明（編）（二〇〇四）『文化遺産マネジメントとツーリズムの現状と課題』国立民族学博物館。

――（二〇〇六）『文化遺産マネジメントとツーリズムの持続可能な関係構築に関する研究』国立民族学博物館。

橋本裕之（二〇一七）「蝿としての研究者――無形文化遺産におけるよそ者の役割」飯田卓（編）『文明史のなかの文化遺産』三三七―三六三頁、臨川書店。

藤木庸介（編）（二〇一〇）『生きている文化遺産と観光――住民によるリビングヘリテージの継承』学芸出版社。

マーカス、ジョージ・E、マイケル・M・J・フィッシャー（一九八九）『文化批判としての人類学――人間科学における実験的試み』永渕康之（訳）、紀伊國屋書店。

松田陽・岡村勝行（二〇一二）『入門パブリック・アーケオロジー』同成社。

宮田繁幸（二〇〇七）「無形文化遺産保護における国際的枠組み形成」『無形文化遺産研究報告』一：一―二六。

――（二〇〇八）「無形文化遺産保護における国際的枠組み形成二」『無形文化遺産研究報告』二：一―二〇。

宗田好史（二〇〇六）「世界遺産条約のめざすもの――ＩＣＯＭＯＳ（国際記念物遺産会議）の議論から」『環境社会学研究』一二：五―二一。

吉田憲司（二〇一三）『文化の「肖像」――ネットワーク型ミュージオロジーの試み』岩波書店。

ルクレール、G（一九七六）『人類学と植民地主義』宮地一雄・宮地美江子（訳）、平凡社。

和田勝彦（二〇〇二）「文化財政策の変遷」川村恒明（監修）・根本昭・和田勝彦（編）『文化財政策概論――文化遺産保護の新たな展開に向けて』三九―七二頁、東海大学出版会。

Aikawa-Faure, Noriko 2009 From the Proclamation of Masterpieces to the Convention for the Safeguarding of Intangible Cultural

Heritage. In Laurajane Smith and Natsuko Akagawa (eds.) *Intangible Heritage*, pp. 13–44, London: Routledge.

Blake, Janet 2009 UNESCO's 2003 Convention of Intangible Cultural Heritage: The Implications of Community Involvement in 'Safeguarding.' In Laurajane Smith and Natsuko Akagawa (eds.) *Intangible Heritage*, pp. 45–73, London: Routledge.

Foster, M. D. and L. Gilman 2015 *UNESCO on the Ground: Local Perspectives on Intangible Cultural Heritage*, Bloomington: Indiana University Press.

ICOMOS 1994 The Nara Document of Authenticity (http://www.icomos.org/charters/nara-e.pdf viewed on 28 July 2015).

Iida, Taku in prep. Introduction: Heritage Practices in Africa. In Taku Iida (ed.) *Heritage Practices in Africa*.

Kluckhohn, Clyde and William H. Kelly 1945 The Concept of Culture. In Ralph Linton (ed.) *The Science of Man in the World Crisis*, pp. 78–106, New York: Columbia University Press.

Niessen, Sandra A. 1994 The Ainu in Minpaku: A Representation of Japan's Indigenous People at the National Museum of Ethnology. *Museum Anthropology* 18 (3): 18–25.

Meskell, Lynn 2013 UNESCO's World Heritage Convention at 40: Challenging the Economic and Political Order of International Heritage Conservation. *Current Anthropology* 54 (4): 483–494.

Nas, Peter J. M. 2002 Masterpieces of Oral and Intangible Culture. *Current Anthropology* 43 (1): 139–148.

Niessen, Sandra A. 1997 Representing the Ainu Reconsidered. *Museum Anthropology* 20 (3): 132–144.

Ohtsuka, Kazuyoshi 1997 Exhibiting Ainu Culture at Minpaku: A reply to Sandra A. Niessen. *Museum Anthropology* 20 (3): 108–119.

Shimizu, Akitoshi 1997 Cooperation, Not Domination: A Rejoinder to Niessen on the Ainu Exhibition at Minpaku. *Museum Anthropology* 20 (3): 120–131.

UNESCO n.d.a Global Strategy (http://whc.unesco.org/en/globalstrategy/ viewed on 24 July 2015).

——— n.d.b Cultural Landscapes (http://whc.unesco.org/en/culturallandscape/ viewed on 28 July).

——— 1972 *Convention Concerning the Protection of the World Cultural and Natural Heritage* (http://whc.unesco.org/archive/convention-en.pdf viewed on 30 July 2015).

——— 1994a *Expert Meeting on the "Global Strategy" and Thematic Studies for a Representative World Heritage List* (WHC-94/CONF. 003/INF.6 http://whc.unesco.org/archive/global94.htm viewed on 24 July 2015).

——— 1994b *Operational Guidelines for the Implementation of the World Heritage Convention* (http://whc.unesco.org/archive/opguide94.pdf viewed on 24 July 2015).

——— 1997 *Operational Guidelines for the Implementation of the World Heritage Convention* (http://whc.unesco.org/archive/opguide97.pdf viewed on 24 July 2015).

——— 2001 Universal Declaration on Cultural Diversity (http://unesdoc.unesco.org/images/0012/001271/127162e.pdf viewed on 28 July).

——— 2003 *Convention for the Safeguarding of the Intangible Cultural Heritage* (MISC/2003/CLT/CH/14; http://unesdoc.unesco.org/images/0013/001325/132540e.pdf viewed on 30 July 2015).

United Nations 2007 Declaration on the Rights of Indigenous Peoples (http://www.un.org/esa/socdev/unpfii/documents/DRIPS_en.pdf viewed on 28 July 2015).

World Heritage Committee 2007 Convention Concerning the Protection of the World Cultural and Natural Heritage Thirty First Session (WHC-07/3.COM/13B; http://whc.unesco.org/archive/2007/whc07-31com-13be.pdf viewed on 30 July 2015).

# 第一部　無形文化遺産とその影響力

# 無形文化遺産を語る人たち

岩崎まさみ

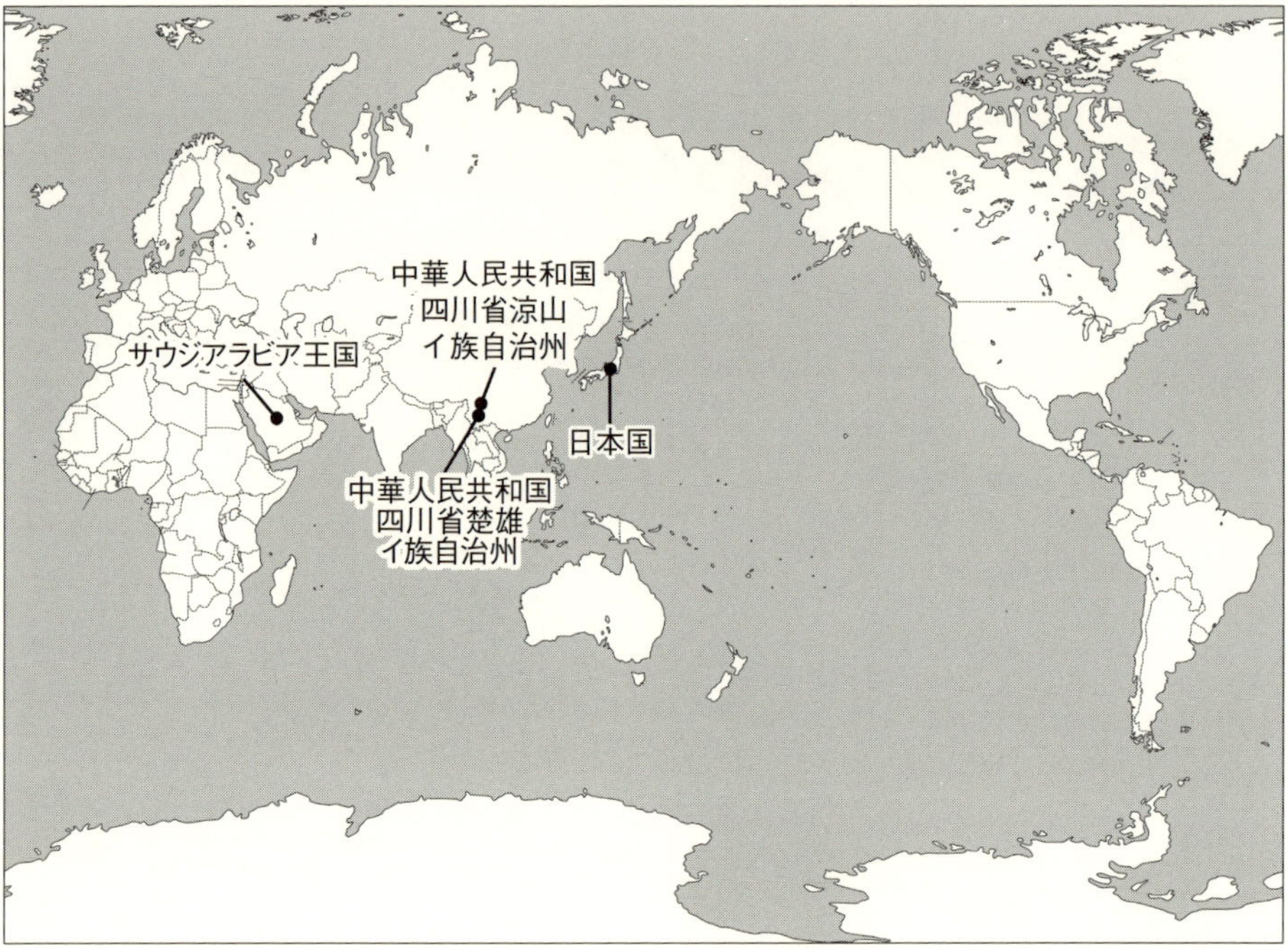
中華人民共和国
四川省涼山
イ族自治州
サウジアラビア王国
日本国
中華人民共和国
四川省楚雄
イ族自治州

# はじめに

二〇〇三年のユネスコ第三十二回総会において、無形文化遺産を保護し相互に尊重することを目的とする無形文化遺産条約が採択された。その条約の運用が開始してから約十年が経過し、二〇一六年十月現在で本条約の締約国は一七二カ国を数えている。この数からも本条約は採択後、短期間で広く認知されてきていることがわかる。日本政府は本条約策定の過程から深く関わってきたが、日本において一般に広く知られるようになったのは二〇一三年十二月に「和食：日本人の伝統的な食文化」が記載されてからである。マスメディアにより和食の記載に関するニュースが全国的に報道されるや、一気に無形文化遺産条約の知名度が高まった。その後「和紙：日本の手漉和紙技術」が記載される等、日本政府が代表一覧表に記載した無形文化遺産の件数は、二〇一六年現在二十一件である。

無形文化遺産条約は採択から十余年の間に多くの国々を取り込み、世界の隅々に順調に根を張っている。しかし、当然ながら政治・経済状況や歴史的・文化的背景の異なる一七二カ国が、様々な思惑を抱えつつ、無形文化遺産の保護を語り合うことは容易ではない。言うまでもなく、本条約の運用に関して、すでに多くの課題が指摘されている（河野 二〇〇四、星野 二〇〇四a、宮田 二〇一二、岩崎 二〇一二、菊地 二〇一三、二神 二〇一五）。そのひとつとして、これまでに代表一覧表と危機遺産一覧表（詳細は巻頭の略号など一覧を参照）に記載された無形文化遺産は総数四二六件であるが、そのバランスが問題となっている。条約の本来の目的である緊急に保護を必要とする無形文化遺産の保護のために設けられた危機遺産一覧表には、わずか総数の十分の一の四十七件が記載されているのみである。一方、三六五件が本条約の知名度を高めるために設けられた代表一覧表に記載されている。さらにこのことから、存続の危機にある無形文化を保護しようとする本条約の目的の達成を疑問視する声もある。さらに、記載件数がアジアに偏重していることも課題として挙げられている。つまり、無形文化遺産一覧への記載件数、特に代表一覧表の記載件数では中国・韓国・日本という東アジア諸国が突出し、その状況は現在も続いている。今後、これらの課題は無形文化遺産条約の運用実績を積み上げていく過程で、改善していくことが期待されている。

本章では、本条約の根幹を成す「文化」に関する議論に注目して、無形文化遺産条約のもとで「文化」がどのように語られ、どのように扱われているか、特に本条約が目指している「文化の多様性」がどのように構築されているのかについて検証する。ユネスコは、「文化」の介在を通して、多国間の協調・共生を図り、恒久的世界平和の構築を目的とする国際機関である。その中でも機関が推進している無形文化遺産条約の下で、世界各地の多様な価値観を反映している無形文化遺産がどのように扱われているかという課題は、文化人類学者の重大な関心事であり、日本においてすでに複数の研究者が検証を始めている（木村 二〇〇七、飯田 二〇一三）。また民俗学の分野では多くの研究者により、無形文化遺産条約などの文化財を取り巻く環境のグローバル化に関する研究が進められている（星野 二〇〇七a、二〇〇七b、岩本 二〇一三）。「文化の多様性」の問題と取り組む民俗学者及び文化人類学者にとって、地域の人々の手で長年継承されてきた無形文化遺産が、突然、国際舞台に押し出されて、何らかの基準をもとに評価され、その結果、何らかの「ラベル」が貼られる一連のプロセスには、限りない興味と鋭い直観が働く。誰が、どのような手順で、どのような基準を持って評価し、その結果、誰の身に何が起きているのだろうか。本章のタイトルが示すように「無形文化遺産を語る人たち」とは誰であり、それらの人々は何を語っているのだろうかという課題を掘り下げていきたい。本章では、これらの分析作業の基礎資料として、ユネスコ無形文化遺産課がネット上に公開している豊富な資料を活用する。それらは各国から提出された提案書、それらに対する審査結果、さらに政府間委員会における議論の録音資料などであり、誰もがアクセスできる資料である。これらの資料を読み解いていき、「文化の多様性」が構築されていく過程を理解する手がかりとしたい。

## 一　ユネスコ無形文化遺産条約について

ユネスコの文化政策の歴史的変遷から無形文化遺産条約の策定、そして二〇〇三年の採択、さらに運用指示書の策定に至る二〇〇八年までの経緯は多くの専門家によって報告されている（Aikawa 2004, 2006、河野 二〇〇四、スミーツ 二〇〇四、宮田 二〇〇六、二〇〇七、二〇〇八、二〇一〇a、二〇一〇b、愛川・フォール 二〇一〇、岩崎 二〇一二）。また文化庁文化財部は二〇一四年五月に『月刊 文化財』で無形文化遺産保護条約の特集を組み、条約の概要から今後の課題に至る網羅的な分析を行っている（文化庁文化財部 二〇一四）。さらに七海（二〇一二）は無形文化遺産保護条約の概要と運用指示書の関わりを説明し、本条約の法的な枠組みについて説明している。ここでは既に報告されているそれらを繰り返すことなく、本題に直接関係する本条約の運用のメカニズムを中心に検証する。

無形文化遺産条約の正式名称は「無形文化遺産の保護に関する条約」である。その条約の運用を担う最高機関は締約国会議であり、隔年で開催される締約国会議において、条約に関わる手続規則を議論し、その運用方針を決定する。条約の実際の運用は、二十四か国で構成される政府間委員会が行う。この政府間委員会の構成国は六つの地域を代表する国々で構成され[(1)]、四年間を任期として委員を務める。さらに締約国は、本条約の下で「無形文化遺産の保護のための基金」を設立し、本条約が目指す無形文化遺産の保護のために国際協力を図る。

無形文化遺産条約運用の根幹を成すのが、三つの一覧表への記載と一つの申請・承認である。一覧表の第一は「緊急に保護する必要がある無形文化遺産の一覧表（危機遺産一覧表と略す）」であり、継承が困難であり緊急に保護する必要のある無形文化遺産を保護するために、一定の基準を満たすものを記載する。次に「人類の無形文化遺産の代表的な一覧表（代表一覧表と略す）」であるが、条約上では無形文化遺産全体の認知度の向上のために設けられた一覧表であり、「危機遺産一覧表」を補完するための一覧表である。これらに加えて「ベスト・プラク

写真1　ナミビアで行われた第10回政府間会議。109か国、476人が出席した。（2015年12月撮影）

ティス」と呼ばれる一覧表があり、条約の精神を活かして無形文化遺産の保護を行っている事例をモデルケースとして記載するものである（吉田 二〇一七）。以上の三つの一覧表に加えて、緊急に保護を必要とする文化遺産を保護するための援助の制度もあり、それが「二万ドル以上の保護措置のための援助申請」である。これについても審査の上で、一定の基準を満たす無形文化遺産の保護措置のために援助が提供される。なお、締結して間もない途上国などにおいては、国内にノウハウが少なく、こうした制度を活用することが困難な国も多いため、現在、ユネスコ事務局が中心となり、日本を含む各国の協力を得ながら、世界各地においてキャパシティ・ビルディング事業を実施中である。条約運用の中心となるのは、これらの三つの一覧表と保護措置のための援助申請の制度であり、これらを通して、無形文化遺産条約第1条に示されている四項目の目的「無形文化を保護すること」「関係のある社会、集団及び個人の無形文化遺産を尊重することを確保すること」「無形文化遺産の重要性及び無形文化遺産を相互に評価することを確保することの重要性に関する意識を地域的、国内的及び国際的に高めること」「国際的な協力及び援助について規定すること」を果たすことを目指す。

これらの一覧表及び援助の申請から、最終決定までの流れをまとめると、左のようになる。

締約国（提案書と添付書類）→ユネスコ事務局→審査機関（記載等の可否を勧告）→政府間委員会

（審議・決定）

第一に締約国がユネスコ事務局に対して申請手続きを行う。締約国は提案書と呼ばれる所定の様式に必要事項を書き込み、それを関連資料とともにユネスコ事務局へ提出する。(2)

提案書を書く側は、運用指示書に示されている記載基準を理解し、提案書に明示されているさらに具体的な設問の指示に従い答えていく。以下に運用指示書にある代表一覧表の登録基準を紹介する。

1. 申請案件が条約第2条に定義された「無形文化遺産」*を構成すること。
2. 申請案件の記載が、無形文化遺産の認知、重要性に対する認識を確保し、対話を誘発し、よって世界的に文化の多様性を反映し、且つ人類の創造性を保証することに貢献するものであること。
3. 申請案件を保護し促進することができる保護処置が図られていること。
4. 申請案件が、関係する社会、集団および場合により個人の可能な限り幅広い参加および彼らの自由な、事前の説明を受けた上での同意を伴って提案されたものであること。
5. 条約第11条および第12条に則り、申請案件が提案締結国の領域内にある無形文化遺産の目録に含まれていること。

＊a口承による伝統および表現、b芸能、c社会的慣習、儀式および祭礼行事、d自然および万物に関する知識および慣習、e伝統工芸技術

（無形文化遺産保護条約運用指示書抜粋、文化庁仮訳）

実際に用いられる提案書の様式はユネスコホームページに公開されているので参照頂きたい。

提案書の提出を受けて、ユネスコ事務局は提案書および関連資料に技術的な不備がないことを確認し、その後、

それらの審査を担当する機関へ送る。ユネスコ事務局のサポートの下で審査機関はそれぞれの提案書を審査して、記載の可否に関する審査結果を作成する。これらの審査結果は政府間委員会への勧告として、ユネスコ事務局を通して、政府間委員会を含む条約締約国へ通知される。政府間委員会は、勧告を踏まえて提案案件を審議し、最終的な決定を行う。

ここで注目したいのは、事前審査を行う機関とその審査作業の概要である。事前審査という重責をどの機関で行い、そのメンバーをだれにするかという議論は条約および運用指示書の策定の過程で議論されてきた。締約国は世界遺産の事例を引き合いにし、外部の専門機関が過剰な権威を持つことを避けようとする意見を主張した。その結果、これまで危機遺産一覧表への提案は、政府間委員会が毎年選出する外部の専門家によって構成される、政府間委員会の「助言機関」が行い、代表一覧表については、二十四か国の政府間委員会の中から互選された六か国によって構成される政府間委員会の「補助機関」が審査を行ってきた。そして二〇一五年からはこれまでの二つの機関が「評価機関」として統合され、各国政府が推薦し、政府間委員会が選出した専門家とＮＧＯの代表者計十二名が全ての一覧表・援助申請に関する審査を行っている。

一覧表への記載の可否を決める審査作業は、極めてシンプルである。審査にあたる担当者が締約国が書き込んだ提案書を読み、個々の提案書が運用指示書に書かれているそれぞれの登録基準を満たすかどうかを判断する。ここで確認しておきたいのは、無形文化遺産条約の審査過程には現地調査が無いことである。つまり添付資料を含めても二十数ページ程度の提案書のみで、記載の可否を判断することである。その理由としては、財政的な制約が無視できない。しかし、さらに重要なのは、審査の過程では申請されている文化遺産そのものの価値を審査するのでなく、あくまでも申請書に書かれた内容が登録基準を満たしているかどうかを判断することにある。さらに言うならば、無形文化遺産の価値は、みずからの生活に根ざすものとしてそれを継承する人々が判断するのであり、外部からの価値判断は無形文化遺産には馴染まない。

無形文化遺産条約と世界遺産条約の二つの条約の違いとして、繰り返し強調される重要な相違点に注目する必要がある。世界遺産の場合は、登録の条件として、申請案件の持つ「真正性」や「顕著な普遍的価値」が問われる。一方、無形文化遺産は、申請案件の持つ価値を判断基準とせず、「文化の多様性」を顕彰することを目的としている。言い換えると、世界遺産は人類の宝として誇るべき価値を持つものであり、しかもそれが変容していないオリジナルなものであることを条件としている。それに対して、無形文化遺産はそのものの価値を比較することなく、多様な文化遺産が時を超えて継承され、時代に即した変容を遂げつつ人々の生活に根付いていることを条件とする。河野（二〇〇四）はこれらの違いを指して、世界遺産は「エリート主義」であり、無形文化遺産は「平等主義」と解りやすく表現している。さらに無形文化遺産条約では、人々の生活に根ざす文化が多様に保持されていくことを目的としているのであり、他より優れた文化遺産を一覧表に記載することを目的としているわけではない。

## 二　「文化の多様性」はどのように構築されるのか

二〇〇六年に発効した無形文化遺産条約は、いよいよ二〇〇八年にその運用が始まり、一覧表の記載が始まった。二〇一五年に至るまで、どのような議論で記載の可否が決まり、どのように「文化の多様性」が構築されて来たのだろうか。ここでは検証作業を解りやすくするために、危機遺産一覧表の申請件数より圧倒的に申請件数が多く、また締約国の間でも注目度がきわめて高い代表一覧表を取り上げ、資料や議論の分析を行う。再度確認するが、本章ではユネスコのホームページに公開されている資料のみを取り上げて分析を行う。ゆえに、審査機関などにおける非公開の議論は、分析の対象としない。

無形文化遺産条約に関わる議論を聞き、また資料を読む中で、たびたび文化人類学者の直観が敏感に反応する。

それらは大きく分けて二つあり、条約運用の現状に関わる疑問と、より根本的な「文化」の扱い方に関わる疑問である。本章では、それらの中で、特徴的な事例を取り上げ、「条約運用上の混乱」と「文化の多様性を構築するフィールドにおいて」と分けて検証する。

## 条約運用上の混乱

ユネスコ無形文化遺産課のホームページには、運用の始めから現在に至るまでユネスコに提出された提案書、その事前審査の結果、また政府間委員会での議論の録音資料、そして政府間委員会での最終決定とその理由が全て公開されている。それらを概観すると、第一に記載件数が二〇一一年以降、急激に減っていることが解る。全体を見ても二〇〇九年には七十五件、二〇一〇年には四十五件、二〇一一年には十八件、二〇一二年は二十七件、二〇一三年には二十五件、二〇一四年には三十四件という変化がある。これらの記載件数の減少は、この条約運用が手探りの状態であることを示唆している。例えば、二〇一一年に記載件数が激減したのは、その年に新しく記載の可否に加えて、情報不足により記載の可否が判断出来ない場合のために導入された「情報照会」という審査結果の新設が大きく影響している。事前審査の段階で新たに出来た「情報照会」という決定が多用された結果、記載件数が激減し、多くの案件が「情報照会」の結果となった。この現象は、日本の案件にも反映している。この年は二件が記載され、その他四件が「情報照会」となり、記載されなかった後者の案件は後に再度提案されたか、その順番待ちの状態である。このように、代表一覧表の記載件数の減少とその背景を単純に考えるだけで、本条約の運用がまだ安定していない状況であることが読み取れる。

条約運用の核を成す審査基準、及びその審査過程に於いても、審査が始まった二〇〇三年当初に比較すると、劇的な変化が見られる。菊地（二〇一三）は二〇〇八年から二〇〇九年に至る当時の審査の状況を「……加盟国の申請案件は、事務的不備がない限り、ほぼ自動的にリスト登録を果たすことになっている。」（二〇一三：一五四）と説明している。確かにその当時の審査作業はまさに「文化の多様性」を顕彰する勢いで、多数の無形文化遺産が記載された。しかしそれから数年のうちに審査過程が変化し、審査件数が制限され、それに伴い締約国は審査件数を踏まえて提案を行うよう奨励され、加えて審査基準がより複雑化した。

これらの状況に加えて、締約国から提案されたものの、未だに審査されていない提案書が合計一四三件ある。ホームページ上の説明では「政府間委員会、およびユネスコ事務局の事務処理能力が追い付かない」とある。このことは運用上の混乱であり、実際に運用が始まると予想以上に多くの提案があり、それらを処理するキャパシティーがなかった。これらの混乱は今後、条約運用が安定することにより解決されることを期待する。しかしながら、締約国側から見ると、記載件数の激減や条約の運用が不安定である現実は大きな戸惑いでもある（神崎 二〇一四）。日本の「和食」以降の提案に見られるように、それまでの地域ごとの無形文化遺産のとらえ方から、日本全国を網羅した無形文化遺産のとらえ方への変更による締約国の戸惑いは深刻である。今後、運用指示書の更なる修正により、運用が安定して行くことを期待したい。

次に取り上げたい現象は、より深く「文化の多様性」の本質に関わる問題である。それは二〇〇八年の代表一覧表に記載された九十件の無形文化遺産と本条約との間に起きている理念上の齟齬に関する問題である。無形文化遺産条約の採択に至るまで、無形文化遺産の重要性を世界に喚起し、条約成立に向けた土壌作りを目的として、ユネスコ総会において三回にわたり、「人類の口承及び無形遺産に関する傑作の宣言」がなされ、合計九十件の無形遺産が傑作として宣言された。(3) 傑作宣言は条約とは異なるユネスコの一事業であり、これらの傑作はＮＧＯおよび専門家からなる十八人のユネスコ国際選考委員会が選考し、公表した。その選考基準は以下の（1）のいずれかの条件を満たし、同時に（2）の六つの基準を考慮することである。

（1）（ア）たぐいない価値を有する無形文化遺産が集約されていること。
（イ）歴史、芸術、民俗学、社会学、人類学、言語学または文学の観点から、たぐいない価値を有する民衆の伝統的な文化の表現形態であること。

（2）
（ア）人類の創造的才能の傑作としての卓越した価値
（イ）共同会の伝統的・歴史的ツール
（ウ）民族・共同体を体現する役割
（エ）技巧の卓越性
（オ）生活文化の伝統の独特の証明としての価値
（カ）消滅の危険性

（文化庁ホームページ：宮田 二〇〇七）

これらの無形文化遺産の傑作は、二〇〇八年に、条約の規定に基づき代表一覧表に統合された。しかし、明らかに代表一覧表の記載基準とは大きく異なり、九十件の傑作はまさに「卓越した普遍的価値」を求める世界遺産に類似しており、いわば「世界遺産の無形バージョン」である。木村（二〇〇七）が指摘しているボリビア共和国が申請した「カラワヤ族のアンデス的宇宙観」は、第二回目の傑作宣言で一覧に加えられた文化遺産であり、まさに「卓越した普遍的価値」が認められたものである。木村はこの点を問題視し、「……保護する価値のあるものをこのように設定するということは、保護するべきものと、その必要がないものを区別し、文化の価値の上下があることを認める事になる。」（木村 二〇〇七：三〇〇）と締めくくっている。木村の指摘こそが、無形文化遺産条約およびその運用指示書に関わった文化人類学者たちの懸念であり、それ故に現行の代表一覧表への記載基準が出来上がり、「文化の多様性」を目指す指針が確立してきた。しかしながら一つの代表一覧表に異なった基準で審査された無形文化遺産が混在することから、批判が生じることは避けられない。

代表一覧表に九十件の傑作が組み込まれている事実は、無形文化遺産条約が目指す「文化の多様性」の構築の過程に混乱を引き起こす可能性がある。このことは条約のⅧ経過規定の第31条2で「代表的な一覧表へのこれらの記載は、第16条2の規定に従って決定する将来の記載基準に何ら予断を与えるものではない」としているものの、誤解や混乱を避けることは難しい。その理由の一つは、「文化の多様性」という考え方そのものが、一般に理解されにくいという難しさがある。個々の文化遺産はそれを継承するコミュニティにとって価値があり、外部からの基準を導入して、それらの優越を決めるのではなく、それらが多様にあることを良しとするという考え方は、概念として理解することができたとしても、代表一覧表に記載されるという実践的な場面では、必ずしも、容易に理解できるものではない。一般的には、世界遺産のイメージが強く、無形文化遺産の代表一覧表への記載により「我が文化遺産は優れていることが世界に認められた」と理解する傾向が強い。実際、「和食」の記載が決定されたことを伝える報道の多くにおいて、「誇るべき和食」というニュアンスの論調が目立った。つまり本条約が目指す「平等性」よりは、むしろ「エリート性」の方が理解し易いことは否定しがたい。その結果、それぞれの国で知名度の高い文化遺産が代表一覧表に記載されていることは、誤解を助長することがあっても、誤解の解決には繋がらない。しかしながら、すでに代表一覧表には二種類の基準によって審査された無形文化遺産が記載されており、今後、無形文化遺産条約の理解を促進させる努力の中で、「エリート性」を排除し、「文化の多様性」の根本を成す「平等性」の理解を促す努力の強化が求められる。

## 「文化の多様性」を構築するフィールドにおいて

歴史的現実に根ざした特定の儀礼や祭り、踊りは、その地域において社会・文化的機能を果たし、時代の変化に呼応して自らも変化して、現代に至って継承されている。それらを横並びにして、「文化の多様性」を示すことは単純な作業のように捉えられる。しかし、その作業が行われるフィールド、つまり政府間委員会では、意外にも、悲喜交々なドラマが繰り広げられる。特に事前審査の結果が政府間委員会において提示され、議論に至る段階で記載の可否に何らかの疑問が提示された案件については、当然、委員会での協議が長引く。実際、政府間委員会において事前審査による勧告が「記載」である場合は、審査機関の議長により報告書が読み上げられ、勧告を承認する形で議事が進められる。時間的にも、一件の審議が二十分足らずで終わり、その後に提案国の喜びの挨拶で終わる。事前審査で何らかの疑義が生じた案件については、政府間委員会の中で慎重な議論が行われる。これらの案件には単純に情報が不足しているケースや、より深刻な問題を提起しているケースがある。これらの深刻な問題は無形文化遺産条約の下で「文化の多様性」を構築して行こうとする人々の苦悩の反映であり、議論に加わる人々はそれぞれの思いを表現しつつ、なんらかの合意を作り上げていく。政府間委員会はその作業を行うフィールドであり、「文化の多様性」を構築していくダイナミックな作業を理解する格好なフィールドを提供している。

分析のための具体的な題材として、ここでは三つの提案書に関する審議を取り上げる。最初の二つの提案書はいずれも二〇一四年の政府間委員会で審議されたものであり、一つは中国政府が申請した少数民族である「彝《イ》族のたいまつ祭り」であり、もう一つはサウジアラビアが申請した「アル＝アラダン・アル＝ナジドヤー、サウジアラビアのダンス、太鼓と詩」である。これらの提案書はいずれも提案書の記述に不明瞭な個所があり、政府間委員会ではそれを巡って長い議論が交わされた。最後に二〇一三年十二月の政府間委員会で代表一覧表に記載が決定した「和食：日本人の伝統的な食文化」を取り上げる。この提案書は五つの基準を満たし「記載」と決定した上に、事前審査の段階で「モデル提案書」として選ばれたものである。これら三つの提案書はそれぞれに特徴的であり、現在の無形文化遺産条約の運用状況を知る上で、重要な課題を提示している。

## 彝族のたいまつ祭り

中国南西部に住む彝《イ》族の人々は毎年、三日間にわたり、先祖供養や豊作を祈願する「たいまつ祭り」を行う。

中国政府はこの「たいまつ祭り」を代表一覧表に記載することを求めて提案書をユネスコ事務局へ提出した（ユネスコホームページに公開されている提案書ファイル番号00654を参照）。審査機関による事前審査では、運用指示書第10条2項にある五つの審査基準のうち、第一番目と第二番目について、記述の不備を指摘した。具体的には祭りの一部として行われる「動物を戦わせる行為」の記述に関して更なる情報を求め、この提案書を「情報照会」とした。その論旨は以下の通りである（筆者要約）。

たいまつ祭りは世代を超えて受け継がれ、多様な文化的表現や慣習が含まれる。その中の動物を戦わせる行為は、どのように多様なコミュニティ、集団および個人のセンシティビティーを尊重することに繋がるのか。またエンターテインメントとして、生きた動物を暴力的に扱う事が、どのように異なるセンシティビティーを持つ人々との対話を促進することにつながるのか。

(ITH/14/0.COM10 p.30. DRAFT DECISION 9.COM 10.12,)

勧告の中では、提案書にある闘牛などの「動物を戦わせる行為」がどのように異なるセンシティビティーを持つ人々との共生を可能にするのかという問題に関して、説明が不足していると指摘する。

事前審査による上記の指摘について、最終決定機関である政府間委員会において、慎重な議論が展開された。ホームページに公開されている録音資料を要約すると、委員国の間では「繊細であり、重要な問題」であることに同意しつつも、微妙に異なる意見が提示された。その意見は大きく四つに分けられる（筆者要約）。

（1）少数集団の歴史ある伝統であることを理解し、価値観を押し付けるのではなく、中国政府に説明を求めるべきである。
（2）エンターテインメントとして動物の扱いはどのように考えるべきか慎重に検討するべきである。

（3）祭りの一部として動物の戦いが行われている。その中で動物の戦いは象徴的な意味などがあるのか説明を求めるべきである。

（4）この議論では西洋的価値観を押し付けようとしているのではなく、国際的にどのような考え方を推進するかという問題である。国際的なリストに記載する場合に、それが他の人々の間に違和感や問題を発生するような文化遺産であれば、それは記載するべきではない。これは動物に関する問題だけではなく、暴力やジェンダーの問題も同様である。

これらの発言に対して、中国政府は以下のような説明を行った（筆者要約）。

彝族の宇宙観では、動物と人間は同一の先祖の子孫であるという考え方があり、他の民族と異なっている。これらの違いは、異なる考え方を持つ集団の間で対話を促進する。エンターテインメントという発想ではなく、彝族の考え方では、動物が祭りに参加していると考えている。祭りは彝族のアイデンティティーを強めるものであり、他の人々や集団に対して問題を引き起こすものではない。動物の戦いは祭りのほんの一部であり、また「動物を戦わせる行為」の記述は、翻訳の過程で誤訳されたために誤解が起きている。

中国政府は彝族の代表を同席させて、自らも発言させるなどの説明努力をしたが、委員会の議論では事前審査の「情報照会」を覆すことが出来ないままで、委員会は最終的に「情報照会」とすることを決定した。「彝族のたいまつ祭り」で行われる「動物を戦わせる行為」の記述に関して、約一時間半に及んで交わされた議論の内容は、「文化の多様性」「文化相対論」を盲信してきた筆者にとって、極めて興味深い材料を提供している。委員国がそれぞれ慎重に言葉を選んで発言しているのは、この年に初めてこの種の問題が表面化したためであり、「文化の多様性」を目指す条約の基盤を成すべき「価値観の多様性」が問われているからである。ここで再度念を押すが、審査の対象はあくまでも提案書である。そこに書かれた「記述」が記載基準を満たすかどうかが議論の焦点であり、決して「動物を戦わせる行為」の価値判断を試みているのではない。しかし明らかに、記述に留まって議論することは不可能であり、いずれの意見も、行為そのものの価値観に踏み込んで議論していることは否めない。

委員国の意見には明らかな差異がある。（1）と（3）の意見は、あくまでも当事者にとって「動物を戦わせる行為」がどのような意味を持つかを問いかけ、その説明を当事者に求めている。歴史的背景や祭り全体の中でこの行為が持つ意味について、彝族の目線による説明を求めている。しかし（2）の意見は「エンターテインメントとしての動物の扱い」という表現に表れているように、この行為が「人のためのエンターテインメント」であるという解釈の前提に立ち、「エンターテインメント」つまり「娯楽」や「レジャー」という表現と共通した、人間の生存に関わる行為ではなく、「人を楽しませてくれる趣味、あるいは余暇的な行為」であるという価値判断がすでになされている。その上で、委員会において、この種類の動物の扱いをどのようにすべきか、という問いを投げかけている。

（4）の意見は、はっきりと国際レベルでの価値基準について言及している。つまり無形文化遺産条約の下で代表一覧表に記載する文化遺産は、新たな「国際レベルでの価値基準」を満たさなければならない。この場合は「動物福祉」に関する価値基準であり、その他、ジェンダーに関する問題なども同様に、「国際レベルでの価値基準」を明らかにしなければならないという指摘である。

後に続く議論の中で、これらの三種類の微妙に異なる意見の賛否意見が交わされたが、少なくとも（4）の意見を支持する意見は少なく、委員会の全体意見を反映しているものではない。つまり、委員会の全体意見は（1）～（3）であり、当事者の立場に踏み込んで、この微妙な問題を解決しようと努力をしつつ、「多様なセンシティビティーを持つ人々に広く受け入れられる行為である事を記述する」というニーズが満たされていない点を問題視している。しかし議論の結果は、中国政府の補足的説明にも関わらず、審査機関からの勧告通りにこの案件を「情報照会」とすることで最終決定した。

## アル＝アラダン・アル＝ナジドヤー、サウジアラビアのダンス、太鼓と詩

「彝族のたいまつ祭り」と同様に、政府間委員会の審査機関による事前審査の段階で記載不可とされ、さらに補足として本提案書にある暴力や戦いを助長する表現を問題視されたのが、サウジアラビア政府が申請した「アル＝アラダン・アル＝ナジドヤー、サウジアラビアのダンス、太鼓と詩」である（ユネスコホームページに公開されている提案書ファイル番号01013を参照）。この踊りと歌のパフォーマンスは、かつては戦いの士気を高める時または戦勝を祝う時に演じられたものであり、今やフォークグループが結婚式などの社会行事で演じるダンス、太鼓と詩であり、これをサウジアラビア政府は代表一覧表に記載することを提案した。サウジアラビア政府はこの提案書を以前にも提出しており、同様の案件を提出するのは二度目である。また代表一覧表に記載されたサウジアラビア単独の無形文化遺産は未だに一件もない。そのことからもサウジアラビア政府が記載にかける期待は大きい。

事前審査では「アル＝アラダン・アル＝ナジドヤー、サウジアラビアのダンス、太鼓と詩」を代表一覧表に記載しないという勧告が出されている。ここで問題になっているのは、二つの点である。一つは「記載しない」という決定をするか（その場合は今後四年間再提出が許されない）、あるいは「情報照会」として、次年度に再提出を促すのかという問題である。もう一つは、審査機関が補足説明で、本提案書を再度提出する場合には「社会的統合と会話に対する貢献」について詳しく説明し、「戦いを喚起し、また助長する表現（英語では evoking martial sentiments and exhortations to battles）」を避けるよう指摘をしている点である（ITH/14/9.COM/10 p58　DREFT DECISION 9.COM 10.39 筆者要約）。この勧告を受けて、政府間委員会では一時間半以上を費やして、議論を重ねた。

「記載しない」の決定を「情報照会」に変更するかどうかという一つ目の点については、賛成多数で変更が認められた。代表一覧表にはサウジアラビア単独の記載がまだなく、今回の申請が同一の文化遺産の二度目の申請であることなどが考慮された結果である。残された点は「戦いに関する記述」である。政府間委員会のメンバーがそれぞれに微妙にニュアンスが異なる意見を述べているが、それらをまとめると、大きく二つの点にまとめることが出来る。

（1）かつては戦いに関連した踊りであったが、現在は異なり、結婚式などで演じられ、喜びや幸福を表現する歌や踊りである。

（2）剣を持って戦いを誘うという要素が問題であり、そのことに関して十分な説明が必要である。

再び確認するが、ここで問題にしているのは提案書上の記述であり、実際の文化遺産の価値を議論しているわけではない、と言いつつも「戦い」「暴力」「戦争」などの行為やそれに伴う価値観については、本条約は決定的な制限を設けている。代表一覧表記載基準の1の5番目に「本案件のいずれの部分にも現行の国際人権規定に沿わない部分、あるいはコミュニティ、集団そして個人との相互尊重に寄与しない部分、また持続的発展に沿わない部分がありますか」という設問があり、当然その答えは「ノー」でなければならない。サウジアラビア政府の提案書で問題になっている根本の問題は、この項目に抵触している可能性があるからである。

第九回政府間委員会の議論では、（1）の意見が大勢を占め、最終的には、勧告の最後に述べられた「戦いを喚起し、また助長する表現を避けるように」という指摘は削除された。この議論から、「文化の多様性」が構築されるフィールドにおいて、明らかに、記載のための前提条件として「普遍的な価値」があることが見えてくる。それは現行の国際人権規定であり、加えてコミュニティ、集団そして個人との相互尊重、そして持続的発展である。

中国政府が申請した「彝族のたいまつ祭り」とサウジアラビア政府が申請した「アル＝アラダン・アル＝ナジ

ドヤー、サウジアラビアのダンス、太鼓と詩」の二つの事例分析から、無形文化遺産条約のもとで「文化の多様性」を作り上げていく過程で、文化遺産が継承されている地域では意識されない新たな価値基準が適応されていることが明らかになってきた。地域では意識されない新たな価値基準とは、流動的な価値観の複合体であり、この点については次の節で詳しく考察する。

## 和食：日本人の伝統的な食文化

前述の二つの提案書とは異なり、日本政府が申請していた「和食」の提案書は事前審査において「代表一覧表に記載」という勧告であり、二〇一三年十二月の政府間委員会では原案が紹介されると、そのまま原案通りに「記載」が決定された。その後、文化庁長官による感謝の挨拶を持って、この議題は速やかに終了した。その後、「和食」が代表一覧表に記載されたことを報じるニュースが日本の隅々に伝わる頃には、日本国民は知らぬ間に「無形文化遺産の担い手」となっていたのである。報道されたニュースには無形文化遺産条約の基本的理解が不足している内容も多く、世界遺産との混同も多く見られたが、確かに「和食」の代表一覧表記載により、日本国内における無形文化遺産条約の知名度は劇的に高まった。多くの新聞論説やテレビ番組で「和食」が取り上げられ、「和食の価値を再認識して、和食文化を継承しよう」と呼びかけると、多くの日本国民が「無形文化遺産の担い手」にされたことに気が付き始めた。しだいに「何が和食なのか」、「和食は誰のもの」、「和食の担い手は何をするの」という問いかけが始まり、二〇一四年六月、国立民族学博物館では「和食は誰のもの」と題する公開フォーラムが開催され、土曜の午後という時間であるにも関わらず、多くの一般市民が集まり、自らに突然と課せられた「無形文化遺産の担い手」という役割について、それぞれの思いを語った。

本章では一貫して、公開されている資料を分析することに徹していることから、この案件に関しても、提案書（ユネスコホームページで公開されている提案書ファイル番号00869を参照）を中心に「担い手」について検証していく。

四五ページに紹介した代表一覧表の審査基準の4番目の基準は、提案されている無形文化遺産が地域コミュニティの人々によって継承され、それらの人々が代表一覧表への記載を望んでいる状況を説明するというものである。日本政府が提出した提案書の冒頭の地理的範囲を記述する項目には「和食という社会習慣は、北は北海道から、南は沖縄まで、それぞれの地域的特徴を活かしつつ、日本各地で継承されている」と明記している。さらに「申請に対するコミュニティ参加とその合意」という項目では、全国的な規模の委員会が設立され、そのもとでコミュニティレベル、草の根団体や個人の参加、また二〇一一年には三千人以上を対象にしたアンケート調査が実施され、いずれのレベルでも代表一覧表に記載することを支持する積極的な意見によって作業が進められたことが記述されている。またそのことを証明する資料として、一六二五頁に及ぶ膨大な量の合意書が添付されている。それらの合意書は県・市・町・村レベルの地方自治体を始めとして、全国組織の食文化団体から地方組織の団体などの多様な団体からの合意書が含まれている。これだけの量の合意書を添付する提案書は他に例がなく、事前審査では国民全体が和食の代表一覧表の記載を望んでいることを示すには十分であると判断されたと考えられる。実際、審査機関は、和食の提案書が内容においても添付資料（ビデオを含む）の質においても充実したものと判断し、これを「モデル提案書」として選別し、締約国が自らの提案書を書くための見本とすることを推奨している。また、この同意書は現実を伴わないという批判は正確ではない。提案書が申請されている時期に、日本全国で地域ブロックごとに「日本食文化、無形文化遺産化シンポジュウム」なるイベントが開催されていた。主催者は農林水産省の食ビジョン推進室であり、シンポジュウムでは地域の食文化に関わる団体や個人が講演や発表などが行われていた。筆者はその北海道ブロックのシンポジュウムへ参加したが、「伝えよう！　地域の食文化」と題して、専門家や一般市民が一堂に会して、北海道における食文化の特徴やその継承活動の報告が行われた。学校給食の現場での課題から、食生活改善の試みや親子料理教室などの幅広い活動の報告があり、配られた資料にはアイヌ民族の伝統食などの記述もあり、北海道における食文化を網羅的に扱うシンポジュウムであった。

確かに、和食を無形文化遺産の代表一覧表に記載しようと働きかけたのは農林水産省であり、国民全体が発起して記載に向けて努力したというわけではなかった。しかし膨大な数の団体の合意を得て、加えて一般市民への広報も行ったという意味では、提案書に表れているように「コミュニティの参加と合意」があったと言えるであろう。しかしながら、和食が代表一覧表に記載されることが決定されたことをニュースによって知らされた一般市民が、「知らない間に無形文化遺産の担い手にされてしまった」という戸惑いを感じたことも真実である（本書阿部論文も参照）。

無形文化遺産条約では、その第15条で「締約国は、無形文化遺産の保護に関する活動の枠組みの中で、無形文化遺産を創出し、維持し及び伝承する社会、集団および適当な場合には個人のできる限り広範な参加を確保するよう努め並びにこれらのものをその管理に積極的に参加させるよう努める」と明示している。つまり本条約が定義する無形文化遺産はコミュニティが主体であり、地域住民たちが創造性を駆使して維持し、伝承していくことが求められている。その意味において、和食が代表一覧表に記載されたことは、すなわち日本国民全体が和食の担い手であり、今後、それを継承していくことが期待されていることを意味する。

「和食」の代表一覧表記載に見られるように、国民全体が無形文化遺産の担い手になる事例は他にも見られる。二〇一〇年にはフランス政府が提案した「フランスの美食」が代表一覧表に記載されたが、この担い手はフランス国民全体である（ユネスコホームページに公開されている提案書ファイル番号00437を参照）。また日本の和食が代表一覧表に記載になった同年に、韓国政府が提案した「キムジャン（キムチ作り文化）」（提案書ファイル番号00881を参照）も記載された。この提案書の中でも、キムチ文化の担い手は国民全体である。このようなケースは今後も続くことが予想され、無形文化遺産の担い手たちの自主性が明確であるとは言えないものの、本条約のもとでの無形文化遺産の一つの形態として確立していると言える。

## 三　無形文化遺産保護条約の下での「文化の多様性」

本章では代表一覧表の審査に関わる三つの案件を取り上げ、それらを介して「文化の多様性」が築かれていく過程の一端を検証した。これらの三つの事例に共通する現象を挙げると、実際の人々の生活の中に生きる「文化」が、無形文化遺産条約という国際舞台に登場すると、日常生活では意識されない価値基準が持ち込まれて、「記載」「不記載」などの判断がなされていることである。その結果、生活の中で生きる「文化」から乖離した「文化」の姿が見えてくるのである。つまり本条約の下で「文化の多様性」を作り上げていこうとする過程で、この条約、及び運用指示書に示されている複雑な価値体系が機能しているのである。

本条約の下での価値体系をさらに明確にしているのは、二〇一四年の政府間委員会においてユネスコ事務局がまとめた「エイド・メモアール（Aide-Memoire）」という提案書を書く上での手引書である。五十数ページに及ぶ本資料は、これまで提案書を審査する過程で審査機関により指摘されてきた「注意事項」をまとめた補助的な資料であり、他の資料と同様に、ユネスコホームページに公開されている。

前節で取り上げた三つの提案書に関して、議論の中心となった登録基準に関して、エイド・メモアールではさらに明快な説明を提供している（筆者邦訳）。

第69番　人権と相互尊重について

条約の中で無形文化遺産の定義が示されているが、その定義の重要な点が提案書に十分に説明されていないケースが多い。重要な点とは、申請されている無形文化遺産が既存の国際人権規定に沿っているか、さらに異なるコミュニティ、グループ、個人との相互尊重に寄与するものであるかどうかという点である。二〇一四年の委員会において、締約国に対し人権尊重は本条約の基本理念であり、提案書では案件が既存の人権規定に十分に適合していることを示す必要があることが確認されている。

（エイド・メモアール　第69番）

さらにコミュニティ参加に関する設問に答える要領として、エイド・メモアールは以下のように説明している。

第96番　登録基準4（コミュニティーの参加に関する基準）は二つの部分により構成されている。一つは出来る限り広い範囲の人々の参加を求めるという点であり、もう一つはそれらの人々からのインフォームド・コンセントを得るという点である。無形文化遺産の継承及び保護にはコミュニティ参加は不可欠であり、その説明は詳細で具体的にする必要がある。またコミュニティ参加はこの箇所に限定したものではなく、提案書全般に一貫して説明することが求められる。

（エイド・メモアール　第96番、筆者邦訳）

エイド・メモアールにまとめられているこれらの内容は、過去に審査に関わった審査機関のメンバーたちが指摘して、ユネスコ事務局がまとめた上で原案として政府間委員会に提出し、それらを議論し決定した内容であり、いわば運用指示書を補完する「下位の指示書」と言える。この中の内容が審査判定にどの程度の影響を持つのか、絶対的な判断基準であるか、参考程度の基準であるか、その匙加減は明らかではない。しかし提案書を書く側の担当者は、「記載」の確率を高めるためにも、エイド・メモアールに忠実であろうと努力することは想像に難くない。

文化遺産が世界各地に多様にあり、それらが貴重な人類の財産であり、保護されるべきものであると示すことが、代表一覧表における「文化の多様性」であるとすれば、個々の文化遺産の価値の優劣をつけることなく、その文化遺産が継承されている地域において、それらに関わる人々にとっての価値を認めて、それらを記載することが期待される。しかしながら、審査作業、さらに政府間委員会における議論の中で「国際人権規約に沿う」、「他のコミュニティの人々のセンシティビティーへの配慮」や「コミュニティ参加」に言及するという新たな条件が加わってくる状況が明らかになった。二〇一四年度の政府間委員会を傍聴していた二神氏は動物の利用、対立や戦争に関連する表現について、「自分たちが属していないコミュニティで否定的に捉えられるからと言って、それを条約上の無形文化遺産ではない……それこそが文化の多様性を否定する事になりかねない」（二〇一五：三五）と述べている。この問題は慎重に考えていかなければならない問題であり、最近、人類学分野で議論になっている「グローバル化による普遍主義の再来」（松田 二〇一三）の事例として、さらに議論するべき課題である。

ここで注目したいのは、国際レベルの価値基準のさらなる複合性である。無形文化遺産条約が問題にしているのは、少なくとも強弱の異なる三つの価値基準である。その第一が「人権」である。「本案件のいずれの部分にも現行の国際人権規定に沿わない部分、あるいはコミュニティ、集団そして個人との相互尊重に寄与しない部分、また持続的発展に沿わない部分がありますか」という設問の中で、絶対的な条件は「現行の国際人権規定に沿う事」であり、「人権」を脅かす行為は、提案書の記述の中にそれが認められた段階で排除される。

第二に提案書の記述に「コミュニティ、集団そして個人との相互尊重に寄与しない部分がない」という条件である。現在、国際規定はないが、特定の課題を問題視する社会的圧力がある場合や、代表一覧表に記載すると何らかの反対圧力が予想できる場合、これらに該当する文化遺産の記載は先延ばしにしようという結論に落ち着く（本書川瀬論文も参照）。その例を示しているのが「動物の扱い方」である。この問題に加えて、エイド・メモアールでは、ジェンダーに関する問題、さらに子供の権利に関する問題などが提示されている。

これらに加えて、無形文化遺産条約はさらにコミュニティ参加を条件とし、政府主導の無形文化遺産保護の体制ではなく、地域住民主導の保護体制を求めている。政府間委員会では「ボトムアップ」という表現が使われ、

「トップダウン」という表現と対比して用いられている。このことは提案書の一項目で求められているのではなく、無形文化遺産保護措置の全般に求められ、無形文化遺産は人々の手で継承され、日常の生活に根ざしていくべきことを強調している。その意味で「和食」の申請は、提案書の上では「ボトムアップ」の形態が目指されているのであり、今後、「無形文化遺産の担い手」とされた国民への周知と全国的な意識の高揚により、「ボトムアップ」が実体化していくことが期待される。さらに加えるならば、このことから導き出される課題は、「ボトムアップ」を良しとする無形文化遺産条約と現行の国内法の運用との整合性をどのようにつけていくのかという問題ではないだろうか（本書菅論文と笹原論文も参照）。

無形文化遺産条約が求める「コミュニティ参加」という条件に関して、菊地（二〇一三）は興味深い事例を挙げている。それは二〇〇九年に代表一覧表へ記載された「奥能登のアエノコト」に起きた変化である。アエノコトは米の収穫時と耕作前に各家庭で個別に行われていた田の神を祀る儀礼であったが、菊地によると、代表一覧表に記載されて以降は儀礼が個人の家庭ではなく、村の行事として行われるようになり、個人の儀礼が「コミュニティ化」しているという(4)。この事例にみられるように、代表一覧表への記載以降に起きる無形文化遺産自体の質的な変化や継承形態の変化について、さらなる調査が必要である。

最後に無形文化遺産条約の下で代表一覧表に記載するかどうかの審査で、最も決定的な条件が、本章でも繰り返し述べてきたが、審査および決定の段階で、現地調査を行っていないことであり、すべての情報は提案書に書かれた内容に依拠するという制限である。つまり「提案書に書かれた文字」だけが審査の対象になり、実際の無形文化遺産自体を審査するのではないという実態が引き起こす誤解や混乱に目を向ける必要がある（守山 二〇一四）。

無形文化遺産条約は若い条約であり、締約国担当者やユネスコ事務局、また一連の審査作業に関わる専門家たちが試行錯誤を重ねて、条約運用の充実と効率化を高めていくことが期待されている。否応なく国際化する現代社会において、長い時間を経て地域住民たちの手で継承されてきた無形文化遺産が、ユネスコに代表される国際レベルにおいて評価される過程で起きる諸現象に注視していく必要がある。それは取りも直さず、無形文化遺産条約が「恒久的世界平和」への貢献という本来の目的を果たすためにも不可欠である。

（1）　締約国間の地理的衡平性を保つために、締約国を地理的に六つに分割して、西欧及び北米諸国、中・東欧諸国、ラテンアメリカ・カリブ諸国、アジア太平洋諸国、アフリカ諸国、アラブ諸国の六グループとし、選挙等の際にはこれらのグループごとに議席を配分している。

（2）　二〇一五年現在、審査件数には上限が設けられ、原則として毎年各国一件だが、二〇一五年と二〇一六年はそれぞれ五十件ずつ、かつ、この二年間で少なくともどの国も一件が審査される事が保証されている。五十件の範囲内でどの案件から審査していくかという優先順位については、無形文化遺産代表一覧表等への記載がまだない国、すでにあるが件数が少ない国等が優先されることとされている。

（3）　傑作宣言事業は、一九九七年のユネスコ総会で「人類の口承遺産の傑作」の宣言という国際的栄誉を設けるための決定が採択され、ユネスコが定める基準を満たすものを二〇〇一年から三回にわたり「人類の口承及び無形遺産の傑作に関する宣言」として宣言した。その総計は九十件である。日本からは能楽、人形浄瑠璃、歌舞伎が記載されている。

（4）　この事例に関しては、一覧表記載前後に変化が見られないとする意見もある。

参考文献

愛川・フォール紀子（二〇一〇）『２００９年度公開学術講演　文化遺産の「拡大解釈」から「統合的アプローチ」へ――ユネスコの文化政策にみる文化の「意味」と「役割」』Seijo CGS Working Paper Series No.4、成城大学民俗学研究所グローカル研究センター。

飯田卓（二〇一三）「文化の象徴としての家」国立民族学博物館（編）『霧の森の叡智――マダガスカル、無形文化遺産のものづくり』四八―五五頁、国立民族学博物館。

岩崎まさみ（二〇一二）「無形文化遺産保護条約の概要とその意義」北海学園大学大学院文学研究科『年報　新人文学』九：五三―七七。

岩本通弥（編）（二〇一三）『世界遺産時代の民俗学――グローバル・スタンダードの受容をめぐる日韓比較』風響社。

神崎宣武（二〇一四）「わが国の無形文化財とユネスコ無形文化遺産」『月刊　文化財』六〇八：四―七。

菊地暁（二〇一三）「ユネスコ無形文化遺産になるということ――奥能登のアエノコトの二世紀」、岩本通弥（編）『世界遺産時代の民俗学——グローバル・スタンダードの受容をめぐる日韓較』一四九—一七八頁、風響社。

木村秀雄（二〇〇七）「愚直なエスノグラフィー——著作権・無形文化遺産・ボランティー」『文化人類学』七二（三）：三八三—四〇一。

河野俊行（二〇〇四）「基調講演　無形文化遺産条約の思想と構造——世界遺産条約、日本法との比較に置いて」「シンポジュウム　有形・無形の文化遺産の包括的アプローチ」二〇〇四年三月二十七日沖縄にて開催。

スミーツ、リックス（Smeets, Rieks）（二〇〇四）「総括講演　無形文化遺産、およびその有形文化遺産・自然遺産との関連性」「シンポジュウム　有形・無形の文化遺産の包括的アプローチ」二〇〇四年三月二十七日沖縄にて開催。

宮田繁幸（二〇〇六）「日本の無形文化遺産保護と無形文化遺産保護条約」第三十回文化財の保護・修復に関する国際研究集会「無形文化遺産の保護——国際協力と日本の役割」での基調講演、日本文化財研究所にて開催。

——（二〇〇七）「無形文化遺産保護における国際的枠組み形成」『無形文化遺産研究報告』一：一—二六。

——（二〇〇八）「無形文化遺産保護における国際的枠組み形成2」『無形文化遺産研究報告』二：一—二〇。

——（二〇一〇a）「実施段階に入った無形文化遺産保護条約」『無形文化遺産研究報告』四：一—一三。

——（二〇一〇b）「アジア太平洋における保護措置の現状と課題」一月十四日日本文化財研究所にて開催された無形文化遺産国際研究会での報告。

——（二〇一二）「岐路に立つ無形文化遺産保護条約」『無形文化遺産研究報告』六：一—一九。

七海ゆみ子（二〇一二）『無形文化遺産とは何か』彩流社。

二神葉子（二〇一五）「無形文化遺産の保護に関する第9回政府間委員会における議論の概要と今後の課題」『無形文化遺産研究報告』八：二五—三九。

星野紘（二〇〇七a）「国際的に動き出した無形文化遺産の保存における課題」『比較民俗研究』二一：七七—八八。

——（二〇〇七b）『世界遺産時代の村踊り——無形文化財を伝え遺す』雄山閣。

文化庁文化財部（監修）（二〇一四）『月刊　文化財』六〇八（特集　無形文化遺産保護条約）。

松田素二（二〇一三）「第7回日本文化人類学会賞受賞記念論文　現代世界における人類学的実践の困難と可能性」『文化人類学』七八（一）：一—二三。

守山弘子（二〇一四）「無形文化遺産保護条約について」『月刊　文化財』八—一二頁。

吉田ゆか子（二〇一七）「テーマパークにおける芸能伝承——「美しいインドネシアミニチュア公園」が投げかける問い」飯田卓（編）『文明史のなかの文化遺産』二三三—二五九頁、臨川書店。

Aikawa, Noriko 2004 An Historical Overview of the Preparation of the UNESCO International Convention for the Safeguarding of

the Intangible Cultural Heritage. *Museum* 56 (1-2): 137-149.
——2006 UNESCO Convention for the Safeguarding of the Intangible Cultural Heritage: From Its Adoption to the First Meeting of the Intergovernmental Committee、第三十回文化財の保護・修復に関する国際研究集会「無形文化遺産の保護——国際協力と日本の役割」での基調講演、日本文化財研究所にて開催。

# 幻影化する無形文化遺産

菅　豊

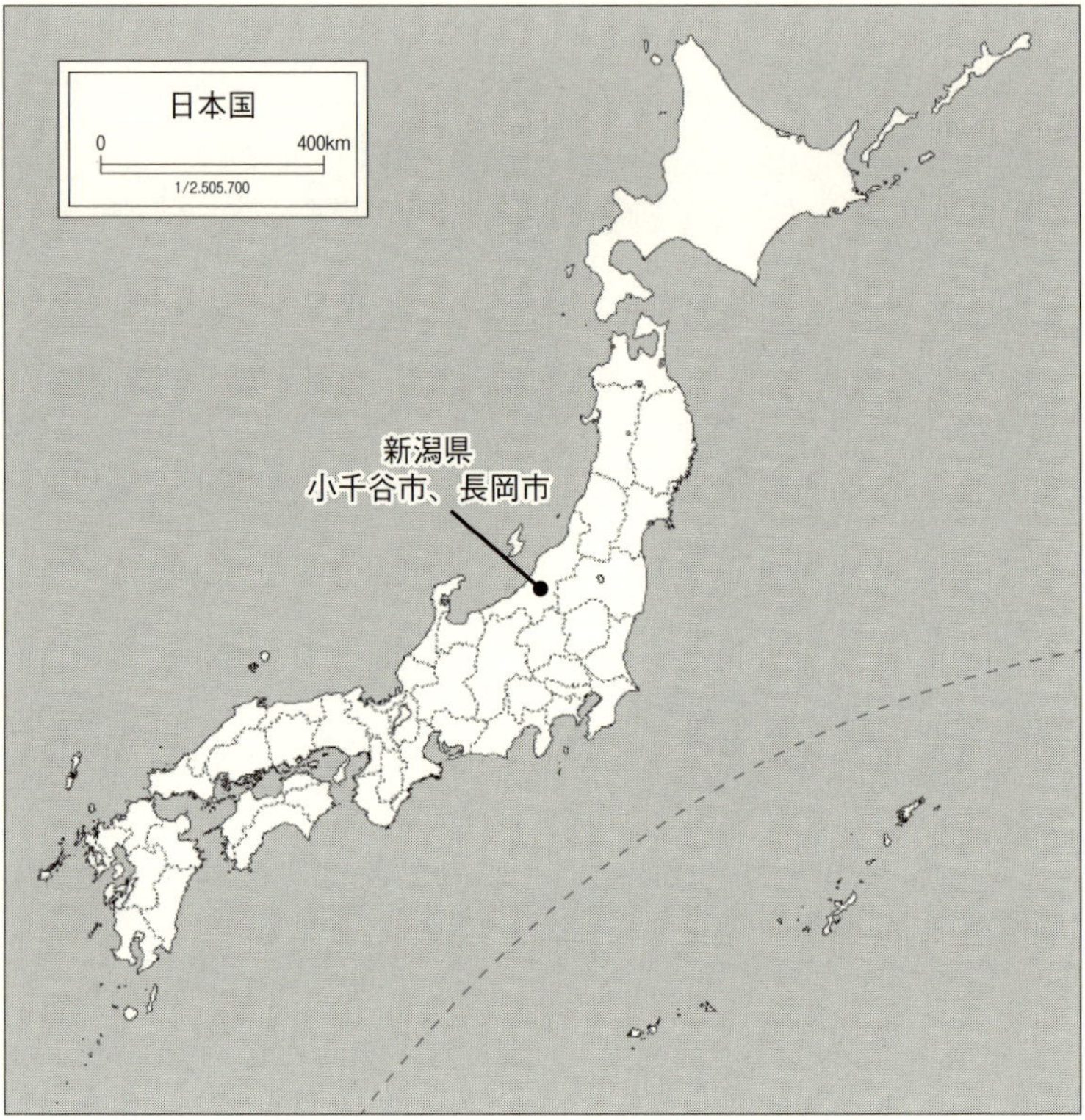
日本国
0
400km
1/2.505.700
新潟県
小千谷市、長岡市

## はじめに

いま、地域の伝統文化は、「財」から「遺産」へと再定置されつつある。その維持や管理には、その伝統の担い手のみならず研究者、公共部門の専門家、政治家、企業、NPOの市民など、多様な立場の人びとが関与している。現代社会において文化をめぐる「遺産」は、ときに協働し、またときに競合する多様な人びとによって、コミュニティの内外を越えてあらわれる新しい文脈のなかで表象され、応用されているのである。彼／彼女らはそれぞれ異なる形で「遺産」という言葉を理解し、また異なる思惑、企図、さらに願望によって「遺産」という言葉を運用する。「遺産」をめぐる現場では、立場や意見の異なる人びとが、外部からもたらされた多様な政策や制度、資金をめぐって複雑に交錯しているのであり、その政策や制度は、必ずしも当初設計された時点の形や趣旨を踏襲するわけではない。そこでは、多様な局面で予期せぬ「ずれる／ずらす」状況が生み出されている(1)。

近年、文化をめぐる「遺産」について世界的な研究がなされ、制度上の意志決定プロセスや、ローカル・レベルでの制度への影響に関する実体研究、理論研究が進展している。本論が対象とする無形文化遺産に限っても、その研究は活況を呈しているといっても過言ではない(e.g., Noyes 2006, Smith and Akagawa 2009, Ruggles and Silverman 2009, Leimgruber 2010, Scher 2010, Foster 2011, Foster and Gilman 2015)。日本でもユネスコの世界遺産や無形文化遺産への関心は高まっており、たとえば、ユネスコの「遺産」制度が国内制度に与える影響や、その戦略的な受容や運用、さらに地域社会への影響や、現実と制度との齟齬に関する調整機構、「遺産」認定の政治性などが注目されてきた(岩本 二〇一三など)。

本章においても、無形文化遺産が地域社会に与えた影響を考察するが、ただしそこで注目するのは、無形文化遺産をめぐる文化活用や文化保護という本来の実体的な動きではない。無形文化遺産という言葉が、言葉だけで地域の人びとをかき立て、呼び起こし、幻像や偶像を黙示し、予期せぬ動きを生み出す幻影的《イルージョナル》な状況について考察するのである。具体的には、私が参画してきた地域伝統文化である国指定重要無形民俗文化財「越後の牛の角突き」を題材として、協働的な文化実践における私の介入と、その過程で偶然もち込まれた「無形文化遺産」という言葉が誘発した、「ずれる／ずらす」現実について考察する。

そこでは、無形文化遺産に関する具体的な動きがあったわけではない。しかし、「無形文化遺産」という言葉が、外からもたらされることにより、地域の人びとが喚起、惹起、触発された。そして、地域の人びとはその外部の幻影的な言葉を換骨奪胎、あるいは創造的に誤読しながら、位相が異なる内部の現実的な問題への対応に利用しようとしたのである。この予期せぬ「ずれる／ずらす」現実について検討することにより、「無形文化遺産」という言葉が、言葉だけで現場へ不確実な意味作用をもたらすことが理解できる。

ユネスコが展開する制度や政策は、世界各国を刺激して相似の政策や制度を生み出していくが、その力はさらに地方レベルにも波及し、そしてそこに生きる人びとの現実生活に大きな影響を与える。しかし、人びとのあいだに垣間見られる政策や制度の現実は、それを立案し制定したユネスコや政府が目指すもの、あるいは企図するものと、必ずしも合致するわけではない（本書岩崎論文を参照）。日本政府（文化庁）もまた、詳細にみれば、無形文化遺産の理念や制度を忠実に踏襲してはこなかった。このグローバル・ポリティクスとナショナル・ポリティクスのずれは、特段、日本に特有な現象ではなく、世界各国で生起している普遍的な現象であるといっても過言ではない（菅 二〇一五、本書兼重論文も参照）。

ユネスコが喧伝した世界遺産や無形文化遺産の概念と、それをめぐる制度は世界各国で受容されているが、その受容の様相や受容過程は、それぞれの国内の文化事情などを反映して多種多様である。簡単にいえば、各国はそれぞれの創意工夫によって、ユネスコの理念と制度をずらしながら読み直し、作り直しているのである。

ユネスコが世界遺産や無形文化遺産の制度を定める以前から、日本は文化財保護法に基づく文化財保護の制度を法的に確立していた。無形文化遺産と無形文化財・無形民俗文化財という概念は相同ではないが、「無形」の点を重視する点で類似するため、無形遺産保護条約に対応するにあたり日本政府は、既存の文化財制度と無形文化遺産制度とを二重構造的に接ぎ木する方策を採った。

当時の文化庁の報道発表資料（平成二十年七月三十日）(2)では、日本はすでに、重要性の高い無形文化遺産を文化財保護法に基づいて指定等・保護しており、「人類の無形文化遺産の代表的な一覧表（以下、「代表一覧表」）」には、すでに国が指定した重要無形文化財や重要無形民俗文化財、選定保存技術を順次記載していくことが明言されている。将来的には、記載基準に適合し提案可能なものすべてを「代表一覧表」に記載するよう目指した。この考え方に基づき、第一回の条約会議にむけて十四件の記載案件が選ばれたのである（うち十三件が記載）。紙幅の都合上、本章では無形文化遺産と重要無形文化財、重要無形民俗文化財等との異同を詳細に対照することは控えるが、理念や具体的内容において異なる部分があることは指摘しておきたい(3)。

この文化庁の原則に従うならば、国指定の重要無形文化財や重要無形民俗文化財等は、条件が整えば遅かれ早かれ、代表一覧表に記載されるはずである。本章で検討する「牛の角突きの習俗」(4)も国指定重要無形文化財なのだから、当然、記載される可能性がある。

日本政府は、従来の指定文化財の概念と、世界的な権威をもちながら実態がほとんど知られていない、ユネスコから天下りしてきた無形文化遺産の概念とを、ずらしながら接ぎ合わせることで制度的な連続性を生み出し、既存の法制度で対応する道を選択した。その結果、地域の無形の文化財の担い手に、世界的権威とつながる夢と希望、そして幻想を与えることになった。

## 一 「無形文化遺産」という言葉が地域にもたらされるまで

私は、十数年前から新潟県に伝わる「牛の角突きの習俗」を調査・研究し、さらにその活動に参加している。

「牛の角突きの習俗」は現在、小千谷市東山地区と長岡市山古志地区（旧・山古志村）で行われており、両者は一体として文化財として指定を受けている。東山地区と山古志地区は、いまでは属する市が異なり行政単位上は隔てられているが、江戸時代までは「二十村郷《にじゅうむらごう》」と称される一帯であり、地域文化や自然環境の類似性や婚姻関係などの親密さが、現在でも地域の人びとに意識されている。そして「二十村郷牛の角突き習俗保存会（以下「保存会」）」という団体が、文化財保護法に規定される重要無形民俗文化財の「保存に当たることを適当と認める者」、すなわち「保護団体」(5)となっている。ところが実際の角突きの運営は、小千谷市では小千谷闘牛振興協議会、長岡市では山古志闘牛会が、行政単位ごとに分かれて別々におこなっている。ちなみに私は、小千谷闘牛振興協議会の会員である。

一九七八（昭和五十三）年までは、「越後闘牛会」というひとつの団体が二十村郷すべての角突きを運営していた。しかし、重要無形民俗文化財の指定を受けるにあたり、小千谷市と旧・山古志村の行政からそれぞれに保護施策を受ける必要性が生まれ、行政単位ごとに運営団体を設立して補助金などの受け皿とした。結果、越後闘牛会はいつのまにか雲散霧消してしまった。一方、保護活動には保存会が携わっていることになっているが、実際には小千谷闘牛振興協議会と山古志闘牛会とがそれぞれその機能を十分に代替してきたため、実質的には近年まで保存会は休眠状態となっていた。

文化財指定によって運営団体がふたつに分かれて以後、両団体（両地域）の人びとの間には、伝統に対する意識のずれや、そしてそれにともなうぎこちない関係が企図せず生じることとなる。両団体が目指す牛の角突きの理想像や伝統意識が、地域の事情に応じて少しずつずれてきたのである。簡単にいうならば、両団体が所属する自治体の観光政策や地域振興政策のちがいに応じて、角突きの性格が変化してきた。観光政策に熱心であった旧・山古志村では、角突きの観光化を著しく進展させ、一方、小千谷でも当然観光化の影響はあったが、相対的に「伝統文化」としての原理的価値を保存することに熱心であった。そのため、両団体は次第に運営の方向を異にし、意見がずれ、交流が徐々に停滞してきたのである。

二十村郷が一体となって角突きを盛り上げていた頃を知る年配者のなかには、この疎遠な状況を嘆き、その関係を修復したいと願う人たちがいる。一方で、乖離した両団体のあり方しか知らない若年層は、むしろそのような修復に積極的ではない。ひとつの「伝統文化」が文化財となることにより、それを担う団体が分かれて、意見を異にし、世代間での意見の相違も生じさせた。紙幅の都合上、ふたつの団体のずれた関係を詳述することは控えるが、ここでは、文化財指定が伝統の担い手たちのなかに企図せぬ見解の相違を生じさせてきたことだけを、覚えておいて欲しい。後ほど詳述するが、無形文化遺産という外からやってきた言葉は、疎遠になったふたつの団体の交流を復活させる手段として利用されたのである。

さて、牛の角突きの習俗は、国指定重要無形民俗文化財であるため、すでに述べたように原理的には、将来、ユネスコの無形文化遺産の代表一覧表に記載される可能性がある（本書岩崎論文も参照）。本章で取り上げるのは、この文化財が、無形文化遺産として再認識されるなかで生起した問題である。ただし、予め述べておかなければならないのだが、この地においてそのような再認識がなされたのは、ある偶然の出来事に起因する。それは、地方行政や地方の政治家たちが、地域振興や観光開発などの目論見で、文化財をユネスコの無形文化遺産としようとするような、ある種ありきたりの動きではない。ある偶然の出来事によって、地域の人びとが「無形文化遺産」という言葉に気づき、その利用可能性に覚醒し、好奇心をもち、そして具体的な行動をとったのである。

その偶然の出来事を引き起こしてしまったのは他でもない、この「伝統」を調査・研究し、参加している民俗学者としての「私」である。私は、その「牛の角突きの習俗」を調査・研究する過程で、その習俗を伝承する小千谷闘牛振興協議会の一員になり、二〇〇六年から勢子《せこ》として闘牛場に入り、二〇〇七年から牛の所有者（牛持ち）になっている。[6] 民俗学者としての私はこの地を訪れ、一般的な民俗学的調査を行うとともに、その文化に参加したのであるが、私は偶然、あることをきっかけに「無形文化遺産」という言葉をこの地にもち込んでしまった。それは二〇一二（平成二十四）年、「動物の愛護及び管理に関する法律（略称：動物愛護管理法）」が改正（施行は翌二〇一三年）されたときのことである。

これまでにも日本政府は、各地で行われている闘犬、闘鶏、闘牛などの伝統的な「動物同士を闘わせる行為」を、動物愛護管理法でいかに対応すべきか苦慮してきた。これらの行為の一部が国や県の文化財として指定されており、「地域の文化、慣習」として定着し、さらに観光資源として行政計画に位置づけられて振興が図られている例もあるため、主管官庁はそういう文化の「伝統」性に配慮して法解釈をおこなっている。

たとえば、一九七四（昭和四十九）年には、青森県が国に対して闘犬等が動物愛護に抵触するものかどうかの「疑義照会」をおこなっており、この照会に対して国は「伝統行事として社会的に認容されている闘犬等を実施する行為は、当該行為を行うために必要な限度を超えて動物に苦痛を与えるような手段、方法を用いた場合を除き、その虐待に該当しないものと解する」(7)という解釈を過去に提示している。伝統的な動物同士を闘わせる行為の文化的価値に、条件付きながら一定の配慮をしたのである。そして、動物同士を闘わせる行為を容認するために、国や県が認める「文化財」的価値が、その正当性を担保する根拠とされてきた。

国が指定した無形の文化財のなかから、ユネスコの無形文化遺産の候補が選ばれることは、すでに解説したとおりである。動物愛護制度においても文化財の価値が勘案されている事実からみれば、動物愛護と無形文化遺産とは無縁ではないのである。動物を愛護することと、動物を利用する文化を保護することは、ときに矛盾なく両立されることもあれば、ときにトレードオフの関係となって抵触することもある。

二〇一二年の動物愛護管理法の改正は、新潟の牛の角突きの関係者にとって重大事であった。実は、改正の議論のなかで、新潟の角突きが取り上げられていたのである。改正にあたり、環境省主管の中央環境審議会動物愛護部会が「動物愛護管理のあり方検討小委員会」を設置して議論を進めたところ、「動物同士を闘わせる行為」が否定的に扱われたのである。(8)そこでは、こともあろうか新潟の牛の角突きが具体例としてあげられ、動物愛護管理法に抵触するのではないかという意見が委員から述べられた。それは的外れで偏見に基づく見解ではあった。ただ、法改正の現場で新潟の角突きが問題化されていたことはゆゆしき事態だったし、それに気がついていた角突き関係者はいなかった。

またその小委員会では、上述したような動物同士を闘わせる行為の「(伝統)文化」としての正統性に対する疑義も出されていた。伝統行事として社会的に容認され、文化財指定されている動物同士を闘わせる行為に配慮してきた経緯、そして「(伝統)文化」であるという従来の正統性にすら、疑問を投げ掛ける委員がいたのである。たとえば、その小委員会で次のような発言がなされた。

……例えばお祭りとかで牛や馬といった動物が使われることに関して、文化と言われればどうなのだろうかと、よく考えてみました。文化というのは、時代とともに変わっていくものですし、変わっていくべきだと思います。現に、ブラジルの牛を傷つけるようなお祭りとか、スペインの闘牛でも、カタルーニャ自治州では、もう禁止になりました。やはり、そういう例を私たちは踏まえて、しっかり前向きに皆さんでご検討いただけたらと思います(9)。

文化が時代とともに変化し、その文化の価値判断が時代とともに変化するというのは当然のことである。ただこの発言は、たとえ角突きが歴史的価値を有する文化(財)であったとしても、それは容認する根拠とはならないと述べているのであり、文化財保護法と矛盾する。また、世界各地に存在する動物同士を闘わせる行為が多種多様であることや、それらが異なる社会的・文化的コンテキストのなかに位置づけられている複雑な状況を理解していない。さらに、世界的趨勢として「踏まえる」べきとされる動物の福祉や動物愛護という価値が多様な価値のなかのひとつでしかなく、現代という時代に彩られた歴史の浅い文化現象であることを、その発言者は認識していない。このような意見は、動物同士を闘わせる文化の存続を根底から揺るがすものであり、一歩間違えれば、動物同士を闘わせる行為の禁止が、改正・動物愛護管理法に盛り込まれる可能性があったのである。

ただ、今般の法改正では、具体的な禁止措置を盛り込むところまでは進まずにすんだ。二〇一一（平成二十三）年十二月にこの小委員会が最終的に出した「動物愛護管理のあり方検討報告書」(10)では、「3．虐待の防止（3）闘犬及び闘牛」という項目に関し、次のような結論が記されている。

闘犬等の動物同士を闘わせる行為については禁止すべきであるという意見があったが、伝統行事として社会的に認容されている事例については一律に禁止することは適切ではない。また、闘犬目的で飼育されている犬を飼育許可制とすべきとの意見があった。行事開催者の動物取扱業の登録の徹底、獣医師による適切な監視、治療、アフターケア等に関する基準の策定など、動物への負担を可能な限り軽減し、情報集約や実施内容の透明性を確保する取組が必要である。(11)（傍点引用者）

そこには、「伝統行事」への一定の配慮が盛り込まれた。また、行事開催者の動物取扱業登録や獣医師の関与、情報の透明性確保など、一定の対策を講じることを「必要」とする内容となっているが、それ自体は条件つきで「動物同士を闘わせる行為」を容認するものとなったのである。しかし、世界的な趨勢から見れば、動物愛護の観点から動物同士を闘わせる行為を否定する動きは、今後さらに活発化することが予想される。将来、この問題が再燃する可能性が高いことは、想像に難くない。

こうした動物愛護の動きが牛の角突きを継承する地域の外部で巻き起こり、角突きを継承する人びとが蚊帳の外に置かれていることを懸念した私は、東山の人びとに「情報提供」をすることにした。最初は、普段の雑談のなかで伝えるといったインフォーマルな形式のものであった。しかし、それは間違いなく、地域文化への介入であった。

二〇一二（平成二十四）年の春、酒席の雑談のなかで、小千谷闘牛振興協議会のリーダーである会長に、この動物愛護管理法改正の問題とそれをめぐる議論の内容について伝えた。そしてそれに付け加えて、将来的に、ユネスコ無形文化遺産の代表一覧表に角突きを記載する動きが起こる可能性があることを、あくまで一般論として略述した。さらにその記載時に、角突きが動物愛護の観点から再び問題視される危険性を指摘し、ただし一方で、代表一覧表への記載が実現すればいっそうの社会的認知と正統性を獲得し、今後の動物愛護の動きに対する対抗論理となりうる可能性についても言及した。ただ、法律や制度に関する小難しい内容であったため、それを酒席の参加者たちに、十分に了解してもらうところまではいかなかった。このようなプロセスを経て、外から地域へと「無形文化遺産」という得体の知れない言葉がもたらされたのである。

私はまた、日本の文化財としての角突きについても言及した。上述したように、長岡市と小千谷市でそれぞれ角突きの運営団体が、長年にわたって角突きを開催し、文化財保護の機能を実質的にはたしてきた。しかし将来、無形文化遺産としての認定作業が動き始めると、重要無形民俗文化財の保護団体の存否を再確認する必要があるため、保護団体としての役割を低下させてきた二十村郷牛の角突き習俗保存会の位置づけについても考えておいたほうが良いと、私は解説したのである。

この酒席の雑談を真摯に受けとめてくれた会長は、そのあと、小千谷闘牛振興協議会の役員たちと相談した。また二〇一二年七月に、愛媛県宇和島市で開催された「第十五回全国闘牛サミット」に出席した会長は、ちょうど山古志闘牛会の会長と同宿になり、そこでの雑談のなかで、私が伝えた動物愛護管理法改正と無形文化遺産の話に触れた。さらに、それに加えて、疎遠になっていた両団体の交流をもちかけたという。山古志闘牛会会長も、その申し出に賛同し、今後一緒に検討しようということで話はまとまった。

二〇一二年九月、私は、地元選出国会議員の国政報告会で講演を頼まれた。その場を借りて、牛の角突きをめぐる外の状況を、この地域の人びとに解説して欲しいという小千谷闘牛振興協議会会長からの依頼であった。私の話が制度面の詳細やその対応策に関して多岐にわたっていたため、そこに集まった東山地区の人びとは、短い時間のなかで話を十分に咀嚼することはできなかったであろう。しかし、これをきっかけとして、動物愛護管理法や無形文化遺産制度をめぐる状況への対応が必要なことは、とりあえず周知できたのである。

その後、彼らは、具体的な方策を講じるために話し合いを継続していく。しかし一方で、よくわからない法律や制度の名称や概念の細部までを、当然ではあるが、十全に把捉する段階までは達しなかった。結果、私がもち込んだ言葉が地域文化の担い手たちのなかでひとり歩きし、独自に読み直され、あるいは誤読され、あるいは意図的、また無意識にずらされ、それぞれの思いのなかに布置されたのである。

## 二　「無形文化遺産」という言葉がもたらされてから

これらの情報は山古志闘牛会へも伝えられ、両団体が一緒にこの問題に対処することになった。その際、東山地区の地域復興支援員が、対応策の原案作りなどの実務面を委され、その進行状況を私にときおり伝えてくれていた。そして二〇一三年二月、その復興支援員より、両団体の幹部が本格的に話し合いを始めたという連絡が入った。小千谷の振興会は四月の総会で会則改正を行い、動物愛護精神を謳うことを明言し、牛たちの安全に配慮するため獣医師を「顧問」とし、その立ち会いのもと角突きを開催し、動物愛護精神と抵触しない角突きを実現するように努力するよう話し合ったという。私が懸念した問題に、彼らは誠実に対応してくれたのである。

一方、地域復興支援員は、私がもち込んだ話の内容が徐々にずれてきていることを心配して、次のような連絡を送ってきた。

○○さん〔小千谷闘牛振興協議会会長：以下、〔 〕内は引用者注〕から『先生〔私〕に聞いてみてくれや』とのことなのですが、三月十日十三時から「越後闘牛会幹事会」（?）を行うこととなりました。議題は、先生も御存じの通り、越後闘牛会の復活とユネスコ世界文化遺産登録に向けて、だそうです。(12)

彼らは、私の「情報提供」を契機に動き始めた。しかし、そこで動き始めたのは、「越後闘牛会の復活」と「ユネスコ世界文化遺産登録に向けて」という、私が企図しない動きだったのである。このふたつの「議題」は、私が「情報提供」した内容から少なからず「ずれ／ずらされ」ている。

まず「ユネスコ世界文化遺産登録に向けて」の動きは、グローバル・レベルで展開されるユネスコの制度を、ローカルあるいは一般の人びとのレベルで厳密に理解することの困難さを、端的に示している。ちょうど同じ頃、富士山の世界遺産（文化遺産）への登録の動きもあって、私がもち込んだ「ユネスコ」の「無形文化遺産」という言葉は、「世界（文化）遺産」へと回収されてしまったのである。語感が似ている両制度は、一般の人びとには容易に混同されてしまう。無形文化遺産は、知名度が高い世界遺産の一種として、制度や社会経済的効果の面でも混同され、過剰に期待されてしまうのである。

ここで、無形文化遺産の「登録」を推進しようと私が述べていなかったことを確認――言い訳――しておかねばならない。確かに、動物愛護管理法改正にともない、動物同士を闘わせる文化の正統性に疑義が寄せられたことに絡めて、角突きが無形文化遺産の代表一覧表に「記載」される可能性と、それが諸刃の剣となる可能性について、私は触れた。私は、物事が動く筋道の可能性をあくまで一般論として述べたつもりであった。しかし、私の伝え方が悪かったのであろう、私が示唆する以上に、その話は蓋然性の高いものとして受けとめられ、将来の「記載」に向けての期待を誘発してしまったのである。私はまず、私の企図することを明確にし、現地の状況とのずれを修正する必要性に迫られた。

さらに、「越後闘牛会の復活」という議題は、私にとって、よりいっそう修正しなければならない難題であった。先にも述べたように、文化財指定後、施策の受け皿として旧・山古志村と小千谷市にそれぞれ組織されたふたつの団体が実質的な運営団体となったことで、越後闘牛会は霧消した。それには種々の事情があったが、それを契機にふたつの地区で角突きの伝統観に相違が生じてきた。その相違は、互いの関係者を疎遠にする原因となっているため、統一団体の復活は容易ではない。その容易ではない複雑な事情を知る私としては、そのようなことをすれば、若干なりとも波風が立つことを予想していた。私が言及したのは、かつての運営団体である越後闘牛会の復活ではなく、あくまで、文化財保護団体としての「二十村郷の牛の角突き習俗保存会」の活性化であった。

ここで、保存会からずらされた越後闘牛会の「復活」に向けて、私は何ら推進する意見を述べていなかったことを再び確認——言い訳——しておかねばならない。確かに私は、無形文化遺産について触れるなかで、いささか存在感を失っていた文化財の保護団体を実質化する必要性について触れた。私は、角突きの運営団体ではなく、あくまで、文化財保護団体に関する情報を提供したつもりであった。しかし、私の伝え方が悪かったのであろう、文化財制度・無形文化遺産制度への対応という問題を超えて、一度消えた運営団体を復活させる動きが生じたのである。私自身は企図しなかったとはいえ、私の話が越後闘牛会復活のきっかけとなってしまったことは間違いない。

この問題に敏感だったのは、もともと一体として角突きをやっていた両団体が疎遠になりつつあることを憂えた人びとだった。二十村郷の「伝統」だった角突きが分かれつつあることに、彼らは危機感を抱いたのである。さらには、かつてひとつの団体で盛り上がっていた頃の角突きへの憧憬や郷愁もある。そこで、私が必要だと述べた文化財保護団体の活性化の話題が「ずれ／ずらされ」て、越後闘牛会復活の話題へと重ね合わされたのである。現地にとっては、外部からの問題への対応だけではなく、内部にある現実の問題への対応も重要であった。

しかしふたつの団体に分かれ、すでに数十年の歳月が過ぎてしまっている。かつての伝統の重要性は熟知しつつも、現在の違和感めいたものを容易に払拭できない人びとも、また存在した。そのような人びとにしてみれば、私が余計な介入をしていると感じ取られたはずである。上記の地域復興支援員からの連絡には、続いて次のような文面がしたためられていた。

あと、今、○ちゃんが来てしゃべっていったのですが『誰が越後闘牛会を復活させたり、角突きを世界文化遺産にさせたがってるが？　俺らはただ角突きを楽しみたいだけ。登録を目指すために、色々書類を作ったり、会議したり、いろんなところに引っ張りするのはまっぴらゴメン。登録されたとしても、あれやこれやと縛られるだろうし、そんなんなるんなら、嫌だぞ！　どーせ俺らの世代がそれを背負うんだし。』とのことでした。(13)

「誰が越後闘牛会を復活させたり、角突きを世界文化遺産にさせたがってるが？」——この言葉が、他ならぬ私に向けられていたことは明らかである。その誤解を放っておくことはできなかった。すぐに、この「○ちゃん」に私が連絡を取ったのはいうまでもない。彼は、何気なく吐露した自分の意見が私に伝わったことに少なからず戸惑いを覚えながら、自分が考える問題点を話してくれた。私も、「越後闘牛会を復活させたり、角突きを世界文化遺産にさせたがって」いないことを釈明した。彼は、私の本意を理解してくれたようだが、私の言葉がきっかけとなって地域で生じた動きには、やはり釈然としないようであった。責任は当然、私にある。私は、制度的な解説に加え、私が引き起こしてしまった状況のずれを修正する必要性に迫られた。

## 三　外部論理の換骨奪胎

二〇一三年四月九日、小千谷闘牛振興協議会の総会が開催された。そこでは、事業報告や会の財務決算報告など通例の案件が処理された後、議案第5号で「小千谷闘牛振興協議会規約の改正案について」議論された。そして、会則第4条6番に「二十村郷の角突きの習俗に基づく動物愛護精神の遵守と普及」という項目を新たに加えることが提案され了承された。また、議案第6号で「役員の選出について」が審議され、獣医師を正式に役員として迎え、協力を仰ぐことが確認された。それらの案件は、私がもたらした情報を吟味してなされた対応であり、私が案じていた問題への対応でもあった。

ところが、私の言葉に端を発した議論は、これだけにとどまらなかった。「その他」の議題として、くだんの「越後闘牛会発足に向けた動きについて」という議題がもち出されたのである。

いま一点、越後闘牛会発足に向けた動きについて。いろんな諸事情で越後闘牛会が途絶えておりましたが、昨年辺りから少しずつ〔角突きの〕取り組みが山古志、小千谷のほうで、新しい形として復活してまいりました。それにともない、越後闘牛会を発足させようということで、三月十日に第一回の会議が行われまして、準備会を設立しました。四月六日に二回目の会議を行って、いまは案をまとめている途中でございますが、四月二十八日には発会式を行いたいという予定でございます。

私が焦慮に駆られたことはいうまでもない。先に述べた、私が引き起こしてしまった企図せぬ状況のずれが、公式の場で議論されることになったのである。

越後闘牛会ということで、ちょっといま話が出ましたが、その内容というか、越後の基本的な習俗を守ったり、きちんとやろうということで、山古志側といま話を進めて、決まりかけている状況であります。その件について、動物愛護とか、またユネスコの世界遺産になるんじゃないかっていう話も。菅先生のほうから、私は口下手ですので、菅さんのほうからちょっと条件を簡単にご説明願いたいと思います。

会長は、私に事情説明をするように求めた。

指名されたんですけど、話が若干こう……いくつかが合わさってまして〔中略〕。ご訂正いただきたいんですけど……ご訂正っていうか、これ実際は越後闘牛会じゃなくて、二十村郷牛の角突き習俗保存会の発足……じゃなくて、再始動というのが正しい表現だと。だからたぶん、そこは修正しといたほうがいいと思います。それで、二十八日に起こる発足式と呼ばれているものも、その二十村郷牛の角突き習俗保存会との再始動式〔であるべきだと思います〕。〔中略〕たぶん略称、越後闘牛会という……。

言い淀んでしまった私に、会長は、

そうです。保存会では〔言葉が長く〕言いづらいから、まあ越後闘牛会とイコール、保存会というふうに。

私が考えていた二十村郷牛の角突き習俗保存会の再始動は、越後闘牛会の復活にずれてしまった。ただ、そのずれは、単純な手違い、間違いで起こったわけではない。彼らは、文化財保護団体に関する話題を、取り違えたわけではないのである。むしろ彼らは、「保護団体」の意味を理解し、十分に含み込んだ上で、その問題を積極的に「読み換え」たのである。そのように読み換える理由として、会長は「言いづらいから」と述べたが、別の思いが込められていたと考えるほうが適切だろう。名称が長すぎるならば「保存会」で事足りるはずである。むしろ、「越後闘牛会」という名称を復活させることにこそ、積極的な意味があったのである。

かつて越後闘牛会の下に一丸となって、二十村郷の「伝統」である角突きを運営した記憶をもつ両団体の役員たち。彼らが古い団体名称を再び使用する理由には郷愁もあったが、さらに、分かたれた団体の新しい交流を模索したいという将来への願望や、「越後の基本的な習俗を守ったり、きちんとやろう」という思いが込められていたのである。また、対戦相手の牛の数を増やし、取り組みに新味や幅をもたせたいという運営上の配慮もあった。

このやり取りを聞いていた角突きの仲間たちは、文化財制度の問題から派生した問題に賛否両論であったはずだが、あくまで「略称」という、うまい落としどころを見出した。「合意」などという堅い言葉では表現できない、緩やかに飲み込むといった程度の人びともいたはずだが、とりあえずそこでは異論は出なかった。

四月二十八日。旧・山古志村種苧原で、「二十村郷牛の角突き習俗保存会の再始動式」が開催された（写真1）。そこには、小千谷闘牛振興協議会と山古志闘牛会の面々が集まった。私も協議会のメンバーであり、また事情について説明する立場として、そこに参加した。近年、両団体のメンバーが一堂に会する機会がなかったため、最初はぎこちなかったが、時間が経つとともに和やかな雰囲気となっていった。

司会の開会の辞に引き続いて、最初に山古志闘牛会の会長より挨拶があった。

司会のほうから話がありましたように、私どもの長い懸案であった越後闘牛会っていうのが、何十年か前に中止っていうか、消滅したようなことで、またここにあらためて設立総会ということになりまして。去年から○○さん〔小千谷闘牛振興協議会会長〕から、いろいろ声をかけていただきながら、私どもそれに少しでも、また越後闘牛会ができて、また結束ができて、またユネスコのほうの話も、もしかするとそのなかからそのことができればいいなという（中略）。まあ、これからもいろいろ越後闘牛会のなか、またそういうなかでは課題はあるとは思います。それらは両理事会のなかでいろいろと皆さん方と相談しながら、それをひとつずつ、また解決するような形でいっていきたいなということで、今日の日を迎えさせていただきました。

この会は、私が考えていた「二十村郷牛の角突き習俗保存会の再始動式」ではなく、やはり「越後闘牛会の設立総会」になってしまった。それが、抗いがたい既定の流れとなっていた。

挨拶に引き続き、私はすぐに説明を求められた。これまでの経緯から、ずれつつあることに危惧を抱いた私と地域復興支援員とは、わかりにくい制度や法律をできるだけ噛み砕いて表現することに留意して、説明書と関連する配布資料を準備した。さらに誤解を避けるため、入念に言葉を選び、私たちの意図することと意図しないことをはっきり区別した。その説明書の冒頭で、私は以下のような言い訳がましい文言を並べている。

今般の越後の牛の角突きを取り巻く諸事情についてご説明いたします。少々複雑な事情もあり、今後、誤解や行

写真１　「二十村郷牛の角突き習俗保存会の再始動式」で説明する私（2013年４月28日渡邉逸敬撮影）

き違いのないように小千谷、山古志の闘牛会の皆様方に、私どもの考えの細部をご理解いただけば幸いです。最初に、今回の話題が、ユネスコの無形文化遺産登録とは直接には関係しないこと、また菅と〇〇〔地域復興支援員〕がそのような登録を現時点で推進しようとは考えていないこと。さらに「越後闘牛会の復活」を提案するものではないことをご理解くださいますようお願い申し上げます。

私がもち込んだ話によって生み出された状況の「ずれ／ずらし」を修正しようと、私は慎重に説明を進めた。ただ、私が準備していた資料やそれに基づく話は、地域の人びとが進めている既定の流れを踏まえない内容であったため、事情説明する段になって、私は焦らざるをえない。

文化財保護法の内容、文化財指定を受けた経緯、保護団体の位置づけとその再始動の必要性、それと無形文化遺産との関連、さらに今般の動物愛護管理法改正時の小委員会での議論内容と問題点、今後の対応策等々について、三十分ほど縷々説明した。私の、事情説明に引き続き質疑応答がなされ、さらに今後の対応、取り組みについて確認された。

そこでは、行事開催者の動物取扱業の登録の徹底、獣医師による適切な指導、動物の負担の可能な限りの軽減などについて話し合われた。その内容は、小千谷闘牛振興協議会の会則改正時に考慮されたのと同じく、東京で作られた「動物愛護管理のあり方検討報告書」に沿ったものである。この時点になると、小委員会での議論や問題点を角突き関係者は十分に理解し、的確に対応できるほど知識を深めていた。中央で生起した外部的問題に、地方の伝統の担い手たちが対応したのである。しかし彼らの対応は、単なる中央で生起した問題への対応だけにとどまらなかった。

さらに、「二十村郷牛の角突き習俗保存会会則」改正の提案がなされ、変更点の具体的な説明がなされた。文化財指定直前に定められた旧来の会則では、その会の目的として、「第3条　この会は二十村郷の牛の角突き習俗保存をはかり地域文化の振興に資することを目的とする」とされていたが、これを新会則案では、「第3条　本会は国指定重要無形民俗文化財二十村郷牛の角突きの習俗の保存、二十村郷牛の角突きの習俗に基づく動物愛護精神の普及、山古志闘牛会と小千谷闘牛振興協議会の連絡調整を目的とする」ことに変更されたのである。つまり、第一に文化財保存、さらに第二に動物愛護問題への対応、そして第三に疎遠になっていた両団体の連絡強化という、会の三つの目標が定められたのである。

第一の目的は従前の保存会の目的であり、第二の目的は私が情報提供し、問題喚起した結果、組み込まれた目的であった。しかし、第三の目的は、私が問題を喚起する過程で、地域の人びとがその問題をずらしながら、別の問題に対応するために組み込んだ目的であった。その別の問題は、これまでも自覚はされていたけれども、なかなか自ら顕在化させて取り組むのが難しい微妙な案件だった。それへ取り組むためには、何らかのきっかけを必要としていたのであり、私がもたらした外部状況の問題が偶然そのきっかけとして活用されたのである。そして、旧来の会則では保存会の名称として、「第1条　この会は二十村郷の《ママ》牛の角突き習俗保存会という」とあったが、これも改正され「第1条　本会の名称を二十村郷牛の角突き習俗保存会とし、略称を越後闘牛会とする」と、「越後闘牛会」を正式の「略称」とすることが定められた。

以上のような会則改正のやり取りから、彼らにとっての「重要」な問題の所在を看取できるだろう。もちろん、従来通りに牛の角突きを、ユネスコの無形文化遺産とつながる文化財として保存することも重要である。しかし、彼らにとっては、国指定重要無形民俗文化財指定後の数十年間で疎遠になったふたつの伝統の担い手たちの関係を修復することが、さらに重要であった。いや、むしろその修復こそが、彼らにとって喫緊の課題だったのかもしれない。外の動きが、そういう内の問題へ対応させる動きを偶然にも誘発したのである。

ただ、このような動きに違和感を抱く人はいた。議論が終わりに近づく頃、「一言足りねえだね。越後闘牛会イコール習俗保存会っていう形にするったって……」と小声で呟く人もいた。またその略称に忌避感をもっていた人は、そもそも最初から、この「二十村郷牛の角突き習俗保存会の再始動式＝越後闘牛会の設立総会」には参加していなかったのだろうから、その問題はもう少し両団体で議論されても良かったはずである。

しかし、この時点ではもう、種々誤解されやすい「越後闘牛会」という保存会の「略称」に関し、卑見を差し挟むことは私にはできなかった。「越後闘牛会の設立総会」へと「ずれ／ずらし」た形ででも、小千谷・山古志の両団体の交流の場を久方ぶりに作りたかった人びとの努力を私は目の当たりにし、また「越後闘牛会」という、いささか強引な「略称」にこだわった人びとの未来への希望を目の当たりにして、私にとっては「ずれ」た現実でも従うしかなかった。結局、納得と不服、気に入ると気に入らない、面白いと面白くない、割り切りと割り切れないなどといった、人びとの両極の思いの間に立ち現れる、長年の日常生活のなかで多声的に構築され続けてきた、アクチュアルな世界の複雑な成り行きを見守ることしか、私にはできなかったのである。

## 結語――「無形文化遺産」という言葉の異化作用

それから数日後、この「総会」は地元新聞の数紙で取り上げられた。関係者が事前に、報道機関を呼んでいたのである。記者たちは私の事情説明を聞くとともに、この総会を取りしきっていた両団体の役員たちに取材していた。そして、総会で私が説明した動物愛護と無形文化遺産への対応という要点を、ほぼ「正確」に記事にしてくれた。しかし、一方でそれとは「ずれ」た記事内容も見受けられた。

「新生『越後闘牛会』　小千谷・山古志の交流復活、世界遺産めざす」(14)

このような見出しで、無形文化遺産と世界遺産とを混同して表現する記事もあった。

> 国の重要無形民俗文化財『牛の角突き』の初場所が三日、小千谷市の小千谷闘牛場であった。かつて『二十村郷』と呼ばれ、同じ文化的背景を持つ同市と長岡市山古志地域の運営組織が、休眠状態だった『二十村郷牛の角突き習俗保存会』を今年から復活させ、『越後闘牛会』として将来、角突きをユネスコの無形文化遺産に登録することも目指す。(15)（傍点引用者）

傍点部の言葉は、両団体の役員たちが語ったものかどうか、定かではない。しかしそれは、私が提供した情報の範囲を超えるものであった。さらにこの記事は次のように続ける。

> 角突きは、『小千谷闘牛振興協議会』（○○会長）と『山古志闘牛会』（○○会長）が別々に運営している。互いに牛を出場しあう交流があったが、二〇〇四年の中越地震を機に途絶えた。二〇一〇年の口蹄疫問題では、山古志側が興行を優先したのに対して、小千谷側は自粛した。
>
> その後、双方は交流復活を模索。小千谷市で『天神』号を所有し、角突きを研究している菅豊東大教授（民俗学）が『勝負をつけずに牛を引き離す角突きの伝統文化は世界遺産に値する』と、両組織に交流復活をもちかけたこともあって、愛媛県宇和島市で昨年夏にあった『闘牛サミット』で両会長が話し合い、交流復活を確認した。（中略）○○会長（小千谷闘牛振興協議会会長）は『しばらく離れてみて、互いの良さやなくてはならない存在に気づいた。牛はけんかをするが、人間は仲良くしたい』と話す。○○会長（山古志闘牛会会長）も『共通の角突きという文化で地域が発展し、それぞれがにぎわい、新しい人の輪が広がればいい』と言う。
>
> 両組織の幹部らが四月二十八日に集まり、『保存会』の復活を確認した。略称を越後闘牛会とし、両方の会長が共同代表に就任。国の文化財に指定される前年の一九七七年当時にできた規約も改正した。

規約は、昨年末に改正された動物愛護法の趣旨を踏まえ、『角突きの習俗に基づく動物愛護精神の普及』を掲げ、習俗にのっとった飼育管理や獣医師の指導受け入れなどを挙げた。(16)

この記事の要目は、一、ユネスコの無形文化遺産への「登録」、二、越後闘牛会復活による交流復活、三、動物愛護管理法への適切な対応という三点にある。このうちの一と二は、すでに述べたとおり、無形文化遺産という言葉をもち込んだ私の行為によって、予期せぬ形で誘発された問題である。

また記事では、私が「角突きの伝統文化は世界遺産に値する」と評し、「両組織に交流復活をもちかけた」ということになっている。しかし、それが「事実」からずらされていることも、すでに述べたとおりである。ただ、それが私にとって「事実」ではなくとも、「事実」として地域の人びとに受けとめられた可能性は大いにある。

以上のように、私がもち込んだ「無形文化遺産」という言葉は、地域の状況に合わせて換骨奪胎され、地域に私が企図せぬ動きを生み出してしまった。それは、私の意図や本来的な制度の趣旨からは、ずれ、ずらされるものであった。このような「ずれる／ずらす」状況は、地域文化を担う個々の人びとの願望に根差した、積極的読み換えによって生じたのである。

さて、その後――この「ずれる／ずらす」状況は、どのように展開したのであろうか。

実は、この無形文化遺産をめぐる動きは、保存会の会則改正がなされ、ふたつの団体の交流が確認された「新生・越後闘牛会復活」の設立総会の開催をもって、一気に沈静化した。その後、具体的にユネスコの無形文化遺産に「登録」することを目指して行政に働きかけたり、自ら具体的な計画を立てたりする動きは起こらずに、何事もなかったかのように落ち着いたのである。また、新生・越後闘牛会に関しても具体的活動は始まっておらず、角突きの運営や文化財としての文化継承、保護活動も、従前のとおりにふたつの団体で適切に行われている。いまは、日常にある伝統文化を楽しみ、それを淡々と継承しているだけである……。

このように書くと、「無形文化遺産」という言葉に対応した今回の動きを、大山が鳴動しただけ、と冷ややかに見る向きも出てくるかもしれない。しかし、それは間違いである。彼らはこの一連の動きによって、今後、実体をもって再到来するであろう無形文化遺産や、動物愛護管理法などといった外部からの問題に関する知見と、それに対応する経験を予め得ることができた。そして何よりも、日頃触れずにいた内部的な課題に対する関心を促すことができた。そのような知見と経験、課題は、日常の文化実践の「箱」のなかに、いっとき仕舞い込まれたが、その「箱」は、将来、必要となったときに再び開けられるのである。その動きは、まだ終わってはいない。

グローバル・レベルで立ち上がり、ナショナル・レベルで再構成された「無形文化遺産」という言葉は、ローカル・レベルに沈降し、さらにパーソナル・レベルへと浸透しているが、それぞれの層でさまざまな「ずれ」や「ずらし」を生じさせている。公共部門による無形文化遺産化の活動の力強い推進と、それに関するマスコミュニケーションの熱い報道によって、「無形文化遺産」という言葉は、その知名度を徐々に上げつつあるものの、その実体は一般にはほとんど知られていない。ただその実体が判然としなくとも、その名前ぐらいは朧気ながら知っているという人びとは、いまや少なくない。

異なる理念や成立背景をもつ「世界遺産」との語感の類似性もあって、無形文化遺産はときに過剰な期待と、過剰な羨望とを、地域文化を担う人びとの間に増殖していく。むしろ無形文化遺産の実体が、ことのほか曖昧模糊としていることは、その偶像化、あるいは幻影化を進行させることに寄与している。この曖昧さ――よくいえば融通性――こそが、地域の現実に合わせた「無形文化遺産」という言葉の創造的な読み直しや誤読、解釈を可能とし、人びとの文化実践に思いもよらぬ局面を生み出しているのである。そして「無形文化遺産」は、その言葉だけで、人びとの文化実践に思いもよらぬ局面――その正否は一面的に論断できない――を生み出す「きっかけ」となる点で、考究する価値をもっている。

無形文化遺産を研究するアメリカの民俗学者・マイケル・フォスターは、無形文化遺産という制度が地域にもち込まれることによって人びとが覚醒し、日常のなかで普通に慣れ親しまれていた生活文化が、非日常的な特別な文化として立ち現れる状況を、「異化（defamiliarization）」（Foster 2011）という文学理論の用語で表現した。その異化は、地域文化が現実に無形文化遺産化される以前から起こりうる。また異化は、「無形文化遺産」という言葉がもたらされただけで始まってしまう。「無形文化遺産」は、その言葉だけで異化作用を発揮し、地域に予期せぬ現実を形作るのである。

謝辞

本論の作成にあたり、元・小千谷市東山地区の地域復興支援員で、現在、愛媛大学社会共創学部の渡邉敬逸氏に、写真提供等のご協力を賜った。その学恩に対し、ここに深く感謝申し上げる。なお、本研究はＪＳＰＳ科研費 JP25284172, JP50222328の助成を受けた。

（1）理想を掲げる理念や、それに基づいて立案された外部的な制度、政策、そしてそれが展開される現場における現実との間に生じる「ずれ――不一致性――」に関しては、環境保全を検討するなかで、「グローバルな価値とローカルな価値のズレ、地域にあるさまざまな価値の間のズレ、制度と実態のズレ、公共的な目的と個人の思いのズレ、など多様なズレが存在している」（宮内 二〇一三：三二一）ことが、すでに指摘されている。この状況は伝統文化を取り巻く「遺産」の現場においても、まったく同様である。

（2）「ユネスコ無形文化遺産の保護に関する条約への対応について・別紙」：http://www.bunka.go.jp/seisaku/bunkashingikai/bunkazai/hogojoyaku/unesco/besshi.html（アクセス日：二〇一六年一月三十日）

（3）たとえば、国連公用語で書かれた「無形文化遺産の保護に関する条約」を、日本政府は日本語に仮訳しているが、そこで何気なく使用されている「保護」という用語は“safeguarding”の翻訳語である。それは一見、世界遺産や日本の文化財保護法で謳われる「保護」と同じ意味のように受けとめられるが、世界遺産や日本の文化財保護法で用いられている「保護」という語が、“protection”を意味する点で無形文化遺産とは異なっているのである。この“safeguarding”としての「保護」にこそ、「無形文化遺産の条約の精神が表現されている」のである。そして、“protection”が保全や保護という「長期にわたってできるだけ形を変えずに維持することに重点が置かれて」いる意味内容を強くもつのに対し、“safeguarding”は「存続可能性（viability）」に主眼が置かれ、“protection”以上に積極的な措置を施す――言い換えるならばより積極的に文化に介入する――という意味が込められているのである（七海 二〇一二：一六七―一七一）。

（4）文化財保護法上、重要無形民俗文化財には、現在「風俗慣習」「民俗芸能」「民俗技術」の三種別から指定される。「牛の角突き習俗」は、このうち「風俗慣習」の「娯楽・競技」という種別に分類されている。それは、一九七八（昭和五十三）年五月に「由来、内容等において我が国民の基盤的な生活文化の特色を示すもので典型的なもの」という指定基準に則って指定された。二〇〇八年の文化庁は、この国指定重要無形民俗文化財や重要無形文化財等のなかからユネスコの無形文化遺産代表一覧表へ記載する候補を選出するという苦肉の「対応」をとり、それが選出の際の「原則」となってきた。しかし、その原則は、本来、無形文化遺産を所管する立場にない農林水産省がことのほか強く後押しをした「和食」（二〇一三年記載）が、その候補となった際にまったく無視され、顧みられなかった。そのため、その原則は、すでに反故にされ、無効化されたようにも見えるのだが、一方で、現在、韓国に遅れて無形文化遺産を目指す「海女」に関しては、三重県や石川県などが急遽、県指定の無形民俗文化財に指定するという動きに出ている。これは、将来的な国指定を見据えた前段階の手続きとして受けとめられており、さらにそれは無形文化遺産を見据えた動きでもある。文化庁による苦肉の「対応」は、いまだ原則としての命脈を保っているようである。

（5）文化財保護法に規定される「保存に当たることを適当と認める者」を「保護団体」という。いわゆる、重要無形文化財、重要無形民俗文化財、および選定保存技術など、対象となる無形の文化財の担い手集団であり、国によって保存のための経費の一部を補助され、保存のための必要な助言や勧告を受ける団体である。保護政策上、その文化の最大の利害関係者であり当事者である、いわゆる「文化の所有者」を画定し、文化に介入する際には同意や協力を得ることが必要であるが、「伝統の担い手（tradition bearer）」という観点から見ると、必ずしもすべての伝統の担い手が「保護団体」に加入しているわけではなく、「保護団体」が文化を担ったり、保護したりする正統性は先験的ではない。

（6）私の地域文化への介入やプロセス、その方法に関しては、拙著（菅 二〇一三）を参照のこと。

（7）「中央環境審議会動物愛護部会　動物愛護管理のあり方検討小委員会（第20回）議事録」：http://www.env.go.jp/council/14animal/y143-20a.html（アクセス日：二〇一六年一月三十日）

（8）同上

（9）同上

（10）「動物愛護管理のあり方検討報告書」：https://www.env.go.jp/council/14animal/r143-01.pdf（アクセス日：二〇一六年一月十五日）

（11）同上

（12）地域復興支援員からのメール　二〇一三年二月十八日

（13）同上

（14）朝日新聞　二〇一三年五月四日　二一頁　新潟全県

（15）　同上
（16）　同上

## 参考文献

岩本通弥（編）（二〇一三）『世界遺産時代の民俗学――グローバル・スタンダードの受容をめぐる日韓比較』風響社。
菅豊（二〇一三）『「新しい野の学問」の時代へ―知識生産と社会実践をつなぐために』岩波書店。
――――（二〇一五）「中国における『遺産』政策と現実との相克――ユネスコから『伝統の担い手』まで」鈴木正崇（編）『アジアの文化遺産――過去・現在・未来』二六九―三〇七頁、慶應義塾大学出版会。
七海ゆみ子（二〇一二）『無形文化遺産とは何か――ユネスコの無形文化遺産を新たな視点で解説する本』彩流社。
宮内泰介（二〇一三）『なぜ環境保全はうまくいかないのか――現場から考える「順応的ガバナンス」の可能性』新泉社。
Foster, M. D. 2011 The UNESCO Effect: Confidence, Defamiliarization, and a New Element in the Discourse on a Japanese Island. *Journal of Folklore Research* 48(1): 63–107.
Foster, M. D. and L. Gilman 2015 *UNESCO on the Ground: Local Perspectives on Intangible Cultural Heritage*, Bloomington: Indiana University Press.
Leimgruber, W. 2010 Switzerland and the UNESCO Convention on Intangible Cultural Heritage. *Journal of Folklore Research* 47 (1–2): 161–196.
Noyes, D. 2006 The Judgment of Solomon: Global Protections for Tradition and the Problem of Community Ownership. *Cultural Analysis* 5: 27–56.
Ruggles, D. F. and H. Silverman (eds.) 2009 *Intangible Heritage Embodied*, London and New York: Springer.
Scher, P. W. 2010 UNESCO Conventions and Culture as a Resource. *Journal of Folklore Research* 47 (1–2): 197–202.
Smith, L. and Akagawa, N. (eds.) 2009 *Intangible Heritage*, New York: Routledge.

# 遺産登録をめぐるせめぎあい
## ――トン族大歌の事例から

兼重　努

貴州省黎平県
広西
チワン族自治区
三江トン族自治県
中華人民共和国
0
500km
1:4.013.600

# はじめに

無形文化遺産代表一覧表への記載申請の主体が誰であり、どのようなアクターが競合し、せめぎあっているのか。本章ではこの問いを、西南中国の少数民族トン族の事例をもとに検討する。

二〇〇九年九月三十日、ユネスコ無形文化遺産条約の第四回政府間委員会（開催地：アブダビ）で、トン族大歌（トン族のアカペラ音楽）が無形文化遺産代表一覧表に記載された。民族というくくりでみるならば、これはトン族にとって初めてのユネスコ一覧表記載であり、トン族文化が世界から注目を浴びるきっかけとして捉えることができる。

だが、この出来事は、中国国内において必ずしもトン民族の快挙と捉えられているとは限らない。それは、貴州省という地域（地方行政区画）の快挙として強調される場合も多いのである。

なぜなら、記載されたのは、黎平県を主体とする貴州省黔東南ミャオ族トン族自治州のトン族大歌であって、広西の三江トン族自治県は対象外であったからである。同じトン族大歌であるにもかかわらず、広西側（三江県）は国家級の遺産にとどまり、両者の格付けに大きな格差が生じた。

トン族は貴州、湖南、広西の三省に跨って連続的に分布している跨省民族（後述）である。なおかつ、中国の現行行政制度においては、文化遺産の登録申請を含む文化行政手続きは、基本的に県レベルから始まり、省レベルをへて、中央にいたる縦割りのシステムにもとづいておこなわれる。少数民族文化の申請も、民族単位ではなく、その民族を管轄する行政区画単位でおこなわれる。ある民族が複数の県や省に跨って分布している場合、指定や記載をめぐって、関連する地方行政区画の間で競合・せめぎあいが生じやすい構造となっている。

そこで本章では、トン族居住地域を管轄する複数の地方行政区画による無形文化遺産代表一覧表の記載申請の動きを、一九五〇年代に始まり改革開放後激化してきた、地方行政区画間の競合・せめぎあいのコンテキストの中で捉えていくこととしたい。

なお、中国では「無形文化」は「非物質文化」と称されている。本章では中国語文献名を表記する場合を除いて、無形文化と表記することとする。

同一あるいは類似の習俗や文化が国境を越えて分布する場合、モンゴル族長調民歌のように複数国（中国とモンゴル）にまたがって記載された事例が十九例（二〇一五年三月現在）ある（古田・古田 二〇一五）。そのいっぽう、記載にあたり国家の間で争いが生じる場合も少なくない。東アジアの事例では韓国の江陵端午祭と中国の端午節の競合が、中国で大きく報道された。端午の節句のルーツは中国にある。しかし、その伝播先である韓国の江陵端午祭の方が「本家」中国よりも先に「人類の口承及び無形遺産に関する傑作の宣言」（無形遺産の傑作宣言）（二〇〇五年）に関わるものとして記載された。中国が韓国に先を越されたことは、中国のメディアでさかんに報道され、中国国内で大きな反響が生じた（劉・杜 二〇一〇）。韓国に遅れること四年の二〇〇九年、中国は、端午節を無形文化遺産の代表一覧表に記載することに成功した。

中韓の間での競合は他にもある。朝鮮民族の民謡アリランの記載もそうである[1]。中国は国内に朝鮮族を抱えている。中国の朝鮮族と韓国・北朝鮮の国民の大部分は同一民族であるため、言語のみならず風俗習慣も似通っている。そのため、中国が自国の少数民族・朝鮮族の文化を無形文化遺産として登録しようとした場合、韓国や北朝鮮との競合が避けられなくなってくる。

また、日本と韓国の間での競合もみられる。それは海女文化だ。二〇一三年末の報道では、韓国は二〇一四年三月末までにユネスコに申請書を出す方針をもっており、政府レベルの動きは、韓国が日本に先行していると報じられた[2]。この計画はユネスコ事務局の事情により遅延したが[3]、日本国民の一部からは韓国に遅れをとらないように日本も手続きを進めるべきだとの議論が起こったが[4]、結局二〇一六年に韓国単独での記載が決定した。

韓国の人類学者韓敬九は「無形文化遺産が国民・国家間の威信争いの道具と見なされるなど、新たな問題も起きている」とし、「さらには端午祭のように、自民族中心主義的な傲慢・偏見・誤解のために特定の無形文化遺産の起源と所有を争う事態も生じている。ユネスコの無形文化遺産が、平和の定着どころか、かえって一部の国では他国への敵対心と緊張を招くという結果まで起きている」と、無形文化遺産登録に関する問題点を指摘している(5)。

無形文化遺産の代表一覧表記載をめぐる競合・せめぎあいに関して、我々の耳目に届くことが多いのは国家間によるものである。国家間の競合は、当事国のマスメディアによって注目され、大きく報道される場合が多いからである。

しかし、本章でとりあげる事例が示すように、それは、国家間のレベルだけにとどまるものではない（河合 二〇一七）。中国国内における競合・せめぎあいは、中国国内の大手メディアによる報道も少ないため、中国国内でもあまり知られていないし、学術研究においても本格的にはとりあげられていない。したがって、それを明らかにすること自体に意義があると言えよう。

本章でとりあげる事例の場合、地方行政区画のまとまりを強調する地域主義と民族集団のまとまりを強調する民族主義の力関係という、中国国内の事情が深くかかわっている。そこで本章は、以下の手順で論を進めてゆく。まず中国における地方行政区画と民族集団の関係性について概観する。つぎに、代表一覧表記載申請以前における、トン族文化をめぐる地方行政区画間の競合・せめぎあいについて概観する。続いて、貴州省黎平県を中心とした、トン族大歌の国家級及び世界級の無形文化遺産一覧表への記載申請活動と、広西側の三江県との競合・せめぎあいについて紹介する。ユネスコの無形文化遺産条約と中国国内の一覧表記載制度の概要についても、適宜言及する。

# 一　地域行政区画と民族集団――トン族の場合

## 中国における地域主義と民族主義

### （1）省を単位とした地域主義

米国の文化地理学者オークスは、現代中国における省（province）を単位とした地域主義（provincial regionalism）の重要性、および省を単位とした文化（provincial culture）やアイデンティティ（provincial identity）の存在を指摘した（Oakes 2000）。

中国は、漢民族と五十五の少数民族から構成される多民族国家である。本章の議論とのかかわりで重要になってくるのは、中国ではひとつの民族が複数の省・自治区に跨って居住する事例が少なくないということである。現行の地方行政制度は省・自治区を頂点とする縦割りシステムをとるため、同一民族であっても所属する省・自治区が異なれば、互いに別個の地方行政系統に属している。

したがって、オークスの指摘をもとに、つぎに考えなければならないのは、省を単位とした地域主義と民族主義の関係性ということになる。

### （2）民族主義と地域主義

米国の政治学者カウプは中国の跨省少数民族の民族主義（ethnic nationalism）[6]と地域主義（regionalism）との関係に注目した。

前者は同一民族集団のアイデンティティや文化を強調する立場であり、後者は同一地方行政区画を単位としたアイデンティティや文化を強調する立場である。彼女は両者の関係性について雲南省と広西チワン族自治区に跨って居住するチワン族に注目し、雲南側と広西側のチワン族エリートの関係性について検討した。彼女によると、広西チワン学会と雲南チワン学会の間には相互交渉・理解が欠如している。そのうえ、雲南省文山県チワン族幹部は、我々は単なるチワン族ではなく「雲南」のチワン族であると主張しており、同一民族としての一体性よりも、「広西」のチワン族と「雲南」のチワン族の間で互いに差異を強調しあう傾向にある。チワン族エリートの場合、地域主義が民族主義に比べて卓越しているとカウプは結論づけている（Kaup 2000, 2002）。

本章でとりあげるトン族の事例においても、省を単位とした地域主義が重要であるには違いない。だが、本事例がこれから示すように、省より下位のレベル、すなわち市や県のレベルでの地域主義も存在しており、市や県レベルでの動きも時に重要な役割を果たしうる。

トン族を対象に一九九四年以来現地調査を行ってきた筆者は、トン族内部の地方行政区画間の差異に注目し、①トン族には民族アイデンティティのほかに、所属する地方行政区画（省・自治区レベル）にもとづく地域アイデンティティも存在すること、そして、②両者が交差したところに貴州のトン族、広西のトン族といった、複合的なアイデンティティが生じていること、および、③トン族内部で省・自治区の間に競合関係がみられることを指摘した（兼重 一九九八）。さらに④省・自治区レベルより下位の地方行政区画である県・自治県レベルの地方行政区画の間でも競合が起こっていることも指摘した（兼重 二〇〇五）。

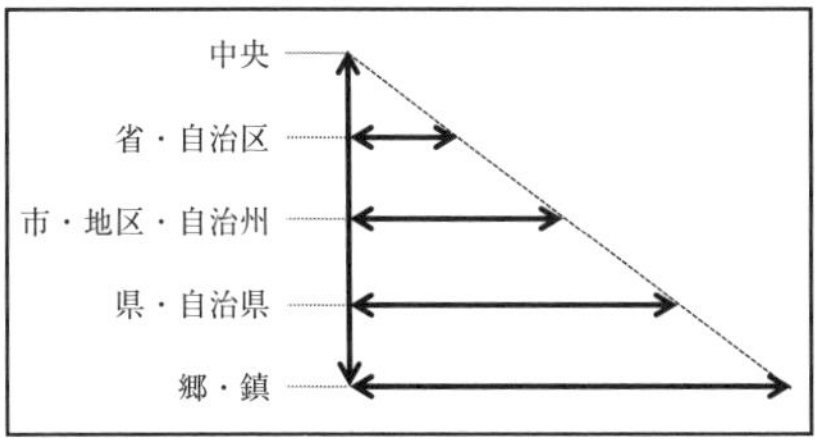


図1　縦の関係と横の関係

本章においては、「横の関係」と「縦の関係」というタームを用いて、より詳しく述べてゆく。同じ行政系統の間における下の行政区画と上の行政区画の間の関係性を「縦の関係」（図1の縦の矢印）と呼び、また、同レベルの行政区画の間の関係性を「横の関係」（図1の横の矢印）と呼ぶことにする。

多民族国家における少数民族研究では従来、ある民族集団（周辺）と国家（中央）をヒエラルキカルに対置させ、両者の間の相互交渉、すなわち「縦の関係」を明らかにすることに関心が集まっていた（たとえば飯島 一九九三）。

本章で強調したいのは「横の関係」である。ある民族集団が複数の地方行政区画に跨って居住する場合、横の関係の検討は、地方行政区画による民族集団内部の社会・文化やアイデンティティの分節化・差異化の問題、すなわち、地域主義と民族主義の関係性についての理解を深める際に重要である。

中国における、地域主義と民族主義の関係性についての検討は、上述の、米国の政治学者カウプによるチワン族の事例研究（Kaup 2000, 2002）があるものの、先行研究は非常に少ない。

## 跨省民族としてのトン族

トン族（漢字表記では侗族）について簡単に述べておこう。主な生業は水稲耕作で、杉の植林を中心とした林業を副業としている。集落は定住的である。トン族は、杉の木を使った鼓楼（塔状の集会所）や風雨橋（屋根つきの橋）と呼ばれる公共建築物を建設することで著名である。

トン族は、貴州、湖南、広西の二省・一自治区を跨いで連続的に分布する。トン族人口二九六万の内訳は、①貴州省約一六三万、②湖南省約八十四万、③広西チワン族自治区約三十万、④その他十九万、となっている（二〇〇〇年）。

跨省民族であるトン族は、民族内部における地方行政区画間の競合・せめぎあいをみるうえで、興味深い事例を提供してくれる。顕著な競合は、とくに貴州と広西の間でみられてきた（兼重　一九九八、二〇〇五、二〇一四）。代表一覧表への記載に関する競合・せめぎあいも主に両省の間で生じている。

三つの省に跨っていることによってトン族のまとまりが「分断」されているとする不満がトン族内部にないわけではない。中華人民共和国成立の翌一九五〇年、中南区トン族の代表として、北京で行われた国慶節式典に参加した広西三江県副県長の莫虚光（当時二十五歳）は中央政府に対して四項目からなる「トン族の要望」を提出した。

彼が筆頭にあげた要望は、トン族を漢族から分離させたうえでひとつの「民族自治区」にまとめることであった。彼は「民族文化を高め、生活を改善し[7]、民族平等と民族団結の願いを達成するために湖南、広西、貴州の境界地域のトン民族をひとつの自治区に区画することを希望する」と述べている（政務院招待参加国慶節各民族代表委員会　一九五〇、中央民族事務委員会　一九五一：七―八）。

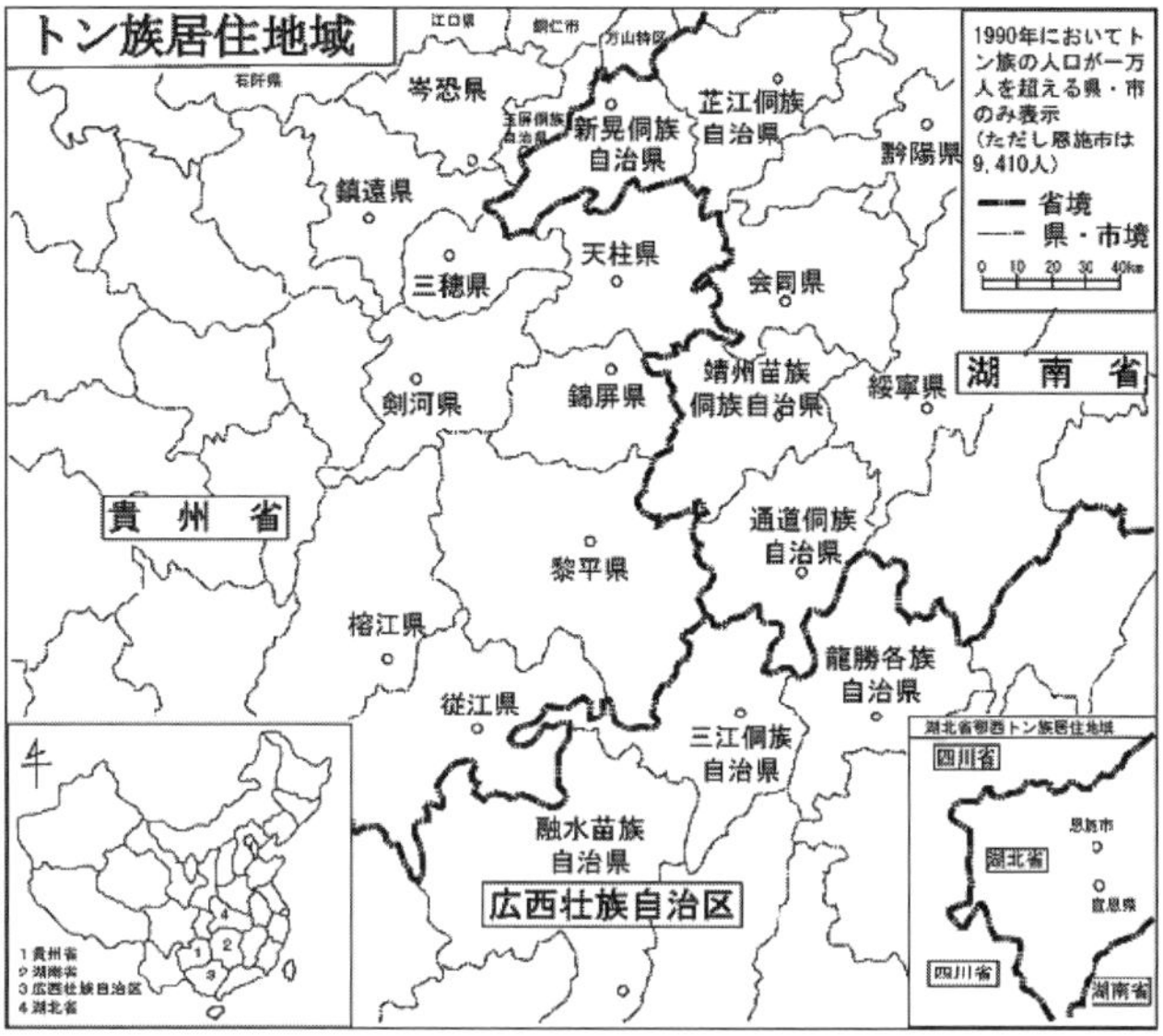


図2　トン族居住地域

三省に分断された状態では、いずれの省においても、トン族は漢族に対して少数派であるのみならず、同一省内の少数民族と比してもきわめて少数派である。そういった事情もあって、トン族居住地域をひとまとめにし、トン族が主体民族となる自治区を三省の境界地域に新たにつくりたいという要望が出されたと解釈できる。

しかし、一九五〇年代前半にトン族居住地域で設置された地方行政区画は、莫の要望からは程遠いものであった。それらは基本的に旧来の地方行政区画を踏襲するものであり、省境を越えたトン族自治区の設置は認められなかった。そればかりか、一九五七年に起きた反右派闘争の際、莫は、三省交界のトン族居住地域に「自分の独立王国」の設立を企てた反党主義者として激しく批判された[8]。莫はのちに名誉回復を果たしたものの、省境を越えたトン族自治区は実現されていない。

## 二　地方行政区画間のせめぎあい——無形文化遺産一覧表記載制度導入以前

### 一九五〇年代：トン劇「秦娘梅」をめぐる競合（広西 vs. 貴州）

トン族の場合、代表一覧表記載の申請制度が施行される前から、地方行政区画の間で、民族文化をめぐる競合・せめぎあいが存在した。それは計画経済体制下の一九五〇年代にすでに生じていた。

一九五〇年代には、トン劇という民間芸能に対する国家からのお墨付きをめぐって、貴州省側と広西省側（三江県）の間に競合がみられた。トン劇とは、トン語で演じられる歌劇をさす。広西代表団が演じるトン劇「秦娘梅」は、一九五五年三月に全国群衆業余音楽舞踏観摩演出会演（北京）に参加し、演出優秀奨を獲得した。このことは全国ニュースでも報道された。

いっぽう、貴州省側のトン劇「秦娘梅」は、全国会演に出場の機会を得ることができなかった。貴州省文化局関係者は以下のように主張した。トン劇「秦娘梅」は貴州側が先に創作したものであって、広西側はそれを利用しただけなのだと。それに対して広西側は、それは我々独自で創作したものと反論した（兼重 二〇一四）。

ここで補っておきたいことは、中国国内で貴州省に向けられる負のまなざしの存在である。貴州省に関しては「天に三日の晴れなし、地に三尺の平なし、人に三分の銀なし」という、気候の悪さ、土地の不毛さ、暮らしの貧困さを強調した有名な諺がある。そうした偏見は文化や芸術の方面にも向けられており、「貴州省＝文化不毛の地」という負のまなざしが存在していた(9)。

貴州省の文化行政関係者はそうした汚名の払拭をめざしていた。汚名の払拭のためには、権威筋によるお墨付きを得ることが重要となる（兼重 一九九八、二〇一四）。

## 観光利用をめぐる競合

その後、トン族文化をめぐる地方行政区画の間の競合が顕著になってくるのは、改革開放政策による市場経済導入後、とくに二十一世紀に入ってからである。顕著にみられるのは、民族文化の観光利用をめぐる競合である。中国において観光開発は政府が主導し、トップダウン（「縦の関係」）で進められる場合が多い。国家政策を受けてまず省レベルで基本戦略を打ち出し、以下、市・地区・自治州→県・自治県→郷・鎮→村の順で下されてゆく。

トン族を管轄する三つの省の間では、観光戦略に差異がある。たとえば、貴州省の場合は省全体を公園（観光地）とする「公園省」戦略を打ち出している。それにもとづき、黔東南ミャオ族トン族自治州は二〇〇〇年二月に全州旅遊工作会議を開催し、旅遊大州の建設案を提出した（蔡 二〇〇四）。また「一九九九年から二〇一五年までの黔東南苗族侗族自治州旅遊業発展総体規劃」の第3条において、「全州各県市の旅遊発展規劃（観光振興計画）はすべて、本計画の要求にもとづき編制が進められるべき」と定められている（蔡 二〇〇四：一〇九、一一四）。

しかし、観光開発を見る場合に、見落としてはならないのは横の関係、すなわち競合関係だ。トン族は内部の言語の違いから南部方言区と北部方言区に二分される。北部方言区は漢族化がすすみ、トン族の特色が薄いが、南部方言区はトン族の民族色が濃いという差異もある。そのため北部方言区は観光開発には不利であり、観光開発は南部方言区（黎平、従江、榕江、三江、通道県の五県）を中心に進められている。トン族の南部方言区においては、省境、県境を跨いで民族文化＝観光資源が共有されている。そこで主に南部方言区内部において省レベル、あるいは県レベルの行政区画の間で、観光客招致をめぐって競合関係が生じることとなる（図3）。

観光化の初期の段階（一九八〇年代）から二〇〇〇年代前半までの期間、トン族観光の目玉は有形文化財としての鼓楼（塔状の木造建築）、風雨橋（屋根付き木造橋）であった。

鼓楼と風雨橋がもつ観光資源としての価値は、中国における全国重点文物保護単位（国家級の重要文化財）の指

| 省・自治区 | 広西チワン族自治区 | 貴州省 | 湖南省 |
|---|---|---|---|
| ｜ | ｜ | ｜ | ｜ |
| 市・地区・自治州 | 柳州市 | 黔東南ミャオ族トン族自治州 | 懐化市 |
| ｜ | ｜ | ｜ | ｜ |
| 県・自治県 | 三江トン族自治県 | 黎平県、従江県、榕江県 | 通道トン族自治県 |

図３　トン族（南部方言区）の地方行政区画一覧

定と強く関連している。広西の三江県は程陽永済橋が全国のトン族のなかで最初（一九八二年）に全国重点文物に指定されたことにより、他県より優位にたっていた。それに指定された建造物を持たない県――とくに北部方言区――は観光資源において不利な状況にあった。

## 差異化・ブランド化をめぐる競合

後に三江県優位の状況を打破するような動きが出てくる。それは、民族文化の差異化・ブランド化をめぐる各県の動きである。

### （1）各県の鼓楼・風雨橋建設競争

北部方言区のトン族集落は鼓楼をもたず、風雨橋も多くない。そこで北部方言区の新晃トン族自治県や芷江トン族自治県などでは、観光開発のために、それらを県城やテーマパーク内に新たに作っていこうとした。また、南部方言区でも、二〇〇〇年前後から、多くの県が県城やテーマパーク内に新たに鼓楼や風雨橋を建設し始めた。

他県との差異化を図り、注目を集めることを強く意識して、鼓楼の場合は高さを、風雨橋の場合は長さを競っていることに特徴がある。世界最高の鼓楼、世界最長の風雨橋と銘打った、ギネスブック的な新たなブランド創造競争が始まったのである。

### （2）トン族の中心地争い――キャッチ・コピーの創造

それと並行して、自県の差異化とブランド化を図るためのキャッチ・コピー創造の動きも現れてきた。貴州省の黎平県は、鼓楼の高さや風雨橋の長さを競う争いには意図的に参加せず、独自の戦略をとることにした。それは、黎平県が委嘱した深圳のコンサルティング会社の助言による。この会社が黎平県に提言したのは、「侗《トン》郷之都」宣言戦略であった。これは、自県をトン族居住地域の「都」と自称するもので、黎平県は二〇〇三年ごろから対外的にこのアピールを開始した（薛 二〇〇三）。

『貴州民族報』（二〇〇九年八月六日づけ）の記事[10]では、黎平県が宣言した「侗郷之都」の知名度や波及効果がかなり高いものとなっていることを報じている。この記事では、いくつかのメディアは黎平県を「侗郷文化発祥地」とも呼ぶこと、榕江県は「苗《ミャオ》・侗文化祖源地」と称されることも紹介するとともに、各県がキャッチ・コピーを出し合っている状態をトン族の「中心争奪戦」と称している。同記事では、ライバル県に対する黎平県の優位性を報じている。

黎平県が「侗郷之都」宣言をする前に、三江県（広西）はすでに「桂林山水甲天下、侗郷風情看三江」（桂林の山水の風景は天下第一、トン族の里の風情をみるなら三江県）というキャッチ・コピーをたちあげていた（薛 二〇〇三：一五〇―一五一）。同じ広西チワン族自治区に属し、自県から距離的にも近く、国際的にも有名な観光地桂林を引き合いに出すことによって、三江県は自県の観光ブランドを作りあげようとしたのである。

二〇〇八年になると三江県は「中国侗族在三江」（中国トン族は三江にあり）という新たなキャッチ・コピーを掲げるようになった。翌年三江県は、このキャッチ・コピーをそのまま書名にした豪華写真集を出版した。この出版事業は、三江県を管轄する柳州市の政治協商委員会が主体となり、全国および全世界にむけて三江トン族の歴史と文化のブランドをたちあげる意図のもとで発動した、体系的なプロジェクトの一環であった[11]。

黎平県がいくら「侗郷之都」と宣言しようが、鼓楼・風雨橋がトン族の民族文化資源の中心であるという枠組みの中では、三江県の優位性は動き難かった。三江県は、トン族の文化資源のなかで初めて国家級の重要文化財（国家重点文物保護単位）に指定された程陽永済橋（有形文化）を有しているからだ。

## 三　地方行政区画間のせめぎあい――無形文化遺産一覧表記載制度導入以後

一九九〇年代後半以降、中国国内における有形文化の格付けの序列を揺るがしかねない新たな動きが生じた。中国政府は、自国の有形文化が「人類共通の遺産」としてユネスコの世界遺産一覧表へ記載されることを重視し、積極的に申請活動を行い始めたのである。

### 世界遺産一覧表への記載失敗

中国政府は一九九六年に世界遺産一覧表記載候補として「暫定一覧表」（五十五件）をユネスコに提出した。この中には程陽永済橋が含まれていた[12]。程陽永済橋は国際的なお墨付きを獲得する絶好の機会を得たのである。しかし、一年間に「暫定一覧表」から世界遺産一覧表に昇格できる件数には制限が設けられていた。程陽永済橋は数年たっても「暫定一覧表」に留め置かれたままであった。

中国国内の関心は国家級の文化財（文物）から世界級の文化遺産へとシフトするようになった。広西チワン族自治区の共産党委員会の機関紙『広西日報』の記事（二〇〇四年九月二〇日づけ）[13]では、近年、中国の二十九もの遺産物件が世界遺産の一覧表に記載されているが、広西からは一つも記載されていない。そこで二〇〇三年に、広西チワン族自治区政府が程陽永済橋、花山岩画と霊渠の三つを世界遺産に申請するという方針を固めたことを報じている。

各国がユネスコに提出する「暫定一覧表」は、十年以内をめどに見直し（改訂）が義務づけられている。中国国家文物局は二〇〇七年一月に「暫定一覧表」（『中国世界文化遺産預備名単』）の改訂版を発表した。広西チワン族自治区政府の期待どおり、花山岩画と霊渠の二件が新たに「暫定一覧表」入りを果たした。ところが新しい一覧表では、程陽永済橋は選に漏れてしまったのであった[14]。

程陽永済橋が足踏み状態を続けていた間に、新たな流れが生じた。中国はユネスコの「人類の口承及び無形遺産の傑作に関する宣言」（無形遺産の傑作宣言）に賛同（二〇〇一年～）し、無形文化遺産条約を批准（二〇〇四年）した。中国国内では無形文化遺産ブームが沸き起こり、国家と国民の関心は有形文化から無形文化へと拡大したのである。

## 人類の口承及び無形遺産に関する傑作の宣言

内外での無形文化保護に対する意識の高まりを背景に、ユネスコは一九九二年から無形文化遺産保護のためのプログラムの策定に着手した。

一九九七年の第二十九回ユネスコ総会において、無形遺産の傑作宣言が採択された。これを受け、第一五五回ユネスコ執行委員会（一九九八年）において「人類の口承及び無形遺産に関する傑作の宣言」規約を採択した。無形遺産の傑作宣言は、類ない価値を有する世界各地の口承伝統や無形遺産を讃えるとともに、政府、ＮＧＯ、地方公共団体に対して口承及び無形遺産の継承と発展を図ることを奨励し、独自の文化的特性を保持することを目的としている。「傑作」という名が示す通り、世界各地の無形遺産の中でも傑出したものを選んで顕彰するための事業であった（七海 二〇一二）。

そして、ユネスコが定める基準を満たすものを二〇〇一年から隔年で発表することとなった。二〇〇六年までに三回の傑作宣言がおこなわれ、最終的に、合計九十件の無形遺産が傑作として宣言された(15)。

隔年に一回の選定で、毎回一カ国につき一件しか申請できないという制限が設けられたが、複数の国が共同申請する場合はその件数に加えないと規定された。

中国は選定にむけて積極的に申請した。中国国内では数多くの候補が名乗りを挙げ、中国文化部はどれを傑作に推挙するか審査を行った。

第一次宣言の傑作十九件（二〇〇一年）において中国からは昆曲が、第二次宣言の傑作二十八件（二〇〇三年）においては古琴芸術が入選した（向 二〇〇四）。第三次宣言の傑作四十三件（二〇〇五年）においては、中国単独で申請した中国新疆ウイグル木卡姆《ムタム》芸術と、中国とモンゴルが共同で申請したモンゴル族長調民歌が入選した。

## 我県のトン族大歌を世界級の遺産に――黎平県（貴州）の戦略

### （1）トン族大歌

トン族大歌とは無指揮無伴奏の多声合唱で、いわゆるアカペラに相当する。男声、女声そして混声もある。注意すべきは、トン族大歌の分布地域は極めて狭いことである。南部方言区の黎平、従江、榕江県（貴州）と三江県（広西）のごくごく狭い範囲に限定されており、分布地域の総面積は約千平方キロ、分布地域総人口は約十数万人（トン族総人口は二九六万）にすぎない。また貴州省従江県の貫洞鎮と広西三江県の富禄、梅林鎮のように、分布地域は近接しており、同じような習俗が省境を跨いで分布している。

### （2）申請過程

二〇〇二年十月に貴州省黎平県で開催された「第二回黎平中国トン族鼓楼文化芸術節」にあわせて「中国少数民族音楽会第九回年次大会」兼「トン族大歌国際シンポジウム」が開催された。その会議には、省内外から一一六名の関係者が参加した。

全国規模の学会の年次大会ならびに国際シンポジウムが地方の一県城で開催されるのは、中国では異例である。黎平県は、これらを招致することによって、自県のトン族大歌を中国国内の民族音楽研究者に広く知ってもらう機会を得たのであった。

さらに、この会議において黎平県は、無形遺産の傑作宣言（第三次）に申請する資格を得ることに成功した。会議参加者は一致して、トン族大歌は世界級の無形文化遺産にふさわしい価値をもち、その申請作業は黎平県が音頭をとって行うのが最適と認定したのであった（楊 二〇〇三）。

黎平県は、トン族大歌を第三次宣言の傑作として申請する作業を始めた。翌年、黎平県は、中国科学院、中国社会科学院と協力協定を結んだ。四月末に中国科学院、中国社会科学院の手による申請書の初稿が完成し、六月～八月には北京や貴州省の専門家の修正意見をもとに、中国科学院と中国社会科学院の専門家たちが申請書の推敲を行った。二〇〇四年三月に、黎平県は申請書（中、英文版）を完成させ、映像資料とともに国家文化部に送った。

（3）申請失敗

二〇〇五年四月、中国政府は、ユネスコに申請する唯一の候補案件の選出を行った。中国がユネスコに推薦することになったのは、新疆ウイグル族の木卡姆であった。トン族大歌の順位は第六位に終った（呉 二〇〇九）。この時、国内応募総数がいくつあったのかは、手元に資料がないので不明であるが、世界的に著名な少林功夫も落選している。黎平県の「トン族大歌」は、国内選抜の段階で落選したのであった。

落選後、黎平県トン族大歌申遺弁公室の副主任呉定国は、申請活動における主要な困難及び不足点として数項目を挙げている。トン族は弱小民族に属し、国家の上層部にいる人材が少なく、役職もあまり高くないこと、知名度と影響力がほかの兄弟民族には及ばないこと（呉 二〇〇五）などが指摘された。国内においてトン族は他の少数民族との競合において、優位に立つことが難しい状況に置かれていたのであった。

いっぽう、貴州省の関係者は、落選はしたものの「借申遺之路、揚大歌之名」（ユネスコの無形遺産への申請を利用して、トン族大歌の名をあげる）という当初の目的は達成されたと評している。(16)

**無形文化遺産条約**

続けてユネスコは、無形文化遺産の国際的な保護条約の作成作業を始め、二〇〇三年十月に無形文化遺産条約を採択した。二〇〇六年四月に批准国が三十カ国に達した時をもって、この条約が発効した。二〇〇六年六月には第一回目の締約国会議、同年十一月には第一回政府間委員会が開催されて、二十四カ国の代表により実質的な運用が始まった。本条約の締約国は二〇〇七年には七十四カ国、二〇一〇年には一三三カ国となり（岩崎　二〇一二）、二〇一三年十二月の時点では一五七カ国となった。

二〇〇八年に策定された運用指針に基づき、以下四つの手続により、二〇〇九年九月にアブダビ（アラブ首長国連邦）で開催された第四回政府間委員会において、無形文化遺産代表一覧表への記載が開始された。

① 締約国は、自国の領域内にある無形文化遺産の目録を作成する。
② 目録の中から、記載基準に沿って候補を選定し、ユネスコ事務局に提案する（件数の制限なし）。
③ 各締約国からの提案書は、政府間委員会の下に設置される同委員会の補助機関によって評価される。
④ 補助機関における評価を踏まえ、政府間委員会は記載するか否かを決定する。[17]

無形遺産の傑作宣言と無形文化遺産条約の間の大きな変更点は、文化の間に優劣をつける「傑作」の概念が排除され、かわりに、一覧表に記載される無形文化遺産は文化の多様性を構成する重要な要素であり、それぞれが尊いという、文化相対主義の立場が採用されたことである（本書序章と岩崎論文を参照）。

また、上記①のように、まずは国内で一覧表を作ったうえで、その中からユネスコに推薦することになった。条約以前に無形文化遺産に関連した国内制度がなかった国では、国内で一覧表を新たに作る必要性が生じた（七海　二〇一二）。

さらに、一つの国がユネスコに推薦できる件数の制限が撤廃された結果、二〇〇九年には一挙に八十八件が新たに記載された（古田・古田　二〇一五）。無形遺産の傑作に比べると、無形文化遺産の代表一覧表への記載の敷居は大幅に低くなった。しかし、それは一時的なもので、二〇一〇年以降は推薦件数に実質的な制限が設定されるようになった（本書岩崎論文を参照）。

### 中国国内における無形文化遺産申請システムの確立

二〇〇五年、中国では、無形文化遺産の保護活動に関する重要な政策がうちだされた。同年三月三十一日に国務院が「我国の無形文化遺産の保護活動の強化に関する意見」（国弁発【二〇〇五】一八号）を、同年十二月二十二日に「文化遺産保護強化に関する国務院通知」（国弁発【二〇〇五】四二号）を発布した。

国務院「我国の無形文化遺産の保護活動の強化に関する意見」では、中国無形文化遺産四級保護体系を構築することが示された。四級とは国家級、省級、市・自治州・地区級、県級の四つをさす。中国文化部はこの通達に基づき、二〇〇五年に第一次国家級無形文化遺産代表一覧表の申請と審査事業を開始した（申ほか 二〇〇九）。以後、ユネスコ無形文化遺産の申請権を得るためには、県単位の申請から始めて県級→市・自治州・地区級→省級→国家級の順で遺産認定を受けることが必要となった。すなわち、行政の縦割システムに添って行政区画を下から上へと一段階ずつあげてゆかねばならなくなったのである。国家級一覧表に記載されてようやく、世界級の一覧表記載の可能性も視野に入ってくる。

「文化遺産保護強化に関する国務院通知」では、①無形文化遺産の一斉調査事業の推進、②無形文化遺産保護計画の策定、③貴重な無形文化遺産の救護、④無形文化遺産一覧表体系の確立、⑤少数民族文化遺産と文化生態区の保護の強化、を地方各級人民政府と関連部門に指示した（申ほか 二〇〇九：一八、本書長谷川論文も参照）。さらに二〇〇六年十一月、文化部は国家級無形文化遺産保護と管理暫定弁法を発布した（申ほか 二〇〇九）。

### 我県のトン族大歌をユネスコ無形文化遺産に——黎平県の再挑戦

中国国内における新しい無形文化遺産一覧表記載申請制度に基づく上記の四つのレベルの一覧表より遥か上位に、世界級（ユネスコ）の一覧表が君臨することにより、無形文化は県級から世界級遺産までの五つのレベルに序列化された。

また各レベルの一覧表への記載は、それぞれ地方政府・国家あるいは世界（ユネスコ）によるお墨付きの獲得の証である。そのため、記載された文化は、各行政レベルに応じた権威をもつ。一覧表が上級になればなるほど記載件数も少なくなるため、希少性も高まり、より高い権威をもつことになる。すなわち、中国国内で無形文化のランクづけが制度化されたのである。

自らの地方行政区画内の文化に関して権威筋からお墨付きを得ることによって、文化的汚名の払拭のみならず、観光資源としての価値の増大に伴う経済的メリットも期待できるがゆえに、一覧表への記載をめぐって、申請主体の間で競合・せめぎあいが生じることになるのである。

新しい申請制度のもと、黎平県はまず国家級代表一覧表への記載をめざし、そのうえでユネスコ代表一覧表記載に向かって再チャレンジすることになった。

二〇〇五年六月に国家文化部が「第一次国家級無形文化遺産代表作の申請に関する文化部の通知」を発し[18]、第一次の国家級無形文化遺産一覧表の記載にむけての申請が始まった。

黎平県はまずトン族大歌の記載を目指すこととした。二〇〇五年十月に黎平県申請のトン族大歌は貴州省の「国家級に申請するための無形文化遺産代表一覧表」（第一次）に入った。その後貴州省文化庁を通して国家へ申請することになった。二〇〇六年五月、国務院は第一次国家級無形文化遺産一覧表を批准し、六月二日に国家無形文化遺産保護一覧表（第一次）五一八項目を公布した。黎平県のトン族大歌はめでたく記載を果たした。

## 我県のトン族文化を国家級無形文化遺産に——ライバル県の動向

### （1）国家級無形文化遺産一覧表への記載

第一次国家級無形文化遺産一覧表のうち、トン族大歌での記載が認められたのは、黎平県だけではなかった。同時申請した広西の三江県も記載され、両県が並べて公布されたのであった[19]。トン族の場合、「中国無形文化遺

表1　トン族に関する国家級無形文化遺産一覧表への記載状況

| 項目 | 広西<br>三江県 | 貴州省<br>黎平県 | 貴州省<br>榕江県 | 貴州省<br>従江県 | 湖南省<br>通道県 |
|---|---|---|---|---|---|
| トン族大歌 | ① | ① | ② | ② | |
| トン族木造建築造営技術 | ① | ② | | ② | |
| トン劇 | ③ | ① | | | ② |
| トン族琵琶歌 | | ① | ① | ③ | |
| トン族薩瑪節（民間祭祀） | | ② | ① | | |
| 珠郎娘美（民間伝承） | | | ② | ② | |
| 規約習俗（トン族款約） | | ④ | | | |
| トン族服飾 | | ④（貴州省黔東南苗族侗族自治州） | | | |

①：第一次（2006年6月）、②：第二次、第一次拡展項目（2008年6月）
③：第三次（2011年6月）、④：第四次、拡展項目（2014年12月）
出所：中国非物質文化網 http://www.ihchina.cn/ の「国家名録」の項目より作成

産四級保護体系」の施行以後、同一の項目に複数の県が申請し、記載を競い合うようになったのである。トン族大歌の場合も、黎平県以外のいくつかの県が、自県のトン族大歌を国家級の無形文化遺産に登録しようとしていた。

二年後の二〇〇八年六月に、国務院は、五一〇項目の第二次国家級無形文化遺産一覧表と、一四七項目の第一次国家級無形文化遺産拡展（拡張）項目一覧表を公布した（王 二〇〇八）。第一次国家級無形文化遺産拡展項目一覧表（一四七項目）において、貴州省の従江県、榕江県が申請したトン族大歌が加えられた[20]。このようにして黎平県、三江県、従江県、榕江県の四県が、トン族大歌において国家級一覧表への記載に成功したのであった。第三次一覧表は二〇一一年に、第四次一覧表は二〇一四年に公布された。

トン族に関する国家級無形文化遺産一覧表への記載状況（二〇一四年末現在）については表1を参照されたい。トン族文化のうち、国家級無形文化遺産一覧表への記載をめざした競合が最も激しいのがトン族大歌であり、記載件数が最も多い県は黎平県なのである。

（2）国家級無形文化遺産代表的伝承者一覧表への記載

無形文化遺産の代表的な伝承者は、別の一覧表に記載され

表2　国家級無形文化遺産代表的伝承者（トン族大歌関係）

| 氏名 | 性別 | 生年 | 申請地区 | 所属郷村 | |
|---|---|---|---|---|---|
| 呉品仙 | 女 | 1945 | 黎平県（貴州省・黔東南ミャオ族トン族自治州） | 永従郷九龍村 | ② |
| 呉光祖 | 男 | 1944 | 三江トン族自治県（広西チワン族自治区・柳州市） | 梅林郷新民中寨 | ② |
| 覃奶号 | 女 | 1945 | | 富禄郷高安村 | ② |
| 潘薩銀花 | 女 | 1944 | 従江県（貴州省・黔東南ミャオ族トン族自治州） | 高増郷小黄村 | ③ |
| 呉仁和 | 男 | 1931 | | 高増郷高増村 | ③ |
| 胡官美 | 女 | 1955 | 榕江県（貴州省・黔東南ミャオ族トン族自治州） | 栽麻郷宰蕩村 | ④ |

②：第二次（2008年）、③：第三次（2009年）、④：第四次（2012年）
出所：中国非物質文化遺産網　http://www.ihchina.cn/6/6_1.html（2017年4月18日取得）

ることとなった。トン族大歌に関する国家級無形文化遺産代表的伝承者には、黎平、従江、三江、榕江県からあわせて六名（第二次から第四次）が選ばれている。そのうち最初に選ばれた三名の内訳は、三江県から二名、黎平県から一名であった（表2を参照）。代表的伝承者の数において、三江県は黎平県を上回っていたのであった。

### 貴州（黎平県）vs.広西柳州（三江県）――知名度で劣る三江のトン族大歌

トン族大歌の申請で、三江県（柳州市）は「全国第一次無形文化遺産一覧表」に入った。このことは、三江県を所轄する柳州市にとっても栄誉だった。

トン族大歌に関して、柳州市側が貴州省側に対して強いライバル意識を持っていることを、中国共産党柳州市委員会の機関紙である『柳州日報』（二〇〇八年四月十六日づけ）が以下のように報じている。(21)

三江県と貴州のトン族居住地は隣接している。（無形文化遺産の）全面的調査と申告において機先を制した者が「無形文化遺産」という財産と富を得るのだ。トン族大歌の申告において、柳州（に属する三江県）は「全国第一次無形文化遺産一覧表」入りを勝ち取った。しかし、その後の宣伝力の不足のため、（三江県のトン族大歌に関して）何もいいこと（評判）は広まっておらず、貴州省の大歌の「音量」は明らかに柳州を凌駕している。

つまり、柳州市三江県のトン族大歌は、知名度において貴州省より劣っていると、柳州日報の記者は指摘したのである。

また『柳州日報』（二〇〇八年九月五日づけ）によると、トン族大歌の代表的伝承者一覧表に入った三名（二〇〇八年の時点）のうちの二人が三江県人であり、民族ブランド樹立の点からいうならば（貴州省黎平県と三江県は）伯仲関係にあると、柳州市群衆芸術館副館長の黄暁平が発言している。(22)

この記事から、柳州市の文化行政関係の幹部が抱いている、貴州省（黎平県）に対するライバル意識を読み取ることができよう。

## ユネスコ無形文化遺産となった貴州省のトン族大歌――取り残された三江県

### （1）黎平県単独申請から五県共同申請へ

黎平県が第三次のユネスコ無形遺産の傑作宣言にむけて国内予選で申請した際に、皮影、切り紙、少林武術など数十の異なる案件も同時に申請されていた。黎平県の申請作業で中心的役割をはたした呉定国はこのことに触れ、「申請競争は日増しに激烈になっている」と述べている（呉 二〇〇五：九四―九五）。

そこで、黎平県の単独申請ではなく黔東南州人民政府を主体とした共同申請へと変更し、黎平、従江、榕江、錦屏、天柱の五つの県が共同して申請準備作業にあたることとなった。しかし、中心的な役割を担ったのは、今回も黎平県であった。

また、黔東南州の名義でトン族大歌を申請する以上、州内のミャオ族に対する配慮が必要になるという新たな課題も生じた。黔東南はミャオ族とトン族の自治州であり、しかもミャオ族はトン族よりも人口が多い。ミャオ族の古歌や飛歌の申請よりトン族大歌の申請をあからさまに優先するわけにはいかなかった（呉 二〇〇五）。

二〇〇八年九月、貴州省文化庁無形文化遺産保護処と省無形文化遺産保護センター、黔東南州文化局が統括するかたちで、専門家が申請書類を執筆した。申請書類と映像資料は、貴州省文化庁から国家文化部を経てユネスコに提出された。

二〇〇九年九月三十日、ユネスコの政府間委員会でトン族大歌が無形文化遺産に採択された。入選した七十六項目のうち、二十二項目は中国が申請したものであった。また、貴州省からはトン族大歌の他、貴州ミャオ族刺繍工芸と茅台酒醸造工芸が申請されたが、トン族大歌のみが記載に成功した[23]。トン族大歌は、貴州省ではじめて、ユネスコの代表一覧表への記載を果たしたのであった。

（2）トン族大歌の記載状況

ユネスコの代表一覧表に記載されたトン族大歌をユネスコのホームページ[24]で確認すると、以下のようなことがわかる。

① 名称は「トン族の大歌」〈Grand song of the Dong ethnic group〉となっている。

② 関連するコミュニティは、「貴州省黔東南ミャオ族トン族自治州の黎平県、従江県、榕江県と近隣のトン族社会」となっている。

ここで重要なのは、広西の三江県が含まれていないことである。無形文化遺産条約の第2条の定義の項目には「無形文化遺産はコミュニティ、集団及び場合によっては個人が自己の文化遺産の一部として認めるものをいう」と規定されており、運用指示書では、関連する個人や集団が「最大限広範な参加をもって推薦」することが求められている。だとすれば、トン族大歌の記載申請の際には、広西側も含めてしかるべきだったと言えよう。

先に述べたように、二〇〇八年に記載されたトン族大歌の国家級代表的伝承者三名のうち、二名が広西側であったことを考慮すれば、なおさら広西側も含めるべきだった。

それでは、貴州省側が広西側の三江県に共同申請を働きかけなかったことは、地方行政区画を単位とした縦割り制度が唯一の原因なのだろうか。おそらくそうではない。トン族大歌と同時に中国から無形文化遺産として申請・記載された「端午節」は、三省四市・県（湖北省の二つの市と県、湖南省の一つの市、江蘇省の一つの市）の共同申請であった。[25]

以上のように、貴州省側は広西側との共同申請も可能であったのにかかわらず、その選択肢を敢えて選ばなかったと考えられる。そしてその結果、貴州省が申請したトン族大歌が世界級の無形文化遺産の認定を受け、広西のトン族大歌は国家級の遺産にとどまるという格づけの差が生まれたのであった。

## ユネスコの代表一覧表記載に関する報道

### （1）貴州側の報道

トン族大歌がユネスコの代表一覧表に記載されたことに対して、中国共産党貴州省委員会の機関紙『貴州日報』（二〇〇九年十月三日づけ）の記事[26]は、「貴州トン族大歌は我省の無形文化遺産の項目で初めてユネスコ無形文化遺産一覧表に記載された遺産である」と報じた。また、貴州省政治協商会議の機関紙である『貴州政協報』（二〇〇九年十一月十二日づけ）[27]でも同様の報道がなされた。両記事ともに、トン族大歌の前に貴州という地名を冠して「貴州トン族大歌」と表記されている。こうした表記からみても、貴州という地域（地方行政区画）を強調しようとする意図が両記事に込められていることは明らかである。「トン族大歌は、トン族の無形文化遺産として初めてユネスコの代表一覧表に記載された」といった、民族を主体として強調するような表現は両記事ともに用いていないのである。

さらに、『貴州日報』（二〇〇九年十一月二十日づけ）の記事[28]では以下のように報じられている。

一里塚としての意義をもつこの日——西暦二〇〇九年九月三十日——を貴州の歴史はしっかりと記憶することだろう。正式に「無形文化遺産代表一覧表」に入ったことを通じて、貴州トン族大歌は全世界の人々が共同で享有、保護する無形文化遺産となった。国連の無形文化遺産保護評議委員会がトン族大歌に与えた、定まった評価は「ひとつの民族の歌声、ひとつの人類文化」である。トン族の里では歌い踊って、我省の民族文化の保護、伝承の一大慶事として成功を祝った。トン族大歌のユネスコ無形文化遺産への申請の成功のニュースが伝わった時に、黔東南州のトン族の男女は一人の例外もなく喜び勇んで、走り回って互いに知らせた。

……貴州トン族大歌が「無形文化遺産代表一覧表」に入ったことは、貴州文化史上の一大事件なのである（傍線は引用者による）。

この報道では、貴州トン族大歌がユネスコの代表一覧表に記載されたことが、黔東南州のトン族の喜びにとどまらず、貴州省の一大慶事でもあることが強調されている。このような報道の目的は、単なる地域の誇りや地域アイデンティティの強調にとどまらない可能性が高い。周星が指摘するように、地方政府や官僚にとっては文化遺産一覧表への記載はみずからの業績をアピールする手段になっている（櫻井・阮ほか 二〇一一）と考えられる。

（2）広西側の報道

続いて広西側の地方新聞の報道と書籍の記載をみてみよう。

中国共産党広西壮族自治区委員会の機関紙『広西日報』（二〇〇九年十月五日づけ）の記事[29]では「二〇〇三年から、当該県（筆者注：三江県を指す）はトン族大歌を『ユネスコ無形文化遺産』に記載するための努力に着手し始めたが、今ようやくその夢が成就した」と報じられている。この記述は、トン族大歌があたかも三江県の主導によってユネスコ無形文化遺産一覧表に記載されたかの如き印象を読者に与えかねない。

中国共産党柳州市委員会の機関紙『柳州日報』（二〇〇九年十月十二日づけ）の記事[30]では「トン族大歌が正式にユネスコの代表一覧表に記載されたことは、三江県の観光事業の発展と文化遺産保護において重要な意義を有する」と報じられたが、三江県のトン族大歌が代表一覧表と無関係であることには言及されていない。広西無形文化遺産叢書の一冊として出版され、三江県人民政府関係者によって執筆された『侗族大歌』（楊・呉 二〇一二）においても上記の報道と同様の傾向がみられる。すなわち、三江県のトン族大歌がユネスコ無形文化遺産一覧表に記載されたかの如き印象を読者に与えかねない記述がなされているのである[31]。

広西側の報道のなかには、三江県がユネスコの代表一覧表と無関係であることについて言及するものもないわけではないが[32]、それに言及していない報道が目立つ。

以上は、広西・三江県側の関係者にとって当然の対応であると考えられよう。ユネスコの代表一覧表と三江県が無関係であるという事情が伏せられている限りにおいて、三江県側はユネスコ無形文化遺産としてのトン族大歌の栄誉と権威に便乗することが可能となる。便乗できるのならば、先に紹介した『柳州日報』の記事が述べているように、それは三江県の観光事業の発展と文化遺産保護において助けとなるはずであり、三江県にとって決して悪い話ではないと考えられるからだ。

## おわりに

本章の問いは、無形文化遺産一覧表への申請主体が誰であり、どのようなアクターが競合し、せめぎあっているかということであった。

その答えは以下のようになろう。トン族大歌申請の場合、申請主体は担い手たる民族そのものではなく、トン族を管轄する地方行政区画であった。複数の県や省に跨ってトン族が居住することは、地方行政区画の間で競

表3　トン族文化への公的お墨付き獲得をめぐる貴州と広西の競合一覧

| | 1950年代 | 1980年代 | 2006年 | 2008年 | 2009年 |
|---|---|---|---|---|---|
| 項目 | トン劇 | トン族建築物 | トン族大歌 | トン族大歌 | トン族大歌 |
| 出来事 | 【国家レベル】全国会演での受賞 | 【国家レベル】全国重点文物保護単位指定 | 【国家レベル】国家級無形文化遺産一覧表記載 | 【国家レベル】第二次国家級代表的伝承人一覧表記載 | 【世界レベル】ユネスコ無形文化遺産一覧表記載 |
| 広西 | トン劇「秦娘梅」（三江県・1955年） | 程陽永済橋（三江県・1982年） | 三江県 | 三江県から2名 | 記載対象外 |
| 貴州 | 該当せず | 増沖鼓楼（従江県・1988年） | 黎平県 | 黎平県から1名 | 記載対象 |
| 状況 | 広西側が先行 | 広西側が先行 | 広西側と貴州側が同時 | 広西側と貴州側同時。広西側が優位（記載人数） | 貴州側は広西側よりも圧倒的優位に |

出所：（兼重 1998, 2014）

合・せめぎあいを生みやすい素地となっている。そして、トン族大歌の国家級一覧表及びユネスコ代表一覧表への記載申請において、民族文化を地域文化資源として利用しようとする貴州省側の強い志向性がみられた。民族主義に比べて地域主義の卓越性がみとめられるのである。

二〇〇九年のトン族大歌のユネスコ代表一覧表への記載によって、世界級の遺産となったのは貴州側（黎平県が主体）のものだけであり、広西側（三江県）は国家級の遺産にとどまった。一九五〇年代から連綿と続いている両行政区画の間のトン族文化をめぐる覇権争いをふまえるならば、代表一覧表への記載により、貴州側は劣勢をひっくりかえし、広西側よりも圧倒的優位に立つことに成功したと捉えることが可能となる（表3を参照）。

ユネスコ代表一覧表は、無形文化をランクづける制度である。代表一覧表への記載は、自県・省の文化的・経済的な優位性を決定づける。しかも、全国会演や重点文物保護単位のように国家レベルのお墨付きにとどまらず、世界レベルのお墨付きをもたらす。それゆえ、本事例のように、中国国内における従来の文化の価値づけ・権威の序列を一変させてしまう可能性も拓かれた。

また、その影響は、広西省と貴州省の優劣逆転に留まらない。世界レベルでのお墨付きを得たことにより、貴州の文化不毛の地という汚名を払拭する宿願も叶ったといえよう。

いっぽう、ユネスコ代表一覧表への記載がトン族大歌を伝承している地元民に対して与えた影響も甚大だと推測される。トン族大歌の国内・世界級の一覧表への記載に伴い、両省はトン族大歌を伝承する地元民に向けて、それぞれどのような施策を繰り出しているのであろうか。同じトン族大歌を共有しながらも、国家級の遺産に留まった広西側の地元民とユネスコ代表一覧表に記載された貴州側の地元民は、それぞれどのような影響を受けたのであろうか。両省の地元民の間で、何らかの懸隔が新たに生じているのか否か（本書才津論文も参照）。現地調査を行い、これらの問いに答えてゆくことが今後の課題である。

付記

本章は河合洋尚・飯田卓（編）『中国地域の文化遺産——人類学の視点から』（『国立民族学博物館調査報告』第一三六号、二〇一六年刊）所収の拙稿を一部改変したものである。

（1）「ユネスコに登載された韓国伝統民謡『アリラン』、中国に奪われるところだった？」二〇一二年十二月七日（中央日報日本語版）http://japanese.joins.com/article/528/164528.html?servcode=400&sectcode=400&cloc=jp|article|related（二〇一五年四月二十日取得）。

（2）中野晃（ソウル支局）「『海女』争い、韓国が先行　ユネスコの無形文化遺産登録」朝日新聞デジタル二〇一三年十二月二十二日。http://www.asahi.com/articles/ASF0TKY201312200483.html（二〇一五年四月二十日取得）

（3）「済州島の海女、来年のユネスコ文化遺産登録は困難に」二〇一四年六月五日（中央日報日本語版）http://japanese.joins.com/article/124/186124.html（二〇一五年十月十七日取得）。

（4）「海女漁のユネスコ登録目指す　三重や石川など九県　実態調査や県文化財指定　文化継承に」二〇一五年一月二十七日 http://www.47news.jp/47gj/latestnews/2015/01/174551.html（二〇一五年十月十七日取得）。

（5）さらに韓は「ユネスコは二〇〇三年の条約によって、複数国登録（multinational submission）として共同の無形文化遺産という概念を取り入れてはいるが、複数の国にわたる文化遺産はいまだに例外とされている。文化遺産は一つの国または集団のものという仮定が、あまりにも根深く広く受け入れられているからだ」と述べ、ナショナリズム的な文化遺産観についても指摘している。ハン・ギョング（韓敬九）「人類の無形文化遺産の保存と韓国の役割」（翻訳：坂野慎治）http://www.koreana.or.kr/months/news_view.asp?b_idx=2290&lang=jp&page_type=list（二〇一五年四月二十日取得）。

（6）Kaup（2002）では ethnic と nationalism をスペースを入れず合体させて ethnicnationalism と表記しているが、本章では ethnic nationalism と表記する。

（7）トン族の漢族からの分離を要求する理由として莫は、「過去には大漢族主義の統治のため、漢族とトン族の間のわだかまりがつくりだされた。文化程度、経済情況、言語、風俗習慣の違いにより、短期間では仲良く打ち解けあうことは難しい」ことをあげている（中央民族事務委員会　一九五一：七―八）。トン族を主体とする自治区を作ることにより、漢族によるトン族への抑圧が解消され、トン族の人々の生活が改善されるという意味での発言と解釈できる。

（8）無署名記事「不投降　不繳械　決不収兵　莫虚光的反党陰謀在林業庁又被掲露」『広西日報』一九五七年十月十八日。

（9）たとえば鄭律成が『貴州日報』（一九五七年一月十日づけ）に寄せた「貴州、你是祖国民間芸術的宝蔵」という一文（鄭　一九五七）があげられる。

（10）趙徳佳（貴州民族報記者）二〇〇九「〝侗都〟之弁：一場民間的〝中心争奪戦〟」『貴州民族報』二〇〇九年八月六日、第C一面。

（11）陳莉（記者）二〇〇八「挙全市之力把民族文化来弘揚〝中国侗族在三江〟」『柳州日報』二〇〇八年十一月十五日、第一面。

（12）ユネスコホームページ http://whc.unesco.org/archive/1996/whc-96-conf202-3ae.pdf（二〇一六年六月四日取得）。

（13）蒋林「三大景区〝申遺〟勝算幾何」『広西日報』二〇〇四年九月二〇日、第〇一一面。

（14）「国家文物局関於印発《中国世界文化遺産預備名単》的通知」（国家文物局　二〇〇九：五九七―五九九）による。興味深いのは、改訂版「暫定一覧表」から程陽永済橋が外れたのと同時に、「黔東南トン族村寨：六洞、九洞トン族村寨（貴州省黎平県、従江県、榕江県）」が追加登録されたことであり、この背景には貴州省側の積極的な働きかけが想定される。さらに、二〇一二年十一月に再改訂版「暫定一覧表」が定められた際には、湖南省と広西のトン族の村々も追加されて、名称も「トン族村寨」（湖南省：通道トン族自治県、綏寧県、広西チワン族自治区：三江県、貴州省：黎平県、榕江県、従江県）へと変更された（『中国世界文化遺産預備名単』『福建日报』二〇一二年十二月四日づけ）。本章で論じるように、トン族大歌がユネスコの無形文化遺産一覧表への記載を果たした際（二〇〇九年）には、貴州省の単独申請であった。世界遺産「暫定一覧表」再改訂版（二〇一二年）において、湖南と広西が追加され、三省の共同申請へと変更された理由や経緯はいかなるものなのであろうか。国家による「指導」の可能性も想定でき、たいへん興味深い。この件についての検討は本章の射程を外れるため、別稿に譲りたい。

（15）外務省ホームページ http://www.mofa.go.jp/mofaj/gaiko/culture/kyoryoku/unesco/isan/mukei2/unesco_gaiyo.html（二〇一四年四月十二日取得）。

(16) 喜慶　二〇〇七「挖掘民族文化資源　推広〝侗族大歌〟品牌—貴州省黎平県文体広播電視局局長龍盛瑜訪談」『中国文化報』二〇〇七年八月十三日、第八面。陸錦宏　二〇〇九「奇葩吐秀侗歌飄〝香〟—侗族大歌〝申遺〟之路」『貴州日報』二〇〇九年十月三十日、第一一面。

(17) 外務省ホームページ http://www.mofa.go.jp/mofaj/gaiko/culture/kyoryoku/unesco/isan/mukei/jyoyaku_gaiyo.html （二〇一四年五月五日取得）。

(18) 陸書明　二〇〇五「黎平民族文化遺産列入国家級非物質文化遺産代表作」『貴州日報』二〇〇五年九月二十七日、第六面。

(19) 記載一覧表の分類番号、名称、申請地域の記述は「59　Ⅱ-28　トン族大歌（貴州省黎平県、広西壮族自治区柳州市・三江侗族自治県）」となっている。

(20) 記載一覧表の分類番号、名称、申請地域の記述は「59　Ⅱ-28　トン族大歌（貴州省従江県、榕江県）」となっている。

(21) 葉子（柳州日報記者）二〇〇八「譲民族的瑰宝〝活〟起来　関於龍城非物質文化遺産何以生生不息的話題」『柳州日報』二〇〇八年四月十六日、第一一面。

(22) 葉子（柳州日報記者）二〇〇八「彼喜此憂為哪般？　関注〝侗族大歌〟〝侗族鼓楼〟被貴州黎平県搶注商標」『柳州日報』二〇〇八年九月五日、第四面。

(23) 潘仕衛（貴州日報記者）二〇〇九「特別報道　一個民族的声音　一種人類的文化——貴州侗族大歌列入〝人類非物質文化遺産代表作名録〟総述」『貴州日報』二〇〇九年十一月二十日、第四面。

(24) http://www.unesco.org/culture/ich/en/RL/grand-song-of-the-dong-ethnic-group-00202

(25) 記者　二〇〇九「端午節栄登〝世遺榜〟這是我国節日首次入選非物質文化遺産名録」『現代金報』二〇〇九年十月五日　第A五面。

(26) 周静　二〇〇九「貴州侗族大歌入選人類非物質文化遺産名録」『貴州日報』二〇〇九年十月三日、第一面。

(27) 劉啓靖・王吟（記者）二〇〇九「貴州侗族大歌列入聯合国非物質文化遺産代表作名録」『貴州政協報』二〇〇九年十一月十二日、第A一面。

(28) 潘仕衛（貴州日報記者）二〇〇九「特別報道　一個民族的声音　一種人類的文化—貴州侗族大歌列入〝人類非物質文化遺産代表作名録〟総述」『貴州日報』二〇〇九年十一月二十日、第四面。

(29) 諶貽照（記者）・梁克川（通訊員）二〇〇九「侗族大歌列入〝世界文化遺産〟」『広西日報』二〇〇九年十月五日、第一面。

(30) 梁覚振（通訊員）二〇〇九「侗族大歌列入世界非物質文化遺産名録　民族文化之苑又添奇葩」『柳州日報』二〇〇九年十月十二日、第六面。

(31) 『侗族大歌』（二〇一二　広西民族出版社）には以下のように記述されている。「……三江トン族自治県人民政府は二〇〇五年にトン族大歌の『無形文化遺産登録申請』事業を開始した。二〇〇六年にトン族大歌は第一回の国家級無形文化遺産一覧表に入った。……二〇〇九年九月三十日、トン族大歌が『ユネスコの無形文化遺産の代表一覧表』に入ったという、人びとを奮い立たせる知らせがユネスコから届いた……」（楊・呉 二〇一二：六）。

（32） 貴州省黎平県出身のトン族で中国科学院に所属する鄧敏文が「トン族大歌を世界非物質文化遺産に申請した主体は貴州省であるが、この成果は中国三百万のトン族人民に属するものだ」と発言したことがインターネット上で報じられている。出所：梁覚振・劉山 二〇〇九「聯合国教科文組織：侗族大歌列入世界非遺名録」、二〇〇九年十月四日、中国新聞網 http://www.nn.chinanews.com/2009/3002_1004/16190.html（二〇一五年一月十日取得）。

## 参考文献


飯島茂（編）（一九九三）『せめぎあう『民族』と国家――人類学の視座から』アカデミア出版。

岩崎まさみ（二〇一二）「無形文化遺産保護条約の概要とその意義」『年報新人文学』九：九一―九四。

兼重努（一九九八）「エスニック・シンボルの創成――西南中国の少数民族トン族の事例から」『東南アジア研究』三五（四）：一三二―一五二。

――（二〇〇五）「トン：民族一体化の動きと民族内部の多様性」末成道男・曽士才（編）『世界の先住民族――ファースト・ピープルズの現在 〇一東アジア』三三三―三五一頁、明石書店。

――（二〇一四）「文化資源としての民間文芸――トン族の演劇『秦娘梅』の事例から」武内房司・塚田誠之（編）『中国の民族文化資源―南部地域の分析から』三三一―四〇〇頁、風響社。

河合洋尚（二〇一七）「創造される文化的景観――客家地域の集合住宅をめぐる文化遺産実践」飯田卓（編）『文明史のなかの文化遺産』一五一―一七六頁、臨川書店。

七海ゆみ子（二〇一二）『無形文化遺産とは何か――ユネスコの無形文化遺産を新たな視点で解説する本』彩流社。

櫻井龍彦・阮雲星・長谷川清・周星・長沼さやか・松岡正子（二〇一一）「開発と文化遺産」『中国21』（特集：国家・開発・民族）三四：三―二八。

古田陽久・古田真美（二〇一五）『世界無形文化遺産データ・ブック――二〇一五年版』シンクタンクせとうち総合研究機構。

国家文物局（編）（二〇〇九）『中国文化遺産事業法規文件彙編』（下）文物出版社。

蔡家成（二〇〇四）『西部旅遊開発理論与実務――黔東南旅遊開発与発展実証研究』中国旅遊出版社。

劉愛河（二〇〇八）「概念的演変：従〝文物〟到〝文化遺産〟」『山西師大学報（社会科学版）』三五（五）：九一―九三。

劉金・杜文軒（二〇一〇）「無形文化遺産保護的啓示――以端午節和江陵祭為例」『科教導刊』三四：二一七―二一八。

申茂平（他）（二〇〇九）『貴州非物質文化遺産研究』知識産権出版社。
王文章（編）（二〇〇八）『非物質文化遺産概論』教育科学出版社。
呉定国（二〇〇五）「侗族大歌申報人類口頭及非物質遺産的情況」『中国原生態稲作民俗文化搶救与保護――黎平国際学術研討会論文選』八七―九五頁、内部発行。
――（二〇〇九）「侗族大歌申遺之研究：侗族大歌申報世界人類非物質文化遺産的歴程」『貴州民族学院学報（哲学社会科学版）』二：三七―四〇。
向雲駒（二〇〇四）『人類口頭和非物質遺産』寧夏人民教育出版社。
薛永応（二〇〇三）『掲秘千年――侗郷之都策劃紀実』中央編訳出版社。
楊永和・呉新華（編）（二〇一二）『侗族大歌』広西民族出版社。
楊正権（二〇〇三）「序――侗族大歌之縁」楊秀昭・呉定国（主編）『侗族大歌与少数民族音楽研究――侗族大歌研討会暨中国少数民族音楽学会第九届年会論文集』一―三頁、中国文聯出版社。
鄭律成（一九五七）「貴州、你是祖国民間芸術的宝蔵」『貴州日報』一九五七年一月十日。
政務院招待参加国慶節各民族代表委員会（編）（一九五〇）『参加国慶節各民族代表団名冊一九五〇』政務院招待参加国慶節各民族代表委員会。
中央民族事務委員会（編印）（一九五一）『侗族概況』内部発行。
Oakes, Tim 2000 China's Provincial Identities: Reviving Regionalism and Reinventing "Chineseness", *The Journal of Asian Studies* 59 (3): 667–692.
Kaup, Katherine Palmer 2000 *Creating the Zhuang: Ethnic Politics in China*, Boulder, Colo: Lynner Rienner Press.
―― 2002 Regionalism versus Ethnicnationalism in the People's Republic of China. *The China Quarterly* 172: 863–884.

# 第二部　無形の遺産の担い手たち

# 伝承の「舞台裏」
## ——神楽の舞の構造に見る、演技を生み出す力とその伝えられ方

俵木　悟

日本国
0
400km
1/2.505.700
岡山県備中地域

# はじめに――芸能伝承における「わざ」と「人」

無形文化遺産条約が二〇〇三年にユネスコ総会で採択され、二〇〇六年に発効して具体的な運用が始められて以来、多くの関心がこの領域に向けられている。とくに日本は世界に先駆けて無形文化の保護を法制化した国として、この領域のパイオニアを自負し、条約の制定にも大きな役割を果たしてきた。しかし同時に、この新しい国際的な文化活動のコンセプトと、日本の文化財保護におけるそれとの間にある相違も、徐々に認識されるようになってきている（俵木 二〇一五、本書菅論文も参照）。

その相違の一つに、筆者が関心を寄せる民俗芸能における「わざ」や「型」の問題を挙げることができる。日本の文化財保護法では、無形文化財として保護されるのは、技芸もしくは技法と呼ばれる、ある様式を備えたわざである。(1) 人間国宝という言葉が人口に膾炙し、保護されるのは体現者である「人」だという誤解を招くこともあるが、人を認定するのはわざの具体的実在を示すためであって（小谷 二〇一七）、論理的には、その人が指定のわざを高度に体現できない状態になった場合、認定は解除される。

民俗芸能は、かつて無形文化財として保護されていたものの、後に無形民俗文化財として保護されることになったという経緯がある（俵木 二〇一三）。しかしその場合でも、無形民俗文化財としての民俗芸能の保護するものは、わざが集団において共有され、時間をかけて様式化されたかたち、すなわち「型」にあると考えられている（大島 二〇〇七、二〇〇九）。

一方、国際的な無形文化遺産保護の文脈では、わざあるいは型の保護という発想はあまり聞くことがない。むしろこの文脈で強調されるのは、無形文化遺産を担うコミュニティ、集団または個人、すなわち「人」である。

この理念の相違から何が考えられるだろうか。筆者としては双方を対照的に捉えるよりも、むしろ両者をつなぐ論点を見いだしたい。当然であるが、わざと人は容易に切り離して考えることができないものである。わざも型も、決して人の介在なしに存在しているものではない。その両者をつなぐ一つの接点が、人がわざを身につけるという行為であり、具体的には稽古というプロセスである。

筆者はこれまで、文化財や文化遺産という社会制度を、その理念と運用の両面から論じる機会を比較的多く与えられてきた。本章では視点を大きく変えて、そもそもその制度が保護するとしている対象自体の性質について検討してみたいと思う。民俗芸能のわざと、それを身につける人の実践から、技芸が構成され、伝えられるメカニズムを考察することで、無形の遺産を受け継ぐことについて理解の幅を広げるのが本章の狙いである。

## 一　備中神楽とその伝承形態

本章で事例として検討するのは、岡山県西部に伝わる備中神楽の稽古である。備中神楽は一九七九年に国の重要無形民俗文化財に指定されており、二〇〇七年に東京で無形文化遺産保護条約の第二回政府間委員会が開催された際には、会議場におけるデモンストレーションとして各国政府代表の前で上演された。とくに民俗芸能研究の領域では、日本の神楽の中でもその芸能性、娯楽性が顕著に高い神楽として知られ、その技芸の高度なことにおいて有数の存在と見られている。

かつてこの神楽は口伝によって伝えられていた。太夫になろうと思うものは直接、現役の太夫の元に弟子入りし、ある種の徒弟制的なシステムの中で芸を「盗む」形で習得していったとされる。筆者がこの地域で集中的な調査を始めたのは一九九四年であったが、そのころ七十歳代でベテランと言われていた太夫たちの多くは、ちょうど戦中から終戦直後頃にそのキャリアをスタートさせていた。その頃の話として、弟子入りして最初にやらされたのが畑仕事だった、などといったエピソードを聞くことは珍しくなかった。備中神楽の概説書にも、当時の状況は次のように描かれている。

> 神楽太夫になるには、かつては厳しい師弟制度があった。我々は、これと思う師匠のもとに弟子奉公をして、師匠の家の農作業や雑用を手伝いながら、その間に神楽を習ったものである。が、直接手とり足とりで教わるのは、導き（猿田彦の命を導く舞）と鎧下《よろいじた》（猿田彦舞と鬼舞）ぐらいであった。（中略）
>
> 導き（舞）と猿田彦舞ぐらいが舞えるようになると、祭りの神楽に同行させてもらえる。以後は、師匠や先輩太夫の神殿《こうどの》上の芸を見習って覚えてゆく。もう、誰も手をとっては教えてくれない。いわゆる、実践で芸を盗んでゆくわけで、その修練をおこたっては一人前にはなれなかった。（田辺・岡本　一九八四：三二―三三）

しかしその後、こうした伝承形態は大きく変貌した。一九四七年の学校基本法の制定により義務教育が定められ、高等学校教育も定着した。岡山県は全国でも早くから高校進学率が高かった県の一つで、一九七五年には九十五パーセント以上が高校に進学していた（文部省　一九七六）。演技の習得に関していえば、徒弟制的な伝習はもはや全く見られない。

写真１　無形文化遺産保護条約第２回政府間委員会の際の備中神楽公演のパンフレット。“Bicchu Kagura: Intangible Cultural Heritage in Japan” と書かれている

いま若者が初めて神楽を習う場としては、学校の神楽クラブ[2]や地域の公民館活動で開かれている神楽教室などが一般的である。これらは確かに神楽の入口としては機能しているが、あくまで神楽を知らない子供たちに教えるような場所である。また、ある程度の年齢に達した者が新たに神楽を学ぼうというような場合には、何人かが集まって同好会を作り、知り合いの太夫に指導を頼むということもある。

ただしこうした場所だけでは、神楽の技芸に深く触れる可能性は限られている。真剣に太夫になろうという目標ができてくると、中堅・若手の太夫たちが、自分の技芸を磨くために集まっている稽古場に出入りするようになる。こうしたところでは、神楽教室のような明確な指導は与えられない。そこに集まってくる太夫たちの第一の目的は、まず自分自身の舞の修練だからである。その代わり、稽古場に出入りするようになれば、定期的に、しかも身近に本物の舞を見ることができる。筆者が稽古に参加したのもそれが目的だった。

筆者が参加したのは、岡山県高梁市内のある公民館で行われていた神楽の稽古である。ここで行われていたのは、主に若手の太夫たちの合同稽古である。通常一緒に稽古していたのは筆者を含めて五人。筆者以外は、二十歳代の若い現役太夫三人と高校生の一人であった。主にこの公民館が所在する地区に本拠を置くX社という社中[3]に所属する太夫で、そのなかの一人はこの地区の出身であったが、当時は他の社中に所属していた。

メンバーのうち、筆者と高校生の一人を除いては皆、岡山県神社庁の認可を受けた正式な太夫であった。備中神楽の演者は一般に太夫と呼ばれるが、正式な太夫として活動するためには、岡山県神社庁神楽部が発給する認許証を所持しなければならない。神楽部は、戦後の一九四八年に発足し、備中神楽の伝承地域に六つの支部（高梁・川上・小田・井原・総社・阿新の各支部。ただし発足時は五支部）を設け、それぞれ年一回の総会などを開催している。筆者が集中的な調査を始めた一九九四年頃には、太夫は全域で四百人程度と言われたが、二〇一〇年時点では約三十五社中、三百人程度の太夫が認許証を受けているという。まだ資格を得ていなかった高校生も、卒業したら太夫として活動するつもりだという。

筆者の指導に当たってくれたのは、二十歳代前半の現役太夫で、X社の出身ではあるが、当時はY社という備中神楽の中でも一、二を争う名門社中に所属していた。若いといっても彼の神楽歴は十年を超えており、県外公演も多くこなす、若手としてはたいへん優れた太夫の一人であったと思う。

稽古に参加した期間は、一九九七年十一月の中旬から一九九八年三月中旬までの約四カ月間であった。原則として稽古は週に一回、夜間に行われ、一回の稽古の時間は三時間程度だが、長いときには五時間も行い、日付をまたぐこともあった。この定期的な稽古はほぼ通年行われていた。

稽古には、通常のメンバー以外の太夫が集まることが何度かあった。またベテラン太夫が見学に訪れて指導をしていくこともあった。ある名門社中の社長を務める太夫がこの稽古場を訪ねてきた日には、別の社中の若い太夫が二人、出稽古にやってきていた。おそらく彼らは、社長がその日ここに来ることを知って、わざわざ出かけてきたのだろう。逆にこの稽古場のメンバーが他の稽古場に出かけていって合同稽古をすることもあったようだが、筆者はその現場には行くことはなかった。彼らはこうした稽古場を「道場」と呼んでいて、例えば「明日は〇〇道場に稽古に行ってくる」というような言い方をしていた。他に稽古には公民館周辺の住民や、参加メンバーの父兄が送迎のついでに見物するようなことも稀にあったが、基本的には稽古に参加しない純粋な見学者はほとんどおらず、いつものメンバーを中心に稽古は進められた。

ちなみにある程度キャリアのある太夫になると、ほとんど定期的な稽古は行っていない。彼らが稽古を行うのは、新たな演目を覚える等の特別の理由がある場合を除いて、若手の稽古場に様子を見に顔を出したときとか、有志で行う神楽伝承研究会のような会合に出席したときなどに限られているようであった(4)。それでも神楽シーズンになると、ほぼ毎週のようにどこかで神楽があるのが常であって、そうした実際の上演の中で自らの技芸を磨いていくのである。実演の場が、同時に技芸の修練の場でもあったことについて、ある太夫は次のように回想している。

我々が若いころには、一年間に約百五六十カ所は舞ったものです。たとえば一つの舞を舞うのに、三百回ぐらい舞台を踏まないと一人前になれないと言われてきました。つまり、一つの舞を三カ年舞わないと十分な芸の域に達しないのであります。それなのに、一年に六ヵ所だと単純に計算すると五十年かかることになります。これでは若い太夫さんに神楽を習得せよせよといっても、所詮無理なことになってしまいます。（藤原　一九九六：五二―五三）

筆者がこの調査を行っていた頃には、名門と呼ばれる社中でも上演機会は年間三十回ほど、一般的な社中では十回にも満たないというのが珍しくなかった。かつてと比べると上演回数は少なくなっており、若い太夫たちが自分たちで定期的な稽古を開いていたのは、そうした不足を補うものであったかもしれない。

ただ一方で、このように恒常的に稽古が行われるのは、民俗芸能としては特異な例であって、一般的には祭礼などの奉納に際して、その前の一定期間に稽古をするという例が多いだろう。備中神楽の舞の習得プロセスは、その意味で容易に一般化できるものではないものの、それだけにいっそう、技芸を伝えるメカニズムを精緻に観察できる良い事例であると筆者は考えた。

## 二　舞を習う

次に、実際の稽古の様子について見ていこう。

稽古場として使われていたのは公民館の十二畳の和室である。その長辺に接してもう一つの和室があり、そちらは荷物や稽古に使用する道具類が置かれ、稽古をしていないメンバーが控える部屋として使われていた。稽古部屋の一方の短辺に、神楽の上演で使用するのと同じ幕（二間幅の引き幕と、その奥の小さな吊り幕の二重になっている）を張る。神楽を上演する舞台となる神殿《こうどの》は、一般的に八畳の四隅に柱を立て、一辺に幕を張ってその奥が幕内・楽屋となるので、空間的には本番の神楽の上演とほぼ同様である。幕が張ってある反対側の短辺にはガラス戸があり、ごく稀にこのガラス戸を鏡として使用し、稽古をしている者の舞姿を映して確認することがあったが、通常は障子を閉じており、ダンスレッスンのように鏡像を積極的に使うことはなかった。また筆者自身は、自分の稽古の復習のためにビデオカメラを常時持ち込んでいたが、他のメンバーがビデオで自分の舞姿を確認することも当時は全くなかった。

幕の反対側の短辺の一角に、太鼓を打つ者が座る。稽古している者の前から演技を見られる位置にいるのはこの太鼓役のみで、それ以外のメンバーは隣の部屋から（つまり横から）見ることになる。

採り物などの道具は、基本的には本番で使うのと同じ形態で、それらの使い古しや、装飾などを簡略化した練習用のものを使用していた。衣裳や面を着用して練習することは、筆者が参加していた限りでは、本番直前の稽古も含め一度もなかった。

このような本気の稽古場に出入りするような太夫あるいは太夫予備軍は、すでにある程度の舞の基礎を習得している。筆者のような完全な初心者が紛れ込むのは相当に稀なことで、誰もがその時点で修練を積もうとする舞や演目をもっている。同じ稽古場のメンバー間で一定の段階を踏んで稽古することは意識されておらず、各自がそれぞれ自分の技芸を磨くという意識であった（ただし筆者が参加していた時期には、参加メンバーのうち二人が、所属社中で二人舞をパートナーとして演じており、稽古も二人組で行うことがしばしばあった）。そのため、稽古はいたって淡々と進行していた。参加メンバーが順番に、自分が稽古したい舞を自己申告すると、別の一人が太鼓役を引き受ける。あとは本来の上演どおり、太鼓に合わせて一曲の舞を一通り舞う。舞の途中で曲を止めたり、指摘が入るようなことはほとんどない。一通り舞い終わったところで、見ていた太夫が気になった点があれば指摘する。あるいは稽古をしている太夫本人が、納得いかない部分を自ら申告し、その所作だけを何度も繰り返したり、その場の他の太夫に意見を求めたりする。基本的にはこうしたことが順番に何度も繰り返される。

特定の所作について指摘する場合も、言葉によって明示的に指示されることはほとんどない。「〇〇の部分がなんかちょっと……」というようなことを言うだけである。指摘された太夫は、とりあえずその所作を繰り返し

写真２　稽古中の筆者と師匠（1998年１月撮影）

てみる。そうして二人の所作の違いを確認する程度である。とくに筆者が参加していた稽古場の場合、中心になる三人の太夫がほぼ同じ芸歴で明確な序列がないために、「こうするのが正しい」とか「こうすべきである」といった「指導」はほとんど見られなかった。二人舞などの場合は、互いの演技について議論する場合もあったが、これもどちらかというと、相手の演技について指摘するよりは、自分の演技の気がかりな部分を相手に尋ねるということが多かった。かつての徒弟制的な師匠／弟子という固定化された関係とは大きく異なるところである。

稽古場内での関係性でいえば、舞手に対して最も「指導的」になれるのは太鼓役である。一般的には先輩格の太夫が太鼓の役を担うことが多いようで、子ども向けの神楽教室などでも、指導者が太鼓を叩くのが普通である。実際にこの稽古場でも、いつものメンバー以外の太夫が稽古場に来た場合などは、最もキャリアの長い太夫が太鼓役を買って出ることが多かった。これは太鼓役だけが演技を前から見ることができ、また太鼓の演奏によって演技をコントロールすることがある程度できるといったこととも関係するだろう。例えば舞手が稽古の最中に先の演技を忘れてしまったときに、太鼓役が次の伴奏の頭の何拍かを叩いたり、その部分の口太鼓（「トコトコ」「チャンチャン」など太鼓の音を表した歌）を唱えることで、次の所作を思い出す助けとなる。あるいは演技のテンポが速すぎたり、所作を雑に済まそうとした場合に、太鼓役が意図的に大きな音でゆっくりと強調して打奏することで、舞手に注意を促すことがある。このように、言葉で指示せずとも、太鼓によって舞手の演技をサポートすることができるのである。

ただしキャリアの浅い者の稽古になると若干様相が異なってくる。たとえば同じ稽古場に参加していた高校生の場合、どの舞に稽古を付けるかは先輩太夫が指定することが多かった。彼はその指定された舞を一通り舞う。この場合も途中で指示を挟むことはほとんどないが、舞が終わった後には先輩太夫から所作の細部について明示的な指摘がなされる。すなわち腕の高さ、足の運び、膝の折り方、採り物の振り方といった点について具体的にどうすべきかが言葉で指摘され、言葉で説明しにくい場合は先輩太夫が手本を見せる。

さらに全くの初心者である筆者に対する場合、しばらくは文字通りの「手取り足取り」の指導になる。筆者の演技が未熟で舞の途中でも演技が途切れたり、明らかに間違って演じてしまうことが多く、その場合、稽古は一時ストップする。すると太鼓を打っていた師匠が筆者の横について、手本を舞ってくれたり、口太鼓に合わせて手足をとって指導される。このように筆者は、全くの初心者としての自分に対する稽古によって舞の細部の所作について学びながら、ある程度の段階にある太夫の内輪の稽古を観察することで、より高度で複雑な多くの舞や演目の構成と、それが身につけられていく様子を同時に観察することができた。

## 三　舞の構造

筆者はもちろん、この稽古に参加する前には、実際に神楽を舞ったことはなく、本格的な舞踊の訓練を積んだ経験もなかった。稽古に参加する前から、毎週のように備中各地で行われる神楽を見学してはいたが、その舞は筆者にはきわめて複雑で長大なものと思えた。備中神楽は儀式的な演目を除いた舞を伴う演目だけでも、全てを演じると六時間以上もかかる。一人前の太夫と言われるには、そのなかで演じられる演目のほぼ全ての役を一通り覚えて舞えなければならない（ただしそうなるには二十年から三十年はかかると言われていた）。しかも彼らの演技は流麗で淀みなく、次第に沿ってこれを見ている限り、演技はすべて一連のものと見える。おそらく大半の地元の観客も、筆者とほとんど変わらない感覚で神楽の舞を見ているはずである。この「自然」に見える演技が、稽古を体験することで初めて、ある機構をもった構築物として見えてくるようになるのである。

## 第一段階：ユニットへの分節化

稽古に参加して最初に教えられたのは、基本的な構えである。これには、①正面を向いた状態で、両足を肩幅程度に開いて腰を落としながら直立する（両手の位置にはいくつかのバリエーションがある）構えと、②右足をやや斜め後方に引いた半身に近い体勢で、左手の採り物を腰の脇に据え、右手を右方に伸ばし胸の高さで扇子を正面に開いて向ける構えとがある。とくに後者の構えはこの神楽独特のもので、筆者の参加していた稽古場ではシュモクの構えと呼ばれていた。

最初の週の稽古は、この構えの姿勢をとる練習だけで終わった。とくにシュモクの構えは難しく、重心をやや後ろにかけて腰を充分に落とすこと、構えた状態で膝の位置が足の付け根と爪先を結ぶ直線上より必ず外に開いていなければならないことを繰り返し注意された。とりわけ膝の位置は股がきちんと割れないとなかなか外に開かない。筆者はこれだけを約五時間徹底して繰り返したが、結局満足ゆくようにはならなかった。これは必ずしも筆者だけの問題ではなく、多くの太夫がこの姿勢を美しくとれるようになるのに数年かかるのだという。この姿勢は神楽の基本中の基本とされ、ある所作と所作を結ぶ「きめ」の姿勢となるので、その美しさがそのまま舞の美しさとして評価されるとも言われた。これは衣裳を着けてみるとその意図がよくわかる。多くの役は下半身に袴を着けて演じるが、膝が内に入っていると、足を開いたつもりでも、正面から見たときに袴のラインに膝の位置が出ず、美しい台形を描かない。衣裳というモノと身体技法の関係性も、実際に体現してみて初めて理解できることの一つであろう。この重要な姿勢が、稽古の最も早い段階でたたき込まれ、その後の稽古を通して絶えず意識され続けることになる。この姿勢を、不完全ながらも一応学んだ後に、実際の舞の所作の稽古がつけられる。

最初に習う舞は「導きの舞」である。この舞は、神楽の次第の中では、次に演じられる舞に登場する猿田彦命の由来を述べて呼び出す役割を持っている。猿田彦命の舞自体が、神楽を上演する舞台を祓い清めるミサキ払いの意味を持つので、その前に演じられる導きの舞は神楽全体の導入の舞と言えるだろう。そしてこの舞は、すべての舞の基本型といわれる「曲舞《きょくまい》」の型で舞われるために、どの社中でも必ず最初に教えられる。全編通しても十分足らずの短い舞であるが、手の上げ方、足の運び、扇子の回し方、幣の振り方など何もわからない状態から始めるため、この稽古には数ある演目のなかでもとくに時間がかかるという。一般的には、「導きの舞」の後には「鎧下」と呼ばれる荒舞の基本的な型で舞われる猿田彦命の舞を習う。さらにそのあとに若い太夫が最初に与えられる劇中の役である「国譲り」の段の事代主命の舞を習ったあたりで、実際の神楽に出してもらえるようになるという。

それまで神楽を観察してきた筆者は、すべての舞の所作を一連のものと認識していたと述べたが、稽古を体験することによって、それがあるまとまりに分節化されていることが理解できるようになった。その分節は具体的には、舞を教わる際の所作の切れ目として表される。

稽古の初期の段階では、「ここで右手に持った扇子を8の字に回しながら、腰の位置までもってくる」というように、所作の細部を具体的に指導されるが、それがある程度になると、「ここまでを○○と呼ぶ」という形で、一連の所作の名称を教えられる。本章ではこの一単位を「ユニット」と呼ぶことにする。すべてのユニットに名称が付けられているわけではないが、ユニットの区切りは明確に示される。これらはほとんど自動的に一つの所作として演じられるようになるまで、徹底して繰り返し練習する。すると次回からは「○○をやってみましょう」という形で指示される。師匠から与えられる数々の注意も、この個々のユニットと結びついて記憶されることになる。そしてユニットを認識することで、「導きの舞」という一つの舞に、同じユニットが繰り返し出てくることに気がつく。最終的に「導きの舞」の全体は筆者の場合、次の九つのユニットに分節化することができた。

①拝（大）　②拝（小）　③シュモク　④右回り　⑤左回り
⑥幣くずし　⑦膝折り　⑧歌ぐら　⑨言葉

このうち「拝」の大／小は、筆者自身が演技の習得過程で理解しやすいように便宜上分けたもので、稽古ではどちらも「拝をする」と呼ばれていた。「右回り」「左回り」については決まった呼称がなく、筆者が便宜上命名したものである。また「シュモク」については、一定の動作というよりも、動作と動作のあいだの「きめ」の構えのことであるが、他のユニットと連結されたときは、前のユニットと後ろのユニットとのあいだをつなぐための動作も含まれる。さらに「歌ぐら」とは、正面に構えて歌を歌うこと、また「言葉」とは、左手の幣を肩に担いで、舞台を時計回りに行歩しながら猿田彦命の由来について語ることである。両者は身体の所作を伴うが、どちらかというと言葉によって歌う／語ることが主眼になっている。ユニットの命名は「歌ぐら」「言葉」であるが、稽古の中で「歌ぐらのところをもう一回」と言われれば、歌に入る前の一連の動作も含めたユニットを指すことになる。

先述したように、これらの各ユニットをどこで分けるかは稽古の過程で師匠から教示されたもので、観察者の側の恣意的な分節ではない。それぞれのユニットを繰り返し練習することで身体にたたき込んでしまうことが、稽古の初期の目標となる。そしてこの分節が意識されるようになると、他の演者の舞を見る目も変わってくる。それまで「他の人とは違う」などと漠然としていた舞の印象が、どの部分がどのように違うのか、具体的に把握できるようになる。こうして太夫ごとの演技の特徴や個性が見分けられるようになると、「目が肥えた」という実感が得られる。この分節化が、「導きの舞」の習得の第一段階である。

## 第二段階：ユニットの配列

次の段階は、分節化された各ユニットを舞の進行に沿って配列することである。先述したとおり、各ユニットは基本的に「導きの舞」を時間軸に沿って順番に習う過程で、新しいユニットが出てくるたびにその所作と名称を教えられるので、この配列は分節化と平行して教示されているといえるかもしれない。しかしその演目に出てくる分節の並びをすべて把握してはじめて、配列を理解できるのだと考えれば、学習者の認識の上では、配列の習得は分節化の後の段階と考えるのが妥当だろう。最終的に筆者が理解した「導きの舞」のユニットの配列を示すと図1のようになる。

こうして、はじめは一つのリニアな演技と見えていたものの全体的な構造が理解できるようになる。すべてのユニットが正しく演じられるようになっていれば、あとはこの配列を覚えておくだけで、「導きの舞」を一応は一通り演じられることになる。

この配列は、分節と同様、師匠から教示されたものである。師匠は、学習者がある程度ユニットを理解したと見て取ったら、動作の細部について指示することは少なくなる。それからは「まず拝をして、それから歌ぐらを

［登場］↓　拝（大）↓　歌ぐら↓　拝（小）↓　シュモク↓
右回り↓　シュモク↓　左回り↓　幣くずし↓　シュモク↓
拝（大）↓　歌ぐら↓　拝（小）↓　シュモク↓　膝折り↓
右回り↓　シュモク↓　拝（大）↓　歌ぐら↓　台詞↓
歌ぐら↓　拝（小）↓　シュモク↓　右回り↓　シュモク↓
左回り↓　幣くずし↓　シュモク↓　拝（大）↓　［退場］

図1

歌って、次にまた拝をして、シュモクに構えたあと右に回って…」というように、それぞれのユニット名で演技の進行に言及するようになる。注意を与える際にも「今のところ、幣の回し方が逆だ」とか、「そこはもっと腕を高く上げて」などと随時指摘する必要はない。ただ一通りの稽古が終わった後に、「拝の仕方がおかしかった」と言うだけである。こうした指摘は、単に全体のある一時点での動作を指摘するよりも効果は大きい。なぜなら「拝の仕方がおかしかった」と指摘された学習者は、自分が誤った動作をした時点だけでなく、すべての拝をする場面でその指摘を想起するはずだからである。「導きの舞」の型である曲舞は備中神楽の舞の基本である。「導きの舞」以外の演目の中にもこれらのユニットは、多少の変換を加えられた形で頻出する。そうして新しい演目を習う際にも、その中に拝をする場面があれば、学習者はやはり先の師匠の指摘を想起するであろう。あるいはすでに「導きの舞」の稽古を終えたものでも、さらに進んだ演目を学習している過程の中で「拝の仕方がおかしい」と指摘されれば、すべての演目に現れる拝の所作にその指摘を当てはめて、あらためて自分の演技を見直すことができるであろう。

## 第三段階：シークエンス化

そして最後の段階として、この全体的な配列の中に規則性を発見し、いくつかのユニットが結びついたまとまりとして把握する段階がある。ただしこの段階は、前段までとは異なり、そうなっていると師匠から明示的に教えられるわけではない。筆者の場合は稽古の過程で「気づかされた」ものであり、同じ稽古を受けた者がみな同様に理解するかは定かでない。

まずはその規則的な結びつきがどのように構成されているかを見ていこう。先ほど筆者は「導きの舞」の各ユニットの配列を記述した。こうして配列を文字に書き出してみると、その中にある一定のパターンが存在することに容易に気づくであろう。例えば、「拝（大）」のあとには常に「歌ぐら」が配置されている。あるいは「拝

（小）」のあとには「シュモク」に構え、直後に「右回り」が配置されている。ただし、二度目の「拝（小）」の場合のみ、「シュモク」と「右回り」の間に「膝折り」が挿入されている、といった具合である。このようにユニットの配列を整理した一連のパターンを、ここでは「シークエンス」と呼ぶ。筆者の場合、「導きの舞」は大きく三つのシークエンスに整理することができた（図2）。さらに三つのシークエンスは、基本型とその変形として理解することが可能である。

　このパターンを、シークエンス①を基本型と仮に設定して表すと、シークエンス②は基本型の「拝（小）」「シュモク」のあとに「膝折り」が挿入され、「右回り」「シュモク」以後の後半部が省略された型、また、シークエンス③は基本型の「歌ぐら」の最中に「言葉」が挿入された型となる。

| シークエンス① | シークエンス② | シークエンス③ |
|---|---|---|
| 拝（大） | 拝（大） | 拝（大） |
| 歌ぐら | 歌ぐら | 歌ぐら |
| | | 言葉 |
| | | 歌ぐら |
| 拝（小） | 拝（小） | 拝（小） |
| シュモク | シュモク | シュモク |
| | 膝折り | |
| 右回り | 右回り | 右回り |
| シュモク | シュモク | シュモク |
| 左回り | | 左回り |
| 幣くずし | | 幣くずし |
| シュモク | | シュモク |
| | | 拝（大） |
| | | ［退場］ |

図2　「導きの舞」におけるユニットの配列

　このように認識されると、もはや全体のユニットの配列を記憶する必要はなくなる。各ユニットの所作が正しく体得されており、かつこの基本型のシークエンスを記憶すれば、あとは、シークエンス②とシークエンス③における例外部分の挿入・省略の位置さえ覚えればよいのである。

　このように、神楽の舞についての知識は、稽古の過程でより上位に統合された認識を獲得していき、それによって細部に注意を向ける必要は相対的に低くなる。ここでは筆者が集中的に学んだ「導きの舞」の内部構造を検討したが、習得する舞や演目が増えれば、この「導きの舞」全体が神楽の舞の全体における一つの基本型として認識され、それが変換されることで様々な舞のバリエーションを生んでいく。「導きの舞」の場合は一演目が一つの型であるが、多くの、とくに演劇的な演目では、登場する役と場面に対応して、いくつかの型が応用された演技が組み合わされて、一つの演目が成立している。

「導きの舞」の型は「曲舞」と呼ばれるが、他に備中神楽の舞の基本型として、当時の太夫は「千早じた」「地舞」「鎧下」「荒舞」「嬉しき舞」を挙げている（田辺・岡本 一九八四）。筆者が見るところでは、このうち「地舞」は「曲舞」の発展型で、「荒舞」は「鎧下」の発展型である。実際に、筆者は「導きの舞」の後、神能「国譲り」に登場する事代主命（エビス）の舞を部分的に学んだが、その「言い立て」を含む登場の場面からの一連の前段の舞は「地舞」の型の一種だとされている。それでいてこれは明らかに曲舞の変形であって、だからこそ一般的に「導きの舞」の次に習う舞だと考えられているのである。師匠からも「基本的には曲舞と一緒だけど、ここが違う」というように、基本型との差異を強調して教えられた。それ以外の「千早じた」は榊舞や託舞など、神事的な演目に特有の、また「嬉しき舞」は神能三編のそれぞれ最後に演じられる特有の舞である。したがって「曲舞」「鎧下」の二つが、すべての備中神楽の舞の最上位の基本型と考えられる。かつてはこの二種類の舞のみ師匠から直接指導されたという太夫の回想（第一節）もそれを裏づける。また、昭和初期の研究書には「舞方は大別して眞樂の舞と荒の舞とに區別する」と書かれているが（山木 一九三四：二四）、「眞樂の舞」とは、現在はシンガク太鼓という太鼓の調子で舞われる「地舞」のことだと考えられるから、やはり（地舞の基本としての）「曲舞」と（荒舞の基本としての）「鎧下」を基本型と考えることを裏づけていると言えよう。

前にこのシークエンスは、稽古の中で師匠に明示的に教えられるわけではないと述べた。しかしだからといって、これが筆者独自の認識であると言うこともできない。これが一塊であるという認識が共有されていると感じられるのは、例えば次のような場合である。ここで問題にしている「導きの舞」は娯楽性の強い神能の前に演じられる素面の舞で、地味な演目であるために一般の人気はあまり高くなく、しばしば省略して演じられる。その場合、彼らはよく「膝折り」を省略して演じるという。しかしそれは「膝折り」と命名された一つのユニットを省略することを意味するのではなく、「膝折り」が挿入されたシークエンス②の全体を省略することを意味するのである。各ユニットには、他のユニットとの繋がり方に傾向性があり、あるユニットの次に来るべきユニットは限られている。従って、ユニットの一つのみを省略することはほとんどの場合、現実的に不可能なのである。こうした事実は、舞という身体技法の変化を考える際に重要な示唆を与えてくれる。

当初のように約十分間の演技を一連のものとしてすべて覚えなければならないと考えていた段階からすれば、このように、ユニットとそれが規則的に結合したシークエンスとして舞を覚えることがいかに効率的かはいうまでもない。さらに何度も言及したように、この基本的な構造は他の多くの舞に応用されるのである。そして各々のシークエンスに見られる例外的な要素こそ、その舞における見せ場であり、またある演目を他の演目と差異化し、特徴づけることになる。「導きの舞」でいえば、シークエンス③に挿入された「言葉」こそが、「猿田彦の命の由来を語って導き出す」というこの演目の趣意を表している。従って新しい舞や演目を覚えるというのは、ほとんどの場合、その舞の基本型との差異を覚えていく作業になる。「導きの舞」の習得が困難だといわれるのは、そのような使い回しの効く基本型を何も持っていないところから学ばなければならないからである。

## 四　常套句的思考と口頭的構成法

このような一定の単位の結束構造による技芸の構成は、備中神楽に独特のものというわけではない。口承文芸や伝統芸能を事例として、すでに多くの研究が蓄積されている。

なかでも影響力の大きなものは、アルバート・ロードによる叙事詩の構成についての研究だろう。ロードは、ホメロスの叙事詩の研究者であるミルマン・パリーの説を引き継ぎ、吟遊詩人が長大な叙事詩を数多く記憶し、実際に唱ってみせることができるのは、彼らがそれを逐語的に記憶しているのではなく、叙事詩を「テーマtheme」（物語の中に現れる類型的な場面や出来事）ごとにストックされた「常套句formula」を組み合わせることで、上演の場に即して即興的に構成composeしているからだという。注目すべきは、常套句を状況に即して様々に変型しつつ一編の叙事詩を構成する能力であり、その意味で彼らは創造的な芸術家であると説いたのである（Lord 2000）。

さらにこの説を引き継いだウォルター・オングは、これが単に叙事詩を唱う詩人の能力であるだけでなく、文字によらない、声の媒介によってコミュニケートする文化の全体を律する思考法であると主張した。オングによれば、なぜホメロスの時代の人びとが陳腐な常套句を評価したかといえば、「声の文化に属する［人びとの］認識世界noetic worldないし思考の世界の全体が、そうしたきまり文句的な思考の組み立てに頼っていたからである。（中略）知恵をはたらかすためにも、そしてまた効果的にものごとを処理するためにも、固定し、型にしたがった思考パターンがどうしても欠かせなかった」（オング　一九九一：五七）のだという。

このようなアイデアは、芸能という文字で表すことが困難な、身体を媒介とする表現行為を考える際にも基本的に有効であるとして、多くの後続の研究によって支持されている。

日本の事例を対象にこうした文化伝承の基盤を論じたものに、たとえば山本吉左右による説経節やゴゼ歌の語りの分析（山本　一九八八）、兵藤裕己による九州の座頭琵琶の語りの分析（兵藤　二〇〇〇：第三部）などがある。とくに山本のいう「決り文句（フォーミュラ）」の多用とその変換や転用による、多分に即興的性格を有した「口語り」という口頭的構成法（オーラル・コンポジション）は、同書において直接の言及はないものの、ロードの所説と極めて近い(5)。

そしてとりわけ筆者がこの考察を行うに当たって大きな刺戟を受けたのが、西郷由布子による早池峰神楽の舞の分析である(6)。西郷が分析対象とする早池峰神楽は、筆者の対象である備中神楽と同様に芸能性の豊かな神楽として知られ、前述の口頭的構成法を民俗芸能の分析に応用した先駆的研究として示唆に富む。

## 神楽の舞の構成法：即興と定型

以下、西郷の分析によって早池峰神楽の舞の構造を見ていこう。

早池峰神楽には「手ごと」と呼ばれる一定の動作のパターンがある。一連の演技はその手ごとの組み合わせによって成り立っている。西郷はこれを、とくに神楽の習得の鍵概念として使っている。手ごとを記憶し、歌のリズムに相当するような神楽の「思考のリズム」に沿って、いつでも引き出せるようにしておくことが、すなわち「神楽を身につける」ことだという（西郷　一九九三）。また、この手ごとは向きを変えたり採り物を変えたりすることで変形される。こうして生み出された手ごととその変異形は、同一演目の中で、あるいは別の演目の中でも共有される（西郷　一九九五）。

西郷は、この階層化された舞の構造を、横道萬里雄の能の分析を参照しながら「入れ籠構造」と呼んでいる。横道は能本の分析から、小段を基礎的な単位として、その下位に節―句―半句―小句―字を、またその上位に段―場―能一番を置いた階層構造の存在を明らかにしている（横道　一九八六）。ただしこの場合に注意すべきは、横道はその階層構造を、能本という文字に定着された言葉の形式から論じていることである。音楽的な面では詩型とリズムの組み合わせに一定の形式性を認めているものの（横道　一九八五）、身体技法としての所作の分析においては、西郷のいう「手ごと」あるいは筆者のいう「ユニット」に相当する「所作単元」の存在を指摘するに止まっており（横道　一九八七）、所作単元が能本の分析によって得られた階層構造にどのように対応し、どのように働くかまでは明晰に論じていない。西郷もそのことには気づいているが、同じ論理が使えるという想定の下に議論を進めている（西郷　一九九五）。

西郷は、手ごとの機能として二つを上げている。まず一つとして、手ごとは数十もの演目をもつ早池峰神楽の舞の習得を可能かつ容易にしているという。多数の演目は一定の類型性をもったいくつかの系統に分類され、同一系統の中では同じ手ごとが共有される度合いが高い。そのため、基本的な手ごとを伝承過程の初期に徹底的にたたき込んでしまえば、後はその組み合わせの順番を覚えることによって、類型性をもつ多くの舞を「経済的」に習得できるというのである（西郷　一九九五）。これは、筆者の備中神楽の分析からもおおよそ納得できる見解である。

もう一つとして、手ごとの構造は、その場に即した臨機応変の上演形態を可能にするという。西郷によれば、早池峰神楽の場合、どの演目を上演するかという番組は、大半が流動的であるという。かつては舞台裏にいる笛や舎文《しゃもん》という役の者がその場で決めていたといい、また観客の所望に答える必要もある。そのため当日その場まで何を上演するかは舞い手にもわからない。このような状況であっても、舞い手が手ごとをいつでも引き出せるように身につけていることによって、どのような演目が求められようとも臨機応変に対応できるというのである。「つまりこうした「決まり文句」的パターンは、構造的なものである以上に、その場その場で生み出される芸能を可能にする鍵となっているのである」（西郷　一九九三：二九七）といった見解は、山本の口語り論に見られた即興性の評価と通底している。

ただしこの点に関しては、筆者の備中神楽の稽古から得られた見解とは異なる。筆者のいうユニットは、西郷のいう手ごととほぼ同じものと考えられるが、それによって舞や演目が構成されているという事実は、備中神楽の場合、むしろ舞を固定する方向に機能していると考えられる。各ユニットは、配列の中でその前後のユニットとある結合の傾向性をもつ。しかもその結合の傾向性は、演者たちに論理的に理解されているわけではなく、ほぼ慣習的にしか説明し得ないものである。こうしたことから、各ユニットは決して自在に入れ替え可能ではない。

兵藤裕己は、山本の「口語り」の論について、口頭的構成法という論理の存在は認めながらも、即興性や創造性を強調する山本の論述に対して次のように述べている。

決まり文句の連鎖は、テーマ単位で固定化することで、しばしば長大な同一表現の反復となって現われる。そして様式化・固定化してゆく「平家」の演唱にあって、個々の決まり文句は、暗誦の語りをたすける常套表現として機能したはずである。決まり文句を駆使する口頭的構成法の技術は、それが物語を定型的・伝統的に演じるための技術であるかぎりで、語りをシークェンスとして記憶・暗誦してしまう方法と地つづきの技術であった。（兵藤 二〇〇〇：二九七）

筆者の考えもこれに近い。なぜこのような見解の相違が生じるかというと、西郷は手ごという置き換え可能な構成要素そのものの存在と機能に注目しているのに対し、筆者の備中神楽の事例では、ユニットのつながり（連鎖）こそが舞の構造を特徴付けていると考えていることによる。

この二種の異なる見解について明晰に論じているのが川田順造である。川田は「物語分析の二重モデル」として、次のように図解されるモデルを示している（図3）。

このモデルでは、《構造的モデル》は構成要素の共時的（または脱時間的）な範例集合の関係を表し、《連鎖的モデル》は通時的な継起関係を表す。前者と後者はそれぞれパラディグマティック（範例的）／シンタグマティック（連辞的）という関係を表す。(7) 大切なのは「すべての物語が、この二つの側面から分析しうるということ」（川田 二〇〇一a：二八〇）である。川田は西アフリカ・モシ族の物語の分析から、「A：構成要素の置き換えの自由度が高い物語」から、「B：連鎖的関係にあるくさりの接続や切り離しの自由度が高い物語」、そして「C：要素間あるいはくさり間の連鎖的関係が緊密で、型の自由度が著しく低い物語」まで、様々なタイプを見いだしている。このモデルをここでの事例に当てはめれば、西郷の早池峰神楽はAタイプに近い事例であり、一方筆者の備中神楽はCタイプに近い事例であると言えようか。

ただし川田の研究は、言葉によって表現される物語の分析である点に注意しなければならない。語りにおける

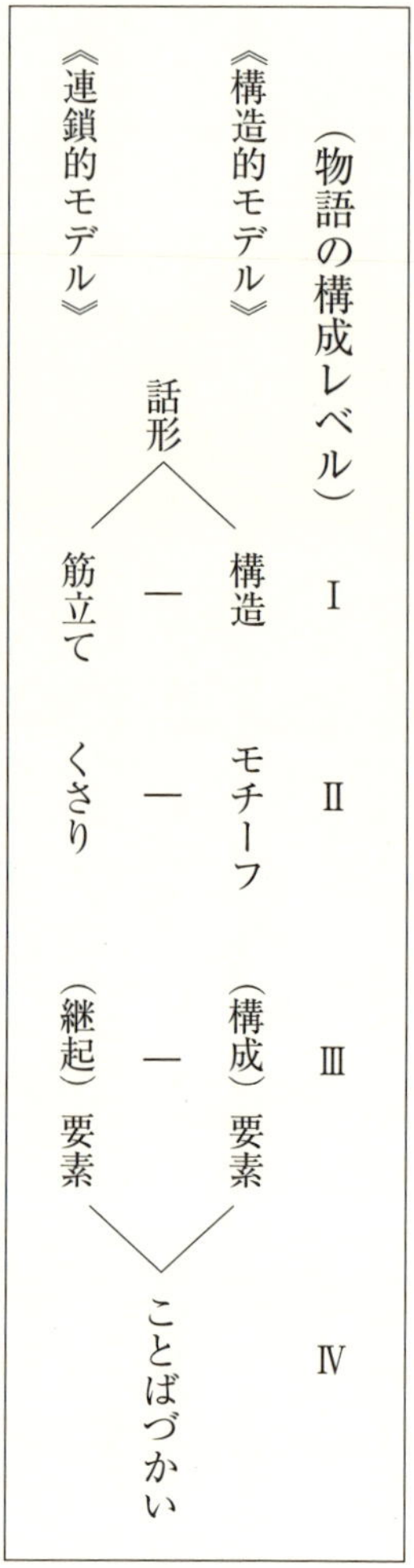


図３　物語分析の二重モデル（川田　2001ａ：276–277）

二重モデルの分析を、そのまま身体表現である芸能に当てはめられるかどうかは、大いに検討の余地がある。とりわけ筆者としては、次の二点に留意しなければならないと考えている。

第一に、川田の《構造的モデル》における要素レベルでの範例集合の置換可能性は、芸能の場合、語りと比較して著しく限定的である。言葉で表現されるある構成要素と置換可能な要素は、日常の言語使用の中で、語り手にも聞き手にも潜在的に多数ストックされている（例えば類義語や対義語、類音語など）。一方、ある舞の手振りと置き換え可能な別の手振りは、決して日常的に生み出されるわけではないし、広い範囲で共有されもしない。あくまで神楽の全体的な構造からそれを見つけ出したり、既存の手振りを変形することで生み出したりするくらいが一般的な限界であろう。

第二に、言語の場合はある連鎖的関係の中に一つの要素や一つの「くさり」を位置づける方法が発達している。単語を活用させたり、接続詞（句）の工夫によって、語りをつないでいく能力（場合によってはそのための言葉を創り出す能力）を多くの人がもっている。それに対して、舞のユニットやシークエンスは、別のユニットやシークエンスと接続するための方法や論理が共有されていない。身体の動きそのものの制約もあるが、何よりその連鎖関係は「そう伝えられている」としか言いようのない力で縛られている。とりわけ民俗芸能の場合はそうである。

こうした制約を考えると、民俗芸能の舞の構造には、語りの分析以上に、連鎖的関係に基づく定型性が現れやすいのではないかと筆者は考える。そしてこのような構造は、舞を変化させるよりは持続させるためにこそ良く機能するだろうというのが、筆者の分析から得られた見解である。

## 五　演技を生み出す力としての即興と定型

ここまでの議論によって、備中神楽の稽古の体験を通して得られた舞の構造の理解、すなわちユニットを単位として、それが一定の傾向性をもって結合することで上位の単位となるような結束構造[8]は、舞の技法を定型化し、持続させる力をもつことが明らかになった。この構造は、舞を記憶し習得する行為を助ける働きをもつ。長大な神楽が、比較的長いあいだ安定して持続的に伝承されてきたのは、このような演技の内部の構造からも考えられるべきである。

ただしあらためて注意したいのは、早池峰神楽の分析において見いだされた臨機応変性と、備中神楽の分析において見いだされた定型性の、どちらがより正しい理解かと考える必要はないということである。どちらの性格がより強く表れるかは事例の性格や上演のコンテクストにもよるだろうが、川田も指摘するように、あらゆる身体的な伝承行為はこの二つの側面から分析しうると考えるべきである。

例えば西郷の議論は、「どの演目を演じるか」という点において臨機応変性に言及しているが、一つの演目の内部的な構成が、そう簡単に「臨機応変」するとは考えにくい。逆に筆者の分析は、必ずしもその時・その場に応じた即興性とは言えないが、基本的なユニットやシークエンスが変形され、応用されることで多くの舞や演目が構成されている点を強調すれば、舞の構造に内在する変化の可能性を明らかにしているとも言えるだろう。それは舞を伝えてきた人びとが歴史的に積み重ねてきた工夫を跡づけている。そうした長期的な創造と変容の過程を明らかにすることは、非常に大きな意義をもった課題である。

そしてこの舞の構造における変化と持続の二つの側面は、それを実際に「演じる」という場面において、相乗的に働くのである。とりわけ筆者のように定型性や持続性を強調した議論は、静態的な分析だという批判を招き易いが、そうした意見は、定型性もまた、特定の文脈において演技を「生み出す」ために大きな効果をもつことに気づいていないのであろう。

アメリカの民俗学者リチャード・バウマンは、「言語芸術 verbal art」をパフォーマンスの観点から分析した著作において、要素間の結びつきによる持続性と、要素の置き換え可能性という構造的原理（そこでは対句法が例にとられている）は、どちらも「ことばを流暢に使うこと」によって効果的にコミュニケーション能力を示すという機能をもつことを述べている（Bauman 1984）。おそらくこれは身体的な演技においても当てはまるだろう。すなわち、舞の定型的な性格と即興的な性格は、ともに演技のよどみなさ fluency を実現するためにはたらくのであり、舞の継承にとって大切なのは、そうしたよどみない演技を実現する能力を身につけることである。言い換えれば、舞を伝えるというプロセスに注目した場合、重要なのは様式化された「技法 technique」よりも、わざを生み出す能力としての「技能 skill」を受け継ぐことなのだと言えよう。

筆者が本章を通して論じてきたのは、こうした演技を生み出す構造は、人が舞を習うという稽古のプロセスを通して、あるいは少なくとも稽古のプロセスの綿密な観察によってこそ、多くの人びとに理解されるものになるということである。「教える／習う」あるいは「伝える／承ける」という相互行為を通して、舞の構造は、教える側と習う側のあいだで再構築される。この部分を忘れてしまうと、あたかも舞の型が自律的に存在し、持続しているかのように思われる危険がある。つまり「わざ」と「人」が切り離されて存在するかのように認識されてしまうのである。

## おわりに――「人」が生み出す「わざ」を伝えるために

最後に本章の冒頭の問いかけに戻ろう。無形の文化財／無形文化遺産として護られるものは、様式化された客体としてのわざ（技法）や型か、主体としての人や集団かという二分法は、どちらも行き詰まっている。前者は、結果として現れた文化的所産の記録や資料収集に終始する一時代前の文化の救出・保存のアイデアだとして退けられ、後者は、文化の権利という問題が矮小化された「遺産登録数争い」というかたちで、現在の無形文化遺産保護が直面する困難として表れている。それに対して本章での議論は、人とわざを切り離さず、人がわざを生み出す力がどのように舞として構成され、演者に身につけられるのかというプロセスを、稽古という実践のなかに見てきたわけである。

このプロセスの実際のあり方には正解があるわけではなく、セルビア・クロアチアの吟遊詩人の芸や、アメリカ大陸の語りの芸、あるいは日本の説経節や座頭琵琶の芸などの分析がそれぞれ見出した特徴を参照し合えるように、通文化的・通時代的に考え得る問題である。だからこそ、わざを生み出す力が伝えられていくプロセスを理解するとともに、そのプロセスが多様な社会状況において良く機能するように、世界中でどのような実践が行われているかの知識を共有し、私たちはどんなサポートができるかといった問題を国際的な視野で考える意義がある。無形文化遺産の保護が向かうべきは、そのような方向ではないかと筆者は考えている。

付記

筆者が舞の稽古を受けるのに協力してくれたすべての人たち、とくに、きわめて出来の悪い年長の素人に、自分の時間を犠牲にして稽古をつけてくれた藤本直紀太夫に深く感謝する。発表までにあまりに長い時間がかかってしまったのは、全く筆者の怠惰の責任である。なお本章は、一九九九年に千葉大学大学院社会文化科学研究科に提出した博士論文の未公刊の部分を改稿したものだが、ほとんど原型を止めないものになっている。

（1）「重要無形文化財として指定されるものは、無形のわざそのものであり、その存在を具体化するために、重要無形文化財の指定に当つては、保持者の認定を行うこととした」（一九五四年六月二十二日文委企第五十号（文化財保護委員会事務局長から各都道府県教育委員会教育長あて通達）「文化財保護法の一部改正について」。

（2）一九六四年に川上郡成羽町の成羽小学校に神楽クラブができたのが最初とされる（岡山大学教育学部社会科教室内地域研究会 一九八四）。一九七〇年に国の記録作成等の措置を講ずべき無形文化財選択と備中神楽保存会の発足二十周年を記念した総会では、成羽小学校神楽クラブの演舞が披露された（大塚 一九九七）。

（3）備中神楽は、「社中」と呼ばれる六～七人程度の集団によって演じられる。かつて社中は地縁的な性格をもった組織で、名門と呼ばれる歴史の長い社中は、多くの場合その拠点であった地区名を冠している。しかし戦前からすでに太夫の社中間の移籍は多く、戦後はほとんど地縁に縛られない組織となっている。今では岡山市内や総社市内などの都市部に在住する太夫も少なくない。なお六～七人という成員は、一回の神楽の上演に必要な人数に相当するため、仕事の都合などによって太夫の臨時的な貸し借りが行われることも珍しくなかった。

（4）神楽伝承研究会の稽古の様子については、別の論考で若干の考察を行った（俵木 二〇一二）。

（5）ロードの師であり、ホメロスの叙事詩の口承的性格を明らかにしたミルマン・パリーについては「M・ペリー」の表記で言及されている。

（6）西郷が詳しく検討しているのは、岳神楽の弟子神楽である石鳩岡神楽であるが、「とくに断らない限り早池峰神楽全体の記述と考えてもよい」（西郷 一九九五：一〇五）という。早池峰神楽は二〇〇九年の第一回目の審査で、ユネスコ無形文化遺産の代表一覧表に記載された。

（7）川田はこの関係をユニークな例を挙げて説明している。落語における語りの演技性を分析して、八代目文楽が最後の高座で、噺のなかのある登場人物の名前が出て来ずに、そのまま高座を下りたというエピソードを紹介し、それと対称的に五代目志ん生の場合は、たとえ忘れがあっても「エー、その、どうでもいい名前って」などと言ってその後の演技の遂行にほとんど問題とならなかったとして、前者をシンタグマティック、後者をパラディグマティックと比喩的に言っている（川田 二〇〇一b：三〇―三二）。

（8）本章では詳述できなかったが、このような構造は、常に何層かの階層をもつ。これは山本の「水準」や川田の「物語の構成レベル」、横道や西郷の「入れ籠構造」などによって共通に指摘されている点である。備中神楽の場合も「ユニット／シークエンス／舞／演目」といった階層が想定できる。それぞれのレベルで即興性と定型性の現れ方が異なるというのは川田が指摘している通りである。

参考文献

大島暁雄（二〇〇七）『無形民俗文化財の保護――無形文化遺産保護条約にむけて』岩田書院。

――（二〇〇九）「「型の伝承」と保護施策について――民俗文化財における保存会の問題を中心に」『民俗文化研究』一〇：一八六―一九六。

大塚尚男（一九九七）『備中神楽の歴史』川上町教育委員会。

岡山大学教育学部社会科教室内地域研究会（編）（一九八四）『成羽町の歴史と現在――岡山県成羽町――（地域研究第二四集）』岡山大学教育学部社会科教室内地域研究会。

オング、ウォルター・J（一九九一）『声の文化と文字の文化』桜井直文・林正寛・糟谷啓介（訳）、藤原書店。

川田順造（二〇〇一a）『口頭伝承論　上』平凡社。

――（二〇〇一b）『口頭伝承論　下』平凡社。

神崎宣武（一九九七）『備中神楽』山陽新聞社。

神崎宣武（編）（一九八四）『備中神楽の研究――歌と語りから』美星町教育委員会。

小谷竜介（二〇一七）「文化財の多様なまもり方――民俗芸能に引き寄せられた人たちのコミュニティ」飯田卓（編）『文明史のなかの文化遺産』三九―六一頁、臨川書店。

西郷由布子（一九九三）「人はどうして『踊りおどり』になるのか――早池峰神楽を題材として」民俗芸能研究の会／第一民俗芸能学会（編）『課題としての民俗芸能研究』二八一―三〇三頁、ひつじ書房。

――（一九九五）「芸能を〈身につける〉――山伏神楽の習得過程」福島真人（編）『身体の構築学――社会的学習過程としての身体技法』一〇一―一四一頁、ひつじ書房。

田辺豊市・岡本利一（一九八四）「神楽の基本型」神崎宣武（編）『備中神楽の研究――歌と語りから』三一―四一頁、美星町教育委員会。

俵木悟（一九九七）「民俗芸能の実践と文化財保護政策――備中神楽の事例から」『民俗芸能研究』二五：四二―六三。

――（一九九九）「備中神楽の現代史」『千葉大学社会文化科学研究』三：九七―一一九。

――（二〇一二）「文化財／文化遺産をめぐる重層的な関係と、民俗学の可能性」『東洋文化』九三：一七七―一九七。

――（二〇一三）「あのとき君は〈無形文化財〉だった――文化財としての民俗芸能の昭和三〇～四〇年代」岩本通弥（編）『世界遺産時代の民俗学――グローバルスタンダードの受容をめぐる日韓比較』二一五―二三八頁、風響社。

――（二〇一五）「「護るべきもの」から学ぶべきこと――民俗芸能研究のフロンティアとしての無形文化遺産」『民俗芸能研
藤原昌孝（一九九六）『神楽一代記』備中神楽保存振興会。

究』五九：五六―七五。

兵藤裕己（二〇〇〇）『平家物語の歴史と芸能』吉川弘文館。

文部省（編）（一九七六）『我が国の教育水準（昭和五十年度）』大蔵省出版局。

山木機翠（一九三四）『備中神樂の研究』中國民俗學會。

山本吉左右（一九八八）『くつわの音がざざめいて――語りの文芸考』平凡社。

横道萬里雄（一九八五）「能の詩型とリズム――日本」川田順造・柘植元一（編）『口頭伝承の比較研究二』二一―二五頁、弘文堂。

――（一九八六）『能劇の研究』岩波書店。

――（一九八七）『岩波講座能・狂言Ⅳ　能の構造と技法』岩波書店。

Bauman, R. 1984（1977）*Verbal Art as Performance*, Long Grove, IL: Waveland Press.

Lord, A. B. 2000（1960）*The Singer of Tales*（*Second Edition*）, Cambridge & London: Harvard University Press.

# 映像がとらえる儀礼と音楽

## ――エチオピアのザール憑依儀礼と楽師アズマリを事例に

川瀬　慈

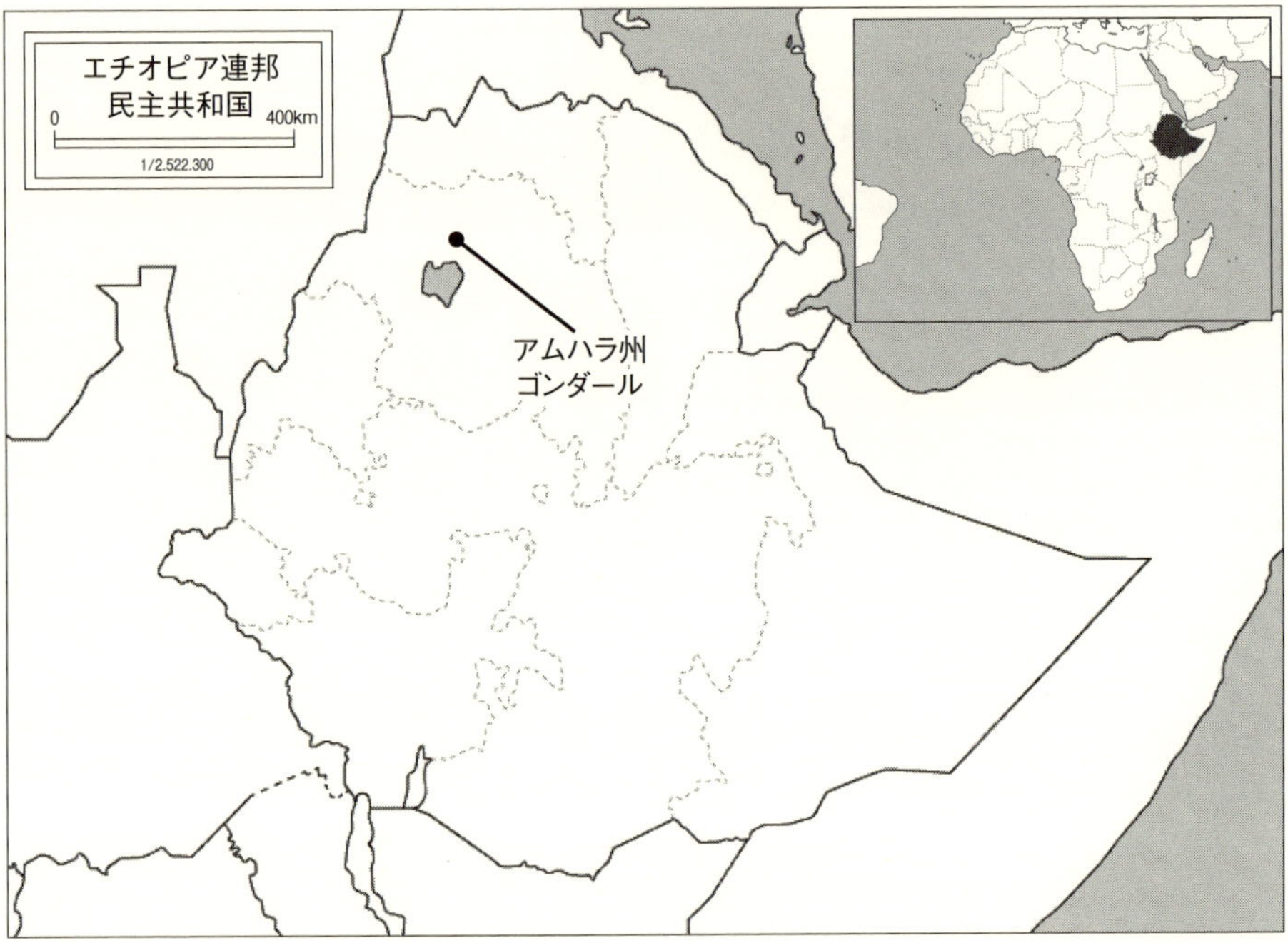
エチオピア連邦
民主共和国
0
400km
1/2.522.300
アムハラ州
ゴンダール

# はじめに

アフリカにおいて、音楽や芸能をなりわいとする職能集団の地域社会における存在とその役割は、我々が想像する以上に大きい（Stone 2000）。しかし、それらの集団の活動の実態や、地域社会における役割は、十分に理解されてきたとはいい難い。

筆者は二〇〇一年以来、エチオピア北部ゴンダールにおける音楽・芸能を明らかにする人類学研究をおこない、ゴンダールの音楽職能集団の活動を対象にした民族誌映画制作を行ってきた。エチオピアでは、本章でとりあげる楽師アズマリや、吟遊詩人集団ラリベロッチ（Kawase 2007）といった、地域社会のなかで音楽活動をなりわいとして生きる職能集団が存在する。

エチオピアでは二〇〇五年から二〇〇八年にかけて、ノルウェー政府の援助のもとユネスコ・アジスアベバ事務局が主導する『エチオピア伝統音楽・舞踊・楽器』調査・記録プロジェクトが実施された。本プロジェクトには、ユネスコとエチオピアの無形文化遺産保護調査局やアジスアベバ大学等が協力し、エチオピア国内の地域社会に息づく音楽文化の調査を行った。各国の人類学者や民族音楽学者、さらには歴史研究者など約三十名がエチオピア各地でフィールドワークを行い、ユネスコにレポートや映像記録を提出した。本調査・記録プロジェクトの主要な目的は、㈠伝統音楽・舞踊の現状調査と把握、㈡伝統音楽・舞踊の保護にむけたエチオピアの学生の指導と現地研究機関のエンパワーメント、㈢エチオピア現地の人々にユネスコの無形文化遺産保護活動、さらには伝統音楽・舞踊の魅力を伝えるということであった（Ohinata 2010）。エチオピアの無形文化のユネスコ認定にむけた事前調査という大義名分があった本プロジェクトには、欧米の研究者の他にも、エチオピア現地の研究機関に属する研究者や学生が含まれた。アジスアベバ大学エチオピア研究所では、これらの研究者を招聘するフォーラムや特別講義が開催され、エチオピアの無形文化に関する国際的な研究交流が促進され、エチオピア研究の脈絡のなかで、比較的空隙に位置づけられてきた音楽や舞踊についての研究が大きく前進したことは確かである。さらに、本プロジェクトを受け、無形文化保護への関心が、アジスアベバ大学、バヘルダール大学、さらにメケレ大学等、現地の研究機関や行政を中心に飛躍的に高まったといえる（Tourney 2008）。

筆者自身、このプロジェクトに参加し、エチオピアの民族舞踊の都市的な展開に関する調査と映像記録を行い、その成果をユネスコに提出した。しかしながら、これらの記録がどのようにユネスコや、現地の機関で吟味され、エチオピアの無形文化保護に関わる議論に貢献しえたのかは、はっきりとわからない。さらに、無形文化と一言で言っても、それに対する認識、さらに調査や記録のアプローチのありかたは、研究者とユネスコ、それらを支える地域社会のコミュニティや当事者のあいだにおいて、大きな隔たりがあることは確かである。筆者が研究を進めるエチオピア北部では、音楽を職能として担うものは、いわゆる自由な表現や芸術活動を行うアーティストとして認識されることはなく、機織、鍛冶、壺作り、あるいは皮なめしなどの職人とともに、「手に職をもつ者」を原義とするアムハラ語彙であるモヤテンニャという範疇に含められている（Teffera 2010）。彼らは忌避されるべき存在として、一般社会から差別されると同時に畏怖の対象という側面も認められる。エチオピアの行政は、アズマリやラリベロッチら音楽職能集団の存在を黙認しつつも、彼らの存在がエチオピア国外に知られることを〝恥〟と考えてとらえることも少なくない（Kawase 2010）。本章における映像記録の対象であるアズマリの演奏機会の一つ、ザール憑依儀礼は、エチオピア北部において大多数の人々が信仰するエチオピア正教会から、邪教というレッテルをはられている（Kawase 2012）。そのため、本章の対象は、職能集団、そして憑依儀礼という、エチオピア北部の文化的脈絡においては、二重のネガティブなイメージが広く共有されている、いわばオーソライズ（公認）されにくい無形文化ということができる。しかしながら筆者は、エチオピア政府や無形文化遺産保護調査局等、公的な機関が推奨する無形文化のみに研究の焦点を合わせればよいとは考えない。本章でとりあげるようなオーソライズされにくい無形文化も、エチオピア地域社会を理解する重要な窓口であると考えるからだ。

実際、本書の序章で述べられたとおり、ユネスコは一九九〇年代に政治的な理由で文化の概念を拡張し、そのことによってヨーロッパ以外の国々で文化遺産の問題に関心が高まるような施策を打ちだしている。そうした流れのなかでは、万人に価値を認識されにくくとも特定の人びとの文化的実践の拠りどころになることがらは、文化遺産とみなされておかしくない（本書日高論文を参照）。それにもかかわらず、一部の締約国は、さまざまな理由から少数者の文化遺産を認知しようとしないことがある。無形文化遺産保護に携わるエチオピアの機関が、筆者が本章で紹介する音楽職能集団や当集団が演奏を行う儀礼のような対象を承認しようとしないことも、そうした事例のひとつに数えられるかもしれない。

本章では、筆者がエチオピア北部の都市ゴンダールにおいて調査したザール憑依儀礼の現状と、当儀礼におけるアズマリの役割について考察する。これらは、ユネスコのプロジェクトの一環ではなく、筆者自身の研究関心のもと進めてきた調査研究である。当儀礼の映像記録を介した研究事例を軸に、無形文化の記録をめぐる展望や課題について考察したい。

## 一　アズマリの音楽・芸能の変容

単弦楽器マシンコを奏でながら歌うエチオピアの音楽職能集団アズマリは、十七世紀から十八世紀にかけてのゴンダール期、その後の諸侯たちが各地に乱立して領地争いを繰り広げた群雄割拠の時代、そして十九世紀後半のメネリク二世の統治期にいたるまで、王侯貴族専属の宮廷楽師、道化師、政治的な扇動者、社会批評家、そして庶民の意見の代弁者として、権力によりそい、時には抗し、古くから社会的に広い範囲で活動を行ってきた（Bolay 1999, Gebreselassie 1986）。音楽集団のパトロンとして君臨してきた王や諸侯の時代が過ぎ去った後も、アズマリはエチオピア全土に分布するアムハラ人の通過儀礼や娯楽の場をマシンコの演奏と歌によって司る職能者として、地域社会のなかで重要な役割を果たしてきた。

ゴンダールは、ゴンダール期に建設された世界遺産のファシル・ゲビ遺跡や、ゴンダール市民の約八割が帰属するキリスト教エチオピア正教会の教会群によって知られている。また、アズマリが集住する村が存在し、アズマリの音楽が古来から最も人々の生活文化に根付く場所として全国的に認識されている。筆者は、近年エチオピアが経験した社会的・政治的変動を踏まえ、アズマリの音楽文化の変容について報告（Kawase 2008）してきたが、アズマリ音楽の中心地であるゴンダールのアズマリとその音楽文化をめぐる状況はますます見過ごせないものとなりつつある。二〇一〇年にゴンダール市当局は、ファシル・ゲビ遺跡群のすぐ脇に、観光客をターゲットにしたアズマリ文化センターを設立した。ここには、ゴンダールを拠点に活動するアズマリの約半数にあたる四十四人が専属歌手として働き、ゴンダールにちなんだ特定のレパートリーを歌う。当センターの成功を受け、市当局は、ゴンダールの隣町であるマクセニートや、多くの著名なアズマリを輩出したアズマリの村ブルボクスにも、同様のセンターを設立する計画を進めている（Andualem 2011）。各地を移動し、社会的に広い範囲で演奏を要請されてきたアズマリが、特定の店や、ホテル等の〝専属歌手化〟する動きは、首都のアジスアベバをはじめ、バヘルダール、ゴンダール、メケレ等、エチオピアの都市部に顕著である。アズマリ音楽専門のナイトクラブはアズマリベット（アムハラ語で〝アズマリの家〟の意）、もしくはバハルミシェット（〝伝統音楽の夜〟）と呼ばれ、特に富裕層に人気を博している。これらの店に所属するアズマリの中から、カセットやCDをリリースし、エチオピアのポピュラーミュージックシーンで活躍するスターアズマリが出現した。彼らの歌をそっくりそのままコピーし歌う若年層のアズマリが増えている。

その一方で、アズマリの地域社会での役割が希薄化しつつある。アズマリは従来、結婚式や洗礼式、家屋の新築祝いや、エチオピア正教に関わる祝祭儀礼、宴会や酒場において人々との豊かなやりとりに基づく、即興性、創造性にあふれたパフォーマンスを行ってきた。しかしながら、アジスアベバのみならず、ゴンダールの祝祭儀礼の場でも、アズマリを呼び出す代わりにCDやカセットテープが用いられ、簡易的な電子オルガンの演奏を中心とする楽団が演奏を担うようになっている。アズマリの演奏機会のうち、ほとんど消滅してしまったものに、農夫による穀物の共同収穫作業デボでの演奏（奏者は戦場の兵士を鼓舞する曲〝シェレラ〟を奏で、人々はリズミカルに戦闘場面を模倣しながらエチオピアの主要穀物テフの収穫作業を行う）が挙げられる。また、多くの研究者を惹きつけてきたゴンダールの憑依儀礼ザールにおいては、アズマリの演奏が、人々と超自然的な世界を仲介する役割を担ってきたが、ザールそのものの減少に伴い、当儀礼における演奏をこなすことができるアズマリが減少する傾向にある。

写真１　ザールにおいて演奏するアズマリ（右端）（2004年4月撮影）

## 二　ゴンダールのザール

憑依儀礼ザールにおいては、コレまたはアウォリャと呼ばれる精霊が、憑依の媒体となる女性バラコレに憑依するとされる。憑依の媒体はアラビア語起源の語で、馬を意味するファラスという言葉を使い表現される。すなわち精霊が霊媒を〝乗りこなし〟、彼／彼女の口を通し、人々へ宣託を行う。ザールは、儀礼の依頼者アスファラジの要請によって開催される場合と、宗教に関わる祝祭日に開催される場合とがある。依頼者の要請により、当儀礼が開催される目的は、病気の治癒、人間関係の改善、学業の成績の向上、失くしもの探し等が挙げられる。宗教に関わる祝祭日は、代表的なものに、エチオピア正教会の聖人を称えるサニ・ミキャエル、ケデス・ヨハネス、ヒダル・ミキャエルが挙げられるが、これらの祝祭日とザールの開催がなぜ関係するか定かではない。ゴンダールの霊媒たちの言説によれば、精霊の好む豆類、香料、地酒が各家庭に豊富に揃う祝祭日は、精霊が訪れやすいとされる。一方で、エチオピア正教会は、ザールを邪教と認識する。

以下は、ゴンダールのアッバジャリ教会所属の修道士ブラフヌー氏が語るザールの起源伝承である

神が十二人の天使を創造したときのこと。暗闇がやってきて天使たちはとても不安になった。十二人の中に、ダビロスという名の者がいた。彼は天使たちに「私がお前たちを創造したのだ、私についてきなさい」と言った。天使たちは「あなたがほんとうに創造主なら、人をつくって見せてください」と頼んだ。ダビロスは器用に人間の体をつくることはできたが、それらには魂がなかった。ダビロスをまったく信じなかった天使もいたが、幾人かはダビロスの言う言葉が本当か嘘かわからず、途方にくれていた。そんなとき、聖者ガブリエルがあらわれた。彼は「一日でいいので、心から礼拝し、ほんとうの神に対面してみなさい」と天使たちに提言する。天使たちがそのとおりにすると、神が現れた。黄金の椅子に座っていたダビロスは神が現れた瞬間、暗闇の世界に転がり落ちていった。ダビロスは悪魔となり、ザールを行い、この系譜は代々引き継がれていった（二〇一〇年九月、ゴンダールにて）。

ゴンダールのザール霊媒たちの言説によれば、精霊の中には、教会に通い聖書を勉強する者や、熱心なイスラム教徒もいるそうだ。さらに、ザールの場はキリスト教徒、イスラム教徒の参加者が同時に居合わせ、教義上はザールに否定的なエチオピア正教会の修道士すら参加をする（Messing 1958）。ザールによる憑依は血縁者に受け継がれる。霊媒が亡くなると、生前、彼／彼女に憑依していた精霊が、家族の構成員に受け継がれ、ザールが継

承されていく。親から子へという一世代間隔の継承形態と同時に、祖母から孫へ、という隔世的な継承もある。ゴンダールの著名なザール霊媒マレム・モハメッド氏によれば、精霊を迎え入れるには、十分な準備をする必要があるという。

　精霊は動物の血と肉が大好きだ。捧げられた羊や鶏をさばくときに地面に滴り落ちる血を、精霊は首を傾けて啜る。精霊は、様々な香りを好む。お香、コーヒー豆を煎る香り、香水（特に外国産）は、ザールの必需品である。捧げものや、ザール演奏の音が不十分であると、精霊は馬／霊媒を荒々しく乗り回し、黒オリーブの若葉を喰って怒り、火の中でダンスをする。そして霊媒を病気にさせるのみならず、人々に不幸をもたらす（二〇一〇年九月、ゴンダールにて）。

　M・グリオールを中心としたダカール・ジブチ調査団が一九三〇年代初頭にゴンダールに滞在した際、同行したM・レリスが当儀礼を集中調査し、後に著作（レリス　一九八六、一九九五）のなかで報告した。現在ゴンダールでは、ザールは夜間に屋内で行われる。しかしながら、レリスが一九三二年に記録した写真（Mercier 2003）からは、当儀礼が日中に、戸外においてオープンに開催されていた事実がうかがえる。一九五〇年代前半にゴンダールにおいてザールを調査したS・メッシングによれば、市内でザールが盛んに開催されるエリアは、レリスが集中調査を行った当時の町の中心地、バタ教会界隈から、移民が多く集住する低所得者層の居住区アディスアレム界隈に移行したこと、さらにザール関係者が外部の者に対して当儀礼を隠す傾向にあることが報告（Messing 1958）されている。ザールは、一九七〇年代から一九八〇年代にかけて、社会主義を基本政策としたデルグ政権下において規制され（Audualew 2011）、多くの霊媒が、ゴンダールの行政官メラク・タファラの主導のもと、兵士たちの暴力にあい、儀礼が開催される頻度が極端に減ったと伝えられている。

## 三　ザールにおけるアズマリの演奏と役割

憑依現象を伴うゴンダールのザールについては人類学者（Mercier 2003, Messing 1958、レリス 一九八六、一九九五）の注目を集めてきたが、当儀礼において、精霊と人々のコミュニケーションを仲介する音楽職能者の役割に注目する研究はなぜか皆無であった。二〇〇二年から二〇一〇年にかけて筆者が聞き取り調査を行ったゴンダールの六人の霊媒は、すべてアズマリを儀礼の場に呼び寄せると答えた。霊媒とアズマリが活動上のパートナーシップを結び、長い年月にわたって、特定のアズマリが特定の霊媒の儀礼を支える。

エチオピア、アムハラ社会の通過儀礼の様々な場面において演奏を要請されるアズマリであるが、それらの演奏機会の中でも、ザールでは難易度が高いパフォーマンスが求められるとアズマリ間で認識している。霊媒や参加者から適時与えられる演奏に関する緻密な指示に対して、瞬時に対応する必要があるためだ。ザールの参加者一般を指して、アンカサッカシ（〝揺さぶり起こす人〟）、アムァアムァキ（〝温める人〟）という言葉が用いられる。ザールにおいては、精霊を誘い出すために、アズマリの演奏を軸に、人々が一体となって眠っている精霊を揺さぶり起こし、儀礼の場を〝温める〟ことが求められる。太鼓やマシンコの音、人々による踊り、さらには、香木やコーヒーの香り、香水の匂いが場を温め、それによって精霊が儀礼の場に誘い出されるとされる（Kawase 2012）。逆に、精霊が去ったあとの霊媒の体や、儀礼の場は〝冷める〟と表現される。

一人の霊媒には複数の精霊が降り、精霊にはそれぞれ名前があり、性があり、住処があり、気性にもそれぞれ特徴があるといわれている。アズマリは、精霊それぞれの特徴にあわせた旋律や歌詞を使い分けて演奏を行う。ザールにおけるアズマリの音楽パフォーマンスの形態は三パターンある。まず、儀礼の最初に行う独唱、儀礼の中盤にみられる霊媒による唄の伴奏、そして、霊媒から参加者に対して投げかけられる宣託／歌詞の反復である。精霊が霊媒に憑依したことを示す兆候には、それぞれ、グリ、フッカラと呼ばれる二種類の行動と、隠語による会話があげられる。グリは憑依の兆しとされる身体動作である。霊媒によってグリの様式は異なるが、主に三つのパターンに分けられる。地面に膝をつき、上半身を前後にはげしく揺する運動、上半身を旋回させる運動、肩や腕を小刻みに痙攣させる運動である。霊媒はアズマリのマシンコ演奏と、太鼓（ディッピ、もしくはカバロと呼ばれる木製の半球型ドラム、牛の皮を張る）のリズムに合わせて、延々とグリを行う。

フッカラは本来、戦場の兵士が戦の前後に自らの名や、武勲を大声で叫ぶ行為を意味する。憑依が始まった瞬間、精霊が霊媒をとおして、自身の名や出身地を叫び、そうして参加者たちに語りはじめるとされる。フッカラが始まると、参加者は喉を絞った裏声エリルタで「ウルルルル……」と歓声を上げて応える。〝精霊の語り〟については、通常のアムハラ語と異なる特有の隠語が用いられる。ザールの隠語を調査した言語学者のW・レスロウは、ザール隠語の構造の代表的特徴を挙げつつ、これらの語の大半が、アムハラ語の変形であることを指摘している（Leslau 1964）。ゴンダールの人々の会話に用いられるアムハラ語をもとに生成される語彙といえども、一般のアムハラ語話者には、ザール隠語の解読は難しい。そこで、ザールにおいては、霊媒の日常生活の世話をし、ザールの手伝いをする従者ケダミがその語をわかりやすいアムハラ語に〝翻訳〟する。その翻訳された語は、必ずしも理路整然としておらず、一貫性がないのであるが、アズマリはマシンコの伴奏とともに、それらの言葉を一字一句間違えずに反復し、儀礼の参加者に厳かに伝える役割を担う。

## 四　映像を介した調査と記録

言語による情報と比して、映像は、文化の境界を越えて、受け手の感情や感覚に働きかけやすく、豊かなリアクションを引き出すことが可能である（Asch *et al.* 1991）。筆者は、アズマリの地域社会における役割を検討する上で、実際の演奏の場に着目し、みずから撮影した映像を現地調査のなかで活用し調査対象の人々と共に分析をすすめていく方法を継続してきた。調査者と被調査者が共同で映像を分析することによって、分析の重層化を推し進めると同時に、対象となる人々に対し、映像とはなにか、筆者が映像を通して何を知りたがっているのかを示すことを目指したのである。

筆者は、二〇一〇年九月、アズマリのガショ・ムーチェ氏（当時三十四歳、男性、ゴンダール・ブルボクス村出身）によるザールでの演奏の参与観察を行った。その際、儀礼の場における氏の演奏をビデオカメラで撮影し、儀礼が行われた翌日に、被写体本人とビデオカメラのモニターを通し、ともに視聴することで、歌詞、唄いまわし、ジェスチャー等、パフォーマンスの細部を分析した。氏は、霊媒が憑依をはじめるまで、精霊の出身地、名前、愛称、敬称を特定のフレーズのなかに交互にとりいれ、参加者とともにコールアンドレスポンス形式で合唱し、当フレーズを延々と反復していた。氏によれば、この反復によって、参加者をムルカーナ（〝至福の境地〟）に誘導するねらいがあるという。次頁に囲みで示した詞句は、同氏によって、歌われた歌詞である。

基本的に定型のフレーズの繰り返しであるが、傍線部で示した部分のみ、歌いかける対象である精霊の呼称が様々なバリエーションを持って示される。アズマリがそれぞれのセンテンスを歌い上げると、参加者がアズマリの歌を繰り返す。歌詞のなかで重要なのが、精霊たちの出身地と名前である。上記の事例に出てくるスィメンや、ライヤは、人が住まない荒れ地が多く、特に強大な力を宿した精霊の多くが棲むとされる。ザールでは、それら精霊の出身地とされる地域にまつわる伝承曲ソコタやライヤと呼ばれるレパートリーを好んでとりあげる。筆者が観察したところ、ラジオから流れるエチオピアのポップソングやシェレラと呼ばれる類の戦場の戦士を鼓舞する内容の歌も歌われることが確認された。ゴンダールのザールに頻繁に登場する精霊にはブレンニョー（〝荒野に住む者〟）やセイフチャンガル（〝剣のようにするどい鞭〟）、イスラム教徒の女性とされるソフィア等が知られる。上記のセイフィエは、精霊セイフチャンガルの略称である。精霊たちの出身地や名前をシンプルな歌詞を軸とするコールアンドレスポンスの歌にたたみかけるように交互に歌い込み、場を盛り上げる。上記の場では、霊媒が歌い手に対して曲調や曲のテンポについて頻繁に指示を与えていた。約十二名ほどのザール参加者たちは、歌いながら交互にグリと呼ばれる、ザール特有の身体動作を行った。グリには、数種類の動作が存在するが、ここでは正座をしつつ上半身を激しく前後に揺する運動が確認された。霊媒はグリを行う参加者に対してしきりに場を「温めろ」という指示を与えていた。

ኧረ ጌትዬ ሰላም ሙላ የኔ ጌታ ቀልተህ ግባ
神よ、平和をもたらせ、私の神よ、喜びをもたらせ
ኧረ ጌትዬ ሰላም ሙላ የስሜኑ ቀልተህ ግባ
神よ、平和をもたらせ、スィメンの神よ、喜びをもたらせ
ኧረ ጌትዬ ሰላም ሙላ ራያ ቀልተህ ግባ
神よ、平和をもたらせ、ライヤの神よ、喜びをもたらせ
ኧረ ጌትዬ ሰላም ሙላ ሆዴዬ ቀልተህ ግባ
神よ、平和をもたらせ、私の愛おしい神よ、喜びをもたらせ
ኧረ ጌትዬ ሰላም ሙላ የኔአለም ቀልተህ ግባ
神よ、平和をもたらせ、私のご主人様、喜びをもたらせ
ኧረ ጌትዬ ሰላም ሙላ አንተዬ ቀልተህ ግባ
神よ、平和をもたらせ、あなた、喜びをもたらせ
ኧረ ጌትዬ ሰላም ሙላ ሠይፋዬ ቀልተህ ግባ
神よ、平和をもたらせ、セイフィエ、喜びをもたらせ

さらに、ゴンダールにおいて活動を行うアズマリの青年二人、イタイア・ウォルク氏（当時二十二歳、男性、ゴンダール・ブルボクス村出身）とタガブ・ムーチェ氏（当時二十一歳、男性、同村出身）に、二〇〇二年から二〇一〇年にかけて筆者が映像記録したザールにおけるアズマリの演奏三事例を見せ、アズマリ・霊媒間の相互行為に関する分析を行った。この調査を通し、筆者自身驚かされたのは、一般のアムハラ人には理解不能な、映像記録のなかの〝精霊の語り〟すなわちザール隠語を、ザールにおいて演奏経験の浅い二人のアズマリ青年が理解できるということであった。この背景には、アズマリ隠語とザール隠語の構造的な類似点があるのではないかと筆者は推測する。アズマリは、アムハラ語を特定の変形パターンに基づき〝崩し〟、集団特有の隠語をつくりあげ、他集団を

前にした演奏の場において集団内で戦略的に用いる。アズマリ隠語生成パターンにみられるアムハラ語語彙の子音を変化させたり、語根へ短い語を付け加えるというような、アムハラ語の変換は、ザール隠語にもみうけられる特徴である。そのため、アズマリにとって、ザール隠語が生成される語の変形パターンをつきとめ、霊媒の隠語による会話を理解することは決して難しくはないと想像される。これは、アズマリがザールの儀礼中に、憑依中の霊媒から投げかけられる言葉をアムハラ語に翻訳する前述のケダミの役割を担うことがあることからもうかがえる。以上のようにアズマリ自身に映像をフィードバックすることにより、ザールの参与観察時には筆者が予想もしなかった点に気付かされた。

## 五　映像が誘発するリアクション

筆者は、二〇一〇年のゴンダール現地調査時に記録した計約二十三時間のザール儀礼に関わる映像と、過去の調査時に収集した映像・音響記録データを編集し、民族誌映画『精霊の馬』（英語タイトル：When Spirits Ride Their Horses、ハイビジョン、二十八分、二〇一二年）を制作した。

本作では、ゴンダールの著名なザール霊媒であるマレム・モハメッド氏へのインタビュー、さらにマレムがエチオピア新年に開催したザール儀礼の過程を時系列で記録した。同時に、ザールに対するゴンダール市民や教会修道士の言説を並列させ、ザールに対する人々の考えをバランスよく描写することをこころがけた。さらに、当儀礼を成立させる重要なアクターである演奏者アズマリ（上記のガショ・ムーチェ氏）の儀礼での役割、霊媒とのやりとりに着目している。ザールの際に霊媒が歌った歌詞や、奏者への指示、さらに霊媒と参加者とのインタラクションを詳細に描いた。

本作は、エチオピアのメケレ大学をはじめとするいくつかの大学において、社会人類学、文化遺産学、民族音楽学を専攻する教員や大学院生を対象に上映した。また本作は、英国王立人類学協会が主催する映画祭をはじめ、各国の民族誌映画祭で入選を重ねることになった。ザールの映像記録の希少性も相まって、その学術的価値についてはおおむね認められたといえる。同様に映像人類学の議論のプラットフォームにおいても、一定の評価を得たといえる。映像の上映を通して、現地の学生たちから、エチオピア各地のザール儀礼の手順、あるいはザールにおけるアズマリ演奏の地域差に関する情報を得ることができた。今後さらに本作品を現地の学者やコミュニティ、当事者に見せることによって、当儀礼と当儀礼の場におけるアズマリ演奏の役割や民族誌的背景に関する

写真2　川瀬作品『精霊の馬』より 踊る霊媒（2010年9月撮影）

写真3　ザールに参加する筆者（2010年9月撮影）

情報をより包括的に収集していく予定である。

しかしながら、筆者の想定しない反応を映像がひきおこすこともある。上記のザールにまつわる映像を視聴した現地の学生や、ゴンダールの調査インフォーマントのなかには、エチオピア正教会からは邪教として扱われる当儀礼を、筆者が研究対象として取り上げることを好ましく思わない者も存在することが、上映を重ねる中で明らかになった。二〇一二年十月にエチオピアのディレダワ大学において開催された第十八回国際エチオピア学会会議のなかで行われた民族誌映画上映会において『精霊の馬』が上映された。その際、オーディエンスの一部から、本作に対して比較的厳しい反発が起こった。アジスアベバ大学エチオピア研究所のイスラム教徒の若手教員数名が、上映後憤慨し、鋭い批判を投げかけてきたのである。作品中盤に、霊媒の女性が、メンズマと呼ばれるイスラームの預言者を讃えるチャントを聞きながら、儀礼の準備を行うシーンがある。この教員たちによれば「(イスラム教徒にとって）神聖なチャントを忌まわしい憑依儀礼を記録した映像において用いることが許せない」ということであった。ただし、作品中に聞かれるメンズマは、筆者が、作品を演出するうえで挿入したBGMではなく、実際の儀礼の場において収録された音であった。儀礼の場に関わらず、霊媒が日ごろから好んで聞く音楽なのである。そのため、作中からメンズマが流れ出ることは、なかばいたしかたないことなのであるが、この教員たちは、自らの信仰心において、どうしてもそれが許せないということであった。この映像が、視聴者のザールに対する嫌悪を浮き彫りにさせた形になった。翌二〇一三年十月にベルリンのアートギャラリーにおいてエチオピア系移民が主催する筆者の作品の特集上映会が行われた。そのなかで、『精霊の馬』も上映されたのであるが、在ドイツエチオピア大使館の職員数名が、本作の上映中のみ席を立ち、作品に対してあからさまな嫌悪感をしめした。このときは、具体的に何が気に入らないのかをつきとめるための建設的な議論に至らなかったが、後ほど、これらの大使館関係者がザールについて快く思っていないということがわかった。

また、ユネスコ主催のジブチ・エチオピア・ソマリア無形文化会議では、筆者による音楽職能者の活動の映像記録を視聴した無形文化遺産保護調査局の役人が、筆者の研究対象の職能集団を、記録するに値しない人々であると指摘したこともある。

T・アッシュは、撮影対象と映像をともに鑑賞することで、調査に関する付加的な情報の提供が誘発されると指摘する(Asch *et al.* 1991)。それは確かにそのとおりであるが、筆者自身の経験から明らかになったことは、映像が、視聴者の感情や記憶あるいは感覚等に対して瞬時に訴えやすい媒体であるということである。このような映像の特性を生かした、無形文化の記録をめぐる議論のありかたについて、さらなる検討が必要であろう。

## まとめ

ザール憑依儀礼の映像記録において筆者がアズマリに対して行ったフィードバックは、筆者の研究において有効な実践であったといえる。なぜならば、筆者はアズマリへフィードバック上映を行い、ザールという特定の儀礼空間にあわせたアズマリの演奏のありかたについて、歌い手のねらいを、映像を見せながら本人たちと議論し、分析することができたからだ。しかしながら一方で、完成した映像作品の幅広い社会的文脈での上映は、前節で示したように、こちらの予期せぬような強いリアクションを視聴者から巻き起こすこともある。筆者は、制作した作品に対する批判をそのまま鵜呑みにするのが最良の選択肢であるとは考えない。無形文化をめぐる、当事者や現地のコミュニティ、文化保護関係者の認識と研究者のそれが、必ずしも重なり合わない事実を認めつつ、その認識の違いの政治・文化的背景、時代的な変遷を注意深く探る姿勢が求められると考えている(関 二〇一七も参照)。

民族誌映画をめぐる議論では、特にその視聴者の存在と役割を等閑視する傾向が指摘されてきた(Ruby 2000)。無形文化遺産の保護における映像記録の有効性がさかんに論じられている反面、以上のような、映像が様々な視聴者とのあいだで引き起こすリアクションについては、民族誌映画同様、あまり深く議論されてきたとはいえない。制作の途中だけではなく、制作後の上映の場において賛否の議論を喚起すること（分藤 二〇一五）にも研究者・被調査者の協働の意義があるのならば、作品を完結した表象としてではなく、それを視聴する人々との相互作用のなかに位置づけ、その相互作用が、研究の新たな展開を生成させうる創発的な営みであると考えねばならない。作品は、公開を重ねてゆくことによって、対象を新たな視点から理解し、まなざす契機を与える装置なのではないだろうか。筆者自身の映像作品に対する様々な声については、今後も作品の公開・議論という実践を進める中で検討していく予定である。

二〇一二年にドイツのヒルデスハイム大学ワールドミュージックセンターにおいてフォルクスワーゲン財団の研究助成を受け、第一回国際アズマリ会議が開催された。主催者であるハンブルグ大学アジア・アフリカ研究所のゲティエ・ゲライ博士によれば、本会議は、アズマリの音楽文化の将来に向けた存続の議論を行うことを主要な目的の一つに掲げている。本会議には、筆者の長年のインフォーマントであるデジェン・マンチロー等、国際的に活躍するゴンダール出身のアズマリをはじめ、現地の研究者や無形文化保護に携わる役人、歴史学、人類学、民族音楽学を専門にする研究者が各国から集った。本会議を足掛かりに、近年変容が著しいアズマリの音楽文化に関わるアクター間の対話を継続させていく工夫が必要である（本書清水論文も参照）。

エチオピア都市部を中心に、アズマリ音楽・芸能が画一化の方向に進む可能性があるなか、アズマリの新たな世代の、多様で活力に満ちた音楽技法の伝承、新たな伝統創出のための資源としての活用を可能にさせるような、映像記録アーカイブの構築も必要であろう。そこでは、無形文化の映像記録とその活用をも、社会文化的なプロセスとして捉え、アズマリの音楽・芸能の映像データのみならず、映像の公開を通して得られた、無形文化に対する人々の多様な認識のありかたをも、さらなる補足的な情報として包括的に研究に役立てる方法を考えていかねばならない。

## 参考文献


分藤大翼（二〇一五）「むすびつける力――参加型映像制作の実践」分藤大翼・川瀬慈・村尾静二（編）『フィールド映像術』一四二―一五八頁、古今書院。

関雄二（二〇一七）「遺跡をめぐるコミュニティの生成――南米ペルー北高地の事例から」飯田卓（編）『文明史のなかの文化遺産』六三―九三頁、臨川書店。

レリス、M（一九八六）『日常生活の中の聖なるもの』岡谷公二（訳）、思潮社。

――――（一九九五）『幻のアフリカ』岡谷公二・高橋達明・田中淳一（訳）、河出書房新書。

Andualem, M. 2011　Change and Continuity in the Lives of Birbuax Azmaris. MA dissertation, Addis Ababa: Department of Sociology and Social Anthropology, Addis Ababa University.

Asch, Timothy, Jesus I. Cardozo, Hortensia Cabellero, and Jose Bortoli 1991　The Story We Now Want to Hear Is Not Ours to Tell: Relinquishing Control over Representation: Toward Sharing Visual Communication Skills with the Yanomami. *Visual Anthropology Review* 7（2）: 102–106.

Bolay, 1999　The Azmari: The Burlesque Middleman of Ethiopian Society. In B. Hirsch（ed.）*Musical Instruments of Ethiopia, Catalogue, Collection of the Ethiopian Museum of the Institute of Ethiopian Studies*, pp. 16–17, Addis Ababa: Centre Français des Études Éthiopiennes.

Gebreselassie, T. 1986　A Brief Survey Study of the Azmaris in Addis Ababa. In A. Zekaria, B. Zewdie and T. Beyene（eds.）*Proceedings of the International Symposium on the Centenary of Addis Ababa*, Vol 2, pp.161–172, Addis Ababa: Institute of Ethiopian Studies, Addis Ababa University.

Kawase, I. 2007　Lalibalocc. In S. Uhlig（ed.）*Encyclopaedia Aethiopica Volume* 3, pp. 490–491, Wiesbaden: Harrassiwitz Verlag.

――――2010　Intercultural Dialogue on the Visualization of Local Knowledge: Films on Hereditary Singers in Ethiopia, *African Study Monographs Supplementary Issue* 41: 101–109.

――――2012　The Azmari Performance During Zar Ceremonies in Northern Gondar, Ethiopia: Challenges and Prospects for the Documentation. In J. Kawada（ed.）*CULTURES SONORES D'AFRIQUE V*, pp. 65–80, Yokohama: Institut de Recherches sur les Cultures Populaires du Japon, Université Kanagawa.

Leslau, W. 1964　*Ethiopian Argots*, The Hague: Mouton.

Mercier, J. 2003　*Les traverses éthiopiennes de Michel Leiris : Amour, possession, ethnologie*, Montpellier: L'Archange Minotaure.

Messing, S. D. 1958　Group Therapy and Social Status in the Zar Cult in Ethiopia. *American Anthropologist* 60: 1120–1126.

Ohinata, F. 2010 UNESCO's Activities for the Safeguarding of the Intangible Cultural Heritage in the Horn of Africa. *African Study Monographs, Supplementary Issue* 41: 35–49.
Ruby, J. 2000 *Picturing Culture, Exploration of Film & Anthropology*, Chicago and London: The University of Chicago Press.
Teffera, T. 2010 Mendicancy and Oral Poetry in Ethiopia: The Case of the Hamina. *Guandu Music Journal* 13: 51–76.
Tourney, O.（ed.）2008 *MUSIQUES TRADITIONNELLES D'ÉTHIOPIE, ANNALES D'ÉTHIOPIE, Volume XXIII, 2007–2008*, Paris: De Boccard.

## 映画

『精霊の馬』*When Spirits Ride Their Horses*（英語版）川瀬慈監督、二八分、二〇一二年、アムハラ語（英語・日本語字幕）

# 文化財の演じ方
## ——獅子舞の演者たちの文化財意識

笹原亮二

日本国
0
400km
1/2.505.700
神奈川県
相模原市、愛川町

# はじめに

二〇一三（平成二十五）年秋に開催されたある地域ブロック民俗芸能大会(1)のパンフレットの大会実行委員長の挨拶文には、民俗芸能は「地域の優れた文化財」で、大会を開催する行政当局は、地域の「共有の貴重な財産として後世に伝えるため、その保存・継承に努めるとともに、文化財を活用した地域の活性化に取り組んで」いると記されている。また、その日出演した民俗芸能の紹介文には、国や県や市町村の指定文化財であることが明記されている。

このことは、全国各地で地域の人々によって演じられてきた神楽や獅子舞や盆踊などの民俗芸能を文化財とする理解が、一定の定着をみていることを示している。しかし、各地の民俗芸能は、元もと文化財とされていたわけではない。それらは、ある時期国や県や市町村から文化財に指定されたり、指定されたものに倣って文化財と見なされたりするようになったものである。それでは、自分たちが演じてきた民俗芸能が、ある時から急に文化財とされたことを、演者たちはどのように認識し、その変化にどのように対処してきたのであろうか。

以下本章では、神奈川県相模原市緑区鳥屋《とや》・下九沢・大島と同県愛甲郡愛川町三増《みませ》に伝わる獅子舞の演者たちの言説を通じ、演者たちと文化財指定の関係について考えてみたい。

本章の記述の基礎資料は、一九八九（平成元）年から一九九四（平成六）年にかけて鳥屋・下九沢・大島・三増で筆者が獅子舞を調査したさいに得られたもので、その成果の一部は『鳥屋の獅子舞』（相模原市教育委員会 一九九二）、『下九沢の獅子舞』（相模原市教育委員会 一九九四）、『大島の獅子舞』（相模原市教育委員会 一九九五）、『三増の獅子舞』（相模原市教育委員会 一九九二）として刊行された。以下、本章でこれらの報告書から引用する場合には、刊行年とページ数のみを表記する。また、本章ではとくにことわりのないかぎり、「文化財指定」と表記する場合は神奈川県による文化財の指定を指すこととする。

## 一　神奈川県北部の獅子舞と文化財指定

相模原市緑区鳥屋・下九沢・大島の獅子舞と愛甲郡愛川町三増の獅子舞は、神奈川県の無形民俗文化財に指定されている。何れも、一人の演者が獅子頭を被って一匹の獅子を演じる一人立の獅子が三匹一組で獅子舞を演じるもので（神田・俵木 二〇一〇）、研究者には三匹獅子舞と呼ばれている。三匹獅子舞は全国的に見ると、関東甲信越・東北・北海道に分布し、これら四カ所の獅子舞は分布の南限にあたる。鳥屋の獅子舞は毎年八月第二土曜日の諏訪神社の祭に、下九沢の獅子舞は毎年八月二十六日の下九沢御嶽神社の祭に、大島の獅子舞は毎年八月下旬の土曜日か日曜日の大島諏訪神社の祭に、三増の獅子舞は毎年七月二十日前後の日曜日の諏訪神社境内の八坂神社の祭、通称「天王祭」に演じられる。

写真１　神奈川県相模原市下九沢の獅子舞（提供：相模市立博物館、1993年８月26日撮影）

これらの獅子舞のうちで、神奈川県の文化財指定は鳥屋の獅子舞が最も早く、一九五四（昭和二十九）年に無形文化財に指定された（以下、本章では神奈川県を「県」と表記する）。その後、一九六一（昭和三十六）年に下九沢と大島と三増の三カ所の獅子舞が、「古格を保ち、かつ日本におけるこの獅子舞流通圏の南限を示す意味でも」貴重で、「廃絶の憂いあるこれらの既存獅子舞を集団的に保存することを喫緊とする」という理由で、同じく県から無形文化財の指定を受けた。なお、下九沢の獅子舞と大島の獅子舞は、それに先立つ一九五八（昭和三十三）年に相模原市の無形文化財の指定を受けている。

これらの獅子舞は、一九七六（昭和五十一）年、文化財保護法の改正に伴い、県指定の無形文化財から無形民俗文化財に指定が変更された。

## 二　獅子舞の文化財指定

獅子舞が文化財に指定された昭和二十～三十年代（一九四五～一九六四）は、各地で獅子舞の上演が困難に直面した時期であった。鳥屋の一九〇七（明治四十）年生まれの元演者は、過去に「獅子舞が寂れた」ことが「何度かあった」が、「文化財に指定されたころもそう」で、「まったく駄目に」なり、演者の「出席が悪く」て「後継者がいなくなった」と述べている（一九九一：四〇―四一）。三増でも、大正末期生まれの演者によれば、文化財指定に伴い保存会が結成された当時は「ちょうどやる人があんまりいなくなってきた頃だった」という（一九九二：五四）。下九沢の一九二七（昭和二）年生まれの演者も、文化財に指定された頃は「みんな獅子舞に対してひどく関心がなくなっちゃって、獅子舞の存続が難しくなっちゃってた」と述べている（一九九四：七六）。

それでは、文化財の指定はそうした困難な状況の打開に即繋がったかというと、そうともいえなかった。というのも、そもそも演者たちは、自分たちの獅子舞が文化財に指定されたことをうまく理解できなかったからである。鳥屋の一九〇七（明治四十）年生まれの元演者は、県に指定されて「文化財になった」といっても「最初は何のことだかわからなかった」と述べている（一九九一：四一）。下九沢の一九二七（昭和二）年生まれの演者も、文化財指定は「地元の人よりもお役所のほうがやっぱり骨折って」くれて、「地元の人はただ踊ってただけで、それを文化財に指定してもらおうなんてゆう考えもなかったし、大体、文化財の指定なんちゅうことなんか知らなかった」と述べている（一九九四：六二）[2]。大島でも、一九三一（昭和六）年生まれの演者は、「文化財の指定なんちゅっても「まぁ、一所懸命やれ」なんかっちゅうことをゆってきた、その程度のことだったぐれぇしか覚えはねぇ」と述べている（一九九五：三〇）。三増でも、昭和初期生まれの元舞手の女性によれば、戦争で中断した獅子舞の復活を試みている最中に、「なんだか県の偉い先生」が見に来るので「一所懸命思い出さなきゃあいかん」ということになったが、「最初は、文化財にするとかしないとかって、そんな気配は全然なかった」という（一九九二：三九）。こうした演者たちの言説からは、彼らが当初は獅子舞の文化財指定にそれほど関心を示していなかったことが窺える。

## 三　文化財指定による変化

県による獅子舞の文化財指定は、「廃絶の憂いあるこれらの既存獅子舞を集団的に保存する」という指定の理由からするといささか逆説的になるが、各地の獅子舞に様々な変化をもたらした。例えば、下九沢では文化財指定以後、「神奈川県指定無形文化財　御嶽神社獅子舞　昭和三十六年七月四日」と記した幟を掲げ、指定文化財であることを明示して獅子舞を演じるようになった（一九九四：一四）。同様の幟はほかの獅子舞でも用いられるようになったが、変化はそれに止まらず、各方面に及んだ。

### 演者集団のあり方

各地では、獅子舞の文化財指定に伴い保存会が結成された。県による文化財の指定は、形式的には地元側が県の教育委員会に申請を行い、それを受けて、県の文化財保護委員会での審議などを経て決定するかたちをとる。従って、申請の主体となる保存会が指定に先立ち結成されることになるが、演者たちは、保存会の結成を文化財指定に伴う変化として認識していた。

鳥屋では、元もと渡戸《わたど》地区と中開戸《なかかいと》地区の家々の長男のみが獅子舞の舞手となるという制限があり、両地区出身の演者たちからなる「獅子連」によって獅子舞が行われていた。それが、文化財指定に伴い保存会が結成されると、「保存会長というのがいなきゃいかん」ということになり、「きちんとした社会的地位の高い人」で、「よその地区の人でもいい、指導力のある人を入れて会長にしなけりゃ駄目だ」ということで、両地区以外の人に就任してもらったりして「いろいろと変わってきました」と一九〇七（明治四十）年生まれの元演者は述べている（一九九一：四二）。

下九沢でも、文化財指定に伴い新たに保存会が結成された。一九二一（大正十）年生まれの演者によれば、「文化財に指定されても獅子連はそのまんま続いてて今もある」が、「それとは別にもう一つ、下九沢獅子舞保存会という組織ができた。それは、獅子連だけじゃなくて、神社の世話人がそこへ幾人か加わっていて、獅子連と協力して獅子舞のことをやっている」という（一九九四：四七）。保存会長も、初めの二代は獅子連の代表が務めたが、それ以後は下九沢御嶽神社の氏子総代長が務めるようになった（一九九四：一五）。一九二七（昭和二）年生まれの演者によれば、保存会は「どっちかといえば神社の世話人の集まり」で、「神社の総代さんに会長をやってもらって」いて、「保存会の会長とは別に獅子連の会長さんがいる」という（一九九四：六二）。一九二三（大正十二）年生まれの演者は、それまで獅子舞とは全く関係がなかったが、神社の「総代長になったんで、獅子舞の保存会長になった」と述べている（一九九四：四七）。下九沢では、文化財指定以降、演者たちの獅子連に加え、神社の氏子組織を基盤とする保存会が関わるかたちで獅子舞が行われるようになったことがわかる。

三増でも、文化財指定に伴い保存会が結成された。三増では、従来は上宿・下宿両地区の家の長男が舞手を務めるとされていたが、保存会が結成されると制限が廃止され、誰でも舞手を務められるようになった（一九九二：一三）。保存会には演者たち以外に、三増の各地区ごとに二、三人ずつの役員が加わり、祭の際には神社境内の舞場の設営や保存会の幟持ちなどを務めている。三増では、もともと地区の役員として保存会に加わった人が獅子舞に興味を持って舞手になったり、愛川町の文化財保護委員で郷土史に造詣が深い人が獅子舞に文化財として興味を抱いて舞手になったり、従来は見られなかった経緯で演者となる場合も出てきた（一九九二：一二、一八）。また、従来演者たちは、獅子舞の練習を祭の本番前に行う程度であったが、保存会が結成されてからは毎月定期的に集まって練習を行ったり、町役場からマイクロバスを借りて泊まりがけで研修旅行を行ったり（一九九二：一三）、祭の上演に直接的に関わらない活動も行うようになった。

## 獅子舞の経済

各地の獅子舞は、県の文化財に指定されて以降、毎年補助金が県などから交付されるようになったが、演者たちにとって、それが持つ意味は小さくなかったようである。鳥屋では、祭の際は昔から獅子舞には金銭の御祝儀、いわゆる「花」が掛からず、消耗品代程度の金額を神社側からもらうのが唯一の収入で、祭での上演は経済的に大変であった。しかし、文化財に指定されて毎年補助金をもらうようになると、演者たちの持ち出しなしで祭での上演が可能になったという（一九九一：一六）。三増でも、一九〇八（明治四十一）年生まれの元演者は、「県の無形文化財になったんべぇ。そうすっと、役場とか県のほうからまとまった金が来るようになった。それで、衣装をこせぇたり、どっかへ出掛ける時の支度金にできるようになった」と述べている（一九九二：三六）。大島でも、一九三一（昭和六）年生まれの演者は、文化財に指定されて「市と県から補助をもらうようになって、確かに楽にはなった」、「県とか市からもらう金は毎年決まった額でくる」ので「予算が立て易い」と述べている（一九九五：四七）。

とはいえ補助金は、それのみで経済的な問題が全て解決するほど十分な額ではなかった。下九沢の一九二一（大正十）年生まれの演者によれば、獅子舞が「文化財になったんで、補助金が幾らか」もらえるようになったが、指定されたことで「よそへの出演が続いたり」いろいろお金が掛かるようになり、そうした「費用はほかにどこからも出ないし、結局、神社で見ることになる」という（一九九四：四七）。一九二七（昭和二）年生まれの演者も、

「保存会ができても、結局お宮さんから見てもらわなきゃあやってかれねぇよ。補助金なんかもらってたって、獅子連のお金だけじゃ獅子舞はとても維持できねぇ」と述べている（一九九四：六一）。こうした状況は下九沢に限ったものではなく、三増では、三増全戸が会員となるかたちで保存会を組織し、保存会費を各地区の区費とは別に各戸から徴収し、補助金と併せて保存会の費用に充てて、経済的にも三増全体で獅子舞を支える体制をとるようになったという（一九九二：一三）。

文化財に指定されて補助金が交付されるようになったことは、演者組織にも変化をもたらした。補助金は公金なので、厳格な会計処理が保存会に要求された。鳥屋の一九〇七（明治四十）年生まれの元演者は、補助金の管理を行う「会計なんて役」が置かれるようになり「いろいろと変わってきました」と述べている（一九九一：四二）。鳥屋の一九二八（昭和十三）年生まれの演者も、金銭の扱いは「昔の人のほうがいい加減」で、「会計は放り出しちまう」し、「予算だって目茶苦茶」で、「みんな飲んじゃって」、「備品、何か買おうっていったってもうお金がないんだもんね。まぁ、文化財になってからは多少は違ったけどね」と述べている（一九九一：四七）。大島の一九三〇（昭和五）年生まれの演者も、県から交付される補助金は「下九沢の獅子舞の人が監査役になっていて、今年どうゆうものを購入したとか、練習は何回やったとか、育成費にどのくらい使ったとかっちゅうようなことを、その人を通して県に報告することになってる」と述べていて、補助金の交付によって金銭の扱いが厳格になったことが窺える（一九九五：六八）。

補助金が新たな問題を引き起こしたこともあった。鳥屋の一九三八（昭和十三）年生まれの演者は、元もと「お祭りのかかりを氏子のほうからもらってた」が、氏子側が、演者たちは「金を飲み食いに使っちまうんだろう」とかいい出して「お金を出したがらねぇ」ようになり、「文化財になって補助金が少しでも入ってくるようになると、いよいよ出す出さないでもめちゃった」と述べている（一九九一：四七）。

### 獅子舞自体のあり方

文化財指定の影響は、上演の次第や演者たちの衣装といった獅子舞自体のあり方にも及び、それらを変化させる場合も出てきた。鳥屋の獅子舞は、現在は神社の境内に設けた舞場で行われるが、そうしたかたちで行われるようになったのは、文化財に指定された頃に県の文化財保護委員を務めていた永田衡吉の指導によるものであった。一九〇七（明治四十）年生まれの元演者は、獅子舞は「前はお宮の中で踊った」。「お宮っていっても神楽殿であったが、「永田先生に、上ではいけない、下に降りて舞えって、庭に降りて、竹を立ててちゃんと注連縄を張ってそこで踊れといわれた」ので、現在のようなかたちで舞うようになったと述べている（一九九一：四三）。彼は、鳥屋ではそれ以外にも、子供が務める「子獅子」の役は、以前は「普通の家庭で着ているような服、半ズボンをはいて出たりみんなまちまちだった」が、文化財指定直後にそれを見た永田に「これじゃあ駄目だ、統一したものを着せなきゃ」といわれたので、「先生、子獅子の着るものは何にすんべって聞いたら、こういう風にしろと教えてくれた」。その時は「大人も着るものをそろえたほうがいいといわれたんだけど、お金がかかるから」揃えられず、後に「羽織だけは保存会で全員の分を作った」。そうしたことは「みんな永田先生が決めてくれた」と述べている（一九九一：四三）。

獅子舞の上演の時間についても、大島の一九三〇（昭和五）年生まれの演者は、祭での上演が「時間に制約されるようになったのは、文化財に指定されてから」で、「ほかから来る見学者が「何時頃やるんですか」っちゅう問い合わせをしてくるんで、ある程度きちんとしたスケジュールを決めてやるようになった」と述べている（一九九五：五六）。

大島では、道具類の扱いもそれ以前とは変化が見られる。一九三〇年生まれの演者は、「獅子舞が文化財になる頃までは、獅子やなんかはお宮の本殿に納めてあった」が、「文化財になったものを誰もいないお宮に置いとくのも不用心」なので、「民間の土蔵を借りて、そこへ置くようにした」と述べている（一九九五：七七）。一九[4]

三一（昭和六）年生まれの演者によれば、その家に、消防署が「自然災害が起きた時に文化財を保護する関係で、「お宅で獅子をしまってあるっちゅうけど、どこへ置いとくか確認さしてくれる」なんて、一回見に来たこともあった」という（一九九五：三九）。

### 上演機会の増加

各地の獅子舞は、文化財指定後は地元の祭以外でも演じられるようになり、上演の機会が増加した。鳥屋の一九〇七（明治四十）年生まれの元演者は、「保存会になって」からは、「埼玉の方まで獅子舞をやりにでかけたり、いろいろと変わって」きたと述べているし（一九九一：四二）、三増の一九〇八（明治四十一）年生まれの元演者も、県の文化財保護委員の永田衡吉から「いろいろと指導を受けた」が、「文化財になってってからは、永田先生から、箱根へ行ってくれとか、小田原にいってくれっとかっちゅうような話がだいぶ来た」と述べている（一九九二：三七―三八）。下九沢でも、一九二一（大正十）年生まれの演者は、「文化財に指定されてからは、あっちこっちに出かけて踊るようになった」と述べているし（一九九四：四七）、一九二七（昭和二）年生まれの演者も、獅子舞は「県と市の指定文化財になってるでしょう。だから、県のほうから「芸能大会に出てくれ」とか、市のほうから「どこそこに行こう」なんてゆわれると、補助金をもらってる関係で、否応なしに出て行かなきゃなんない義理がある」と述べている（一九九四：七二）。大島でも、一九三一（昭和六）年生まれの演者によれば、「わたしなんかがお獅子をやるようになって、その後暫く経つと、社会的には、こうゆう獅子舞のようなことを含む無形文化財が認められるようになった」が、「そんな関係だと思うんだけど、鎌倉の鶴岡八幡宮へ踊りに行ったり、寒川神社なんかにも行った」り、上演の機会が増えたという（一九九五：二九）。

## 文化財保護委員との関係

各地の獅子舞が文化財に指定された頃に県の文化財保護委員を務めていたのが永田衡吉である。各地の演者たちは、文化財指定を契機に永田と密接な関係を持つようになった。永田の影響は、前述した鳥屋の獅子舞の舞い方や演者の衣装を初め、各地の獅子舞の様々な局面に及んだ。鳥屋の一九〇七（明治四十）年生まれの元演者によると、永田は、「文化財になる前からここによく来てましたね、感心してましたよ。よくこの獅子舞をこれまで続けてきたもんだなぁ、この面白くもない、なんでもないものを、鳥屋の人間だからこそ続けてこれたんだなぁ、鳥屋の人間の魂には驚いた」といったりして「面白い先生」で、「みんなが昔からの型を覚えてるだろうから、型を崩さないようにその通り正しくやりなさい」と指導したり、獅子舞と雨乞の関係を尋ねると、獅子舞の歌は「雨を求めてる祈願の歌だ、こういったことを繰り返していくことは雨を求めてることなんだと教えてくれた」りしたこともあったという（一九九一：四二―四四）。

三増の昭和初期生まれの元舞手の女性によれば、「戦争後に復活した時に永田先生が来られて」、「バンバ面とお獅子様は古い」もので、「バンバ面の塗りがフクベ塗りとかなんとかいって、大昔の塗り」で、「あとから修理したりして手を入れていないから値打ち」があり、「踊りも素朴っていうわけで、文化財にしようってことになったらしい」が、「初めの頃は、そこまではっきりしたことをいわないで帰られて、何回か来てから、県のほうから文化財に指定しますっていう連絡があった」。「永田先生が獅子舞を見にきたのは、お祭りじゃなくて普段の時」で、「じいっと見てられんの。そいで、「素朴だ」、ただ、「おもしろい」、そういったことをいっておられた」という（一九九二：四三―四四）。

三増の獅子舞は、戦後しばらく経っても戦争で中断したままになっていたが、地元の寺院の住職らの尽力で昭和三十年代に入って復活し、一九六一（昭和三十六）年に県の文化財に指定された。復活の際に協力を仰いだのが、中断前の獅子舞を克明に記憶していた一人の年配の女性であった。一九〇八（明治四十一）年生まれの元演者は、彼女は「なにを歌わしても、なにを踊らせても、確かに上手」で、毎回練習で教えてもらっていたが、永田にも、彼女に練習に「是非来てもらえっちゅうことを」いわれた。とにかく「永田先生にゃあ世話んなったな。あの先生が身を入れて励ましてくれてよ。でなきゃあ獅子舞もよしになっちまうところだった」。「永田先生のお陰で無形文化財になって、それからは県の補助金がくるようになったし、役場でも目をかけてくれるようになった」し、「永田先生からはいろいろと指導を受けた」と述べている（一九九二：三七—三八）。

下九沢でも永田と演者たちとの関わりは深かった。一九二七（昭和二）年生まれの演者によれば、獅子舞が県の文化財の指定になる時は、永田をわざわざ呼んで見てもらったが、元もと「永田先生っちゅうのは、県の文化財の関係でうちに来た」らしく、「文化財に指定されるっちゅう時分は結構取材に来て」、「お宮のお祭りの時」は「宮世話人が家へ泊めてなんだかんだ世話したり一所懸命やってた」という（一九九四：六二）。別の一九二七（昭和二）年生まれの演者も、「永田先生は、お祭りの時に何回も来て」いて、「うちの獅子舞が県の文化財になったのは、永田先生の働きが大きい」と述べている（一九九四：七六）。

大島でも、一九三一（昭和六）年生まれの演者は、「大分前に、鎌倉の鶴岡八幡宮に奉納した」が、「永田先生に我々が初めてお会いしたのもその時」で、「県のほうから来て」、「踊る時に跳び跳ねんのがまだ足んねぇ」とか、「塚場の獅子と比べると、こっちより塚場のほうが古いんじゃねぇか」とか「いろいろいわれた」が、「見せるために踊りを変えちゃいけねぇっちゅうことも、その時永田先生にひどくいわれた」という（一九九五：四八—四九）。(5) 一九三〇（昭和五）年生まれの演者も、「鎌倉まで行って踊った」時に「永田先生と初めて会った」が、「永田先生は、「ぼくが全国を見て歩いた獅子舞の中で、君たちの獅子舞が一番優雅な踊りだ」とか、「こうやったほうが格好がいいからとかっちゅうようなことは、獅子舞の中に絶対に入れてもらっちゃ困る」っちゅうような指摘を受けたんですよ。「今後も師匠から教わった通りに、立派な獅子舞を是非やってくださいよ」っちゅうようなこともいわれました」。文化財の「指定を受ける頃には、永田先生がうちのほうにも何回か調べに来られた」が、

「永田先生のご尽力もあったから、うちの獅子舞は市の指定文化財になって、それから県の指定文化財になった」。また、当時の舞手の一人の「親父さんがなかなか笛の名手」で、鎌倉の「鶴岡八幡宮へ行った時に、永田先生にとっても誉められた」と述べている（一九九五：六七、七〇、七二）。

演者たちは永田の獅子舞への関与を概ね肯定的に捉えていたが、苦言を呈され葛藤が生じた場合もあった。三増の獅子舞は前述のように、戦後の復活の当初から女性が深く関与し、その後も女性が舞手を務めるなど女性が積極的に参加していた。それに対し、県の民俗芸能大会に出演した時に、永田に「文化財には女はちょっとね」とか、「女の人は、昔はやらなかったんですけどね」といわれたが、「回りの人が、「永田先生はあんなこといわれたけども、女の人に入ってもらわなきゃあ、やってかれねぇわ」なんていってくれた」と、昭和初期生まれの元舞手の女性は述べている（一九九二：四三、五七）。

## 四　文化財としての獅子舞

自分たちが演じてきた獅子舞の文化財指定に戸惑い気味であった演者たちも、指定を機に生じた様々な変化を経験することで、獅子舞を文化財と見なす一定の認識を抱くに至ったようである。鳥屋の一九〇七（明治四十）年生まれの元演者は、前述のように、獅子舞の文化財指定が当初はどういうことかわからなかったが、「何年かしてね、永田先生だか県の人だかと一緒に新聞記者が獅子舞を見にきたことがあって、その時に、これが文化財になったということは大変なことですよ、なにしろ無形の物が文化財なんですからねって新聞記者が教えてくれた。それを私聞いてね、こりゃあえらいことになった、重大なことを引き受けた、文化財ってのは大変なんだ」、「獅子舞は文化財だということになったんだから、これを保存していかなきゃいかんということだろう」と考えるようになったと述べている（一九九一：四一）。

獅子舞が文化財に指定されると、周囲の見る目も変わってきたという。下九沢の一九二三（大正十二）年生まれの男性によると、戦後世の中が落ち着いてきたら「県が無形文化財っちゅうものを、すごく重要視する」ようになり、「あっちこっちのお獅子に目を向けるようになった」が、親戚が「県会議員をやってたもんだから、急にそっちにも目が」向きだし、獅子舞は「優雅な踊りとゆうかなんとゆうか、素晴らしいもんだな」といってきた。そのうち「市の文化財になったと思ったら、何年かして今度は県の無形文化財になった」が、「県の無形文化財になった時のお祭りは盛大」で、「県から見に来た人だとか、県会議員の親戚だとか、方々から呼んだ人」が大勢いて、「今までお獅子のことを馬鹿にしてたような人も、文化財になったら、随分と熱心にお獅子を見るようになった」という（一九九四：四一）。鳥屋の一九五三（昭和二十八）年生まれの演者も、「我々がやってた時は、ちょうど」文化財が「一時的なブーム」になり、「鳥屋の獅子舞保存会がクローズアップされた全盛期」で、「よくいろんなところへ獅子舞が遠征」したが、「文化財だなんだである程度クローズアップされてきたということで、今度は人の獅子舞を見る目っていうのが違って」きて、そんな中で獅子舞をやるのは「自分なりの満足感ちゅうのがある程度あった」と述べていて（一九九一：六二―六三）、彼が、周囲の注目の中で獅子舞を演じることを肯定的に捉えていたことがわかる。三増の舞手の女性も、「主人のお父さんが、愛川町の教育長」をやっていた時に、「三増の獅子舞を文化財に指定してもらいたいってことで、結構骨折って県と掛け合って、そのお陰で文化財に指定されたらしい」が、「お父さんが一所懸命、骨折って文化財にしてもらった獅子舞を、今度は私が継いで踊る」ことになって感慨深いと述べていて（一九九二：六三）、獅子舞が文化財であることを肯定的に捉えて演じていたことが窺える。

それでは、演者たちは獅子舞と文化財を全く等しく考えるようになったかというと、そうとも言い切れない。大島の一九三〇（昭和五）年生まれの演者は、「わたしなんかは、獅子舞が終わるまではお宮の神事で、獅子舞はお宮の神事の一環だっちゅうことでやってるつもり」なので、神事の一環となると文化財の公開に招待した来賓に対して支障が出るので、神事終了後にやるように要請された際は、「市会議員やほかのお宮の来賓に獅子舞がそんなに迷惑を掛けてるっちゅうんなら」、「県からは諏訪神社の獅子舞じゃなくて大島の獅子舞っちゅうことで指定されてるんだし、そんなにゆうんなら、お宮から分離しちまおうか」と思ったと述べている（一九九五：七二）。獅子舞が文化財であることと距離を置くようになる場合も見られた。鳥屋の一九三八（昭和十三）年生まれの演者は、現地以外での上演について、「昔は、文化財っちゅうことで鳥屋の獅子舞の名前を売ろうっちゅうこともあったから出るようにしてたんだけど、最近はだいぶ有名になって名前も売れたし」、以前のようには出なくなったと述べている（一九九一：五六）。

## 五　獅子舞の保存

演者たちが獅子舞の保存をはっきりと意識するようになったのも、文化財指定に伴う変化といえそうである。一九〇七（明治四十）年生まれの鳥屋の元演者は、「獅子舞は文化財だということになったんだから、これを保存していかなきゃいかん」ということで、演者たちの集まりを「保存会」と名付けようと考えたと述べている（一九九一：四一）。三増でも、昭和初期生まれの元舞手の女性によれば、愛川町の文化財保護委員を務める保存会の副会長は、戦後復活した獅子舞について、「和尚さんが棟岩院に来られて一所懸命やってくれたから文化財で残ったんだんべぇ、だから、それをここで消しちまっちゃあ、俺は、和尚さんに対して申し訳ないと思う、愛川町にこれひとつっきりないんだから」、「残して、後世に伝えていかなきゃいけない」と述べていたし、「保存会の仲間もみんな、これは残したいって、そう願ってる」という（一九九二：五二）。大島の一九三一（昭和六）年生まれの演者も、「踊る衆」が「あんまり早く交代すると、こうゆう獅子舞っちゅうのは保存のほうへ持ってけなくなっちゃう」と述べている（一九九五：四二）。

演者たちが獅子舞の保存を明確に意識するようになると、獅子舞を変化させない意識が目立ってきた印象を受ける。一九〇七（明治四十）年生まれの鳥屋の元演者は、舞い方は「昔と同しこと。それだけは絶対に崩すことは出来ない、それでは文化財の価値はない」と述べている。また彼は、獅子舞が「文化財になってっから」新しい太鼓を浅草の太鼓屋に買いに行った際に、古い太鼓と「同しものが欲しい」と注文したが、「無理ですよっていわれて」諦めたと述べている（一九九一：四四―四五）。鳥屋の一九五三（昭和二十八）年生まれの演者も、「踊り自体を、だんだん変化させねぇような努力」をしていて、「現代風にしちゃこりゃあ、お終い」で、「見せるための獅子舞よりも素朴な感じを出す」ことが「伝統文化の継承では一番大事」と述べている（一九九一：六三）。大島の一九三一（昭和六）年生まれの演者が、「俺なんかが教えた時に、あんまり気を使って教え過ぎちゃったから、踊りが少し崩れた」、「違っちゃってきてんだよ」と述べたり（大島　一九九五：四四）。下九沢の一九二七（昭和二）年生まれの演者が、獅子舞の「踊りの中でひとつ抜けてる部分がある」が、「今更適当に振り付けたりしたらまずい」、「それじゃあ文化財にならない」と述べていることや（一九九四：七二）、大島の一九三〇（昭和五）年生まれの演者が「獅子舞が県や市から文化財に指定されている関係で、その日に獅子舞をやるっちゅうことで知れちゃってますから、お祭の日を勝手に変えたらまずいんじゃないかってゆうことで、今も変わらずに二七日ってことにしてる」と述べていることも（一九九五：八〇）、獅子舞を文化財として保存し変化させない演者たちの意識の現れといえそうである。

但し、演者たちは獅子舞を文化財として変化させないと考えていただけではなかった。鳥屋の一九三八（昭和十三）年生まれの演者は、昔からの舞い方を「あくまでも基本は基本で、昔のまんま残したい」し、「こういうふうになってましたよっちゅう言い伝えだけは、あくまで残す」が、「多少柔軟性がなきゃあ」続けていくのは「もう無理だと思うよ。あんまり文化財、文化財なんていってるとちょっと厳しい」と述べている（一九九一：五七）。大島の一九三〇（昭和五）年生まれの演者も、獅子舞を演じ続けていくには、舞を教える側も「ある程度やったら次の代へ送って段々とやり方も時代に合わせて更新していく」ことが肝要で、次の代に「責任を持たせればそれなりの自覚も出てくるし、そうじゃねぇとこれからは続いていかない」と述べている（一九九五：六五）。

## 六　獅子舞を演じる意識

### 獅子舞を始めた経緯

そもそも演者たちは、文化財指定以前、獅子舞を演じることに対してどのような意識を抱いていたのであろうか。鳥屋の一九〇七（明治四十）年生まれの元演者は、年配の「世話人がうちに来て、獅子舞を練習してもらいたい」といわれて獅子舞を始めたが、「なんしろ一四歳ですから、別に私の意見なんて」なかった。練習は「新稽古[6]の年は半年、ほとんど毎日」で、練習が始まる時間になっても「先輩たちはなかなかこないんです。それでずっと待ってる。私ら若い者には、その時間をじらされてるのが一番辛かった」。初めのうちは「なかなか踊りが覚えられないでいたから、あんまり面白くもない」。舞手を務めたのは「一〇年くらいだけど、まぁ、きついもんだと思った」。「獅子舞に携わっている人は、偉いもんですよ、まったくこんな御迷惑なものを押し付けられて」。「子供のころ思ったですよ、みんないいな、やんない者は幸せだな」と。だから、「獅子舞をやってよかったかとかっていっても、そんなねぇ、面白いもんでもないし」、「年を食ってから、体が鍛えられて丈夫になって良かった、そう思ったこともある」と述べている（一九九一：三五―三六、三八、四五）。

獅子舞を確たる自覚もなく始めたのは彼だけではなかった。鳥屋の一九三八（昭和十三）年生まれの演者も、獅子舞は「やりたくなかったんだけど、親父からやってみろなんていわれてよ、ほいで始めた」と述べている（一九九一：四六）。大島の一九三〇（昭和五）年生まれの演者も、以前は「獅子舞をやるっちゅうことに、特に使命感を感じてる人もいなかった」し、「子供の頃からこの土地には獅子舞があって、お祭の時には獅子舞をやることだけは知ってたっちゅうぐらいのもんでした」と述べている（一九九五：五四）。

大島の一九三一（昭和六）年生まれの演者も、「なんで獅子舞を始めたかっちゅっても、別にそんな大した理由もない」。当時は「青年団っちゅうのがあって」、「仲間が多」くいて自分もその一員であったが、当時は「娯楽っていえば、青年団で自治会館に寄ってなんだかんだやるっちゅうぐらい」で、そんな中で「みんなで獅子舞をやろうっちゅうことになった」と述べている（一九九五：二五―二六）。下九沢の一九二七（昭和二）年生まれの元演者も、戦争で中断した獅子舞が終戦を迎えると、程なくして復活したが、「別に理由があったわけじゃなく、「昔っからあるもんだから、終戦になったし、このへんで復活させようっちゅうことで始まったんじゃねぇのか」と述べていて（一九九四：五四）、獅子舞を始めるのに自覚的でなかったのは個人の次元に止まらなかったことを示している。

## 舞の良し悪し

かつては獅子舞を演じることに自覚的ではなかった演者たちも、良い舞か否かに関しては少なからず自覚的であった。三増の昭和初期生まれの元舞手の女性は、かつての舞手たちは「踊り方も教え方も、結構、人によって違」っていて、「練習が終わってお酒がちょっと入ったりすると」、「おめぇのあそこは駄目だ」とか、「「足をもっと上げんだわ」なんていうと、「これ以上上んかよ」」、「「もっとクルっと回んだわ」、なんていうと、「そんな、俺だって回り切れるもんか」」などと「いい合いっこ」が必ず始まったが、どの人の舞い方でも「昔の踊りっていうのは楽でな」く、今は「形は同じでも、動作が楽なほう、楽なほうになってきてる。みんな、なるべく楽に、その人の踊りいいような案配で教えてる」と述べている（一九九二：四〇―四一、四七―四八）。大島の一九三〇（昭和五）年生まれの演者も、舞い方について、「わたしなんかは、「腰を下げろ」とか、「片方の足は必ず曲げてろ」っちゅうような仕込みを受けた」と述べている（一九九五：六五）。

また、演者たちは良い舞の習得にはある程度の時間が必要と考えていた。大島の一九三〇（昭和五）年生まれの演者は、「わたしの経験から行くと、獅子舞は、笛にしろ唄にしろ踊りにしろ、自然に体が動くようになるには一〇年は掛かります。一〇年過ぎたら固さが取れてきて、体がやっと自然に踊りのリズムになって、足も自然に動いていくようになりました」と述べている（一九九五：六二）。大島の一九三一（昭和六）年生まれの演者も、「二〇年踊っても、踊ってるうちは駄目」で、「教える立場になって三、四年経過して来んと、踊りそのものが理解できてくる」と述べている（一九九五：三五）。

## 獅子舞を伝える意識

文化財指定以前も演者たちに獅子舞を後世に伝える意識がないわけではなかった。大島の一九三一（昭和六）年生まれの演者は、「獅子舞をずっとやってきたっちゅうことは、一応獅子舞は伝えていかなきゃならないかなってゆう、そんな気持ちが自然に出てきてるっちゅうことかも知んない」と述べている（一九九五：三〇）。

獅子舞を変化させない意識も文化財指定以前から演者たちには見られた。下九沢の一九一一（明治四十四）年生まれの元演者は、「獅子の踊りはそりゃあ崩せねぇ」と述べているし（一九九四：三四）、大島の一九三〇（昭和五）年生まれの演者も、「獅子舞は、我流を入れずに自分が習って長い間踊ってきたように踊るもんだと思ってるから、その通り踊って手を抜かない」でやってきたと述べている（一九九五：六四）。鳥屋の一九三八（昭和十三）年生まれの演者が、「俺の時なんか、もう最初から最後まで途中抜くこともしなければ、何もしてない」。舞手の一人が腰を痛めて全部舞うのが難しいと「いくら世話人にいっても、そのころは途中を抜こうという話し合いにはならなかった」が、「俺なんかの後からちょっと崩れた」。というのも、舞手が従来通りの厳しい教え方に耐えられず、「自分が聞いたまんまできなかった」からで、舞い方は、「その時その時の状況で多少変わってくる」し、「変わってくると、昔はそんなじゃなかったよっちゅう話は、ある程度は出てくる」と述べているのも

（一九九一：五二）、獅子舞を変化させない意識が演者たちにあったことを示している。

## 七　獅子舞の状況依存性

以上見てきたように、獅子舞の演者たちは、文化財に指定された当初はそれがどういうことか理解できず、必ずしも高い関心を示さなかったし、戸惑いさえ見せていた。しかし、指定されて時間が経つにつれて、演者たちは次第に文化財としての獅子舞に対して一定の理解や認識を抱くようになっていった。

こうした獅子舞の文化財指定に伴う演者たちの意識の変化には、幾つか特徴を指摘することができる。一点目は、獅子舞を文化財とする演者たちの理解や認識は、文化財の理念や定義といった抽象的な概念に依拠して形成された確固たるものというよりも、保存会の結成、補助金の交付、周囲の関心の高まり、文化財保護の関係者や行政当局との関係の深化など、演者たちが実際に体験した変化を通じて徐々に姿を現してきた、イメージや感覚に類する漠としたものであったことである。二点目は、文化財指定以後は、獅子舞を変化させない「保存命令」（藤田　一九九五）の強化など、文化財として遵守すべき規範の受容や定着が見られたが、それらは理念的な次元に止まる場合も少なくなく、演者たちはそうした規範に囚われず、実際の状況に応じて変化を許容する柔軟な対応も見せていて、文化財の理念や定義と演者たちの意識や実践は常に一致していたわけではなかったことである。

三点目は、文化財指定以後の演者たちの獅子舞をめぐる意識や実践には、指定に伴う様々な変化が見られた一方で、獅子舞を将来に伝えていく意識のように、指定の影響が希薄であったり指定以前からの連続性が認められたりする側面も見られたことである。文化財指定以後に獅子舞を始めた鳥屋の一九五三（昭和二十八）年生まれの演者は、「鳥屋みたいなところの人っちゅうのはお祭り好き」で、「人の前で踊る」とか「太鼓をたたく」とか、「そういうことはみんな好き」なので、獅子舞を始めることにそれ程抵抗はなかったと述べている（一九九一：六三）。三増の大正末期生まれの演者も、「獅子舞なんてそんなことやってんのは物好き」と述べているし（一九九二：五三）、三増の昭和初期生まれの元舞手の女性も、「獅子舞なんてのは、まぁ、大体そういうのが好きでないとやれない」と述べている（一九九二：四六）。彼らが獅子舞を始めたのは、それが文化財か否かに関わらず、芸能一般に対する嗜好からであったというわけである。また、鳥屋の一九五三（昭和二十八）年生まれの演者は、獅子舞は子供の頃にやった「子獅子の延長みたいな形」で「自動的に始めた」が、子獅子や舞手は「親父もやってた」し、「息子が、今年初めてね、また子獅子をやってる」し、自分の家は代々関わってきていているので特別な意識はなかったと述べていて（一九九一：五八）、文化財指定以後もそれ以前と同様に、獅子舞を自覚的にではなく成り行きで始める場合があったことがわかる。

更に、三増の昭和初期生まれの女性の舞手が、演者たちは特に「お年寄りになると、顔を合わせて一回さぁっと踊って、そのあとは、お茶だなんだでいろんな話」をするのが楽しみで、獅子舞を「そういう形でこれまでずっとやってきた」と述べていたことや（一九九二：六七）、鳥屋や大島の演者たちが、獅子舞の練習や本番に、様々な機会を見つけては頻繁に酒食を共にして和気藹々と歓談していたこと（笹原 二〇〇三：二九―三一）などは、演者たちがみんなで集って楽しいひとときを過ごすことも、獅子舞を演じることの重要な眼目の一つとなっていたことを示している。文化財に指定された獅子舞は、その理念や定義が演者たちにある程度受容されて定着した後も、指定文化財という文脈に依存するだけに止まらず、その時々の地域社会のありようや演者たちの意識や実践などの多様な状況や文脈に同時に依存し、そうした複数の依存関係が複雑に絡まり合う中で存在していたといえるのではないだろうか。

## 八　獅子舞の変貌

こうした獅子舞のあり方は、民俗学が「民俗」と呼んで関心を注いできた生活文化の変貌として理解することも可能である。この場合の民俗は関一敏がいうように、「生活に埋め込まれ」、「世代的に伝承された生活世界の知識と技術の総体」で、「無意識のうちに習得され、われわれの行動と思考を方向付けていて、気がつけばそのようにしてあり、そうあり続けようとする類いのもの」（関 二〇〇二：四一、四三）を指す。元もと獅子舞がそうした民俗であったとすると、文化財に指定された獅子舞のあり方はそれとは大分異なる。文化財としての獅子舞は、演者たちや地域の人々に「無意識のうちに習得」され、彼らの「行動と思考を方向付け」る「生活世界」的で「伝承的」な「知識と技術」ではなく、彼らの生活世界の状況や文脈への依存度が低く、生活世界から離床した文化財の理念や定義に一元的に依拠していた。その意味で、それらは「近代」的、つまり、人々が生活世界において保持し行使してきた、個人や地域ごとに差異があり多様性に富む知識や技術、即ち民俗が、全国一律の行政や法律などの制度群の圧力を受けて一元的に再編されたものであったといえる。

民俗から離床して近代的な文化財に一元的に再編されたはずの獅子舞が、前述のように文化財の枠に止まらず、その時々の地域社会や演者たちをめぐる多様な状況や文脈にも同時に依存し、それらが複雑に絡まり合う中で存在するようになったことは、関が指摘する「民俗の変貌」に通じる。関は民俗の変貌を、生活世界から「いったん離床」した近代的な「法・経済・宗教といった制度群」が「生活世界へとフィードバックしてこれを再編成」した結果、「制度的環境のみならず、民俗そのものが社会的資源の配置換えとともに変貌」し、「新しい編成」の中で「変形と創出をかさねながら生活をつくってきた」とするが（関 二〇〇二：五〇）、文化財に指定された獅子舞も同様に理解することができる。演者たちや現地の人々の生活世界から「いったん離床」した文化財の理念や定義、行政当局、文化財保護法などの「諸制度群」が「生活世界へとフィードバックしてこれを再編成」した結果、獅子舞をめぐる「制度的環境のみならず」獅子舞自体も「変貌」し、「変形と創出をかさねながら」演じ続けられることで、現地や演者たちの生活世界の様々な状況や文脈への依存度を高め、彼らの生活世界に再文脈化して民俗化するという一連の過程を経たというわけである。

## おわりに

文化財に指定されて演者たちや現地の人々の生活世界からいったん離床した獅子舞が、彼らの生活世界において再文脈化を果たし、生活世界に埋め込まれ、多様な意味を帯びて民俗と化したとしても、それを文化財の理念や定義や諸制度群の枠組からの逸脱として否定的にのみ捉える必要はないように思われる。文化財の理念や定義の広報普及やそれに基づく施策を推進する文化財保護の立場からすれば、そうした民俗化は、その時々の状況に対応した柔軟な実践が許容されることを初め、様々な点で文化財の理念や定義とは相容れず、妥当性を欠くことになろう。しかし、演者たちの立場からすれば、文化財の指定によって低下した、自分たちの獅子舞をどう価値付けるか、将来的にどのように継承していくかを決定することへの関与の度合が、獅子舞が再文脈化によって民俗化したことで回復し、演者たちが再び主体性をもって自分たちの獅子舞に関与することが可能になったということができる。いったん文化財に指定された獅子舞の民俗化が、演者たちの自らの獅子舞に関わる主体性の強化に繋がったとすれば、それを肯定的に捉えることも可能になってくる。

但し、文化財に指定された獅子舞の民俗化は、文化財的なあり方を全体の一部に止め、その比重を相対的に低下させることで、獅子舞の文化財的な性格を希薄にすることは否めず、文化財の理念や定義とは必ずしも相容れない。しかし、文化財としての獅子舞と民俗としての獅子舞とは別物ではない。そうなると、実際の上演の現場においてひとつのものとして存在している両者のありようにどう折り合いをつけるかが、改めて問題となってくる。文化財という発想や実践が、前述のように、個人や地域ごとに差異があり多様性に富む知識や技術としての民俗を、全国一律の原理原則の適用によって一元的に再編しようとする圧力を有することを考えると、折り合いを付けるのは容易ではなさそうである。それを解決する妙案は、現在の筆者には思い浮かばないが、本章での検討を通じて、演者たちと文化財指定をめぐる問題の輪郭は、従来よりも幾分はっきりしてきたように思われる。そうした問題に関連しそうな昨今の文化資源や文化遺産を巡る議論にも目配りしつつ、何らかの見通しが得られるまで、もう少し筆者なりに考えてみたい。

（1）全国を九州、中国・四国、近畿・東海・北陸、関東、北海道・東北のブロックにわけて、毎年秋に、各ブロック毎の民俗芸能大会が、文化庁の助成を受けて行われている。
（2）本章では、筆者が調査を行った時点で獅子舞の上演に直接的に関わっていた人を「演者」、かつて関わっていたがその時点では引退していた人を「元演者」と表記した。
（3）獅子舞は本来「舞う」と記されるが、演者たちは「踊る」と「舞う」を必ずしも区別せずに用いるので、引用部分ではそれに倣って表記する。
（4）獅子頭のこと。
（5）下九沢の獅子舞のこと。下九沢御嶽神社は下九沢の塚場地区ある。
（6）初めて獅子舞を倣う年の練習を、鳥屋では「新稽古」と呼んでいる。

参考文献


神田より子・俵木悟（編）（二〇一〇）『民俗小事典 神事と芸能』吉川弘文館。

笹原亮二（二〇〇三）『三匹獅子舞の研究』思文閣出版。

相模原市教育委員会（一九九一）『鳥屋の獅子舞』相模原市教育委員会。

――――（一九九二）『三増の獅子舞』相模原市教育委員会。

――――（一九九四）『下九沢の獅子舞』相模原市教育委員会。

――――（一九九五）『大島の獅子舞』相模原市教育委員会。

関一敏（二〇〇二）「民俗」小松和彦・関一敏（編）『新しい民俗学へ――野の学問のためのレッスン26』四一―五一頁、せりか書房。

竹中宏子（二〇一七）「遺産を担う変わり者――スペイン・ガリシアの古城をめぐるM氏とアソシエーション」飯田卓（編）『文明史のなかの文化遺産』二八三―三〇七頁、臨川書店。

藤田隆則（一九九五）「古典音楽伝承の共同体――能における保存命令と変化の創出」福島真人（編）『身体の構築学――社会的学習過程としての身体技法』三五七―四一四頁、ひつじ書房。

# 第三部　世界遺産のゆくえ

# 住民不在の世界遺産
## ――文化の担い手への配慮なき遺産保護の限界

高倉健一

雲南省
麗江市
中華人民共和国
0
500km
1:4.013.600

## はじめに

一九七二年にユネスコ総会で世界遺産条約が採択されて以来、今日までに千件を超える世界遺産が一覧表に記載されている。世界遺産条約には、人類が共有すべき顕著で普遍的な価値を保護するという大きな目的があり、その価値を後世に遺していくべく、自然災害や人的災害などから遺産を保護してきた。しかしそのいっぽうで、世界遺産を観光資源として活用する観光開発が各地でおこなわれており、時にそれが過熱して保護活動に影響が出てしまう場合も見受けられる。また、人が現在も生活する街並みや建物が遺産として記載されている地域では、観光開発によって地域住民の生活環境が損なわれる場合や、世界遺産を保護するための規定や措置が、住民による文化保護活動や生活文化の存続を妨げてしまうこともある。

本章で紹介する中国の世界遺産「麗江古城」も、生活の場である街並みや建物などが文化遺産として登録されている地域で、急速な観光地化によって生活環境が大きく変化したため、旧来からの住民が外部へ移住してしまい、それまで続いてきた地域文化の存続が危ぶまれる状況となっている。しかし、世界遺産としての価値には影響なしとして現在も一覧表に記載されたままであり、今日も多くの観光客や外来の観光業者たちで賑わっている。本章では、このような文化遺産と生活文化の保護における不均衡をもたらした世界遺産制度の問題点を検証し、地域住民による自律的な文化保護活動の重要性について考察することを目的とする。

## 一　世界遺産の制度としての目的とその問題点

文化遺産を目的とした観光旅行は、国内外を問わず、また個人や団体を問わず各地でおこなわれている。なかでも、世界遺産一覧表に記載されている文化遺産は観光の目玉として知名度や人気が高い。旅行代理店の店頭では、世界遺産観光に関する旅行企画のパンフレットが数多く並べられ、世界遺産を取り上げたテレビ番組や旅行雑誌が注目を集めている。そして、実際に世界遺産登録地域を訪れると、国内外から来た大勢の観光客で賑わう様子を見ることができる。

このように、世界遺産が有する知名度や人気の高さから、観光業界やマスメディアはもちろん、文化遺産の活用を考える行政などからも有力な観光資源として注目されていて、各地で世界遺産入りを目指した活動がおこなわれている。しかし、一覧表に記載されることで様々な制約が課せられることになり、場合によっては世界遺産を保護するための規定が住民の生活や文化の存続にとって妨げとなるような影響を与えることもある。これは、世界遺産条約が記載物件の保護を第一の目的としていることに起因するのだが、このような負の効果についてはに理解されていないことが多く、記載によって得られる経済効果ばかりがクローズアップされている感があるように見受けられる。このような世界遺産の問題点について、その仕組みや目的などを確認しながら検証していきたい。

## 世界遺産登録の仕組み

世界遺産とは、いわゆる世界遺産条約に基づいて世界遺産一覧表に記載された、顕著な普遍的価値を持つ建造物や自然などの不動産物件のことである(1)。世界遺産条約は、国際連合の専門機関であるユネスコが一九七二年の第十七回総会で採択した。

世界遺産一覧表に記載されるまでの流れは次のようなものである。まず、締約国の政府機関が国内の記載候補物件を取りまとめ、暫定リストを作成してユネスコに提出する。その中から、原則として毎年各国二件を上限として、世界遺産委員会に推薦する。この推薦においては、二件のうちひとつを自然遺産とするよう手続きを進めることや、世界遺産一覧表への記載物件をまだ有していない締約国からの推薦を優先するなど、条件が設けられている。締約国から提出された推薦書は、世界遺産委員会の事務を担当する世界遺産センターで確認されたのち、ユネスコの諮問機関であるイコモスや国際自然保護連合（ＩＵＣＮ）の現地調査を受ける。そして、その調査結果に基づいて世界遺産一覧表への記載の可否が世界遺産委員会に勧告され、世界遺産委員会の最終審議の場で承認されると正式に世界遺産一覧表に記載されることになる。(2)

### 世界遺産の種類

世界遺産は、「世界遺産条約履行のための作業指針」にある十項目の記載基準への適合状況によって「文化遺産」「自然遺産」「複合遺産」の三種類に区分される。具体的には、登録基準（一）～（六）のうちひとつ以上があてはまる顕著な普遍的価値を有する記念物、建造物群、遺跡、文化的景観などが文化遺産として、登録基準（七）～（十）のうちひとつ以上があてはまる顕著な普遍的価値を有する地形や地質、生態系、景観、絶滅のおそれのある動植物の生息地などが「自然遺産」として、そして文化遺産と自然遺産の両方の基準にかなったものが「複合遺産」として区分されている。(3)

一九七八年の第二回世界遺産委員会で、文化遺産八件と自然遺産四件が世界遺産一覧表に記載されて以来、二〇一五年七月現在までに文化遺産八〇二件、自然遺産一九七件、複合遺産三十二件の計一〇三一件が記載されるまでに増えた。締約国も一九一か国にのぼっている。(4) また、破損が著しいものや保護状況が変化して脅威にさらされているなど危機的状況にあるものは、危機にさらされている世界遺産の一覧表に記載され、世界遺産基金の財政的支援や技術支援を受けられるようになる。しかし、それでも危機的状況が改善されない場合は、世界遺産委員会が一覧表からの抹消を決定することもある（二〇一五年七月現在、危機遺産四十八件、抹消された遺産二件(5)）。

## 文化的景観という概念

現在、世界遺産のうち約八割を文化遺産が占めており、文化遺産と自然遺産の登録数には偏りがある。また、地域分布をみると、ヨーロッパ地域に多くアフリカ地域が少ないという偏りがみられるほか、イタリアや中国など四十件以上の登録物件を有する締約国がある一方、登録物件をまだひとつも持たない締約国が二〇一五年現在で二十八ケ国あるなど、地域分布にも偏りがみられる（本書序章も参照）。これらのような偏りを是正することを目的として、一九九四年の第十八回世界遺産委員会ではいわゆるグローバル・ストラテジーが採択され、二十世紀の現代建築や産業遺産、文化的景観などを登録していく必要性が確認された(6)。

このうち文化的景観という概念は、一九九二年の第十六回世界遺産委員会で「世界遺産条約履行のための作業指針」に新たに盛り込まれたもので、「人間社会又は人間の居住地が、自然環境による物理的制約のなかで、社会的、経済的、文化的な内外の力に継続的に影響されながら、どのような進化をたどってきたのかを例証するもの」と定義されている(7)。文化的景観として記載された世界遺産には、例えば「石見銀山遺跡とその文化的景観」のように名称名に文化的景観という語句が入っているもののほか、「フィリピン・コルディリェーラの棚田群」のように文化的景観という語句が入らないものなどがある。このように、文化的景観の導入によって、グローバル・ストラテジーが目指した世界遺産概念の多様化が進んでいる。

しかし、文化的景観は、その特性ゆえの問題点も含んでいる。文化的景観には「意匠された景観」「有機的に進化する景観」「関連する景観」の三つのカテゴリーがあり、そのうち「有機的に進化する景観」は「継続する景観：伝統的な生活様式と密接に結びつき、現代社会の中で活発な社会的役割を保ち、進化の過程が今なお進行中である景観」とあるように、これまでの歴史の中での人々の活動によって形作られて現在も進化の過程にある。これは、一覧表記載時点の文化的景観が人々の活動によってその後も変化することを意味しているのだが、その変化の内容によっては、記載時点で評価されていた顕著な普遍的価値が消失したと判断される場合も出てくる。

例えば、二〇〇四年に世界遺産一覧表に記載され、二〇〇九年に一覧表から抹消されたドイツの「ドレスデン・エルベ渓谷」の事例では、一覧表記載以前より計画があった橋の建設が進められたことで、文化的景観が損なわれたと世界遺産委員会から判断され、二〇〇六年に危機遺産一覧表に記載、二〇〇九年には世界遺産一覧表から抹消されてしまった（佐滝 二〇〇九）。二〇〇五年に実施された住民投票で住民の三分の二以上が橋の建設に賛成するなど、生活環境の向上を目的とした住民の意思に基づく橋の建設であるにも関わらず、その橋が世界遺産として評価されている文化的景観を壊すものとみなされたことは注視すべき点である。

川に橋を架けること自体は古くからおこなわれている文化的行為であり、世界遺産一覧表記載時にすでに対象区域に橋が複数架かっていたことからも、橋の存在自体は文化的景観にとって問題はないはずである。世界遺産委員会が記載抹消後の声明において、問題となった橋を除いた区域での再申請を容認していることからわかるように、新たに橋を架けて景観を変えたことが文化的景観の破壊として問題視されたのである。文化的景観は、その地域に住む人々が周囲の自然環境や文化的環境下で進めてきた生活向上の歴史に深く根ざしている。文化的景観の定義にも「進化の過程が今なお進行中」とあるように、生活環境の向上を目指した人々の現在の行動による景観の変化も進化の過程のひとつとして認識することができる。(8) そのような文化的景観を作り出す活動が、世界遺産としての文化的景観を破壊したと判断されたとも言えるわけである。そもそも、継続的に変化する要素を持つ文化的景観に対して、ある時点の様相を写真のように切り取って評価し、評価時点の外観を維持するという行為は不自然なことである。文化的景観という概念の導入により、世界遺産概念の多様化が進んだとはいえ、ドレスデン・エルベ渓谷の事例が示すように、文化遺産の評価に影響を与える地域文化への認識に関しては改善していく余地があろう。この世界遺産制度における文化保護の問題点について、次項で詳しくみていきたい。

## 世界遺産保護制度の限界

世界遺産条約による保護には限界がある。ドレスデン・エルベ渓谷の事例のように、警告にもかかわらず行政や住民が地域の活動を優先すれば、世界遺産委員会は一覧表から遺産を抹消することしかできない。これは、条約が国家間の取り決めにすぎず、実際の保護は遺産の所在する国の国内法によっておこなわれるためである。世界遺産委員会はその保護状況をモニタリングし、必要に応じてアドバイスできるが、保護状況が悪いと判断した際にそれを是正する法的権限はなく、危機遺産一覧表への記載や世界遺産一覧表からの抹消という方法しかとることができない。さらに、ドイツのような地方分権化が進んでいる国では地域の意見が優先されるなど、各国によって政策上の仕組みが違うため、各国の世界遺産保護において必ずしも世界遺産委員会の判断が尊重されるとは限らない。もちろん、カンボジアのアンコール遺跡やベナンのアボメイの王宮群などのように、世界遺産になったことで保護活動が進んだ事例も多くあり、文化遺産や自然遺産を保護するという世界遺産条約の目的は果たされている（松浦 二〇〇八）。しかし、世界遺産となってから様々な要因で保護状況が悪化して危機遺産となるものや、国や地域の判断によって一覧表から抹消されるものもあるなど、世界遺産になったから保護できるとはかぎらないのである（松浦 二〇〇八）。

また、世界遺産条約が保護する対象は、一覧表に記載されている物件であり、記載時に評価された顕著な普遍的価値である。これは至極当然のことで、世界遺産条約にかぎらず、天然記念物や文化財を保護する各種の法律や条例等は、保護対象を具体的に指定してはじめて効果を発揮する。しかし、人間の関与をできる限り制限することが有効な保護手段となる自然遺産とは違い、人が現在も生活する地域が文化遺産になっているような場合は、保護措置が住民の生活や地域文化の存続を脅かすなど、対象物件の現状維持を目指すだけでは矛盾が生じる場合がある。

## 観光資源活用と文化変容

世界遺産一覧表への記載は、国際的なお墨付きという側面も持っている。つまり、記載された物件は観光資源としての評価や知名度が高まるため、周辺地域では観光開発が進められることが多い。

一方で、観光地化によって地域の生活環境や伝統文化が変化したり破壊されたりする場合があることから、観光開発の悪影響を心配する意見もある(9)。しかし、文化遺産を観光資源として活用する際の影響については、これまでに多くの研究が蓄積されており、マイナスの影響だけでなく文化の保護や継続につながるプラスの効果をもたらすという意見もみられる。例えば、D・J・グリーンウッドの「時折、観光活動は地方文化の中に創造的な反応を発生させ、積極的に文化の発展の軌道に影響を及ぼす」(グリーンウッド 一九九一：二五五)という意見や、山下晋司の「観光は、文化との関係において、しばしば否定的に語られてきた。観光開発が伝統文化を破壊するといった議論だ。しかし、伝統文化の破壊は観光開発のみに帰することはできないし、むしろ観光が伝統文化を保存し、創り出すという側面もある」(山下 二〇一一：一七〇)という意見はその一例であろう。これらの意見は、観光資源として文化を活用する行為には、文化創造を促進したり文化の消失を防いだりする側面もあること、また、それによって生じる文化の変容をひとつの側面から見た結果だけで悪影響と決めつけるべきではないというものである。

筆者の立場は以下のとおりである。文化を観光資源として利用する観光開発を進めることによって、それまで継承されてきた文化遺産や伝統文化に変化が生じることについては、観光開発によって文化が破壊されるというネガティブな捉え方をするだけではなく、住民などその文化を創造し継承してきた人々が環境の変化に合わせて自律的に活動した結果による変化であれば、それはこれまでの歴史のなかでおこなわれてきた文化の変容のひとつとして捉えるべきである。確かに、近代以降の移動技術の発達とそれにともなう観光活動がもたらした文化の変容と、それ以前の交易や軍事支配、民族移動などによる文化の変容とでは、その速度や規模などに大きな違いがある。しかし、異文化と接触することによって一方もしくは双方の文化が変容するという点で本質的な部分は同じである。それよりも、観光活動による文化の変容が、地域住民による自律的なものか、それとも他律的なものであるかが重要であり、住民による自律的な活動こそが、文化遺産を観光資源として活用する際において地域の発展と存続を成功させるための重要な要素であると考える。

例えば、世界遺産「白川郷・五箇山の合掌造り集落」がある岐阜県の白川村荻町地区では、世界遺産となる以前から、住民によって観光資源として合掌造りを活用するための保存活動が進められており、歴史的景観を維持するために周囲の調和に合わせる「修景」[10]がおこなわれるなど、白川村の景観は日々の生活の中で再創造されてきた（才津 二〇〇三、本書才津論文も参照）。これは、各地の観光開発と同じく、生活のために合掌造りを保存し観光資源として活用してきたという住民の自律的な活動であり、その活動のおかげで、経済発展が進んで周辺地域の合掌造りが消失するなか、荻町地区では合掌造りが保存されてきた。しかし、世界遺産になった後におこなわれた研究調査[11]によって、この修景によって再創造された景観要素が世界遺産の価値を阻害すると判断されたため、これまで自律的に保護活動を進めてきた住民が反発し、「合掌造りなんてなくなってもいい」という意見が出るまでになったという（才津 二〇〇七）。

この事例からは、住民の自律的な文化の保護と活用によって合掌造りという文化遺産と生活文化が維持されてきたという事実をみることができる。一方、世界遺産物件だけを保護する立場からみた場合には、この住民の活動が「物件の価値を損ねる」という逆の評価となり、そのことによってこれまでの住民による自律的な活動が制限され、住民から不満が出る状況となっていることがわかる。確かに、世界遺産条約には数多くの国が批准しているため、その評価判断には重みがあり、一覧表記載がもたらす経済効果も大きい。しかし、世界遺産は「ローカル・ナショナル・インターナショナルな複雑な連続体のなかの様々なネゴシエーションによって決定されているということであり、世界遺産でいう普遍的な価値とはそうした交渉の産物でしかない」（山下 二〇〇九：九四）。

世界遺産の評価が文化的価値を判断する絶対的な基準ではないし、その保護制度も完全なものではない。また、価値を損ねるものと評価されている住民によって創造された文化は、視点を変えればこれまでの歴史のなかでおこなわれてきた文化変容のひとつとみることもできる。つまり、見方によって評価は変わるということであり、ひとつの立場によって文化遺産の保護活動を評価することにはあまり意味がない。それどころか、地域の人々による自律的な文化活動を制限してしまう恐れさえある。

このように、現在も人が生活する地域で文化遺産の保護と観光資源活用についてみる場合には、対象物件の保護のみに目を向けるのでなく、文化に関わる人々の自律的な活動やその結果としての文化変容にこそ注目することが必要となるのである。

## 二　世界遺産「麗江古城」で展開される住民不在の文化保護

### 麗江古城の概要

麗江古城(12)は、中国・雲南省の麗江市古城区にある面積約三・八キロ平方メートルの旧市街区である（写真1）。四千戸余りの伝統民居や石畳の街路、石橋がつくりだす街並みと、街中を縫うように流れる水路が歴史的情緒ある景観を形成している。雲南省の西北部に位置し、三千～四千メートル級の山々を周囲に持つ海抜約二四〇〇メートルの盆地という地形特性は、北緯約二十五度という低緯度の特性と相まって、夏は涼しく冬は晴れて暖かい通年的におだやかな気候となっている。

麗江古城は、街の北側にある黒竜潭から流れる川のおかげで古来から水に恵まれた地域であり、四川・雲南とチベットとを結ぶ茶馬古道という交易路の重要な中継地として約八〇〇年という長い歴史を持つ。元代から清朝初めごろまで、中国少数民族である納西《ナシ》族の木氏が土司としてここに木府を置いて統治してきたことや、観光開

写真1　麗江古城（2015年4月15日撮影）

発が進む近年まで住民のうち約七割が納西族であったこと、さらに麗江古城が位置する古城区とその西側の玉龍納西族自治県に納西族総人口約三十万人のうち約七割が集住することなどは、麗江古城が納西族の中心的地域として存続してきたことを示している。ただし、交易の重要中継地という特性上、交易に関わる他民族もまた多く往来し生活していたことから、これまでの歴史においても納西族のみが麗江古城の住民であったわけではなかったことを理解しておく必要がある。[13]

茶馬古道の交易と交流の歴史の中で、漢族やチベット族など周辺諸民族の文化を吸収・融合しながら、麗江古城では独自の地域文化が築かれてきた。その文化のもとで造られ継承されてきた家屋や街並みが、一九九七年に「麗江古城」として世界文化遺産となったのである。[14]

## 流出する住民と流入する商売人

一覧表への記載後、麗江古城を訪れる観光客が倍増したことで観光開発が急速に進み、当該地域の経済は大きく発展した。[15]しかし、観光地化が進んだことで麗江古城の中心地域の四方街などでは昼夜を問わず観光客が行き交う騒がしい環境となってしまった（写真2）。このような騒音や物価の高騰、川や水路の汚染など生活環境の悪化によって、旧来から麗江古城に住んでいた人々が隣接する新市街（写真3）などの他地域へ移り住むようになった。このような住民移出の動きは、新市街が造成された一九八〇年頃からみられたことであり、観光開発の動きも、世界遺産記載に先立つ中国歴史文化名城などの指定（一九八六年）以来進められていた（藤木　二〇一〇）。しかし、世界遺産となったことで、麗江古城の観光地化が一段と進み、移出者の更なる増加を招くこととなった。多くの人が移出する背景には、生活環境の悪化だけでなく、後述するような商売人に自分の家を賃貸するなどして収入を得る動きに法整備が十分に対応できていないことも影響している。

このように、麗江古城では旧来から住んでいた人々の多くが外部地域へ移住するいっぽう、そこへ入れ替わるように商売人が外部から流入してきており、空き家などを賃貸や購入するなどして商店や宿泊施設などに利用して観光客向けの商売をおこなうという現象が起きている。もちろん、旧来からの住民の中にも、自ら商売をおこ

写真２　夜遅くまで観光客が行き交う四方街（2015年４月10日撮影）

写真３　新市街の住宅地（2011年３月10日撮影）

なう人や、道路に面した家屋の一部だけを商売人に貸し出すなどして家賃収入を得ることで、そのまま麗江古城内で生活を続けている事例もあるが、麗江古城内にある商店や宿泊施設などの多くは、外部からやってきた商売上手な人々が経営している（山村ほか 二〇〇七）。

これらの状況からはいくつかの問題点が見えてくる。例えば、旧来からの住民が減少して代わりに外部から来た商売人が増加していることについて、住民の入れ替わりが急激に起きて従来の住民によるコミュニティが機能しなくなっていることが問題と指摘されている（山村ほか 二〇〇七）。先に触れたように、麗江古城は歴史的にも重要な交易中継地であったことから、外部から商売人が流入すること自体は特に問題ではなく、住民構成の変化が急激に起きていることが問題となっている。また、商売人の多くは観光客相手に利益をあげることを目的として来ている場合が大半で、ある程度利益を出せば店舗を引き払ってまた別の場所へ行くなど、麗江古城に長く住むことを考えている人はまれという指摘もある（山村ほか 二〇〇七）。つまり、麗江古城の住民の大半が流動性の高い商売人と入れ替わったため、住民としてまとまった活動をおこなうことが難しくなり、自律的な活動をとおして生活や文化を存続させることが望めなくなるのである。

このような住民構成の変化が引き起こす問題については、麗江市政府も問題視し対策をとっている。例えば、旧来の住民を麗江古城に呼び戻して再定住してもらう「恵民政策」を二〇〇四年一月に施行したほか、二〇〇五年十二月からは、旅館やカフェ・バー、レストランの三業種について新規営業許可証の発行を停止した。しかし「恵民政策」では、麗江古城内に戻る住民への給付が一人につき毎月十元（二〇〇八年からは毎月十五元に増額）だけなのに対し、商売人に建物を賃貸した場合は毎月数百元～数千元の家賃収入となるため、この政策は実効性が弱く、大きな成果は出ていない（山村ほか 二〇〇七）。また、三業種への規制についても、執行状況や効果については未確認の部分が多く、政策施行後にも麗江古城内で新たな店舗の営業が確認されている（藤木 二〇一〇）。

これらの施策以前の一九九七年に施行された「麗江大研古城保護詳細規劃」では、「建物の外観は原状復元を目指すが、建築内部は現代生活の要求を満たすよう改造を進めることができる」として、家屋や街並みを保護しながら屋内を現代様式に改装して生活利便性を向上できるようになっている（山村ほか 二〇〇七）。例えば筆者が以前におこなった納西族家庭での調査では、内装を現代様式のものに改装できたことで、息子夫婦と孫が外の新市街区に引っ越さずに麗江古城内で一緒に住み続けることができたという事例を確認している。つまり、旧来から住む住民が麗江古城での生活を継続するために、規劃は一定の効果をあげていた（高倉 二〇〇六）。しかし一方で、保護民居に指定されている建物が現代的な内装に改装され、観光商業施設として利用されることもあり、それらの経営者の多くは外部から来た商売人であるという報告もある（山村ほか 二〇〇七）。筆者が外部から来た商売人が経営する宿泊施設複数軒を調査した際にも、家屋の伝統的文化様式が観光客受けするような外観へと過度に改造されている事例がみられた（高倉 二〇一一）。このように、家屋の改装という同じ行為でも、旧来からの住民がおこなう場合と外部からの商売人がおこなう場合ではその目的や内容が異なるため、同じ法制に基づく行動であっても文化の存続という面で違う結果をもたらすものとなっている。

## 世界遺産登録による文化保護の限界

これまでみてきたように、麗江古城では、世界遺産となった後急速に観光開発が進んだ結果、旧来からの住民が外部に移住してしまい、入れ代わるように外部から商売人が流入して商売をおこなうようになっている。そしてその商売人の多くも、観光客相手に一定の利益をあげれば麗江古城に長く定住するわけではないため、これまで麗江古城で続いてきた生活文化の存続が危ぶまれている。

しかし、このような状況においても、麗江古城はこれまで一度も危機遺産一覧表に記載されたことがない。これは、世界遺産の評価対象が建造物などの有形の不動産であり、麗江古城の場合も歴史的都市景観や建築様式が評価されたためである。そのため、麗江古城の住民やその生活文化の存続が危ぶまれたとしても、世界遺産の評価基準としては問題視されないのである。もちろん、観光地化が進む中で世界遺産が保たれてきた背景として、前述した各種の政策や「雲南省麗江古城保護条例」（二〇〇六年）の制定、世界文化遺産麗江古城保護管理委員会の設立、ならびに世界文化遺産麗江古城保護管理局の設置など、麗江市政府など行政側が都市景観や建築物の保護を進めてきた（世界文化遺産麗江古城保護管理局 二〇〇八）こともある。しかし、残念ながら住民やその生活文化の保護は、十分におこなわれていないのが実情である。

文化を保護するという観点からみた場合、このような状況で世界遺産としての地位がひき続き認められていることに違和感を覚える。確かに、世界遺産の評価対象は保護されているかもしれないし、それらを保護する国内法も整備されていることから、世界遺産の運用方針からみた場合には問題がないかもしれない。しかし実際には、麗江古城では観光開発が進んだ結果、これまで文化を創造し継承してきた住民が外部に移住してしまい、地域文化の保護と存続が危ぶまれる状況となっている。このような状況を卵に例えて表現すると、美しい卵の殻は「価値あるもの」として大切に保護されているが、卵の本義である種の存続を担う中身の部分は保護されておらず、殻の美しさが保護されていれば中身の存在は特に気にされないということである。つまり、文化の表面的な形態だけを保護して、本質的な部分は置き去りとなっているのである。ここで言う「文化の本質的な部分」とは、人々の活動の中で文化が創造され、社会的状況によって変容しながら継承されていく人間活動のことであり、その役割を担う人々の存在やその生活が保護されず、文化活動の結果として形成された物質だけを評価し保護するような人間不在の保護では、本当の意味での文化保護にはならないと考える。先に書いたように、世界遺産条約の保護対象は一覧表記載時に評価された有形の不動産のみである。麗江古城のように、現在も人が生活する街並みや建造物の場合には、世界遺産条約の文化保護機能は不十分と言わざるを得ないのである。

## 麗江古城における文化保護の展望

では、麗江古城の文化遺産を保護し活用していくうえで、何が必要かについて考察したい。

麗江古城の保護政策は、建築景観規制を中心におこなわれているのが現状であり、その他の文化的要素についての保護の枠組みが十分であるとは言いがたい（山村・張 二〇〇四）。とりわけ、人が現在も生活する地域であることを、現行の保護政策は十分に配慮していない。住民生活の存続に関する保護対策が不足していることが、地域文化の担い手の流出を招いているため、その点を解決していくことがまずは必要であると考える。先に紹介した白川村荻町地区の事例にもあるように、現在も人が生活する地域の文化保護においては、住民が自律的に文化資源を活用することが有効な手段となる。住民が主体的に観光業に携わることで、自分たちの生活を継続させるための資金が得られるようになれば、観光業が文化遺産に与える影響についても住民側がコントロールできる状況を構築しやすくなるからである。また、自分たちの文化として文化遺産を認識する人々のほうが、そうでない人々よりも文化資源の活用において高い保護意識を持って活動することが期待できる。

これらの点から、文化の担い手となる住民が流出している現状を解決し、住民による自律的な観光資源活用を進めていける環境をつくることが、麗江古城の観光資源活用と文化保護の両立をはかるうえで有効と考えられる。ここで、麗江古城において文化の担い手となる住民とは果たして誰であるのか、という問題が浮かびあがってくる。ここでいう住民とは、麗江古城の文化を自らの生活のために利用し、自分たちのために保護活動をおこなう可能性を持つ人々のことである。

例えば現在麗江古城にいる外部から来た商売人の多くは、文化保護より商売利益を優先し、長く定住することは考えていないことから、こうした人々は住民とはなり難い。また、麗江市政府が恵民政策によって麗江古城に呼び戻そうと考えている人々にも、観光開発が進む前から便利で快適な新しい住居での生活を求めて自らの意思で移住した人もいれば、商売人に民居を賃貸してその賃貸料を得ることで生活している人もいるなど、麗江古城に戻ることを必ずしも望んでいない人もいるだろう。また、新市街に住みながら毎日麗江古城内の商店で働く人や、いずれは麗江古城内の家に戻って生活したいと思っている人など、様々な考えを持つ人がいることから、移住した人のすべてを一律に住民として見ることは難しい。また、仮に恵民政策で支給する金額を大幅に増やして麗江古城に戻る人が増加したとしても、それはお金によって動いたに過ぎず、戻り住んだ人のすべてが自律的に文化保護を担う人になるとは考え難い。

では、どのような人々ならば、ここで言う麗江古城の住民となる可能性を持つのだろうか。例えば、麗江古城内にある客桟（民家を宿に利用して営業している宿泊施設）で働く納西族の女性従業員は、以前に家族全員で麗江古城から新市街へ引っ越した。本人だけでなく、姉や父親も麗江古城内の客桟や商店で働いている。新市街にも商店やホテルなど働く場所はあるが、麗江古城のほうが好きだという。仕事や買い物等で毎日麗江古城へ行き、一日の活動時間に占める麗江古城の滞在時間は、新市街より長い。つまり新市街に住んではいるが、生活の中心場所は麗江古城であるという。また、古い民家での生活に価値が見出されるようになったことで、麗江古城に戻ってまた住み続けたいと考える人が増えている（高倉 二〇一一）。さらに、外部から麗江古城内に来て客桟や商店を営む経営者の中には、麗江古城の文化環境を好んで長期間同じ店舗で経営を続ける者もいる。例えば、客桟を営むある漢族経営者は、二〇〇一年に山東省から家族とともに麗江古城に来て、現在の客桟経営をはじめて以来、二〇一五年現在も変わらず経営を続けている。麗江古城の歴史や文化を大変気に入っており、今後も麗江古城に住み続けていく予定でいるという（高倉 二〇一一）。これらの事例から、現在は新市街に移出した人の中には、現在でも麗江古城を生活の中心の場とする人や、麗江古城での生活を再評価している人がいることがわかる。彼らが麗江古城の文化を活用する立場になった際には、文化保護をふまえた活用を考えることになろう。また、麗江古城の文化環境を好んで長く在住する経営者も、文化より利益を優先するほかの経営者たちとは違い、麗江古城の住民になり得ると考えられる。先述したように交易都市である麗江古城には、他民族も多く往来し生活してきたため、外部から来た商売人に対しても寛容な素地がある。文化資源を活用するうえで保護を意識できるなら、外部の者でも、じゅうぶんに生活文化の担い手たりうるといえよう。

このように、旧来からの住民が外部に移住して文化の担い手がいなくなるという問題点を抱える麗江古城であるが、麗江古城の文化を生活の中で自らのために利用し、自律的に保護活動をおこなう可能性を持つ人々が少なからずいることが調査からみえてきた。これらはごく一部の事例であり、今後も実証に向けて調査を重ねていく必要があるが、住民やその生活文化の存続が十分に考慮されていない現在の保護政策の問題点を改善するための、ひとつの可能性として検討に値するものと考えている。

## まとめ

文化遺産を資源とした観光開発は、地域経済を振興して雇用機会を増やすことができるため、住民の減少による過疎化を防いで地域文化の衰退を防止する効果が期待できる。また、税収の増加によって行政が活性化することで、地域生活における利便性の向上も期待できる。そのような観光資源を手に入れるには、世界遺産のような公的なお墨付きを獲得することが近道とされ、各地で誘致運動が進められている。

しかし、世界遺産に認定されることで、遺産保護のための規制や措置がおこなわれることになり、時にそれが住民による文化保護活動や生活文化の存続を妨げてしまうこともある。世界遺産物件を保護できたとしても、これまでの歴史の中でその登録物件を創り出し継承してきた人々やその生活を置き去りにするような人間不在の保護では、本当の意味での文化保護にはならない。

世界遺産制度が持つ問題は、対象物件のみの保護を目的とする点にあると考えられる。保護制度としての世界遺産の今後を考える際、その文化に関わる人々の自律的な活動に注視し、その結果としての文化の変容を一つの視点からの判断で良し悪しを決めつけるようなことはせず、柔軟に対応する考え方を導入する必要があろう（本書長谷川論文、中村 二〇一七も参照）。そして、人々の生活の保護と存続も視野に入れた文化全体の保護と活用を考えていく必要があると考える。

（1）世界遺産一覧表の記載対象となるのは有形の不動産物件であり、伝承や社会的習慣などの無形文化や動産物件は記載対象となることができない。
（2）公益社団法人日本ユネスコ協会連盟ホームページ http://www.unesco.or.jp/isan/about/（参照日二〇一五年十一月二十日）
（3）公益社団法人日本ユネスコ協会連盟ホームページ「世界遺産の登録基準」http://www.unesco.or.jp/isan/decides/（参照日二〇一五年十一月二十日）
（4）外務省ホームページ「国際機関を通じた協力『世界遺産』」http://www.mofa.go.jp/mofaj/gaiko/culture/kyoryoku/unesco/isan/world/（参照日二〇一五年十一月二十日）
（5）公益社団法人日本ユネスコ協会連盟ホームページ「危機遺産リスト」http://www.unesco.or.jp/isan/crisis/list/（参照日二〇一五年十一月二十日）
（6）文化遺産オンラインホームページ「Ⅱ・B 世界遺産一覧表における不均衡の是正及び代表性・信頼性の確保」http://bunka.nii.ac.jp/special_content/h_13_2B（参照日二〇一五年十一月二十日）
（7）文化庁 仮訳『世界遺産条約履行のための作業指針』「Ⅱ・A 世界遺産の定義」http://bunka.nii.ac.jp/docs/13_2.pdf（参照日二〇一五年十一月二十日）
（8）国土交通政策研究第八九号「ドイツ・エルベ川における橋の建設と世界遺産タイトルの抹消についての調査」
（9）例えば、各国が世界遺産の登録を求める大きな理由のひとつが観光客誘致目的である。ユネスコはこのような観光開発を世界遺産にかかる七つの脅威のひとつとして挙げており、世界遺産の破壊につながる観光開発は何としても阻止しなければいけないと危惧している（松浦 二〇〇八）。
（10）「修景」とは、保存地区の歴史的風致を維持するために、周囲の調和に合わせて伝統的建造物以外の建造物等（土地も含む）の修正をおこなうことをいう（才津 二〇〇三）。
（11）白川村と財団法人世界遺産白川郷合掌造り保存財団に依頼されて、東京芸大教授（当時筑波大学教授）の斉藤英俊らがおこなった「白川村萩町伝統的建造物群保存地区の景観評価に関する調査・研究」（才津 二〇〇七）。
（12）世界遺産「麗江古城」は、厳密には大研古城、束河古鎮、白沙古鎮の三つの歴史地区が登録されているが、一般的に麗江古城と言えば一番規模が大きい大研古城のことを指すことから、本章でも麗江古城を大研古城を指すものとして用いるものとする。

（13）両地域は、二〇〇二年まで麗江納西族自治県として同じ行政区域であった。

（14）麗江古城が世界遺産にふさわしいものと認められた理由は以下の三つである。（ii）ある期間を通じて、または、ある文化圏において、建築、技術、記念碑的芸術、町並み計画、景観デザインの発展に関し、人類の価値の重要な交流を示すもの。（iv）人類の歴史上重要な時代を例証する、ある形式の建造物、建築物群、技術の集積、または景観の顕著な例。（v）特に、回復困難な変化の影響下で損傷されやすい状況にある場合における、ある文化（または、複数の文化）を代表する伝統的集落、または、土地利用の顕著な例。

（15）例えば、一九九五年から二〇〇〇年の五年間で観光客が年間約七十万人から約二六〇万人に、観光収入は約一億六〇〇〇万元から約十五億元へと大幅に増加したという報告（山村ほか 二〇〇七）があるほか、二〇〇六年の観光客数が三七〇万人、二〇〇七年の観光収入が三十九億元と更に増加しており（藤木 二〇一〇）、観光開発による経済発展が世界遺産一覧表記載後も継続していることを示している。

参考文献

石森秀三・西山徳明（編）（二〇〇一）『ヘリテージ・ツーリズムの総合的研究』国立民族学博物館。

葛野浩昭（二〇一一）「文化の商品化」山下晋司（編）『観光学キーワード』一七四―一七五頁、有斐閣。

グリーンウッド、D・J（一九九一）「切り売りの文化――文化の商品化としての観光活動の人類学的展望」バーレン・L・スミス（編）、三村浩史（監訳）『観光・リゾート開発の人類学――ホスト&ゲスト論でみる地域文化の対応』二三五―二五六頁、勁草書房。

才津祐美子（二〇〇三）「世界遺産『白川郷』の『記憶』」岩本通弥（編）『現代民俗誌の地平三 記憶』一〇五―一二八頁、朝倉書店。

――（二〇〇七）「世界遺産という冠の代価と住民の葛藤」岩本通弥（編）『ふるさと資源化と民俗学』一〇五―一二七頁、吉川弘文館。

佐滝剛弘（二〇〇九）『「世界遺産」の真実――過剰な期待、大いなる誤解』祥伝社。

佐野賢治（編）（一九九九）『西南中国納西族・彝族の民俗文化』勉誠出版。

高倉健一（二〇〇六）「空間文化による民族研究――麗江古城のナシ族を事例に」愛知大学国際コミュニケーション学会（編）『国際コミュニケーション学会 学会賞・努力賞受賞卒業研究集成』三五八―三八四頁、愛知大学国際コミュニケーション学会。

――（二〇一一）「世界遺産保護における住民による主体的活動の重要性について」『非文字資料研究七』四七九―四九四頁、神奈川大学非文字資料研究センター。

中村亮（二〇一七）「隠された文化遺産――タンザニア南部キルワ島の世界遺産をめぐる観光と信仰」飯田卓（編）『文明史のなかの文化遺産』九七―一一九頁、臨川書店。

西山徳明（編）（二〇〇四）『文化遺産マネジメントとツーリズムの持続可能な関係構築に関する研究』国立民族学博物館調査報告六一。

――――（二〇〇六）『文化遺産マネジメントとツーリズムの持続可能な関係構築に関する研究』国立民族学博物館調査報告六一。

藤木庸介（編）（二〇一〇）『生きている文化遺産と観光――住民によるリビングヘリテージの継承』学芸出版社。

松浦晃一郎（二〇〇八）『世界遺産――ユネスコ事務局長は訴える』講談社。

馬紅（二〇〇九）「中国における文化遺産としての歴史地区の持続可能な観光開発のあり方に関する研究――世界遺産「麗江古城」東河地区を事例として」筑波大学大学院人間総合科学研究科（編）『二〇〇九学位論文梗概集（世界遺産学・学術）』一八三―一九〇頁、筑波大学大学院人間総合科学研究科。

安江則子（編）（二〇一一）『世界遺産学への招待』法律文化社。

山下晋司（一九九六）『観光人類学』新曜社。

――――（一九九九）『バリ――観光人類学のレッスン』東京大学出版会。

――――（二〇〇九）『観光人類学の挑戦』講談社。

山下晋司（編）（二〇〇七）『資源人類学〇二　資源化する文化』弘文堂。

――――（二〇一一）『観光学キーワード』有斐閣。

山村高淑・張天新（二〇〇四）「文化的景観と場所論――「文化的景観」概念の歴史的市街地保全への適用に関する考察」『京都嵯峨芸術大学紀要』二九：二一―三五。

山村高淑・張天新・藤木庸介（二〇〇七）『世界遺産と地域振興――中国雲南省・麗江にくらす』世界思想社。

毛利和雄（二〇〇八）『世界遺産と地域再生――問われるまちづくり』神泉社。

山田勅之（二〇一一）『雲南ナシ族政権の歴史――中国とチベットの狭間で』東京外国語大学アジア・アフリカ文化研究所。

郭大烈（二〇〇八）『納西学論集』民族出版社。

納麒・李世碧（二〇〇九）『麗江之路』紅旗出版社。

世界文化遺産麗江古城保護管理局・昆明本土建築設計研究所（編）（二〇〇六）『麗江古城伝統民居保護維修手冊』雲南科技出版社。

世界文化遺産麗江古城保護管理局（二〇〇八）『世界文化遺産麗江古城保護状況報告　一九九七年―二〇〇七年』世界文化遺産麗江古城保護管理局。

# 世界遺産のまもり方

## ——民家の移築保存と現地保存をめぐって

才津祐美子

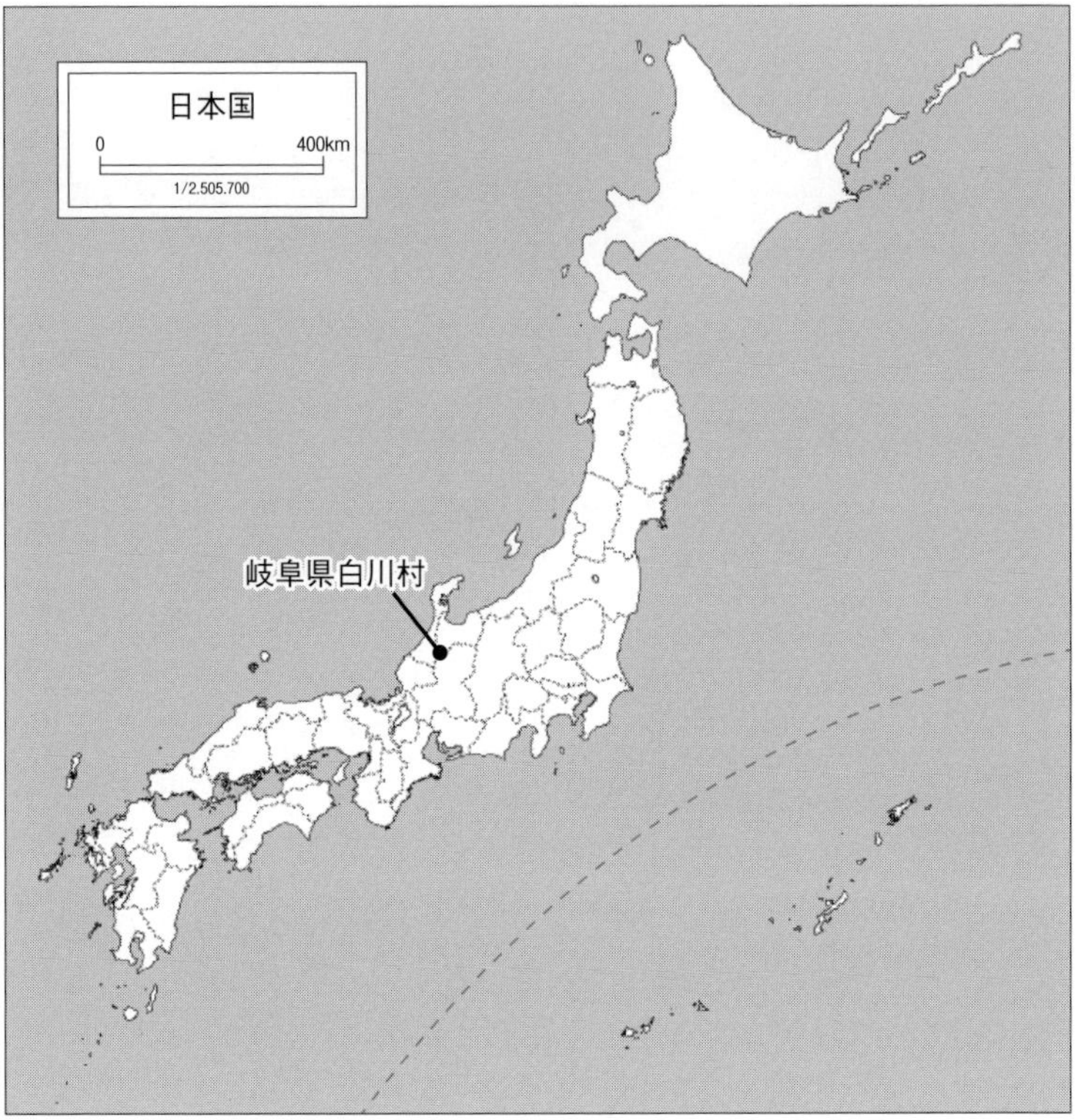

日本国
0
400km
1/2.505.700
岐阜県白川村

# はじめに

文化遺産の保存と活用の原則の一つとして、現地保存・現地公開という「現地保存主義」がある。歴史的建造物の保存および修復に関する国際憲章である通称ヴェニス憲章（正式名称「記念建造物および遺跡の保全と修復のための国際憲章」、一九六四年）においても、第７条で次のように述べられている。

記念建造物は、それが証拠となっている歴史的事実や、それが建てられた建築的環境から切り離すことはできない。記念建造物の全体や一部分を移築することは、その建造物の保護のためにどうしても必要な場合、あるいは、きわめて重要な国家的、国際的利害が移築を正当化する場合にのみ許される。

ヴェニス憲章が作成された頃、歴史的建造物群を周囲の環境と一体的に保存するいわゆる「町並み保存」に関する法整備も各国で同時代的に進んだ。フランスではマルロー法（一九六二年）が、イギリスではシヴィック・アメニティーズ法（一九六七年）が制定され、日本でも古都保存法（一九六六年）が制定された後、文化財保護法の中に伝統的建造物群保存地区制度（一九七五年）が設けられた。こうして歴史的建造物は、一点一点の建造物のみならず、周りの歴史的環境も含めて、面的に現地で保存・公開することがスタンダードになっていった。なお、このヴェニス憲章をより現代的な問題に即して再構築・拡大し、文化遺産のオーセンティシティ（真正性）の概念を再定義してみせた「オーセンティシティに関する奈良ドキュメント」（一九九四年）においても、オーセンティシティの評価にとって重要な要素の一つとして、「立地と環境」があげられている。

私自身、基本的には文化遺産の現地保存主義に賛同している。ただし、すべての文化遺産にとって現地保存が最適の方法かというと、必ずしもそうではない事例もあるのではないかと考えている。本章で取り上げる「移築された民家」がそれである。厳密にいえば、民家単体の移築ではなく、複数の民家（と付随する民具等）を収集して移築し、公開する収集移築型野外博物館（以下、本章では移築型野外博物館という）を指している。[1]

移築型野外博物館の歴史は、一八九一年に創設されたスウェーデンのスカンセンからはじまった。スカンセンを創ったアルツール・ハセリウスは、十九世紀後半のスウェーデンにおいて、工業化が進み、自然環境や生活文化の多様性が失われることを憂え、一九七二年から古い衣装や家具、装飾品、民間伝承などを収集しはじめた（アレクサンダー 二〇〇二）。それはやがて北方博物館という民俗博物館の建設に繋がるのだが、スカンセンはこの北方博物館の野外部門として造られたのである。

スカンセンでは、約三十ヘクタールの敷地に、十八世紀から二十世紀半ばにかけてスウェーデン国内で造られた民家を中心とした建造物を一六〇棟以上（二〇一五年現在）移築し、建築または移築当時の生活を生き生きと再現してみせるための様々な工夫を凝らした展示を行っている。こうした展示手法は「生活復元」、「リビングヒストリー」とよばれるもので、スカンセンではじまり、ヨーロッパ各地のみならず、アメリカの野外博物館にも伝播した（杉本 二〇〇二）。

スカンセンの創設は一八九一年であり、文化遺産の現地保存主義が一般化する前のものではある。しかしながら、移築型野外博物館の建設は、現地保存主義が一般化した後も、現地における建造物群の保存と並行して行われ続けている。

日本においても、移築型野外博物館の歴史は、都市化や工業化による環境の変化と密接な関係がある。日本で最初の移築型野外博物館といわれる日本民家集落博物館が造られた一九五六年頃、まさに民家はその環境共々失われようとしていたのである。しかし、一部の民家は、新たな価値づけを得ることによって生き延びた。一つは文化遺産としての価値であり、もう一つは商品としての価値である。また両者は観光資源としても価値づけられた。こうした状況を本章では民家の「資源化」と呼ぶことにする。民家の資源化は、民家の移築を促進する要因になったが、一方で、民家の現地保存を進める原動力ともなった。

本章では、一九九五年に世界遺産一覧表に文化遺産として記載された「白川郷・五箇山の合掌造り集落」で知られる白川村の大型の茅葺き木造民家＝「合掌造り」の資源化の歴史的経緯を追いながら、民家の移築保存と現地保存について考えをめぐらせてみたい。

## 一 「合掌造り」の発見と日本の民家研究

かつて「秘境」と呼ばれた白川村が世間の耳目を集める存在になったのは、明治に入って白川村の一部に見られた「大家族制」に関する論考が発表されてからである（才津 二〇〇八）。「飛驒大野郡白川村の名は、いはゆる『大家族制度』の殘存せる特殊村落の一モデルとして明治以降學界の一問題として提出され、珍奇を好むジャーナリズムの一トピックとなつてきてゐる」（相川 一九三五：一五一）と表されているように、白川村の「大家族制」は、様々な分野の研究者のみならず、ジャーナリストや一般の観光客にまで注目され、一九三〇年代には少なからぬ数の人々が白川村を訪れていた。

一方、「合掌造り」の研究は、「大家族制」の研究より数十年遅れてはじまった。「大家族制」の研究や白川村の風俗を紹介するような文章でも家屋に言及したものがあるが、「合掌造り」を主題とし、建築学的な手法を用いて研究したのは、竹内芳太郎が最初だといえる（竹内 一九二三）。なお、「合掌造り」という名称は、従来白川村では用いられていなかった。「合掌造り」の資源化において中心的な役割を果たした白川村荻町地区の板谷静夫さんによれば、屋根の部材を「合掌材」、「合掌梁」と呼んでおり、「合掌造り」のことは「カヤブキ」と呼んでいたという。「合掌造り」とは、研究が進むにつれて研究者の間で定着していった名称なのである。ただし、現在では、白川村の人々も「合掌造り」と呼んでいる。したがって、本章でも「合掌造り」と表記している（以下は「　」なしで表記する）。

竹内芳太郎が一九二三年に公表した「飛驒白川村の民家」は、竹内が早稲田大学に提出した卒業論文の一節である。竹内が白川村を調査地の一つとして選んだ主な理由は次のようなものだった。①村の生活と住居との関係を人文地理学的な視野から検討するため、社会的経済的影響が少ない、都市文明から遠く隔絶した地方を選んだ。②建築史学者である関野貞が合掌造りの写真から推測して唱えた説に疑問を持った。この他、まだ実地踏査をした建築家がいなかったことや、合掌造りの挿絵がついた「大家族制」に関する論文を読んでいたことなども、合掌造りへの興味を喚起したという（竹内 一九七八）。竹内は、研究史上はじめて合掌造りの間取りや各部屋の名称および使用法、屋根の構造と部材の名称および材料等を調査し、平面図に起こしたりスケッチしたりした他、「大家族制」と合掌造りとの関係についても考察を行った。

竹内がこの時期に合掌造りの研究を行った背景には、日本における民家研究の流れがある。まず、一九一七年に民家研究の嚆矢といわれる白茅会《はくぼうかい》が発足した。白茅会の発足当時のメンバーは、柳田國男、佐藤功一、石黒忠篤、細川護立、大熊喜邦、田村鎮、内田魯庵、木子幸三郎、今《こん》和次郎という錚々たる顔ぶれだった（今 一九二二）。白茅会は翌一九一八年までしか活動しなかったが、今和次郎はその後も民家研究を続け、一九二二年に『日本の民家』を出版した。この本は、民家研究における初の単著であり、また全国の民家を幅広く扱っている点でも画期的なものだった。そもそも「民家」という名称そのものが本書によって広められたものだったのである（藤森 一九八九）。竹内芳太郎は、「民家研究を学問の分野に押しあげたのは今《こん》先生だった」と評している（竹内 一九七八）。そして、今《こん》は一九一六年から早稲田大学理工学部の助教授をしており、竹内に民家調査の手ほどきをしたという。竹内の卒業論文の指導教官も今《こん》だったのである。つまり、竹内による合掌造りの研究は、こうした民家研究の流れの中で行われたものだったといえる。なお、一九五四年に出された『日本の民家』増訂版の「採集」の章には、竹内が書いた「飛驒白川郷の民家」が加えられている。

戦前・戦中の民家研究についてもう少し言及しておきたい。今《こん》が『日本の民家』を出したのとほぼ同時期に、石原憲治もまた民家研究を「学問的にやろう」と志し、三万枚のアンケート（回収できたのは約九千枚）による全国民家調査を行っている（日本民俗建築編集委員会　一九七八）。その後、石原は現地調査を行い、『日本農民建築』全十六輯を出版した（石原　一九三四―一九四三）。白川村の合掌造りに関する詳細な記述は、第九輯（石川・富山・岐阜）に掲載されている。

さらに、竹内は一九三三年に大熊喜邦を会長として民家研究会を設立し、一九三六年から一九四四年まで機関誌『民家』を発行した(2)（竹内　一九八六）。建築史といえば社寺中心であったなかで、同研究会は異色の存在だったという。この『民家』においても、先述した竹内の卒業論文の一部をはじめ、合掌造りに関する論考がいくつか掲載された。

この他、同時期の刊行物において、合掌造りに言及したものがいくつも散見される。白川村民家研究が本格化するのは戦後であるが、戦前・戦中の段階でもそれなりの広がりを見せており、「大家族制」の影響もあって合掌造りへの関心はかなり高かったといえる。そして、こうした研究の蓄積が、合掌造りをはじめとした民家の文化遺産化の下地をつくったのである。

なお、合掌造りを世に知らしめるきっかけになったのは、ブルーノ・タウトが『日本美の再発見』（タウト　一九三九）で取り上げたことだといわれているが(3)、日本の民家を見学したいというタウトの要望に応えて白川村行きのスケジュールを組んだのは竹内だった（竹内　一九七八）。ちなみに、タウトが白川村を訪れた頃（一九三五年）には、すでに合掌造りは一定の評価を得ていたようで、大間知篤三が「此の地の民家の一つが、何時かは國寶的存在として保護される日が來る筈だが」（大間知　一九四三（初出は一九三五）：一三七）という将来を予言するような言葉を残している。

## 二　合掌造りの資源化

合掌造りは、一九五〇年代からさまざまな価値を付与されていく。本節では、そうした合掌造りの資源化の経緯について見ていきたい。

### 民家の文化遺産化と合掌造り

民家を文化遺産として保護する制度は、日本では一九二九年の国宝保存法から始まっている。ただし、国宝として指定された建造物約千件のうち民家は二件のみで、そのうち「純粋の民家」は一件だけだったという（杉本一九九八）。しかし、戦後間もない一九五〇年に制定された文化財保護法以来、民家の保護をめぐる状況は一変する。民家に適用される文化遺産保護制度が次第に拡大していくのである。

『文化財保護法五十年史』（文化庁 二〇〇一）によると、一九五一年度には、各都道府県を通じて民家の全国調査が行われた。この調査に基づいて、重要な民家が多数集中するとされた地区に対しては、一九五四年から文化財保護委員会が直接予備調査を行った。また、一九六二年度から調査費が予算化され、岩手・山梨・新潟・広島の四県に対して、一九六五年まで民家特別調査が継続された。さらに、一九六六年度から一九七八年度まで行われた全国的な民家緊急調査によって、民家の重要文化財指定が急速に進んだ。ただし、国宝となったものはない。この他に民家を文化財として選ぶ枠組みとしては、民俗文化財（一九七五年までは民俗資料）や史跡がある。ただし、有形文化財（建造物）に較べると数は少ない。

また、民家の重要文化財指定が進むに従って、門や土蔵その他の付属屋および周囲の塀なども附《つけたり》として主屋と一緒に保護されるようになった。この方法は他の有形文化財（建造物）にも適用され、一九七五年改正で明文化された（「一体をなしてその価値を形成している土地その他の物件」として保護の対象となった）。そして、民家保存の面的な広がりは、これに止まらなかった。一九七五年改正時に伝統的建造物群保存地区（以下、伝建地区という）制度が創出され、単体としての民家だけでなく、一定の範囲内の民家とその周囲の景観＝集落や町並みがまとめて保護されるようになったのである。

ただし、伝建地区制度ができる前から、史跡に指定されて面的に保護されていた集落もあった。例えば、「白川郷」とともに世界遺産一覧表に記載されている富山県の「五箇山」こと富山県東礪波郡平村（現南砺市）相倉と上平村（現南砺市）菅沼は、一九七〇年に史跡に指定されていた。

文化財保護法第2条によれば、伝統的建造物群は「周囲の環境と一体をなして歴史的風致を形成している伝統的な建造物群で価値の高いもの」と定義される[4]。この文化財の大きな特徴は、現在も人が生活していることである。また、市町村が「主体」となって運営されることも、他の文化財と異なる。国が重要伝統的建造物群保存地区（以下、重伝建地区という）を選定するためには、市町村が自ら保存条例を制定し、地区画定や保存計画策定を担うとともに、地区内の建築物や工作物などの現状を変更する際に許可を与えたり修理のための財政援助をしたりしなければならない。実際にはどこまで市町村の主体性が発揮されているか判断し難いが、このような方法が柔軟な制度運営につながっていることは確かだと思われる（才津 二〇〇三b、本書高倉論文も参照）。

ここまで民家を文化遺産として保護する制度について概観してきた。では、合掌造りはどのような経緯でこの保護制度の対象となっていったのだろうか。

先述した一九五一年度の全国調査とその後の予備調査によって、白川村でも民家調査が行われた。一九五一年度の調査は、文化財保護委員会の関野克建造物課長を団長とする調査団によって、十一月四日から十日間にわたって行われ、代表的な合掌造り六棟の平面図の作成や写真撮影などが行われた。このことを伝える新聞記事には、次のように書かれていた。

〝合掌造り〟など「民家」も重要文化財に

古文化財のうち国家の保護の手がさしのべられていたのは従来は神社、仏閣だけだったが、文部省文化財保護委員会では今度、民族文化の遺産である〝民家〟についても国家で永久保存の途を講ずることになった。このため全国の教育委員会を通じて古代民家の実態調査を行うとともに、このほど大家族制度で有名な岐阜県白川村の〝合掌造り〟や、京都の町屋、公卿屋敷などの現地調査に乗り出した。（朝日新聞社 一九五一）

その後の予備調査も含めると、調査範囲は白川村全域に及び、最終的には十七棟の民家の調査が行われた（関野・伊藤 一九五七）。その結果、一九五六年に大戸家住宅が重要文化財に指定された。この後も指定は続き、一九五九年には、一九五六年に日本民家集落博物館に移築された旧大井家住宅が重要有形民俗資料（民俗文化財）に、一九七一年には旧遠山家住宅が重要文化財に指定された。

一九五六年の大戸家住宅の重要文化財指定は、民家の指定としてはかなり早いほうだといえるが、これには事情があった。

昭和二十五年文化財保護委員会が発足し、あらたな見地から重要文化財の指定が行われるようになるとともに、近世庶民の造り出した文化財としての民家の保護は、全国的な問題として大きく取り上げられるようになつた。これは戦後の社会の変化にもとずく生活様式の近代化にともなつて、近世以来の伝統的住生活を包んでいた民家にも、急速に改築、改造が加えられるようになり、わけても白川郷においては、庄川に建設される幾多のダムの工事に伴つて、この傾向は特にいちじるしく、あるいは湛水地となつて取毀されるものさえ生ずるに至つたのである。

（関野・伊藤 一九五七：一一六）

つまり、民家――とりわけ合掌造りの文化遺産としての保護が進んだ背景には、合掌造りの著しい減少があったのである。

## 合掌造りの売買と移築

表1は合掌造り主屋（住居）の棟数の変化を表にしたものである。一九五〇年代から六〇年代にかけて激減したことがわかるが、その第一の要因は、白川村の中央を南北に貫く庄川沿いにダムと発電所が次々につくられたことにあった。

庄川は、岐阜県高山市の烏帽子岳を源として、岐阜県・富山県内の複数の河川を合わせながら北上し、日本海に注ぐ一級河川である（国土交通省河川局 二〇〇七）。規模は大きくないものの、自然条件が発電に適していることから、大正時代から発電所の建設が行われてきた（白川村史編さん委員会 一九九八）。庄川上流に位置する白川村内に平瀬発電所（一九二六年竣工）が設けられたのを皮切りに、一九四二年までに庄川下流の富山県内に四つのダムおよび発電所が造られた。戦後になってからも、一九五一年設立の関西電力株式会社によって庄川流域の電源開発は続けられた。その結果、白川村内では、成出ダム・成出発電所（一九五一年竣工）、椿原ダム・椿原発電所（一九五三年竣工）、鳩谷ダム（別名：大牧ダム）・鳩谷発電所（一九五六年竣工）、御母衣ダム・御母衣発電所（一九六〇年竣工）、大白川ダムおよび白水ダム・御母衣第二発電所（一九六三年竣工）と、立て続けにダムおよび発電所が建設された。このうち、多くの住民の立ち退きが行われたのは、鳩谷ダム・鳩谷発電所、御母衣ダム・御母衣発電所の建設だった。

水没する地区にあった合掌造りのうち規模の大きいものは取り

表1　白川村合掌造り主屋（住居）の年次別棟数

| 年 | 棟数 |
|---|---|
| 1951 | 275 |
| 1961 | 191 |
| 1971 | 132 |
| 1981 | 111 |
| 1991 | 88 |

非住居の合掌造りは除く。白川村史編さん委員会（1998）および白川郷荻町集落の自然環境を守る会（1991）より才津が作成。

壊しを惜しまれ、一部は移築された。例えば、鳩谷ダム建設の際には関西電力が七十三棟の民家を買収し、そのうちの二棟が名古屋市と大阪府に寄贈され、博物館（相当施設）の野外展示物となった。また、東京に移築されて料亭になったものや、奈良に移築されて博覧会（朝日新聞社主催「楽しい生活と住宅博覧会」）で展示された後、遊園地内の展示物になったものもある。

このように、一九五〇年代半ば以降、ダム・発電所建設による合掌造りの水没や解体、移築が進んでいたわけだが、実はそれらとは直接関係ない地区でも合掌造りの売却や村外移築が行われていた。荻町地区在住のある人によれば「昭和三十年代に、珍しい家だから売ってくれといってくる人が結構いた。茅葺きの家は維持が大変だし、千円札で三百万円[5]ほどの現金を目の前に積まれると、みんな売ってしまった」のだという。自宅の合掌造りは売って、電源開発に伴って解体される非合掌造り家屋を譲り受けて自宅として移築した人々もいた。つまり、合掌造り所有者にも、売りたい人が少なくなかったのである。それは、文化財に指定された合掌造りであっても同じだった。一九五六年に合掌造りではじめて重要文化財指定を受けた大戸家住宅は、維持管理の難しさを文化財保護委員会に訴えた（朝日新聞社 一九六二）。しかし、打開策が見つからぬまま、同住宅は一九六三年に岐阜県旧下呂町の下呂温泉合掌村に売却・移築されたのである。

以上から、合掌造りは、文化遺産としての保護が進む一方で、文化遺産としての価値とは別に、単なる住まい以上の商品価値を持つものと見なされていたことがわかる。

ちなみに、売却はしないまでも、ダム関連の補償金などが入ったところでは、合掌造りの改築が進んだ。維持管理の困難さから、トタン屋根や瓦葺きにしたがる人が多かったのである。また、生業、生活様式、家族構成などの変化を理由に、合掌造りを取り壊し、新しく建て替える家も少なくなかった。そんな中で、荻町地区にはダム関連の補償金が入らなかったことから、他の地区に比べて非合掌造りへの改築や建て替えがあまり進まなかったという。

## 自覚された合掌造りの価値

ここまでは主に、白川村外部による合掌造りの価値づけについて見てきた。これに対して、白川村内部でも、合掌造りを資源として意識しはじめる人が出てくる。例えば、荻町地区にある明善寺の先代の住職である大泉通地さんは、一九六七年の村長・議会議員選挙終了後、新たな村政への期待として、白川村の広報誌に次のような文章を寄せている。

> 白川郷の合掌家屋はダム水没地区からも又関係のない地区からもぞくぞく観光地や温泉地等へ移築され年々消えて行く現況です。
>
> 宣伝も行きとどき又世界の宝のように賞讃されていながらも現住民はこの合掌家屋はなかなか守り難いという理由で改築したり、都会へ移築されています。
>
> （中略）
>
> 天下の秘境といわれる白川郷はこの合掌家屋を除いては他にないと思います。
>
> 春夏秋冬の四季を通じて他に見られない心の故郷として山紫水明と純朴な人の和の中に日本最古の天地根元造りの合掌家屋、そして山と人情・合掌と生活が結びついた幽遠な風格を永遠に持続し、観光客の心の故郷として真の受け入れ体制が大事だと思います。
>
> 故に年々この合掌家屋が消え行くことは観光白川村の終止符だといっても過言でありません。
>
> 願わくば村も人もこの世界の宝としての合掌家屋を永久に失わぬように守りぬくという保護と協力を念じて止みません。
>
> （大泉　一九六七：四―五）

大泉さんは、一九五〇年代後半、高山への観光客が年々増加していることを知り、それがやがて白川村に及んだときの対応策を考えていた人たちの一人で、その時から合掌造りを観光資源として活かそうと話し合っていたようである（木村　一九九七）。実際、大泉さんは一九六五年から自宅の庫裡である合掌造りに民具などを展示し、観光客に公開している。ちなみに、この時大泉さんと一緒に対応策を練っていた木村忠平さんは、一九六七年から自宅の合掌造りで民宿をはじめている（才津　二〇〇三ａ）。

一九六七年に再選した野谷平盛村長（荻町地区出身）は、こうした動きと連動して、観光振興を行政施策の柱の一つとし、年を追うごとに力を入れていった。観光は、電源開発後の新たな重要施策という位置づけでもあった（白川郷観光協会　一九九九）。

さらに、荻町地区全体の合掌造り保存運動がはじまったのも、ほぼ同時期である。この保存運動に携わった人々もまた、合掌造りを観光資源として活用しつつ遺していこうとしたのだが、それについては第四節で述べたい。

## 三　村外に移築された合掌造りのその後

一九五〇年代半ば以降、白川村から村外に移築された合掌造りは、「白川郷荻町集落の自然環境を守る会」（第四節で詳述）が把握しているだけで三十五棟あった。それに私が聞き取り調査で得た二棟の情報を加えると、少なくとも三十七棟の合掌造り主屋が村外移築されている。移築先は、北は関東から南は九州まで、広範囲に及んでいる。

移築に伴う作業（合掌造りの解体・輸送・現地での再建）の多くは、村内の複数の建設会社や工務店が引き受けた。大型の建築物であるがゆえに、トラック数十台分もの部材を輸送しなければならなかった。白川村と移築先との間を一人で何十往復もしたという人もいる。この輸送を可能にしたのは、電源開発工事のために作られた、あるいは電源開発の補償として作られた道路だった。当時村内に複数の建設会社や工務店が存在したことも、電源開発工事および道路工事と関係している。つまり、電源開発は、さまざまな形で合掌造りの減少と深く関わっていたといえる。そして移築先での再建の際には、少なからぬ数の白川村の人々が現地に人夫として赴いた。このように、合掌造りの移築には多くの手間を要するため、その費用はかなりのものだった。ある購入者は「移築するのに購入価格の十倍かかった」と語っていた。では、それだけの手間と費用をかけて移築された合掌造りは、何に使われ、現在はどうなっているのだろうか。以下、村外に移築された合掌造りのその後について見ていきたい。

表2　村外移築された合掌造りの用途

| 移築直後の用途 | 棟数 |
|---|---|
| 食事処（料亭・割烹・料理屋・食堂・喫茶店・そば処など） | 16 |
| 土産物店 | 1 |
| 野外展示物（移築型野外博物館・民俗館・民芸館など） | 9 |
| 用途不明 | 11 |

白川郷荻町集落の自然環境を守る会（1991）および聞き取り調査より才津が作成

村外移築後の用途を大別したのが表2である。移築後に用途が変わったり、転売されたりしたものもあるので、ここでは移築直後の用途に基づいて分類している。また、自宅用として移築したものの、実際に建ててみたらあまりにも大きかったという理由で民芸館として公開することにしたというものも一棟あるのだが、それは野外展示物として数えている。表2を見ると、村外移築された合掌造りの半数近くが食事処として使用されていたことがわかる。東京に移築され、料亭として使われていた合掌造りの店名が「ふるさと」であったことからもわかるように、人々の郷愁を誘ういわば民芸調の建造物として使われていたようである。また、野外展示物としての使用も全体の四分の一に及ぶ。この中には、移築型野外博物館のみならず、商業目的が強い施設も含まれている。これらが移築されたのは、一番古いものが一九五六年であり、一番新しいものが一九八一年である。つまり、今から三十五〜六十年前のことになるわけだが、これらは現在も移築先で健在なのだろうか。

私が調査した範囲では、村外に移築された三十七棟のうち、現時点で所在を確認できるのは十三棟である。そのうち三棟は再移築（転売もしくは寄贈）されたものであり、別の一棟は食事処として現地に残っているものの、営業はしていない。また、十三棟のうち六棟は野外博物館（的施設）に移築されたものである。一方、解体や火災によって現地から姿を消したものが十一棟あることがわかった。ただし、そのうち二棟は解体後白川村に帰ってきている。白川村としては、今後もできるだけ取り戻したいという考えのようである。残りの十三棟は、所在を確認できなかった。

現存する村外移築合掌造り所有者に話を聞くと、コスト面でも技術面でも維持管理が大きな問題となっているという。特に個人で所有しているものは問題が深刻で、転売の意向をもつ人も複数いた。買い手の合掌造りに対する深い思い入れから購入・移築に及んだが、代替わりしたために、後継者が持て余し気味であるというのも転売を希望する要因としてある。したがって、個人所有の合掌造りは今後も減っていくものと予想される。

## 移築型野外博物館で往時を生きる合掌造り

先述したように、村外に移築されて現存する合掌造り十三棟のうち、六棟が野外博物館（的施設）にある。具体的には、東山動植物園（愛知県名古屋市）、日本民家集落博物館（大阪府豊中市）、川崎市立日本民家園（神奈川県川崎市）、下呂温泉合掌村（二棟）（岐阜県下呂市）、飛騨民俗村（岐阜県高山市）であり、東山動植物園以外はいずれも移築型野外博物館（的施設）である。

特に、日本初の移築型野外博物館といわれる日本民家集落博物館の創設が、ダムに沈む合掌造りの移築からはじまったことは、日本の移築型野外博物館史上、重要なことである。ちなみに、日本に移築型野外博物館の考え方が入ったのは、一九二〇年代後半から三〇年代で、渋沢敬三や今和次郎らがスカンセンなどを尋ねて感銘を受けたことが大きいといわれている（杉本 二〇〇二）。渋沢敬三は、移築型野外博物館建設の構想をもっており、一九三九年に開館した日本民族学会付属博物館には、移築した武蔵野民家と今和次郎設計の絵馬堂が野外展示物として含まれていた。これは、当時渋沢敬三らが進めていた国立の「日本民族博物館」設立に向けて既成事実を積み上げるため、構想の一部を具現化したものだった（横浜市歴史博物館・神奈川大学日本常民文化研究所　二〇〇二）。一九三六年に文部大臣宛で提出された「皇紀二千六百年記念　日本民族博物館設立建議案」中の「日本民族博物館屋外部設計俯眼圖」（今和次郎制作）を見ると、「飛驒白川村大家族民家」とイラスト入りで明記されており、移築民家の候補に白川村の合掌造りがあがっていたことがわかる（高橋　一九九二）。この構想は残念ながら実現しなかったが、それから十数年の時を経て、ようやく本格的な移築型野外博物館が造られたのである。以下、日本民家集落博物館が設立された経緯について見ていきたい[6]。

第二節で述べたように、庄川で電源開発を行っていた関西電力は、一九五六年に鳩谷ダムに沈む民家七十三棟を買収した。関西電力は、その中で一番大きく、一八四二（天保十三）年に建設された大田家の寄贈を大阪府に申し入れた。大阪府下の受け入れ先として複数の自治体等が名乗りをあげたが、最終的に豊中市（服部緑地）に決定した。しかし、豊中市への移築が決定した直後に、大田家は家族の意向で名古屋市（東山動植物園）に移築されることになり、豊中市には別の家（大井家）が移築されることになった。一九五六年六月から大阪府の技師が中心となって解体作業に入り、解体後は、建物のみならず、周囲の敷石や新しく葺き替える屋根の材料も含めて大型トラック六十台で三六〇キロメートルの行程を運んだ。八月上旬から復元作業がはじまり、八月二十日に完成した。この復元作業にも白川村の人々が人夫として雇われたという。ちなみに、移築費用は四八〇万円と見積もられていて、当初は関西電力が一五〇万円、大阪府が一八〇万円、豊中市が一五〇万円負担することになっていた[7]。豊中市は一九五六年二月に飛驒白川村合掌造民家誘致発起人会を組織し、同年三月から寄付金を募り、最終的には予定額を超える一八〇万円以上を集めている。移築された旧大井家は、豊中市民俗館として一九五六年九月二十九日に一般公開され、十月六日に開館式が行われた。

ところが、大阪府が府営公園の再編と再整備を図る中で、服部緑地の再整備が浮上した。一九五七年大阪府服部緑地総合計画策定委員会が設置され、同委員会の文化部会において、「日本各地の代表的な民家を生活用具と共に移築し、わが国に類例をみない『日本民家集落』を設置する構想」（日本民家集落博物館 二〇〇六：二）が持ち上がった。目指したものは「日本最初のスカンセン」であり、「東洋一の野外博物館」であった。

この構想実現のため、日本各地から民家を移築する費用を全面的に支援する組織として、関西の財界関係者が一九五八年五月に日本民家集落後援会を結成した。同年六月には財団法人日本民家集落が設立され、一九六〇年三月三十一日に廃館となった豊中市民俗館の設備運営が同法人に移管された。この時旧大井家の所有権も同法人に無償譲渡されている。そして、同年四月一日に日本民家集落博物館として登録された。なお、同法人の理事の中には渋沢敬三もいた（在任期間は一九六〇年から一九六二年まで）。

日本民家集落博物館の現在の敷地面積は約三万六〇〇〇平方メートルで、全国各地から民家その他の建造物が十二棟移築されている(8)。同博物館では、移築民家を「生きたもの」として保存および活用するため、民具の展示、季節毎の行事や企画展の実施、体験教室などが行われている。

程度の差こそあれ、こうした展示は、白川村の合掌造りが移築されている他の移築型野外博物館でも同様に行われている。ただ、維持管理に関しては、やはりいずれの施設も非常に苦心しているようである。

以上、売買または寄贈によって白川村の合掌造りが村外に移築された経緯とその後について見てきた。紙幅の関係もあり、本章では一部しか紹介できなかったが、その一つ一つにドラマがあり、一人一人が並々ならぬ思い入れをもって合掌造りを移築したのである。

## 四　村に残った合掌造り

電源開発による水没や移築、村外売却、改築や建て替えのため、合掌造りの数は、一九五〇年から一九七〇年までの二十年間で半数以下になってしまった。先述したように、白川村内でもこうした状況に危機感を抱く人々が現れ、その中の一部の人々（荻町地区在住）によって合掌造り保存に向けた動きがはじまったのである。

## 「白川郷荻町部落の自然環境を守る会」の発足

荻町地区における合掌造りの保存は「白川郷荻町部落の自然環境を守る会」（現在の名称は「白川郷荻町集落の自然環境を守る会」。以下、「守る会」という）の存在を抜きにしては語れない。したがって、まずはその「守る会」発足の流れを見ておきたい。

合掌造り保存運動において中心的な役割を果たした人物として、荻町地区出身の板谷静夫さんと山本幸吉さんがあげられる。二人は一九四六年に復員グループ、一九四八年には荻町青年団を結成し、戦後の新しい生活の建設を模索していた。その中でまず取り組んだのが郷土芸能の復活だった。この活動は荻町地区に暮らす青年たちの自信と活力を取り戻すきっかけとなり、同時に彼らの結束を強めた（柿崎 二〇一二）。

板谷さんと山本さんは一九五九年から揃って村会議員になっているが、二人が合掌造り保存運動に取り組むようになったのは、野谷平盛村長（在任期間一九六三―一九七一年）の存在が大きかったようである。例えば、山本さんが一九六三年に「茅一〆講」を結成し、さらにそれを改組して「白川郷合掌家屋保存組合」を立ち上げたのは、合掌造りの減少を食い止めるために、野谷村長が山本さんと板谷さんに屋根葺き用の茅の確保について相談したことがきっかけだった。同組合創設の目的は、茅の確保をはじめとした合掌造りの維持管理をサポートすることで、白川村全体を対象としたものだったが、賛同者の大半は荻町地区の住民だったという。

また、一九六〇年代後半に作家の江夏三好がいとこの山本さんたちに長野県吾妻村妻籠の取り組みについて話し、同村役場の小林俊彦さんを紹介したことも大きな契機となった。妻籠は町並み保存運動の先駆的地域の一つで、小林さんはその立役者だった。妻籠から学ぶことで、板谷さんたちは「『合掌造り』を保存しつつ、それを観光資源として食べていく」ということを明確な目標として定めていったのである。

しかし、合掌造りの保存による観光振興という板谷さんたちのアイデアは、当初、多くの荻町地区住民には受け入れてもらえなかった。それでも、板谷さんや山本さんに、板谷さんの弟である峰止さんなども加わって、熱心に一人一人説いてまわったという。そうして、一九七一年十二月二十五日に荻町地区の「大寄合い」（年に一度行われる住民総会）で賛同を得て、「守る会」が発足した。この時、合掌造りを「売らない・貸さない・こわさない」の三原則を含む「白川郷荻町部落の自然環境を守る住民憲章」と「白川郷荻町部落の自然環境を守る会会則」の原案も、同時に承認された。両者は妻籠に倣って作られたものである。会則では、「守る会」会員は「荻町部落の住民並びに本会の主旨に賛同する者」と定められており、荻町地区の全世帯が会員になっている。

## 荻町地区の集落保存

「守る会」が真っ先に取り組んだ事業の一つが、合掌造りの文化財化だった。しかも一棟一棟の文化財指定ではなく、荻町地区全体で文化財になることを目指していた。具体的には、富山県の相倉や菅沼と同様、国の史跡に指定されることを望んでいた。しかし、岐阜県庁で史跡指定への協力が得られなかった板谷さんたちは、文化庁に赴き、そこで当時できつつあった新しい制度――すなわち、一九七五年の文化財保護法の改正に伴って創設されることになる伝建地区制度に関する情報を得た。

一九七四年四月になり、白川村は、伝統的建造物群保存対策の一環として、文化庁から荻町地区の調査を依頼された（白川村史編さん委員会　一九九八）。同年六月から翌一九七五年二月にかけての調査は、竹内芳太郎らによって行われた（白川村教育委員会　一九七五）。さらに、重伝建地区の選定を受けるためには、荻町地区住民の合意を得なければならなかった。「守る会」創設時に住民の合意は取れていたように見えるが、国選定の文化財ともなるとかなり規制が強くなるだけに、改めて合意を取り直す必要があったのである。そのための住民との懇談会は、板谷さんたちが中心となって、荻町地区に七つある近隣組織（組）ごとに行われた（板谷静夫さん所蔵資料　一九七六）。懇談会の場では、保存方法に関する意見や質問、規制に対する不安などが多く聞かれたようであるが、文化財になることに期待する声もまた七つの組に共通していたという。それは「文化財に選定されることによって、今後観光客数が増加し、地域経済が向上する」というものだった。そしてその期待をもって、住民たちは文化財になることに合意したのである。

伝建地区制度ができたのは一九七五年七月だったが、最初の選定が行われたのは翌一九七六年だった。荻町地区は、その一九七六年に重伝建地区に選定された。そしてこのことが、一九九五年の世界遺産一覧表記載に繋がっていく。世界遺産（文化遺産）に推薦される物件は、日本が世界遺産条約の締約国になった一九九二年当初、国指定・選定の文化財から選ばれたからである。

## 村内に移築された合掌造り——移築型野外博物館を中心に

第二節で述べたように、白川村の合掌造りは減少の一途を辿ってきた。ただし、白川村内を地区別に見ると、実は途中から増加している地区が一つだけある。その地区とはもちろん、保存運動が成功した荻町地区である。『白川郷荻町集落二〇年のあゆみ（伝建選定一五周年）』（白川郷荻町集落の自然環境を守る会　一九九一）によれば、一九七一年から一九九一年までの間に二十一棟の合掌造りが荻町地区内に移築され、主に食事処や土産物店のような商業施設に改装されている。

また、荻町地区への移築は、こうした単体のものばかりではない。荻町地区の中心部の庄川を挟んだ対岸（荻町字小呂）に、合掌造りを集めた移築型野外博物館が建設されたのである。きっかけは、一九六七年に加須良地区住民が集団離村したことだった。離村後に残された合掌造りは、売却され村外に移築される方向で話が進んでいたが、財団法人岐阜県開発公社の協力により、白川村が合掌造り主屋三棟を譲り受けた。一九六九年には、合掌造りの保存モデルとして、村立の移築型野外博物館である「白川郷合掌村」建設計画が立案され、工事が始まった[9]。これもまた野谷村長や板谷さん、山本さんのリーダーシップの賜だった。約五万平方メートルの敷地に数年かけて、加須良・島・大窪・馬狩の各地区から九棟（主屋四棟、付属屋五棟）の合掌造りが移築された[10]。総工費約一億円（岐阜県開発公社委託事業費約七千万円、白川村単独事業費約三千万円）をかけた工事は一九七二年に終了し、六月一日に村立「白川郷合掌村」として営業が開始された。この白川郷合掌村は、電線の地下埋設などを行い、できるだけ「昔の姿」に復元・保存したものであり、建造物の周囲も村に自生する木々を移植したり、自然景観を主体として造成したりしていた。また、建造物内部では、民具などの民俗資料の展示、むしろ織や養蚕の実演など、「生きた民俗村」として見せるための工夫が施されていた（白川村役場総務課　一九七二）。荻町地区の保存運動が上手くいかなかった場合、この移築型野外博物館だけが合掌造り集落の姿を留めるものになることも想定していたようである。

一九八二年には財団法人白川村緑地資源開発公社が設立され、白川郷合掌村の運営は白川村から同財団へ移行した。そして一九八二年から二年間、総工費二億円あまりをかけた農村地域定住促進対策事業によって、「生活の息づく民俗村」の計画に沿った再整備が行われた（白川村史編さん委員会　一九九八）。これには、白川郷合掌村を単なる保存事業から脱却させ、就業機会の場としても活用するという目的があった。事業が完成した一九八三年八月、白川郷合掌村は名称を「白川郷合掌の里」に改めて再オープンした。施設内の合掌造りは二十五棟に増え、芸能堂・唐臼小屋・邑主の家・茶室・古民具展示の館・木工の館・炭焼き小屋・陶芸の館・細工工芸の館などのように、建造物それぞれに特徴を持たせた。建造物の周囲も、ユイの広場・さえずりの森・どんぐりの森などとして整備した。田畑もある。こうして白川郷合掌村は、「合掌造りの保存と地域の古い民俗と歴史の伝承の場」（白川村史編さん委員会　一九九八：五三〇）、「生活の息づく合掌の里」（白川村史編さん委員会　一九九八：五三一）として拡充されたのである。一九八八年には集出荷処理加工施設が造られ、白川郷合掌の里の合掌造りの数は二十六棟になった。また、一九九〇年には岐阜市から木曽馬が贈られ、施設内で飼育することになった。かつて白川村でも木曽馬が農耕に用いられていたことから、かねてよりその飼育が望まれていたのである。さらに、旧国土庁の「リフレッシュふるさと推進モデル事業」の認定を受けて、一九九三年には「白川郷ふるさと体験館」という新しい施設が建造された（総工費約二億円）。一階は休憩所となる「焼畑の間」と四十人が一斉に体験できる「そば道場および付属施設」、二階は多目的ホールとなっている。なお、白川郷合掌の里は一九九四年に再び名称変更されて「白川郷　野外博物館　合掌造り民家園」（以下、白川郷合掌村以来の総称として民家園という）となり、現在に至っている（写真1）。

写真1　白川村内の移築型野外博物館（民家園）（2010年11月7日撮影）

以上のように、長い年月と相応のお金をかけて、民家園は整備されてきた。ここで行われてきたのは、第三節でみた他の移築型野外博物館と同様、スカンセンから続く生活復元展示である。現在では実演はほとんど行われていないが、わら細工、ひで細工、そば打ち、餅つき、草木染めといった体験学習は、子どもや外国人観光客に人気がある。ただ、他の移築型野外博物館と違うのは、復元ではない、現地・現物展示である重伝建地区かつ世界遺産である「白川郷」と隣接しているという点である。

当初は、合掌造り集落はここでしか残せないかもしれないという思いで造られた民家園だったが、荻町地区の中心部が重伝建地区になったことで、結果的に両者は競合することになってしまった。二度目の名称変更は、実のところ、重伝建地区と紛らわしい（観光客が間違って民家園の方に行く）というクレームがあったためだったし、民家園が何か新しいことをすると重伝建地区からいろいろ言われるという。ただ、維持管理にはかなりの費用がかかるため、それなりの数の観光客に訪れてもらわなければならない。そのバランスが難しいのである。例えば、体験学習は、現在の重伝建地区ではほとんど提供されていないため、棲み分けに成功しているといえる。こうした棲み分け／補い合いが、両者の共存にとって重要になっている。

## おわりに

一九二〇年代からはじまった合掌造り研究は、合掌造りに多様な「価値」を付与することに繋がった。また、一九五〇年代半ば以降庄川沿いで立て続けに行われた電源開発や集団離村は、さまざまな形で合掌造りの減少に拍車をかけると同時に、白川村内外の人々に合掌造りの価値を認識させた。そのような中で、まずは村外移築が進み、合掌造りは商業施設として再利用されたり、移築型野外博物館の展示物として保存・活用されたりすることになった。これはやがて白川村内で合掌造り保存運動が起こる契機となり、最終的には荻町地区中心部全体を文化遺産として現地保存することになって、現在に至っている。

ただし、村外移築による保存と現地保存の間には、もう少し段階的な動きがあった。その一つが第四節で紹介した荻町地区内の小呂に造られた民家園（一九七二年開館）であり、もう一つは本章で詳細を割愛した岐阜県高山市の飛驒民俗村（一九七一年開館）である。実は高山市の飛驒民俗村もまた、合掌造りが「飛驒」の外に移築されていくのを目の当たりにした人々が、「飛驒にある古民家を飛驒に残すべきである」（長倉 一九七四：一五）という声に押されて造ったものだった（長倉 一九七四）。つまり、白川村の民家園も高山市の飛驒民俗村も、目指していたのは一種の現地保存だったといえる。それが、究極の現地保存である重伝建地区の誕生（一九七六年選定）によって、さらには世界遺産「白川郷」の登場（一九九五年一覧表記載）によって、民家園も飛驒民俗村も現地保存とは関係ない「つくりもの」のような扱いになってしまった。

しかし、先述したように、重伝建地区にも村内他地区から移築され、商業施設として利用されている合掌造りが複数ある。また、重伝建地区は、実際に人が生活している場所であるがゆえに、建造物内部と外観の一部は現代の生活様式に合わせて改変することを許されている。「伝統的」な建造物に暮らしながらも、システムキッチンやユニットバスや床暖房の生活が可能なのである。かつてのように囲炉裏を焚いている家はほんの僅かであり、従来の間取りを維持している家はおそらく皆無に近いだろう。また、周囲の景観も含めて「修景」[11]が施されており、ともかく見た目上、より「本物らしいもの」に造り変えられている。つまり、重伝建地区となった集落は、「重伝建地区という文化財に似つかわしい」外観を備えたものに日々再創造されているのである（才津 二〇〇三b、二〇一五）。ただ、そもそも文化とは変化するものであることを考えれば、重伝建地区という生きた文化遺産を継承していくためには、修景を求めすぎない、より柔軟な対応も検討されてしかるべきなのかもしれない。

一方、移築型野外博物館においては、それぞれの民家が建てられた当時の姿（に類するもの）とそこで営まれていた生活を生き生きと復元してみせる展示が目指されている。それは今、現在を生きているものではないが、それだけに「凍結保存」に近い状態の維持を可能にしている。

白川村の民家園でも、重伝建地区・世界遺産と移築型野外博物館の違いを次のように認識している。

貧しくともこころゆたかな、自然と共生する自給自足の暮らしが合掌建築という特異な景観を構成。しかし、今や世界文化遺産で観光客と車がラッシュする風景に、厳しい昔人の生活観、山のなりわいをもはや想像すらできないことでしょう。それは、時代が快適で文化的な生活観へと変容してやまないからではないでしょうか。額に汗して働く相互扶助の白川郷の原風景を未来永劫に保存公開している民家園では、ゆっくりと歩

きながら、心の故郷にかえったようなやすらぎを偲ぶことができます。(12)

重伝建地区であり世界遺産でもある「白川郷」が十分な価値を有することは、誰もが認めるところだろう。しかしながら、世界遺産「白川郷」と移築型野外博物館のうち、どちらが文化遺産としての真正性を有しているかは、厳密に考えれば評価の分かれるところではないだろうか。「オーセンティシティに関する奈良ドキュメント」において、オーセンティシティの評価にとって重要な要素としてあげられていたのは、「立地と環境」の他に、「形態と意匠」、「材料と材質」、「用途と機能」、「伝統と技術」、「精神と感性」、「その他内的外的要因」だった。これらの中には、「白川郷」内の建造物よりも移築型野外博物館に移築された建造物の方が明確に維持できているものがある。

確かに、重伝建地区のような究極の現地保存集落が登場したことによって、ましてやそれが世界遺産一覧表に記載されたことによって、移築型野外博物館の存在意義が薄れた感があるのは否めない。しかし、複数の移築型野外博物館で聞かれる「こっちの方が『白川郷』よりもゆっくりできていい」という観光客の好意的な評価は、単に観光客数の増加が引き起こす喧噪の有無によるものではないだろう。そういう点で、両者はやはり補完的関係にあると考えられる。にもかかわらず、行政も観光客も、今となっては住民自身も、程度の差こそあれ、重伝建地区に凍結保存的役割を求めすぎるきらいがある（才津 二〇〇六、二〇一五、本書長谷川論文も参照）。生きている文化遺産をまもる難しさの一つは、こうした文化の変化と固定に関する誤解に起因するように思われる。

謝辞

本章のための現地調査では、故板谷静夫さん、鈴口茂さんをはじめとした白川村荻町地区の皆さんや、移築された合掌造り所有者と移築型野外博物館関係者の方々に大変お世話になった。そのご厚情に深く感謝するとともに、心より御礼申し上げたい。

また、本章の調査の大半は文部科学省の科学研究費補助金（二〇〇七―二〇〇九年度　若手研究（B）JP19720236　研究課題「『合掌造り』を事例とした近代における民家の価値転換に関する民俗学的研究」（研究代表者：才津祐美子）、二〇一〇―二〇一二年度　基盤研究（C）JP22520827　研究課題「茅葺き技術の継承と応用に関する民俗学的研究」（研究代表者：才津祐美子）によって行われた。よって、ここに謝意を表したい。

（1）杉本尚次（杉本 二〇〇二）は、本章でいう移築型野外博物館も伝統的建造物群のような現地保存の建造物群も「野外民家博物館」というカテゴリーに入れて論じているが、本章では両者を明確に分けて考察する。

（2）ただし、竹内らには自前で機関誌を発行するゆとりがなかった。そのため、この機関誌は、他の雑誌（『民俗』と『建築世界』）に毎号民家の原稿を書いて別刷を作ってもらい、それを利用したものだった（竹内 一九八六）。

（3）白川村役場「合掌造りとは」http://shirakawa-go.org/kankou/siru/yomu/146/（二〇一五年九月十日）。

（4）伝建地区制度の創出過程と運営方法については、文化庁（二〇〇一）一八五―一八七頁を参照した。

（5）実際に売買された価格には数十万円から数百万円まで幅があったが、六〇年代末の相場は一棟五十万円だったという（朝日新聞社 一九九五）。

（6）日本民家集落博物館創設の経緯については、主に日本民家集落博物館（二〇〇六）を参照した。

（7）最終的には、関西電力の拠出額は二〇〇万円、豊中市は一〇〇万円となった。

（8）日本民家集落博物館「施設概要」https://www.occh.or.jp/minka/?s=institution、「博物館案内」https://www.occh.or.jp/minka/?s=guide（二〇一五年九月十日）。

（9）白川村史編さん委員会（一九九八）、白川郷　野外博物館　合掌造り民家園「財団の概要について」http://www.shirakawago-minkaen.jp/aboutus（二〇一五年九月二十日）。

（10）白川村役場総務課（一九七二）、白川郷　野外博物館　合掌造り民家園「古民家一覧」http://www.shirakawago-minkaen.jp/facilities（二〇一五年九月二十日）。

（11）修景とは、「地区の歴史的風致になじまない非伝統的建造物や地区内に新築される建築物を地区に調和した外観に整備する事業」（文化庁 二〇〇一：一九七）のことである。

（12）白川郷野外博物館合掌造り民家園「暮らしと風土」http://www.shirakawago-minkaen.jp/culture（二〇一五年九月二十日）。

## 参考文献


相川春喜（一九三五）「飛騨白川村『大家族制』の踏査並に研究（上）」『歴史科学』四（一〇）：一五一―一六五。

朝日新聞社（一九五一）『朝日新聞（東京版）』一九五一年十二月十日朝刊「〝合掌造り〟など『民家』も重要文化財に」。

――（一九六一）『朝日新聞（東京版）』一九六一年五月十二日朝刊「維持できぬ〝合掌造り〟買い上げ望む所有者」。

――（一九九五）『朝日新聞（東京版）』一九九五年十二月二十四日朝刊「岐阜白川村の合掌造り、今どこへ　三〇棟以上は全国に　追跡調査」。

アレクサンダー、エドワード・P（二〇〇二、初出は一九八三）「博物館史研究ノート5　アーサー・ハゼリウスとスカンセン野外博物館」矢島國雄・本間与之（訳）『Museum study 明治大学学芸員養成課程紀要』一四：五九―八〇。

石原憲治（一九三四―一九四三）『日本農民建築』全十六輯、聚楽社。

板谷静夫さん所蔵資料（一九七六）「伝統的建造物群保存地区指定（選定）に関して荻町区民との懇談会経過報告」。

大泉通地（一九六七）「合掌造りの保護と真の受け入れ体制を」白川村役場『広報しらかわ』一九六七年五月号：四―五。

大間知篤三（一九四三、初出は一九三五）「御母衣の家刀自」大間知篤三『神津の花正月』一三五―一三七頁、六人社。

柿崎京一（二〇一一）「『守る会』結成に駆りたてた原動力はいかにして生成されたか」白川郷荻町集落の自然環境を守る会（編）『白川郷荻町集落の自然環境を守る住民憲章制定・守る会結成四〇周年（重要伝統的建造物群保存地区選定三五周年）記念誌　白川郷荻町集落四〇年のあゆみ――先人に学び、感謝し、次代につなぐ』二三―二七頁、白川村教育委員会。

木村美乃里（一九九七）「あの頃を振り返って」白川郷民宿業連絡協議会『創立二〇周年記念式典』三頁、白川郷民宿業連絡協議会。

国土交通省河川局（二〇〇七）「庄川水系河川整備基本方針」http://www.mlit.go.jp/kisha/kisha07/05/050629_2/05.pdf（二〇一五年九月十五日）。

今和次郎（一九二二）『日本の民家――田園生活者の住家』鈴木書店。

才津祐美子（二〇〇三a）「文化遺産の保存／活用装置としての民宿と女性労働――白川村荻町地区の事例から」石森秀三・安福恵美子（編）『観光とジェンダー』七一―九五頁、国立民族学博物館。

――（二〇〇三b）「世界遺産『白川郷』の『記憶』」岩本通弥（編）『現代民俗誌の地平3　記憶』二〇四―二二七頁、朝倉書店。

――（二〇〇六）「世界遺産の保全と住民生活――『白川郷』を事例として」『環境社会学研究』一二：二三―四〇。

――（二〇〇八）「白川村発見――『大家族制』論の系譜とその波紋」小松和彦還暦記念論集刊行会（編）『日本文化の人類学／異文化の民俗学』四二八―四四九頁、法藏館。

――（二〇一五）「『白川郷』で暮らす――世界遺産登録の光と影」鈴木正崇（編）『アジアの文化遺産――過去・現在・未来』

三五九―三八六頁、慶應義塾大学東アジア研究所。

白川郷荻町集落の自然環境を守る会（編）（一九九一）『白川郷荻町集落二〇年のあゆみ（伝建選定一五周年）』白川郷荻町集落の自然環境を守る会。

白川郷観光協会（一九九九）「白川村観光協会設立趣意書」『三〇年のあゆみ』白川郷観光協会。

白川村史編さん委員会（編）（一九九八）『新編白川村史　中巻』白川村。

白川村教育委員会（一九七五）『白川村荻町伝統的建造物群保存地区調査報告書　昭和四九年度』白川村教育委員会。

白川村役場総務課（編）（一九七二）『広報しらかわ』一一号。

杉本尚次（一九九八）「民家の保存・再生・活用――民家野外博物館を中心として」『民俗建築』一一三：七六―八二。

――（二〇〇二）「野外民家博物観の一〇〇年――民家の生活復元展示をめぐって」日本生活学会（編）『生活学第二六冊　住まいの一〇〇年』二九六―三二〇頁、ドメス出版。

関野克・伊藤延男（一九五七）「荘白川地方の建築について」岐阜県教育委員会『荘白川綜合学術調査報告書　上』岐阜県教育委員会、一一五―一三八頁。

タウト、ブルーノ（一九三九）『日本美の再発見』篠田英雄（訳）、岩波新書。

高橋信裕（一九九二）「資料発掘　皇紀二千六百年記念　日本民族博物館設立建議案」『展示学』一三：五六―六〇。

竹内芳太郎（一九二三）「飛騨白川村の民家」『早稲田建築学報』二号（民家研究会（編）（一九八六）『復刻　民家第一巻』五一一―五一六頁、五四一―五四四頁、五六三―五六四頁、五八九―五九二頁、柏書房所収）。

――（一九七八）『年輪の記――ある建築家の自画像』相模書房。

――（一九八六）「刊行にあたって」民家研究会（編）『復刻　民家第一巻』一―二頁、柏書房。

長倉三朗（一九七四）「飛騨民俗村」『民具マンスリー』七（一）：一四―二〇。

日本民家集落博物館（編）（二〇〇六）『日本民家集落博物館　開館五十周年記念誌』財団法人大阪府文化財センター。

日本民俗建築編集委員会（一九七八）「民家研究をふりかえって」『民俗建築』七六：四―一九。

藤森照信（一九八九）「解説」今和次郎『日本の民家』三三三―三五一頁、岩波文庫。

文化庁（二〇〇一）『文化財保護法五十年史』ぎょうせい。

横浜市歴史博物館・神奈川大学日本常民文化研究所（編）（二〇〇二）『屋根裏の博物館――実業家渋沢敬三が育てた民の学問』横浜市歴史博物館・（財）横浜市ふるさと歴史財団。

# 生活の中に見出された世界遺産
## ——紅河ハニ棚田群の文化的景観

阿部朋恒

雲南省紅河
ハニ族イ族自治州
紅河県
中華人民共和国
0
500km
1:4.013.600

# はじめに

二〇一三年六月にプノンペンで開催された第三十七回世界遺産委員会において、雲南省南部の哀牢山脈に広がる「紅河ハニ棚田群の文化的景観（Cultural Landscape of Honghe Hani Rice Terraces）」を世界遺産一覧表に記載することが決定した（以下、紅河ハニ棚田と略記）。[1] わたしはこの喜ぶべき一報を、当該地域から五十キロメートルほど離れたハニ族の村落で手にした。しかしその時点では、記載決定の事実はおろか、世界遺産とは何かを知る村人にすら誰一人として出会わず、わたしが事態を説明する役割を担うこととなった。本章では、このときわたし自身を巻き込む対話を通じて生まれたローカルな「世界遺産」認識の一例を紹介し、それが記載後に進んだ観光開発現象と結び付けられながら、どのように変化していったのかをみていく。

近年の世界遺産をめぐる制度と言説においては、遺産そのものだけでなく、その担い手がますます重視されるようになっている。なかんずく紅河ハニ棚田のような「文化的景観」では特にこの点が強調されており、遺産を築き、維持してきた人々の営みが「文化」として価値づけられている。しかし、世界遺産への申請が観光開発や威信発揚と直結した国家的な一大事業となっている昨今、そこで描かれる「文化」は、必ずしもその担い手の言葉だけによるものではない。むしろほとんどの場合、ユネスコが認める価値の所在を熟知した仲介者の手によって、これに沿うべく戦略的な演出を施された「文化」だといえよう。ここで扱う紅河ハニ棚田についても、地元出身の民族学者や観光開発を目指す地元政府、そして一九九〇年代半ば以降ほぼ毎年のように世界遺産の登録を成功させてきた中国の関連諸機関が連携しながら、新たな「ハニ族文化」をつくりだしていく経緯が確認できるのである。

いまや世界中に拡散されつつあるこうした「ハニ族文化」と、棚田でコメ作りを営むハニ族自身の自己認識の間には、少なからぬすれ違いが生じている。「文化的景観」としての紅河ハニ棚田の構成資産には、棚田だけでなく、ハニ族の伝統を視覚的に反映した村落景観が含まれているため、同地域では、棚田が広がる山間部へと分け入る周遊路や展望台の敷設と並んで、伝統家屋の並ぶ観光村落の建設が次々と進められている。「ハニ族文化」を体現するこうした景観は、ハニ族自身の目にどのように映っているのだろうか。本章では、あるハニ族村落での語りをもとに、世界遺産化を契機として外からのまなざしを意識し始めた彼らの文化的自覚についても論じたい。

## 一　ハニ族の村落における「世界遺産」認識

### 世界遺産認定のニュース

中国で「ハニ族（哈尼族）」と呼ばれている集団は、中国雲南省のみならず、タイ、ミャンマー、ラオス、ベトナムにまたがって分布しているが、ベトナムを除く東南アジアでは一般にアカ族としても知られている。ハニ族・アカ族の多くは山岳地域に田地を拓いて農耕を営んでおり、二〇一三年四月から二〇一五年一月までわたしが滞在した雲南省紅河ハニ族イ族自治州紅河県のT村も、やはり見渡す限りの森林と棚田に囲まれていた。

いまや情報通信網が世界をほとんど余すところなく覆う時代であり、奥深い山間に建つ村落でも、携帯電話を通じて最新のニュースが手に入る。紅河ハニ棚田の世界遺産一覧表への記載の知らせは、スマートフォンで閲覧した新聞社のウェブサイトに、日本語版ニュースとして掲載されていたものであった。その日はちょうど村を挙げての儀礼が行われる日だったため、直会《なおらい》の席でさっそく吹聴してまわったが、この時点では遺産認定の事実はおろか、世界遺産とは何かを知っている村人にすら誰ひとりとして出会わず、それは一体どういうことなのだと質問攻めにあうことになった。

このとき、わたしの口をついて出てきたのは、〈遺産〉や〈景観〉(2)などハニ語にそのまま置き換えることが難しい漢語（中国語）の語彙ばかりであり、漢語としても農村の日常的な経験からは遠いため、同席していた村の男たちにもなじみが薄いようであった(3)。そこで、わたしがハニ語と漢語の言葉を尽くして世界遺産について知るところを披露し、その場にいる皆でこれを解釈していくという共同作業がはじまったのである。酒とご馳走の並ぶ場の勢いも手伝って、口に泡を飛ばしながらの言い合いが延々と続いた後、そこにはおおむね次のような共通認識が出来上がっていた。

「祖先の水田がきれいだ、ハニの〝ヨリ〟がよいと、外の外国人がそのように言っている（*Aqpyuq aqbol e*

写真１　Ｔ村遠景　村落の上方に森林を残し、下方に棚田が広がる典型的な立地に建つ（2013年５月８日撮影）

写真２　Ｔ村内観　日干しレンガの壁、スレート板の屋根を備えた家屋が並ぶ（2013年７月16日撮影）

*xaldei fuqzha, haqniq yolil meeq, laqnil e Waggo col xilmei lei eil*」[4]。

## 一年のあいだの変化

右の一文では、われわれが思い浮かべるそれとはやや異なる表現で世界遺産が描かれていることがお分かりいただけると思う。ひとつだけ翻訳を保留しておいた〝ヨリ〟については本章後半であらためて論じるが、ここではひとまず「文化」として理解しておきたい。日々丹精込めて耕している棚田と、自らの〝ヨリ〟に関心が寄せられていることについてはみな大いに満足していたものの、この時点では「外の外国人がそのように言っている」だけのことに過ぎず、まさに他人事といった様子でもあった。

しかし、それからほんの一年が過ぎる頃には、〈世界遺産〉の話題は村のなかで定番といえるほどになっていた。世界遺産化を引きがねとして、T村から尾根を二つ越えた一帯で観光開発のための建設ラッシュがはじまっており、そこで出稼ぎをしてきた男たちがさまざまな話題を持ち帰ってきたためである。いわく、ボドゥ（竹の節をくりぬいた煙草用水パイプ、長さは約六十～八十センチメートル）くらい長いカメラを抱えた漢族がうろうろしている、本物の（つまりわたしと違って金髪の）外国人を見たなど見慣れぬ旅行客の目撃談も多いが、もっとも熱心に語られるのは、そうした人を家に泊めると百元（当時、一元は約十五円）ほども謝礼をくれるらしいといった、金銭の絡む話であった。とりわけ、米の収穫が終わってしばらくした頃、わたしが所用で街に出た折に買ってきた土産物用の赤米（在来品種のコメ）に、一キロで七十五元という値段がつけられていたことは、少なからぬ驚きをもって迎えられた。赤米そのものはこの村でも作っているが、近年では手間のかからない品種改良米の作付けの方が圧倒的に多くなっている。その廃れつつある赤米が、近くの定期市で売る場合の、実に二十五倍以上にもなる法外な値で売られていたのである。

かくして、「世界遺産」は単なる他人ごとであることをやめ、経済的な利益を生む可能性のある資源としての意味をもつ言葉となっていった。それはもちろん、World Heritageないし漢語で表現される〈世界遺産〉の辞書的な意味が理解されたということではないし、ユネスコが認めた「紅河ハニ棚田群の文化的景観」へのまなざしが、T村の人々に共有されたわけでもない。出稼ぎを通じて村落観光のためのインフラ整備が進む現場から戻ってきた男たちは、そこで見たことを次のように語りあう。すなわち、スレート板の屋根をわざわざ茅葺きにふき替えた家屋は時代錯誤で、火事のもとになるだけだと一蹴し、年中儀礼用のブランコを広場に一年中出しっぱなしにして見せ物にするなど、実に馬鹿げた話だとけなすのである。話は決まって、政府の投資によって石畳の道が敷設されたり、下水溝がセメントで固められたりしているのは羨ましいが、自分の家の造りも勝手にできないようなところに住むのは願い下げだと、みなで頷き合って終わるのである。

紅河州のハニ族居住地域全体で現在進みつつある村落観光開発は、大枠として、世界遺産委員会の方針と歩調を合わせるかたちで行われている。ところが、それを通じて出現しつつある村落景観は、先に紹介したように、少なくともT村に暮すハニ族の目には幾分奇妙な姿に映っているようである。観光化によって現地の文脈から逸脱した景観が新たにつくられるということ自体は、別段おかしなことではない。とはいえ、やや意地の悪い見方をすれば、文化的景観の維持において現地住民の主体性を重視するユネスコの理念とはそぐわない状況が、当初から生じてしまっていると指摘することもできるだろう（本書高倉論文と才津論文、長谷川論文も参照）。

## 二 「文化的景観」とハニ族文化

### 世界遺産としての文化的景観

「紅河ハニ棚田群の文化的景観」(5)は、雲南省紅河ハニ族イ族自治州元陽県の管轄域内に位置し、指定地域面積は一万六六〇三ヘクタールにもおよぶ。同じく中国の「福建土楼」や「天壇：北京の皇帝の廟壇」など特定の建造物を中心とする文化遺産とは違って、指定地域の景観そのものが構成資産とされている。その名称にもある「文化的景観」とは、一九九二年以降に世界遺産選定の指針として使われるようになった概念であり、簡潔に示せば「自然と人間との共同作品」を指すとされる[6]。では、紅河ハニ棚田の文化的景観とは具体的にどのようなもので、そこでハニ族の文化はどのように描かれているのであろうか。ここでは、関連する文書のうちユネスコ側の認識をもっとも詳細にあらわしていると考えられる、イコモスが紅河ハニ棚田について策定した評価書について瞥見したい。

まず紅河ハニ棚田の文化的景観は、①森林、②水系と灌漑水路、③村落、④棚田および農耕実践、そして⑤米作りに関連する伝統的習慣、の五つの要素から構成されるとある[7]。視覚的な景観としては、棚田の壮大さとならんで村落景観についての言及が多く、とくにキノコ型の外観をした茅葺き屋根の家屋と、儀礼用の広場がクローズアップされている。これら五つの要素が密接に結びついて景観全体をなしていることも強調されており、とりわけ森林、水路、村落、棚田からなる物理的景観と、ハニ族の文化的実践が相互に支え合っていることが繰り返し述べられている。

私見を述べれば、評価書の記述全体が牧歌的な色調でまとめられており、人と自然が調和した（ハニ族ではない誰かにとっての）失われたしまったよき時代を蘇らせているかのような印象である。たとえば、「人と自然の調和は彼らの思考、行動、生活を支えている。彼らは太陽、月、山、河、森や火などの自然現象を崇拝する」という評価について、まず許容範囲をかなり広げたとしても「自然」に相当するハニ語の概念はないように思うし、やや近い「ソト（*laqmil*）」という言葉には、危険で近寄りがたい場所という含意がある。さまざまな自然現象も崇拝の対象というよりは、害を及ぼさないよう宥めておくために犠牲を捧げることがある、といったほうが適切である。また、先に述べた茅葺き屋根の家屋は、ハニ族の伝統的な村落景観を視覚的に表現する建築物として何度も登場し、その保全のための方法についての提案までなされているが、実際のところ同地域では一九九〇年代までにはほぼスレート屋根の家屋に置き換わっていた。

なかば空想的ともいえる民族表象が書類の中の問題にとどまるのであればよいが、先述のように、こうした記述をなぞって進められる観光開発の影響は日々拡大し続けている。以下では、世界遺産一覧表への記載までに中国側とユネスコ側のあいだで交わされた関連文書を検討し、上記のようなハニ族文化の表象がどのような駆け引きのもとで生起したのかを検討していく。

## 中国側の申請書策定

紅河ハニ棚田の世界遺産化を目指す運動は、はやくも一九九〇年代半ばにははじまっていたとされる。中国内での申請準備については、その最初期から中心人物として活躍した地元出身の研究者である史軍超みずからが各所で語っており（史 二〇〇〇、二〇一三など）、日本語でも稲村務（二〇一四）と孫潔（二〇一〇）、黄紹文（二〇一一）が紹介している。社会科学院所属の研究者であった史軍超は、一九九〇年代後半より紅河の棚田を世界遺産にむけて申請すべく構想しており、彼の働きかけが功を奏して、二〇一一年に紅河州人民政府の「紅河哈尼梯田申報世界遺産辯公室（紅河ハニ棚田の世界遺産申請に向けた専門事務室）」が設置されたことを皮切りに、政策的な整備が本格的に進められるようになった。ユネスコへの申請を念頭においた資料作成は、二〇〇一年に州レベルで開催された申請書作成のための予審会によって本格化し、以降数度の改訂が行われている。その後、二〇〇八年の世界遺産暫定リスト入りを経て、最終的に推薦書（nomination file）がユネスコ世界遺産センターによって正式に受理されたのは、二〇一二年一月二十日であった。

このとき中国側は、二七五ページの本文と一一六四ページにもおよぶ付録からなる大部の英文資料を提出している。[8] それを約一年かけて精査したのは諮問機関であるイコモスであり、現地へ派遣した調査員の報告と、国際自然保護連合（ＩＵＣＮ）から受けた生態学的な助言を踏まえたうえで、およそ一年後の二〇一三年三月にユネスコ世界遺産センターに提出する評価書をまとめている。[9] その後、世界遺産センターは紅河ハニ棚田の審査について決議案と決議文を作成しているが、内容はいずれもイコモス評価書にある勧告をほぼそのまま転載したものである。以上の流れから、先に触れたような紅河ハニ棚田の文化的景観とは、中国側が提出した膨大な資料をもとに、イコモスが再解釈を施してつくりあげたものだと考えることができる。

ユネスコ側への最終的な申請窓口となった中国側の機関は国家文物局となっているが、紅河ハニ棚田の世界遺産申請にむけた政策整備や文書作成においてもっとも中心的な役割を果たしたのは紅河州建設局に設置された「紅河哈尼梯田申報世界遺産辯公室」であり、現地についての生態学的見解や、ハニ族についての人文科学ないし民族誌的資料を提出したのは、主に研究者を中心とした「紅河哈尼梯田申遺専家組」のメンバーであったと考えられる。この専門家グループには、グループ長の史軍超、副グループ長の李克忠をはじめとして、李期博や李少軍など地元出身のハニ族知識人が名を連ねているが、彼らは一九八〇年代から九〇年代にかけて、ハニ族研究の一時代を率いてきた人物でもある。ネイティブ研究者であることを生かしてさまざまな「風俗慣行」の詳細な事例を報告し、数多くの口頭伝承を漢語に翻訳するなど、その仕事が後のハニ族研究の基礎となっていることは間違いない。ただし、文化大革命のただなかで青年期を過ごした彼らの世代は、かならずしも民族研究に関連する専門教育を受けてきたわけではなかった。また、稲村（二〇〇五、二〇〇八）が指摘するように、この時期の中国民族学では、五十六の民族からなる「中華民族」の融和を強調するという大前提のもとで、各民族を分かりやすく特徴づける要素を探すことが責務とされていた。このため、彼らの手による議論には社会主義的な発展段階論が色濃く残されており、また時として十分な調査資料に依らずに思索的な議論を展開してきたという問題点も抱えていた。なお、最近十年ほどのハニ族研究では、民族学ないし人類学の専門的な訓練を受けた研究者がさまざまなアプローチを試みているが、彼らの多くはまだ若手であり、世界遺産申請という国家的なプロジェクトに参与する機会を得ていない。[10]

中国側が作成した申請資料においてハニ族の民族表象がどのようなものであったのかは、以上のような学術的・政治的背景からもある程度窺い知ることができよう。端的にいえばそこには、一昔前の中国民族学に回帰したかのような、本質主義的な筆致においてハニ族の文化が描かれてしまっているのである。申請資料の本文は全七章からなるが、ハニ族の文化についての記述は、申請資産の状況をまとめた第二章の「社会形態と伝統」の項に集中しており、続く各章では文脈に応じてその内容がおおむね反復されている。この項には十五ページもの紙幅が割かれ、宗教、社会組織、農耕技術についての解説を中心としながらも、服飾、歌、踊りまで多岐にわたる内容が網羅的に紹介されている。それを一読して明らかな特徴としては、文章全体が漢語で書かれたものからの英訳であり、漢語的ないし社会主義的な修辞が目立つことがまず挙げられる。たとえば、「ハニ族の伝統社会は、千年以上をかけて民主的、安定的かつ調和的な社会へと発展してきた」という冒頭近くの一文では、現代中国の政治的スローガンに多用される〈民主〉〈穏定（安定）〉〈和諧（調和）〉といった言葉遣いでハニ族社会が称揚されており、その背後には社会進化主義的な歴史観も透けて見える。さらに、ハニ族の伝統的信仰についての解説では、「ハニ族は原始宗教（primitive religion）を信じている。彼らは『すべてのものは魂を持つ』と考え、天の女神、地の神、樹木の神、山の神、水の神、家の神などに供儀を行う」と述べられているが、そこにもやはり、成立宗教以外の信仰習俗を安易に〈原始宗教〉として定義してしまうような進歩史観が看取できる。「神（God）」という表現についても、ハニ語にはそれに相当する概念が見当たらないことから、目に見えない供儀の対象のうち善いものを〈神〉、悪いものを〈鬼〉として分類する漢語的な修辞を下敷きにしたものであろうことが指摘できる（稲村 二〇一四も参照）。また、儀礼や神格、宗教職能者など固有名詞の表記にもハニ語からのローマ字転写が直接行われておらず、ハニ語からいったん漢字に音訳あるいは意訳されたものをベースとした二次翻訳がなされている。しかも、それが音訳と意訳のどちらなのかを英語資料からは判断することはできないため、誤解が避けられない部分も散見される。たとえば、村落上方の雑木林で行われる年中儀礼の名称として紹介される

Angmatu は、ハニ語の発音に近い漢字をあてた〈昂瑪突〉のローマ字表記だと考えられるが、その儀礼を行う場所を指す Zhai Shen Lin は、「村の神の林」を意味する漢語〈寨神林〉をローマ字に直したものである。こうした表記上の問題も、ローカルタームの含意を保つことよりも漢語の文章として読みやすさが優先される傾向にあった、一昔前の中国民族学の作法を引き継いだものだといえよう。

続く第二章後半部では、このような筆致で描かれたハニ族の伝統が、文化的景観を構成する森林、水系、村落、棚田の形成と保全において積極的な働きを担ってきことが示される。その論調は、ハニ族がさまざまな伝統的慣習によって生活環境の均衡を保ってきたことを、科学的な観点に立って評価するというものである。たとえば、先にも触れた村落上方の雑木林（Zhai Shen Lin）を儀礼の場とみなし、特定の期間以外の立ち入りを規制する慣習について、「人々は（中略）それを通じて水を涵養する森林を客観的な方法で保護し、ハニ棚田群の持続可能な発展のための重要な水源を効率的に確保してきたのだと考えている」と解説したうえで、これを「今日の世界における生態文明の観念と驚くほど類似している」と評価している。いうまでもなく、過剰なまでの科学主義に染められたこのような記述は、慣習実践に込められたハニ族にとっての意味を解釈したものとは言い難い。ただし、民族表象がそのまま政治に直結しうる中国では、ネイティブの民族学者が自民族の政治的立場を高めるべく、科学的な語り口を駆使して自らの伝統や慣習を代弁している論文を目にすることは稀ではない。とくに儀礼にかかわる多くの慣習については、文化大革命の終結によって撲滅されるべき〈迷信〉から価値中立的な〈風俗習慣〉へとレッテルを貼り替えられ、さらに近年では〈文化遺産〉の名のもとで保護の対象へと再び姿を変えつつある。しかし、かりに価値づけが一八〇度変わろうとも、その根底には常に「科学」を絶対の基準とする観点があったことも指摘しておきたい。中国民族学におけるこうした科学主義ないし客観主義の傾向は、上述のように世界遺産申請資料の文言にも如実に表れており、さらにそれをもとにして審査を行ったイコモス側の認識にも、少なからず影響していると考えられる。前節では、イコモスが作成した評価書におけるハニ族の伝統についての記述が現実とはやや乖離したものになっていることを示したが、その遠因は、中国側が用意した申請資料においてすでに見出されるのである。

## イコモス側の再解釈

イコモスは現地調査を行ってはいるが、民族学の専門調査員を派遣しておらず、調査期間も六日間と短かったことから、評価書作成にあたって参照した民族誌的資料は、ほぼ中国側が提出したものに限られると考えてよい。したがってひとまずは、先述したような現実とはかけ離れた「紅河ハニ棚田の文化的景観」は、中国民族学においてもすでに過去のものになりつつある作法にしたがって描かれたものだとみることができる。しかしながら一方で、中国側はハニ族の文化について歌や踊りから祭礼まで百科総覧的に記述しているのに対して、イコモスは棚田を中心とする景観と伝統的慣習の結びつきをより強調しているという、両者の姿勢の違いもみてとれる。たとえば、中国側は文化的景観を構成するものとして「森林、水系、村落、棚田群」という物理的な要素のみを挙げていたが、イコモスはこれらに「米作りに関連する伝統的習慣」を加えた五つを資産の構成要素として認めたうえで、「物理的な棚田が、何世紀にもわたって彼らの世界の基礎であり続けてきた強固で統合的な社会―経済―宗教的なシステムと関連しあっているという点で、ハニの棚田は評価されるべきである」(評価書七八ページ)との意見を述べている。いうなれば、中国側の申請書では物理的な景観を支える背景として散りばめられていた文化的要素は、イコモス評価書では互いに結びついた資産へと格上げされており、イコモスが農耕実践をはじめとする文化的側面にとりわけ注目していることが明らかであろう。

しかし、中国側が提出した資料を換骨奪胎し、物理的な景観と伝統的な農耕実践が有機的に結びついていることを強調しようとするあまり、イコモスの評価書にはもとの資料を誤読しているきらいがある。たとえば、村落儀礼が共同体の結束を高めるということを述べたくだりでは、肝心の儀礼の名称を取り違えてしまっている。さらには、封建社会の残存として真っ向から否定されて久しい「土司制度」が、景観の維持を担う伝統的な管理システムとして現在でも機能しているかのような記述まであり、まったくの事実誤認というほかない。イコモスは、人と自然が一体となった予定調和的な景観を追い求めるあまり、やや時代錯誤感のあった中国民族学的な記述に輪をかけて、さらに現実離れした文化像をつくりあげてしまったといえるのではないだろうか（本書飯田論文も参照）。

## 観光開発のゆくえ

以上のような駆け引きのもとでつくりあげられてきた「紅河ハニ棚田の文化的景観」は、いまや各国語に翻訳され、際限なく拡散され続けている。たとえば、ガイドブック『地球の歩き方』（地球の歩き方編集室 二〇一一：二四五）には、棚田の観光ルート沿いにある観光村落について「古くからこの地に伝わる村落、林、棚田、灌漑システムを見ることができる」という解説が載せられている。また、この本を手にした旅行客が雲南省の首府である昆明市の空港に降りたてば、まさにそのような美しい風景とニッコリほほ笑む民族衣装の女性を映した巨大な電光パネルが、まっさきに旅行客を出迎えてくれる。さらに、事態はもはや単にイメージだけが羽を広げて流布しているだけにとどまらず、その期待を裏切らない物理的な景観の整備が、現地でも急ピッチで仕立て上げられつつある。世界遺産指定地域となった元陽県では、地元県政府と観光開発を手掛ける企業の主導のもとで村落観光と棚田の写真撮影をパッケージ化した周遊ルートが設定され、一律に入域料を徴収する仕組みが築かれた。周遊ルートの各所に設置された展望台からは、まさにユネスコのウェブサイトに掲載された写真とそっくりの眺めが一望できるようになっている。中国の研究者や為政者が思い描き、ユネスコが世界遺産という冠を授けた「紅河ハニ棚田の文化的景観」は、いまや手厚い制度的な管理と保護の対象となることによって、巨額の投資のもと視覚的に実体化されつつあるといえよう。

また、これまでにも述べたとおり、現地では壮大な棚田の眺望と並んでハニ族の村落そのものも主要な観光資源と目されており、指定地域内から村落観光の拠点として選ばれた〈民俗村〉では、茅葺き屋根の家屋や儀礼用の広場など、ハニ族の「伝統」を演出するためのインフラ整備が進められている。さらに、〈民俗村〉には民具や民族衣装を展示した展示室が併設されており、ここを訪れた旅行客がハニ族の文化を知るための仕掛けも用意されている。こうした施策は、自然景観のみならず文化的側面をも重視するユネスコ側の姿勢とも合致しているといえる。たとえば、紅河ハニ棚田が世界遺産一覧表に記載された際に中国側へ申し送られた追加勧告では、将来的に望ましい方向性として、エコツーリズム戦略とあわせて解説戦略（interpretive strategy）の強化が挙げられている。解説戦略とは、「複雑な農耕と水管理のシステム、およびハニ族の共同体に特徴的な社会―経済―宗教的なシステムについて理解を広めるため」の施策であり、具体的には現地に情報発信のための施設をつくることが提案されている。右記のような〈民俗村〉の状況に鑑みる限り、現在のところはこの指針におおむね沿うかたちでの観光開発が進んでいるといえよう。

ハニ族らしさを前面に打ち出した村落観光開発の勢いは、既存の村落の外観に手を加えるだけにとどまらず、より色濃くハニ族の伝統を体現する村落を一から建設するというところまで徹底している。たとえば、元陽県の周遊ルート沿いに建つ〈哈尼小鎮〉は、総額二億元にのぼる予算のもとに、もともと田畑だった一帯を接収して新たに建てられた観光村落である。街路はセメントではなく石畳で舗装され、その両側に軒を連ねる家屋は、日干しレンガを真似たとおぼしき色合いの外壁と、茅葺き屋根で統一されている。さらに、各戸の玄関口に馬鍬や石臼などの民具が配されているなど、村落景観の隅々までが、ハニ族の伝統を表現する諸要素で埋め尽くされているといえる。村内には展覧館、コンサートホール、映写館の機能を備えた立派な施設も併設されており、ここを訪れた人々がハニ族の文化に触れることができる体験型観光村落が目指されている。

ここで、本章の前半で紹介した一場面を振り返ってみたい。当時わたしが滞在していたT村は、世界遺産の指

写真３　〈哈尼小鎮〉世界遺産登録後に急ピッチで建設が進んだ観光村落（2015年３月26日撮影）

定区域からは西に数十キロメートルほど離れていたが、この一帯でも似たような村落景観を再現するかたちでの観光開発が行われていた。こうした手が加えられた村落に対して、わたしの知るT村の人々は、旅行客の落とす金銭や、村道や下水溝の改善など生活に直結する部分には関心を寄せる一方で、開発側が注視する伝統的村落の構成要素、すなわち茅葺き屋根の家屋や儀礼用広場を再現することについては、ばかげていると一笑に付すのみであった。いうまでもないことだが、だからといって彼らがもっぱら生活レベルの向上や経済的な利益のみに関心を奪われ、自らの文化の価値に気付いていない、あるいは誇りを持っていないということではない。そこに読み取るべきは、世界遺産申請のプロセスを経て定式化されたハニ族文化と、T村の人々が価値を認め、誇りをもって守っていくものとみなすものの間にある齟齬が生んだすれ違いなのである。この問題を論じるため、続いては「文化」という言葉をめぐる、漢語とハニ語の翻訳作業について整理していきたい。

## 三　ハニ族による「文化」をめぐる語り

### 日常における翻訳のしくみ

「祖先の水田がきれいだ、ハニの〝ヨリ〟がよいと、外の外国人がそのように言っている」。冒頭で紹介したように、これは紅河ハニ棚田の世界遺産認定のニュースを知ったわたしが、その事態を四苦八苦しながら村の人々にむけて解説した結果、その場で暫定的に成立した「世界遺産」についての理解である。惜しむらくは酒宴の席でのこと、会話分析に耐えるほど細かいデータを示すことはできないが、わたしの口をついて出た難解な漢語まじりの説明を、卓を囲むみなで解釈したものであった。そこでは、たとえば〈環境〉や〈景観〉は *xaldei*（水田）あるいは *fuqzha*（きれいだ）という言葉で、〈伝統〉は *aqpyuq aqbol*（祖先）という言葉で近似的に置き換えられることで了解されていった。しかし、このとき〈文化〉という漢語については、その場に居合わせた男の全員が知っており、即座に〝ヨリ〟というハニ語への翻訳がなされていた。

この両者の言い換えは、たとえば culture（英）、kultur（独）、文化（日）、〈文化〉（中）などを互換的に用いることとは意味合いが異なっている。中国において制度的学問やマス・メディアと結びついた「出版語」（アンダーソン 一九九七）としての地位にある漢語は、政治、経済、学術その他のあらゆる領域で、外部との討議が可能なように整備されてきた経緯を持っている。〈文化〉という語についても、外来の概念を漢字に鋳なおして旺盛にとり入れた中華民国時代に一般化したものであり、字義や語感に違いはあるものの、おおむね西洋近代起源の意味内容を共有しているといってよい。漢語の世界において表象されてきたハニの〈文化〉が、書面のうえでの翻訳を経ただけで世界遺産委員会の人々に了解可能であったのも、〈文化〉と culture が共通の土台の上にあったからにほかならない。他方で、自前では文字すら持たないハニ語はあくまで民族内でのみ通用する生活言語であり、他言語との対話のための備えが制度的に行われてきたわけではない。したがって、世界遺産に関連するような抽象度の高い漢語に対応する語彙があらかじめ用意されているはずもなく、それぞれがその場で身近なハニ語へと置き換えられていくのも、ごく自然なプロセスだと考えるべきであろう。

ハニ族が日常において行う翻訳作業とは、このように漢語的世界を生活実感に寄り添うかたちで換骨奪胎して了解していくための作業であり、それぞれの語彙が備える意味を正確に解釈しようという意図のもと行われるものではない。たとえば冒頭で紹介したひとくだりにおいて、〈伝統〉という語彙は *aqpyuq aqbol*（祖先）という身近な言葉にたどり着くための記号としての役割を果たしていたに過ぎず、酒席に加わっていた男たちがその場で〈伝統〉という漢語の原義を理解したとは言い難い。いうまでもなく、別の文脈のなかで漢語を流暢に話すハニ族に対して *aqpyuq aqbol* とは何かと問うたとしても、単に〈老祖公（祖先）〉という答えが返ってくるだけである。〈文化〉は〈景観〉や〈伝統〉などと比べればよほど馴染みのある漢語であるため、上述の場でも即座に翻訳がなされていたが、やはりそれは〝ヨリ〟としての了解を導く記号に過ぎないのであって、実際に〈文化〉とは何かという問いには、ほとんどの場合〝ヨリ〟だという以上の答えは返ってこない。このように、いまや世界遺産として認められたハニ族の〈文化〉と、ハニ語での会話において納得される〝ヨリ〟は、含意されるリアリティにおいて一致するものではないのである。

## 〝ヨリ〟——文化的なるもの

タイ北部で半生を過ごした宣教師であり、アカ族についての民族誌的研究でも知られるポール・ルイスと、中国側のハニ族知識人である白碧波の共編による英語-ハニ語辞書によれば、〝ヨリ〟の項には[11] rule, custom および to be polite（follow the customs）という訳があてられており、英語の culture は項として設けられていない（Lewis and Bai 1996）。ひとまずはこの規則、慣習、そして礼儀正しくするという訳語を念頭に置きつつ、さらに日常的な文脈において〝ヨリ〟とはどのように語られるものなのかを見ていきたい。

T村に住み始めた頃、わたしはしばしば〝ヨリ〟については〝モピ〟に聞くべきだという助言を受けていた。〝モピ〟とは世帯レベルの儀礼に通じた男性であり、その手順と詠唱文を間違わずに遂行できると信頼されている人物である。この詠唱文は祖先から口承されてきたとされ、上記の助言があらわしているように、そこに〝ヨリ〟が詰まっているという感覚がある。そこでの〝ヨリ〟とは、昔から伝わる作法といった意味が濃く、祖先供養のやり方や、親族との付き合い方などがイメージされるものである。また、子供のしつけも〝ヨリ〟として言及されることが多い。小さな子供は毎日のように近所の家でお菓子をねだってまわるが、飴玉や小遣いを受け取るときに、まわりの大人が「両手（を差し出しなさい）！（*Alaq niq mol*）」と声をかけている姿をよく見かける。物心がつく年頃の子にはさらに、そこにいる大人たちに親族名称で呼びかけるよう指示を飛ばし、親戚の顔を覚えさせようとする。そうした場面では、「〝ヨリ〟を教えている（*Yolil meiq*）」のだと語られることがあり、〝ヨリ〟が祖先から継承され、さらに今後も受け継がれていくべきものだと考えられていることが分かる。

ただし、〝ヨリ〟はたんに不変なものと考えられているわけではない。たとえば、どんなに声望のある〝モピ〟であったとしても、「一人で〝ヨリ〟をすべて知りつくすことはできない（*Tiqhhaq nei yolil saqlei ma hel saqiv*）」という定型句があるとおり、〝ヨリ〟のあり方は一つだけではなく、さまざまなバリエーションがあり得るという見方も成り立っているのである。囲炉裏の火の始末や竹ひごの作り方まで、日常的な所作に関する〝ヨリ〟については、何が正しいのかをめぐってしばしば議論がたたかわされるが、皆が納得する答えが出ることはほとんどない。さらに、「祖先の〝ヨリ〟」と「現代の〝ヨリ〟」という対比も、よく耳にする言い方である。たとえば、祖先供養の際に供物として用いないことから、祖先の時代にはタバコがなかったのだという認識がある一方で、村の男たちが集まる場でタバコを勧めるとき、相手との親族関係や世代などを読み解いて正しい順序で配ることができないと、〝ヨリ〟を分かっていないという烙印を押されてしまう。人々は、「祖先の〝ヨリ〟と現在の〝ヨリ〟が同じではない（*Aqpyuq aqbol e yolil lo niao'aol e yolil tiq qaq ma pol.*）」という認識を当たり前のこととして受け入れており、タバコの配り方のような「現在の〝ヨリ〟」が「祖先の〝ヨリ〟」に比べてとりたてて劣っているという主張も聞いたことがない。

このように、〝ヨリ〟は祖先とのつながりを感じさせ、今後も受け継いでいくべきだという価値が認められている一方で、単調な懐古主義や画一化とも遠いところにある。そこには、現在進みつつある伝統的景観の復興と保存という試みとは、どうにも相容れない部分があるのではないだろうか。この村では三十数年前に村が全焼する大火事があったが、ちょうど観光村落で再建が進みつつあるような茅葺き屋根の家屋が多かったために、火の回りがすさまじく手の施しようがなかった。このため、火災のあと村を再建するに際しては共同で屋根用のスレート板を購入し、茅葺き屋根をやめるよう村全体でとりきめたのだという。時代とともに家屋の素材も形態も変わっていることは確かだが、それによって〝ヨリ〟が捨て去られたというわけではなさそうである。たとえば、T村ではこの数年、棚田の底土を固めた日干しレンガの壁にセメントを内張りしたり、一部を取り壊して焼きレンガ造りに改装したりと家屋の改装が流行しているが、いざとりかかってみると、起工と落成の儀礼、直会の段取り、工期中に祖先を祀る壇を安置しておく方法など、関連する〝ヨリ〟は数多と出てくる（清水 二〇〇五を参照）。このことからも分かるように、T村の人びとにとって〝ヨリ〟とは状況に応じてかたちを変えながら受け継がれていくべきものなのである（本書序章も参照）。

〝ヨリ〟として語られる範疇と〈文化〉のそれが完全に重なることはないにせよ、ハニ族が継承していくべき自らの実践を名指すイディオムをもっていることは明らかであろう。しかし、現在の学術的、政治的な状況に鑑みる限り、それが漢語を中心として展開される言説のアリーナへとのぼる道筋は、これまでのところ用意されてこなかった。一方では、これとは非対称的に、「外の外国人（*laqmil e Waggo col*）」が持ち込んできた世界遺産という運動が、哀牢山脈一帯のハニ族の日常にまで波及しつつあるという現実がある。いまや、外の人間がどのようにしてハニ族の文化を語るかが、他人事では済まされない影響をもちはじめているのである。

## 四　文化遺産研究という課題

「紅河ハニ棚田群の文化的景観」においては、資産を構成する一部としてハニ族の文化が強調されていた。このため、現地ではハニ族の伝統を体現する村落景観の再建が着々と進み、文化展示のための施設も建設が続いている。しかし、この状況を横目にみながら暮らすハニ族にとって、観光開発と文化保護の文脈において再現された景観は、必ずしも自分たちの文化的なアイデンティティを満足させるものではないようであった。

その理由の一端は、地域住民の生活実践をも含むものとしての景観を固定的に描き出そうとすれば、形骸化は避けられないということそのものにあるだろう。ユネスコはまさにこのことへの反省から、二〇〇〇年代に入って無形文化遺産事業を推進しており、中国政府もこれに同調して〈非物質遺産〉関連の制度をつくりあげている（本書兼重論文を参照）。にもかかわらず、本章で行った一連の手続きの分析からは、政治的駆け引きの産物として現実味の薄いハニ族の文化像をまかりとおしてしまう仕組みが透けてみえてきた。ハニ族が〝ヨリ〟という言葉で語る自画像は、そうした固定化された文化的景観のなかには収まりそうにない。保護を第一義におく世界遺産の制度的限界を意識しつつ、そこから生じる齟齬をローカルな視点から読み解いていく、それは世界遺産を人類学者が論じていくにあたっての中心的課題のひとつとなろう。

本章ではこの課題にむけた試みとして、世界遺産一覧表への記載によってますます量産されるようになった「外部」からの文化表象と、ハニ族自身の「内部」における〝ヨリ〟をめぐる語りとの差異について検討した。ただし、より重要なのは外と内の論理を区切って対置することそのものではなく、両者がどのように接点をつくりあげていくのかを検証していくことである。本章でも紹介したように、ハニ族のみが暮らす村落であっても、漢語概念の受容と翻訳は日常的なものとして行われている。漢語で表象されるハニ族の〈文化〉にまつわる諸観念が、ハニ族のローカルな語りの場面においてどのように内在化されていくのか、まずはそのプロセスを今後見極めていく必要がある。

また一方では、〝ヨリ〟のような自民族の言葉で語った自画像が、今度こそ文化政治のどこかに居場所を確保できるのではないかという可能性を論じることにも意義があろう。振り返ってみれば、中国における文化表象、とりわけ少数民族にまつわるそれは、民族識別や文化大革命といった政治的状況に左右されながら目まぐるしく変わり続けてきたのであり、時代に応じた筆致が現実を強く規定してきたという歴史がある（稲村 二〇〇五）。現在生じつつある変化をそうしたバリエーションのひとつとして比較するならば、これまでにない多声性が否応なく際立つ。本章でみてきた中国政府とユネスコの駆け引きも、文化表象をめぐる交渉の場が開かれていることの証左であるということができよう。近年の中国では、あくまで観光開発が最優先されるという条件付きではあるものの、ユネスコの世界遺産および無形文化遺産事業と足並みを揃えるようにして、文化行政にまつわる法制度が整えられつつある。「紅河ハニ棚田群の文化的景観」を例にとってみれば、世界遺産としての棚田景観をつくりあげてきた主体がハニ族として名指されている以上、彼らが語る言葉が文化政治の表舞台へと引き上げられていく余地は十分にあると考えられる（本書日高論文も参照）。

少なくとも紅河地域のハニ族の今後を考えるにあたって、世界遺産をめぐる文化行政と文化の資源化が、正面から取り組んでいかねばならない課題であることは間違いない。そこで人類学者が果たすことのできる役割は、本章で示したように微視的な事例を組み入れた分析視角を提示していくことにほかならないだろう。

付記

本章は、河合洋尚・飯田卓（編）『国立民族学博物館調査報告　中国地域の文化遺産——人類学の視点から』（二〇一六）に掲載した論文「先住民族からみた『世界遺産』——『紅河ハニ棚田群の文化的景観』の世界遺産登録をめぐって」をもとに、一部加筆・修正したものである。

本章で提示する情報は、二〇一一年九月から二〇一五年一月にかけて中国雲南省紅河ハニ族自治州において行った調査で得た資料にもとづいている。この調査は、日本学術振興会特別研究員奨励費および公益財団法人たばこ総合センター研究助成によって実現したものである。

（1）世界遺産一覧表に記載された物件の名称は、英語とフランス語のみで発表されるため、厳密にいえば日本語での正式名称は存在しない。ここでは、日本ユネスコ協会連盟のウェブサイトでの訳語を採用して「紅河ハニ棚田群の文化的景観」とした。

（2）本章では、とくに漢語（中国語）の表現であることを示す必要がある場合、三角カッコで括り〈○○〉のように表記する。ただし、カッコ内の漢字表記については、国本土で使われている簡体字ではなく、日本の常用漢字を用いる。

（3）調査村のおおまかな言語使用状況については、日常生活にはほぼハニ語のみが用いられており、おおむね三十代以上の女性には漢語がほとんど分からない人も少なくないが、男性の大部分と若年層の女性は、程度の差はあれ雲南方言の漢語を話せるとみてよい。なお、周囲に他民族の村はないため、ハニ語と漢語以外の言葉を話せるものはいない。

（4）アルファベットで示したハニ語は、酒に興が乗ってたたかわされた話の顛末を、その場でわたしが一文にまとめて書きつけたものである。なお、「外の外国人（*laqnil e Waggo col*）のうち「外国人」にあたる*Waggo*は、漢語の現地での訛り音をハニ文表記にしたがって転写したものである。ハニ文表記については、イタリック体のアルファベットを用いて行う。ハニ語のアルファベット転写については紅河州緑春方言に準じて中国の言語学者によって作成された正書法（戴慶厦・段貺楽 一九九五、Lewis and Bai (eds.) 1996）をもとに、話者による発音をその都度書きおこしたものを記載する。なお、文章の読みやすさを優先してアルファベット転写ではなくカタカナを用いることもあるが、その場合には〝　〟で括り、〝○○〟のように表記する。

（5）これは指定地域のみの面積であり、その周囲に緩衝地帯（バッファゾーン）として二万九五〇一ヘクタールが設定されている。

（6）文化庁ホームページ（online:world/h_13_2A.html）参照、二〇一五年九月二日最終閲覧。

（7）資産を構成する五つの要素について、原文では以下の通りである。"Forest, Water and irrigation channels (ditches), Villages, Terraces & farming practices, Traditional customs related to rice cultivation."

（8）ユネスコホームページ（online: 2013/whc13-37com-8B1inf-en.pdf）参照、二〇一五年九月二日最終閲覧。

（9）ユネスコホームページ（online: 2013/whc13-37com-8B1inf-en.pdf）参照、二〇一五年九月二日最終閲覧。

（10）民族学の専門教育を受け、現在活躍の幅を広げつつある若手から中堅の研究者としては、雲南大学の馬翀炜と白永芳、雲南民族大学の王建華、紅河学院の徐義強、盧鵬らの名前が挙げられる。

（11）本稿では〝ヨリ〟のハニ語文を現地での発音に近づけるため*yolil*と表記しているが、ポール・ルイスと白碧波の辞書での綴りは*yoliq*となっている。なお、前者は二音節目が高調、後者は二音節目が低調をあらわしており、声調が異なる。

## 参考文献


アンダーソン、ベネディクト（一九九七）『想像の共同体――ナショナリズムの起源と流行』白石さや・白石隆（訳）、NTT出版。

稲村務（二〇一四）「中国紅河ハニ棚田の世界文化景観遺産登録からみる『文化的景観』と『風景』」『地理歴史人類学論集　琉球大

学法学部紀要人間科学別冊』五：一二三―九六。

――（二〇〇五）「ハニ族『文化』の政治学」長谷川清・塚田誠之（編）『中国の民族表象』二五九―二七五頁、風響社。

――（二〇〇八）「ハニ語と中国語の間」塚田誠之（編）『民族表象のポリティクス――中国南部における人類学・歴史学的研究』一二七―一五二頁、風響社。

清水郁郎（二〇〇五）『家屋とひとの民族誌――北タイ山地民アカと住まいの相互構築誌』風響社。

孫潔（二〇一〇）「雲南省における棚田とエスニシティ」『東北アジア研究』一四：一二三―一四五。

「地球の歩き方」編集室（二〇一一）『地球の歩き方D06成都 九寨溝 麗江二〇一二～二〇一三年版』ダイヤモンド・ビッグ社。

黄紹文（二〇一〇）「ハニ族の棚田――千年の労作から世界文化遺産候補への変遷」稲村務（訳）『地理歴史人類学論集 琉球大学法学部紀要人間科学別冊』二：五七―一〇五（原著「哈尼梯田――千年労作対象到世界遺産的嬗变」『諾瑪阿美到哀牢山――哈尼族文化地理研究』一一九―一八八頁、昆明：云南民族出版社、二〇〇七年）。

戴慶厦、段貺楽（一九九五）『哈尼語概論』雲南民族出版社。

史軍超（二〇〇〇）「关于建立云南省申報世界遺産戦略的建議和構想」『云南民族学院学報（哲学社会科学版）』六：四五―四九。

――（二〇一三）「世界人的哈尼梯田」『云南画报』四：一二。

Lewis, P. and Bai Bibo (eds.) 1996 *Hani-English/ English-Hani Dictionary. Hanqniqdoq Yilyudoq daoqlo-soqdaoq*, London: IIAS.

# 第四部　商品としての無形文化遺産

# 遺産観光の光と影
## ——中国雲南省・シーサンパンナ、タイ族園の事例より

長谷川　清

雲南省西双版納
タイ族自治州景洪市
中華人民共和国
0
500km
1:4.013.600

# はじめに

文化遺産の選定と保護・継承、観光開発における活用、持続可能な管理運営をめぐっては、文化遺産を保持する側（例えばエスニック集団や地域）の政治・経済・社会状況、文化遺産としての価値づけや認識、国家との関係などがそれぞれに異なっているため、それらの違いを視野に入れた比較研究が必要である（本書菅論文と阿部論文、飯田論文を参照）。本章で扱う中国の少数民族の事例は、当然のこととはいえ、中国という国家社会における諸文脈の中におかれている。二〇〇〇年代に入って以降、ユネスコが認定する有形／無形の文化遺産の登録申請に向けた活発な議論やキャンペーンが全国的な規模で繰り広げられ、今日にいたっている（本書兼重論文と高倉論文を参照）。こうした中で、文化人類学や民俗学、社会学その他の研究分野において、文化遺産をめぐって複雑に関係しあう諸主体がどのように調和的関係を創出し、文化の一貫性を担保していくかが検討されるようになっている（河合 二〇一七、本書日高論文も参照）。以下では、一九九九年の開園以来、民族文化の保存、継承と観光開発を同時に進める実践例として注目されてきた雲南省西双版納《シーサンパンナ》傣《タイ》族自治州（以下シーサンパンナと表記）の傣族園（Dai Minority Park、以下ではタイ族園と表記）を取り上げ、タイ族の民族文化や民俗的慣行、村落の自然・生態環境や文化的景観が観光開発／産業化とどのように結びつけられているか、また、そこで進行している問題とは何かを明らかにする。

タイ族は雲南省南部に居住分布し、総人口は一一五万九〇〇〇人（二〇〇〇年度人口統計）である。タイ・カダイ語族の南西タイ諸語に属し、東南アジア大陸部からインド・アッサム地方に広く分布するタイ系諸族とは言語系統において親縁関係にあり、省内にはシーサンパンナの他、徳宏タイ族ジンポー族自治州、思茅地区などに、タイ・ルー、タイ・ナ、タイ・ポンなど、自称を異にする下位集団が居住している。このうち本章でいうタイ族とは、シーサンパンナを拠点とするタイ・ルーである。

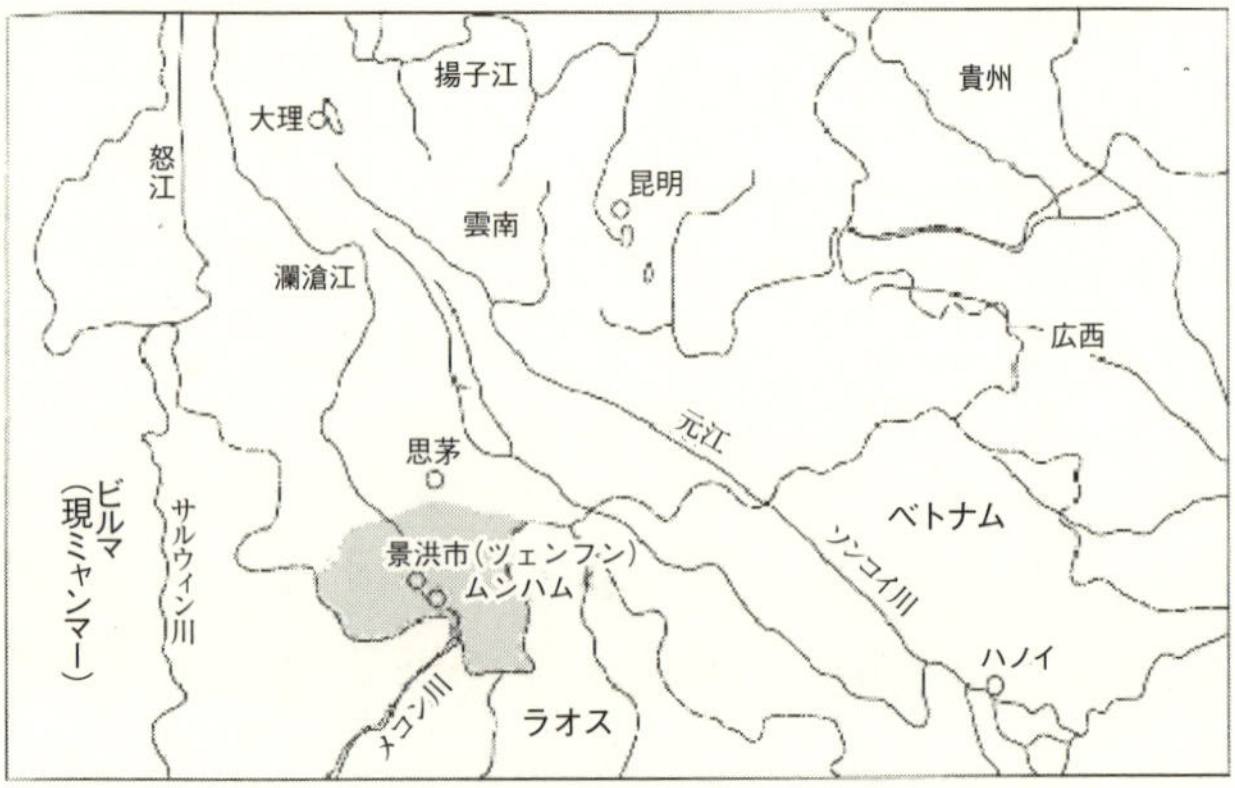


図1　西双版納タイ族自治州の位置

自治州としてのシーサンパンナは総面積一万九七〇〇平方キロメートルであり、日本の四国よりやや広い。域内には瀾滄江《らんそうこう》（メコン川上流部）とその支流沿いに形成された山間盆地（ムン）を拠点に、タイ族が早くから定住して水稲耕作を営む一方、ツェンフン（ムンハム、ムンロンなどとともに景洪市《チンホン》に属する）を中核に、王国としての政治的なまとまりを保持し、シプソンパンナーと呼ばれた。十四、五世紀には北部タイ方面から上座仏教を受容している。社会主義体制への移行後は、漢族移民を主体として国営農場が各地に建設され、タイ族村落ではゴム栽培や果樹などの商品作物が導入されるなど、生業経済の変容が著しい。また、近年では国境貿易や観光開発が大規模に展開している。

　タイ族園はツェンフンの南、ムンハム地区にあるタイ族村落——曼将《マンジアン》、曼春満《マンチュンマン》、曼嘎《マンガー》、曼乍《マンザー》、曼听《マンティン》からなる五つの隣接しあう村落群（以下では、五村落と表記）——をテーマパーク型の観光村落へと再編し、一種の生態文化公園として観光スポットに指定したものである。二〇〇一年十月、中国における観光地のランクを示す国家四A級の指定を受けている。伝統的な建築様式のタイ族家屋（傣家竹楼、以下、タイ楼と表記）での宿泊や食事のもてなし、タイ族その他の民族歌舞ショーを楽しめる野外劇場、参加体験型の水かけ（溌水）のアトラクションなどで話題を呼び、今日にいたっている。筆者は一九八〇年代後半にシーサンパンナでフィールド調査を開始して以来、この地区の観光化の展開には関心を持ち、観光地としての整備が進められる中で村落コミュニティや文化的な景観、村落を取り巻く諸環境がしだいに変貌をとげていく過程を追いかけてきた。タイ族園が創設される以前と以後では、五村落には、さまざまな面において著しい変化が起きている(1)。

## 一　文化遺産の現状と民族文化資源

### 文化遺産化の展開

中国では、文化遺産を「物質文化遺産」と「非物質文化遺産」の二種類に分けている。中国は一九八五年に世

写真1　タイ族園のゲートと村落景観（2012年2月15日撮影）

界遺産条約に加盟し、二〇〇四年七月に至るまでに、三十件の世界遺産を一覧表に記載した。二〇〇〇年代に入ってからは、ユネスコの文化的多様性の考えにもとづく無形文化遺産保護の必要性を強く認識し、非物質文化遺産の制度を整えるとともに、ユネスコ総会で採択された無形文化遺産保護条約を二〇〇四年六月に批准した。

中国政府は、ユネスコ無形文化遺産の代表一覧表への記載をめざした文化資源の選定を進め、国家級／省級／市級／県級といった階層的な認定システムを整備しつつ、遺産の保存・保護や活用、管理についての体系化を図り、「国家級非物質文化遺産の代表的物件の申請評定暫行弁法」（二〇〇五）、「国家級非物質文化遺産の保護と管理暫行弁法」（二〇〇六）などの関連の法律や規定を次々に制定していった。とくに、二〇〇五年に出された「文化遺産保護強化に関する国務院通知」は、ユネスコの無形文化遺産の概念が中国社会に普及していくうえで重要な役割を担い、国内の無形文化遺産の選定作業における基本の指針となってきた（黎 二〇〇七、肖ほか 二〇一五、本書兼重論文も参照）。

「国務院通知」によると、無形文化遺産とは、「各種の非物質の形態によって存在する、一般民衆の生活に密接に関係のある、代々継承されてきた伝統文化の表現形式である」と解釈されている。これには、口頭伝承や表演芸術、民俗活動と儀礼・祝祭、自然界と宇宙に関する民間伝統知識と実践、伝統工芸技能及び、以上の表現形式とかかわる文化的空間が含まれる。ユネスコの無形文化遺産の概念を下敷きにしたことが明らかな、この「国務院通知」の考え方は、さらに多方面からの検討を加え、「非物質文化遺産法」（二〇一一年六月一日施行）に結実していった。

同法第1条では、制定の目的を「中華民族の優秀な伝統文化を継承、拡大し、社会主義精神文明の建設を促進し、無形文化遺産の保護、保存を強化する」と規定する。また第2条において、「非物質文化遺産」とは「各族人民が代々伝承し、その文化遺産の構成部分と認める各種の伝統的な文化表現形式及び伝統文化表現形式と関連するものや場所のことをいい、①伝統的な口頭文学及びその媒体としての言語、②伝統的な美術、書道、音楽、舞踏、劇曲、演劇と雑技、③伝統的な技芸、医薬と暦法、④伝統的な儀礼、祭りなどの民俗、⑤伝統的なスポーツと娯楽・演芸、⑥その他の無形文化遺産、を含む」としている。

ユネスコの無形文化遺産の概念がどのような改変をへて中国に受容されたかについては、五十六の「民族」から構成される多民族国家という、国家体制の課題をふまえて検討されなければならない。文化的多様性の保持だけではなく、国家統一や「中華民族」としての一体性、文化的アイデンティティの強化、調和のとれた社会と持続的発展を強調している点は、「非物質文化遺産法」の施行によって経済発展と諸民族の文化保存を調和的に進めるという、中国の文化政策を色濃く反映したものとなっている。こうした問題については、今後多方面から検討していく必要があるが、ここで注目しておきたいのは、ユネスコの無形文化遺産の定義において言及される文化空間（cultural space）について関心が集まり、有識者による活発な議論がおこなわれている点である（烏 二〇〇七、向 二〇〇八）。

文化空間は物質的な空間と社会空間の双方を含み、民俗文化の多様な実践を伝承する場であるとされ、その存続は、非物質文化遺産の断片化を防ぎ、特定の地域や時空間をトータルに管理、保護するうえで必要不可欠である。また、非物質文化遺産の活用と保存において応用でき、中国のかかえる現実的な課題を解決するうえで有益とされている。(2)

## 文化遺産の保護と実践

中国における非物質文化遺産の法的整備は、ユネスコの無形文化遺産条約から影響を受けつつも、中国が独自に展開してきた民族文化政策にどのように接合されているかを検討することが必要である。従来、中国諸民族の伝統文化は「民族文化」「民間文化」「民族民間伝統文化」として把握される場合が多かった。保護は各級の文化館（大衆文化の活動施設）が担当し、一九五〇年代以降、言語・宗教・風俗習慣を尊重するという民族政策に即して「搶救《チアンチウ》」（急いで救う）を基本とした文化保護の姿勢を打ち出しつつ、諸民族の伝統文化の発掘と収集、整理が進められた。しかし、大躍進（一九五八年）、四清運動（一九六三―六六年）、文化大革命（一九六六―七六年）などの期間には、伝統文化のジャンルの多くが「封建迷信」のレッテルを貼られ、攻撃を受けた。多様な民族文化を保護、継承していくための法的整備や具体的な事業は中断せざるを得なかった。

一九八〇年代に入ってからは、文化大革命の時期に否定された諸民族の民俗的慣行や伝統文化（宗教信仰を含む）が復権をはたしていく。少数民族の多様な社会文化状況への対応が民族政策の基本課題となってきた雲南省や貴州省では、民族文化の保護と継承に関する法的整備を全国的にもいち早くおこなった点において注目できる。雲南省の場合、「雲南省民族民間伝統文化保護条例」を二〇〇〇年五月に公布したが、この条例は全四十条からなっており、諸民族の伝統文化の様々なジャンルを保存し、継承していくことの意義やそのための具体的な作業課題を内容としている。非物質文化遺産に関する関連法と共通する部分も多く見受けられる（方ほか 二〇〇二）。

中国の各省・自治区では、無形文化遺産条約の批准後、諸民族の非物質文化遺産の現状を把握する作業が大規模に進められ、リスト作成や個々の遺産の等級化、保存・保護の動きに拍車がかかっている。国家級の非物質文化遺産の選定作業がそれにあたるが、対象となる遺産は、①民間文学、②民間音楽、③民間舞踏、④伝統戯劇、⑤曲芸、⑥雑技と競技、⑦民間美術、⑧伝統手工技芸、⑨伝統医薬、⑩民俗、に分類されている。作業は段階を追って進められた。二〇〇六年五月二十日、各省・自治区・直轄市が文化庁（北京にある）に推薦した非物質文化遺産（一三一五項目）から選定された国家級非物質文化遺産五一八項目が公表された。

それらの内訳をみると、文化表現形式（民間文学及び各種芸術）：三三三項目、手工技芸形式：八十九項目、雑技競技：十七項目、伝統医薬：九項目、民俗文化：七十項目となっている。その後、第二次リスト（二〇〇八年六月十四日、五一〇項目）、第三次リスト（二〇一一年六月十日、一九一項目）、第四次リスト（二〇一四年七月十六日、一五三項目）を発表した。

シーサンパンナについてみれば、雲南省文化庁（昆明）が公布した全省を対象とする民族民間伝統文化の実地調査の指示（二〇〇三年）にしたがい、州文化館がシーサンパンナの域内状況を把握した。その際、作成された州級のリストが雲南省文化庁に送られ、省級リストにまとめられた後、中央（北京）に送られた。そこでの審査をへて、タイ族の水かけ祭り（泼水節）、民間歌手（章哈《ザンハ》）、製陶技術、ジノー族の太鼓踊り（大鼓舞《ダーグー》）が第一次の国家級非物質文化遺産に選ばれた。さらに二〇〇七年には、医薬、織物技術、象脚鼓舞、貝葉経の製作技術、文芸作品のチャオストンとナムノナ（以上、タイ族）の他、その他の民族のものを含めて八項目が第二次の国家級非物質文化遺産に選ばれたのである（刀 二〇一〇、馮 二〇一四）。

## 観光化と文化遺産

一九八〇年代以降の対外開放の動きは、文化政策にも多大な影響を与えてきた。少数民族の文化について言えば、省・自治区やその下位の行政単位が主導してきた観光化の問題を看過できない。一九八〇年代後半から九〇年代に普及した、少数民族の文化や風俗習慣を対象とした観光開発は、こうした流れの中にある。貴州に続いて雲南、広西、四川といった少数民族地域では、特色のある村落が開放され、衣食住や民族歌舞、伝統的な建築物などが観光客に提供されるようになった。

こうした中で、民族色を有する少数民族の村落生活にも関心が集まり、伝統的な集落景観や自然環境を留める村落が民族文化観光村として整備されていく。少数民族の村落は比較的規模が小さく、交通条件や経済環境の面においてそれぞれに問題を抱えているため、観光がコミュニティにもたらす伝統文化の変容を制御しつつ、観光開発と民族文化の保存、継承をいかに調和させて、持続的発展を図るかが課題となった（本書阿部論文も参照）。また、非物質文化遺産への関心の高まりによって、遺産を単体でなく、人びとがそれを実践する社会文化環境とともに、トータルに保護・保存することが不可欠だという認識も広がった。このことは、一九八〇年代後半から九〇年代に主流となったマスツーリズムに依存する観光開発の考えかたが新たな段階へと進化し、持続可能な発展や多様な文化的価値の尊重、文化的一貫性の保持などを重視し、保護と発展のバランスを図ることに関心がシフトしたことを意味している（鄧　二〇〇九）。

## 二　文化遺産としてのタイ族園

### 観光化とタイ族園

タイ族園は、二〇〇九年度の統計によれば、五村落で三三六戸、人口一六一七人を数える。タイ族園公司が創設され、経営にかかわるすべての業務を五村落と共同でおこなっている。これは「公司＋農戸」方式とよばれる。この方式は農村地域の経済発展をめざすための手法として、二〇〇〇年代に中国各地の農村地域で普及した。企業（公司）が村落側に技術・資金・人材などを提供して特定の産業分野の開発を進め、農村の側もこれに参画していくものである。タイ族園の場合、橄欖壩《ガンランバ》農場（国営）が五村落と契約し、観光開発において共同しあう方式となっている（範　二〇〇九）。

橄欖壩農場は一九五七年一月に創設されて以来、ムンハム地区の開墾事業を大規模に展開してきたが、文化大革命の時期には多くの移民が送り込まれてゴム栽培を推進するなど、同地区の経済発展に深くかかわってきた。一九九三年の時点では七つの分場（支部）と直属分場を擁する組織へと発展した。学校、病院、商店、果物加工工場などから構成され、その影響力はムンハム地区の全域に及んでいる（西双版納傣族自治州地方志編纂委員会　二〇〇二）。こうした地域の基本構造を背景にして、五村落の側はタイ族園公司と共同で観光開発を進めている。村落側は、タイ族の家屋建築や生活環境、田園風景、宗教信仰、民族文化などを観光客に呈示し、それらの参観、鑑賞、体験の機会を提供する。公司側は、インフラ施設への投資や村落環境の改善を図ると同時に、村人が運営

表1　タイ族園（５村落）の概況　面積単位：畝《ムー》

| | 村落面積 | 耕地面積 | ゴム林面積 |
|---|---|---|---|
| 曼將村 | 1200 | 417 | 150 |
| 曼春滿 | 1800 | 1033.8 | 1556 |
| 曼乍村 | 1200 | 542.9 | 476 |
| 曼嘎村 | 400 | 466 | 37 |
| 曼听村 | 1600 | 727 | 320 |

（出所）範 2009：236–238

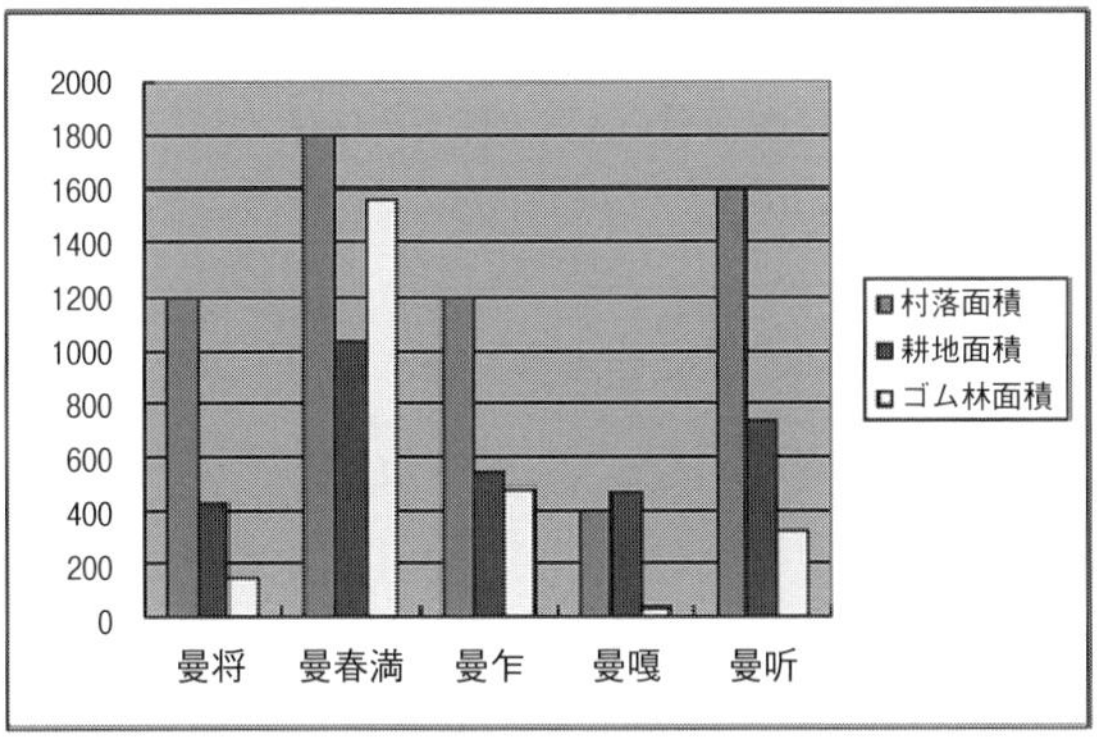


図２　タイ族園（５村落）の概況

に参画するための措置を講じる。この方式は、タイ族園の経営形態を特徴づけるものとして注目され、その効果に大きな期待が寄せられた（史 二〇〇三）。以下、タイ族園の成立過程をみていきたい。

一九八〇年代、シーサンパンナの観光化は進んだが、九〇年代に入ると外部からの参入が活発になり、各地の旅行社を通じて中国国内の団体観光客が大量に動員されるマスツーリズムの段階に突入した。こうした中で、少数民族の風俗習慣や民族文化を目玉商品とした観光スポットが各地に出現した。ムンハム地区の五村落は典型的なタイ族農村としての生活環境を保持し、とくに伝統的な家屋建築が亜熱帯の自然環境と調和してエキゾチックな村落景観を構成するなど、観光スポットとしての条件と資源を有していた。村落側では、勐巴拉納西《ムンバラナシー》王国楽園（曼将村）、曼听風情園（曼听村）、曼春満風情園（曼春満村）などを設立し、観光客に対応した。これらの観光スポットではタイ族料理や民族衣装・織物、金銀細工品、民族歌舞や水かけのアトラクションなどが提供されたが、こうした村落観光の発展の裏には「個体戸」と呼ばれる個人経営者（多くは漢族）や地元の農場関係者など、外部者の関与があった。例えば、勐巴拉納西王国楽園の場合、橄欖壩農場の関係

写真２　曼将村の寺院（2015年12月28日撮影）

者が参画し、接客施設の建設資金や観光客の動員、各種土産物の販売などで連携した。曼将村の寺院の敷地内にタイ族の歴史や神話に登場する人物・神々の像などを展示し、そこを観光スポットとしたのである。他方、多くのタイ族の村人にとって観光業は、各世帯や個人が主体となって農閑期に従事する程度であった。村民の生業はあくまでも水稲耕作とゴム栽培が主であった。

一九九八年二月、州政府は、観光地としてのブランド化を進め、シーサンパンナの観光産業をさらに質の高いものへと昇華していく方向を明確にし、観光ルートの再点検と観光スポットの再整備に着手した。マスツーリズムの加速化がもたらした粗悪な観光スポットの乱立、観光サービスの低下、業者間における観光客の奪い合いの激化など、管理面において混乱した状況が出現していたからである。村落単位で行われていた観光開発の弊害を解消していくことが不可欠であり、こうした中で五村落をまるごと公園とし、タイ族園を建設する構想が浮上した。当初、建設資金は広東省東莞《トンワン》市に拠点を持つ公司が負担することになっていたが、まもなく資金不足のために撤退した。その後、雲南省宜良県に拠点のある南洋建築公司が進出し、橄欖壩農場との共同出資によりタイ族園公司が設立されていく。

当時、橄欖壩農場の経営責任者の中心にいたのは、範文武という人物である。[3] 一九九九年三月にタイ族園公司の総経理に就任するとリーダーシップを発揮し、積極的に経営方針を打ち出し、新規事業を次々に展開していった。まず、彼はタイ族園の建設に際し、五村落の各世帯に対して一畝《ムー》（六・六六七アール）あたり毎年四五〇元、さらに観光スポットの整備・保全の費用として曼春満村に五万元、曼听村に三万元を毎年支払うとした。これらの措置は、タイ族村民の農地や村落共有地を観光目的に使用することへの補償という意味合いが強い。また、五村落の村人を職員に採用し、通訳・ガイド、守衛・警備、環境美化・清掃などの業務を担当させた。さらには、野外劇場やイベント広場で民族歌舞のパフォーマンス、アトラクション、機織り、貝葉経の製作など、タイ族の非物質文化遺産に関わる技芸の実演をおこなう場合も、村人に給与を支払うとした。他方、タイ族の様式を取り入れたタイ族園の入り口ゲート、駐車場、イベント広場、野外劇場、村内遊歩道など、園内での観光活動に必要な施設はタイ族園公司が建設した。五村落それぞれでおこなわれていた観光開発は、タイ族園公司が一元的に管理、運営する体制へと整備された。こうした中で、タイ族園はシーサンパンナを代表する民族文化観光の人気スポットとして発展していくのである。

## タイ家楽の発展

二〇〇二年三月、州政府はマスツーリズムの負の側面を見直し、粗製濫造の観光スポットの乱立や観光サービスの低下によって打撃を受けたブランドイメージを改めるべく、シーサンパンナの神秘的な側面を強めるために、「西双版納――勐巴拉娜西」という名称によって観光地としてのブランド構築を図っていく方針を打ち出した。勐巴拉娜西《ムンパラナシー》とは、タイ族の言語で「神奇美麗的（美しくて神秘的）」を意味するムンパラナシーの漢語表記（音訳）である。亜熱帯の風物や民族風情に基づくエキゾチックで神秘的なイメージを喚起するために、州政府の主導の下に、文化・行政・学術などの有識者が協議を重ねて策定したものである。それは、シーサンパンナを他の観光地と差異化し、域内の諸民族の伝統文化や風俗習慣、村落景観、生態環境などを資源化していくための措置でもあった（黄 二〇一〇）。

　こうした観光行政の展開を受けて、タイ族園公司も新たな観光商品の開発を進めた。民族文化や風俗習慣などを商品化し、質を向上させる「精品化」によって、タイ族の文化資源を観光文化へと転換していくのである。そ

写真３　認定を受けたタイ家楽接待戸（2012年２月15日撮影）

表２　観光業の従事者数（2008年12月）

| | 戸数 | 人口 | タイ家楽接待戸 | タイ族園公司職 | 観光関連業務（人数） |
|---|---|---|---|---|---|
| 曼將 | 46 | 223 | 4 | 40 | 26 |
| 曼春滿 | 116 | 568 | 13 | 103 | 197 |
| 曼乍 | 53 | 231 | 28 | 36 | 140 |
| 曼嘎 | 30 | 132 | 4 | 7 | 21 |
| 曼听 | 91 | 463 | 6 | 20 | 15 |
| 合計 | 336 | 1617 | 55 | 206 | 399 |

（出所）範 2009：236–238

の目玉商品といえるのが「傣家楽《タイチアルー》」（以下、タイ家楽と表記）である。これは、村人の家屋を宿泊施設として改造し、観光客をタイ族の生活習俗や食事のもてなしで楽しませるというものである（本書高倉論文も参照）。しかし、この商品を売り出すためには、村人が積極的に参加して家屋を提供し、質の高い接待サービスをおこなうことが不可欠であった。公司側は、まず曼春満村に三十万元を投資し、各種の研修を受けさせたうえで、二十五世帯をタイ家楽の接待戸に指定した。毎年の入場料収入の十パーセントを基金として積み立て、家屋の建設や修復費用に充て、伝統的な家屋を保存・保護するとした。また、村人が新しく家屋を建てる場合には、建築前に申請書と設計図を提出して地元政府とタイ族園公司の許可を受け、さらに建築後に公司の認可を受ければ、経費の二十パーセントを補助するとした。

タイ族園公司が保存しようとしたのは、竹材を主に建てられたかつての「竹楼」ではなく、一九八〇年代以降に普及した、以下のような様式の家屋である。すなわち、木材の柱と素焼きの瓦屋根を備えており、高床式のベランダ部分とつながっている台所が木造であること。それ以外の部分や洗面所、トイレはコンクリートやレンガ製であってもよい。こうした基準によって、公司側は、観光資源としてのタイ族の伝統家屋と村落景観の保護、保存と継承を図ろうとしたのである。

タイ族園公司は、村人側の新築や改築に対する要望に一定の配慮を示しつつ、観光開発におけるタイ楼の資源活用を進めるいっぽう、メディアを活用して観光キャンペーンや広報戦略にも力をいれた。それは、「タイ族の歌を習い、タイ族の踊りをおどり、タイ族料理を食べ、タイ楼に住み、タイ族の生活風景を楽しみ、タイ族のことばを話し、幸福の水を浴び、タイ族になる」というものである。さらにはタイ族園のテーマソングとして親しみやすい歌詞とメロディーの歌曲を制作し、タイ族園の美しい風景や村落景観、水かけのアトラクション、民族歌舞ショーなどを紹介するプロモーションビデオを制作した。また、国営の全国ネットとして影響力のある中央電視台で特集のテレビ番組を組んだ他、雲南省電視台では年間を通じて広告放送を流した。こうしたメディアの活用が功を奏し、タイ家楽は反響を呼び、春節や国慶節といった長期の休暇期間には中国各地から国内観光客が押し寄せるようになった。

## 非物質文化遺産の展示

タイ族園は、麗江古城のように世界遺産としての認定を受けた文化遺産ではない。しかし、テーマパークの形式をとる国家四A級の観光スポットとして、また、持続可能な観光開発の課題に取り組む典型例として、高い評価を受けてきた。その運営方式が評価されていることは、タイ族園の正面ゲートの一角に掲げられた多数の標識

写真４　水かけのアトラクション「天天潑水節」（2012年２月15日撮影）

や功績証明書――生態文明示範村（二〇〇四年）、文明風景旅游区（二〇〇八年）、国際知名旅游景点（二〇〇八年）など――が飾られている点からも明らかである。それらはいずれも、国家四Ａ級としてのタイ族園をさらに権威づけている。非物質文化遺産が関心を呼ぶようになってからは、国家級非物質文化遺産展示区（二〇〇九年）という旗印のもとに、水かけ祭りや製陶技術、貝葉経、織物などの非物質文化遺産を展示する施設として伝承基地に認定され、それらのショーウインドとして機能することも期待されている。タイ族の人びとは、権威づけられたものとして自らの文化資源を活用し、観光のまなざしによって再編された民族文化や非物質文化遺産を観光客に提供し、観光産業に深くかかわるようになっている。

国家非物質文化展示区については、タイ族園の中心ゾーンに位置する曼春満村におかれている。寺院付近の指定された民家の軒下を利用して、村の男女が何人かのグループを作り、糸紡ぎの作業や機織りを演じている。また、貝葉経の製作実演をおこなういっぽう、自らが製作した貝葉経を土産物として即売するコーナーがある。機織りの場合も同様で、製作された色とりどりの織物の販売をおこなっている。

人気の観光アトラクションは、年間を通じて毎日イベント広場でおこなわれる、水かけである。潑水は新年に人びとが互いに聖水を掛け合って祝福しあうときの儀礼的行為に由来するが、二〇〇三年十月、タイ族園公司は州政府から「天天潑水節」と命名することによって営業権を取得し、大型のアトラクションとして商品化したのである。水かけ広場は四百人程度の人びとが活動できる施設であり、中央部には円形の池を設け、その周囲をレンガなどで舗装している。アトラクションは午後に時間を決めておこなわれるが、タイ族園の村人たちも加わる。毎年四月に一回しか行われない水かけ祭りと違って、互いに水をかけ合うことによる爽快感や手軽に祭り気分を満喫できるとあって人気を博している。水かけ祭りはタイ族の新年行事という特定の時間的文脈から切り離されて、タイ族園を特徴づける文化的なシンボルへと変容したが、水かけ祭りが国家級の非物質文化遺産に指定されたことにより、単なるレクリエーション活動ではなく、現代化された形式による、権威づけられた消費可能なタイ族文化として価値を帯びるようになっている（呉ほか 二〇一五）。

## 三　民族文化の保護と発展

### タイ族村落の変容

タイ族園は、その名称が象徴しているようにタイ族の民族文化を見せるテーマパーク型の施設であるが、人為的に創り出された村落空間でなく、自然集落を基礎としている。また、それが民族文化の保存と観光開発の両立をめざしていることは、その「保護就是発展（保護は発展である）」という経営方針に示されている。文化遺産の保存が主流となった今日にあってその意義は薄れてしまった感があるが、シーサンパンナの観光開発の変遷の文脈においてみれば、民族文化の保護と村落景観の保全を打ち出した開発手法として画期的な考え方であった。

タイ族園の建設を進めるうえでは、観光客に不可欠な諸施設の整備や村落の美化、衛生・生活環境の改善、道路の舗装、園区の緑化などの整備を必要とする。しかしこれらは同時に、タイ族が日常に生活する場＝村落に現代的な生活様式や価値観をもたらすことを意味している。観光スポットとして囲い込まれた結果、村落のあり方は一九八〇年代のそれとは大きく異なるものとなり、都市化が進行し、生活様式や人間関係、男女の役割、生業など、村人の日常的な文化実践にはさまざまな変化が生じている(4)。
たとえば、道路が舗装される以前には、雨季に村内の街路がぬかるんでしまい、住民のみならず観光客をも悩ませた。今日では、アスファルトによる舗装やレンガを敷き詰めたおかげで、雨でも散策しやすく、さらにはモダンな照明灯が所々に立てられていてリゾート地の気分を味わうことができる。また、もはや各家庭では家畜を飼育していないし、かつて農具や食糧の貯蔵場所として使われていた床下の空間は、円形テーブルなどを配置し、観光客がタイ族料理を楽しむ開放的なスペースとなっている。また、自家用車も普及し、高床式家屋の床下の部分は駐車スペースとなった。

観光開発が始まる以前、タイ族園の各村落は他のタイ族村落と同様、水稲栽培とゴム栽培を生業の中心においていた。しかし村人の大半は、観光産業が軌道に乗って以降、工芸品や娯楽、舞台芸術、飲食、宿泊・接待、有機農産物・果物の栽培、運送・流通など、さまざまな業種に従事している。観光客を相手にしたサービス業の場合、働き手はもっぱら女性で、同一世帯の男性は田地とゴム林を一手に管理するようになった。といっても自分で耕すのではなく、同じ村落の農業者に貸すか、村外の者を雇って天然ゴム栽培や稲作をおこなっている。

タイ族園内にある四か所の仏教寺院はいずれも修復をほどこされ、壮麗華美なものとなり、一九八六―八七年当時との差は歴然としている。当時、寺院の周りは閑散とした空き地であり、静謐な雰囲気に包まれていた。寺院建築も簡素だった。本殿の床は三和土《さんわど》であり、境内も仏塔がある以外は広々とした空き地の状態になっていた。仏教儀礼や民俗行事の時には村人が大勢集まり、供物や寄進物をもって訪問しあうなど、村落間のつながりがあった。とくに観光客が多く訪れる曼春満寺院では、境内に観光客向けのさまざまな施設や装飾物が造られている。本堂内部でも、大乗仏教で用いる線香やロウソクが僧侶の手で販売され、観光客に対して仏教儀礼をおこなっている。寺院の外には土産物を売る店が並び、民族衣装や果物、飲料、工芸品を販売しているが、こうした商売はタイ族園の整備が始まってから普及した。寺院の周りの世帯では、自宅のスペースを使って観光客に金銀細工の工芸品や織物を販売するようになった。

しかし、観光化は村落内部に対立や葛藤をもたらした。観光開発にともなう利益獲得や配分をめぐる問題である。村民の間では、観光客の奪い合いが生じたことも報告されているが、観光資源の分布に偏りがあったことも一つの要因である。非物質文化遺産の展示区は曼春満村に位置し、寺院は曼将、曼春満、曼乍、曼听などにあるとはいえ、曼春満や曼听が人気のスポットとなっている。タイ族園公司は観光スポットに利用料を払ったので、村落間で観光収入に格差が生じている。また、タイ族園公司の職員として雇用された人びととそうでない人びとの間でも収入は違っている。村人の間では、観光資源の配置やその活用、利用をめぐって複雑な心理状態が生じている（李 二〇一二）。

## 異化建築の出現

タイ族園においてタイ楼と村落景観は最も重要な観光資源である。これらはいずれも、観光客が求めるエキゾチズムを構成する要素であり、観光地としてのイメージ形成の源泉である。観光を推進する側のタイ族園公司にとって、これらの観光資源を保存・保護し、その変化を観光イメージから逸脱しない範囲に収めることが関心事である。この問題を論ずるうえで、「異化建築」と呼ばれる現代的な建築物が園内に多数出現した点に注目したい。タイ族の高床式住居に対する中国語の表記には「竹楼」、「傣家竹楼」、「傣族竹楼」などがある。今日では竹材を用いている家屋（竹楼）はほとんど見かけない。他方、異化建築とは、コンクリートやレンガが多用されており、工業製の屋根瓦やガラス窓も用いられる、伝統的な家屋様式から隔たりのある建築物のことである。過度に現代的な印象を与えるため、タイ族園の景観を害するとして問題になった（田・王 二〇一一、本書阿部論文も参照）。

二〇〇一年の時点では、タイ族園公司も伝統家屋を保護する権限を持たず、自治州内も異化建築を法律で規制

写真５　民族伝統建築保護村落の標示（2015年12月28日撮影）

していなかったため、村人自身が家屋を建て替える際、現代的な家屋を建てたがるようになった。その理由は、伝統的な家屋は①使い勝手が悪いこと、②降雨や落雷に弱いこと、③耐久性が二十～三十年と短いこと、などによる。二〇〇八年五月の時点で、五村落の異化建築（タイ族園事務所や村落委員会の建物施設などを含む）の面積が二万二二六・七四平方メートルであり、タイ族園の全域（約八万六〇〇〇平方メートル）の四分の一を占める。五村落のタイ楼のうちで、異化建築とされたのは五十二戸（総戸数の十五・七パーセントに相当）である。内訳は、曼将村三戸、曼春満村二十四戸、曼乍村一戸、曼嘎村五戸、曼听村十九戸という状況である（武 二〇一一）。

　タイ族園が一定の成功が収め、多くの観光客を集めるようになってからは、利益配分をめぐってタイ族園公司と村落／村人の間で対立が生じた。村落側は配分の比率について公司側に改善要求を出していたが、公司側は開園にあたってインフラ整備に多額の投資をおこなっており、その回収が不可欠だとした。一九九九年十月の営業を開始した時点でタイ族園の入場料は五元だったが、その後、引き上げられて、団体客、児童・小学生といった入場者の種類に即した優待措置はあるものの基本額は百元ほどになっている。公司側は、すでに多額の投資をしているので、入場料をできるだけ高く設定しようとする。しかし、タイ家楽によって得られる収入は、公司側の設定した入場料の影響を直接、間接に受けてしまう。タイ族園の入場料を高く設定すると、タイ家楽の接待客の減少につながると村人に判断されたのである。また、公司側の投資がはたして本当に建設に当てられているかについても不明な部分があり、入場料の配分額や新築家屋への補償についても不満が生じた。

シーサンパンナにおける伝統家屋の減少に歯止めをかける目的から、州政府は「民族建築伝統保護条例」（二〇〇八年八月一日）を公布した。これを受けてタイ族園公司も独自の保護条例を作成し、民族文化の保護を助成するとした。二〇〇八年までに補償を受けた世帯は一一九戸（総戸数の三十五・一パーセント）であるが、二〇〇九年からは補償額が一戸当たり四〇〇〇元から一万五〇〇〇元に値上げされた。州政府も園内に「民族伝統建築集落」の標識を立てることで住民の意識向上に努めている。この点に関して、タイ楼に現代的な様式や設備が取り入れられた結果、一九八〇年代に一般的であった木材によるタイ族家屋はもはやほとんど存在しないことに注意を払う必要がある。改築は、公司側が定めた基準に則って行われるが、家屋の規模やベランダ部分に付設される浴室の外壁の色などには基準がなく、当初の想定を大きく外れる外観が加味されている。「原生態」「原汁原味」というのは、古式の維持を意味するわけではない。伝統と現代との折衷をどの程度まで認め、民族文化観光村としての原生態、原汁原味をいかに保持するかが問題となっているのである。観光客に見えない部分、めだたない部分には、コンクリート製やレンガ製のカラフルなモダン建築も混じっているのが現状である(5)。

なお、改築にあたって、従来用いられていた素焼きの瓦は耐久年数が短く、上質の瑠璃瓦（釉薬を使って焼いた瓦）よりも劣るため、素焼きの瓦を禁止しようとするタイ族園公司の指導を不満に思う者もいる。また木材の値上がりによって、一三〇平方メートルの家屋を建てるには四十万元もの費用がかかるため、大部分の建材はミャンマーから輸入されるが、村人にとってはそれでもきわめて高価な代物である（汪・朱 二〇一二）。

## 文化遺産の保存と継承

タイ族園の経営は、「公司＋農戸」の発展モデルにもとづいた「政府主導、企業運営、村人参与」の協力関係が特徴である。タイ族園は創設以後、企業（公司）と地元政府、村落の三者が共同して、少数民族文化の保存・

保護と経済発展、観光開発を有機的に進めていく実践例として関心が持たれ、様々な角度から研究がなされてきた。すでに検討してきたように、それは、村落住民を観光活動に参与させる一方で、文化空間や民族・民俗文化の保持をうながし、観光地の機能とコミュニティの機能を同時に維持しようとする。従来の多くの民族文化観光村が一定期間後に経営困難に至った状況に比べ、タイ族園は、常に一定数の訪問者数を確保してきた点で成功している。

しかし、観光は経済収入をもたらす一方で、生活の現代化や市場経済化、都市化、伝統文化の周縁化など、村落社会にさまざまな問題を引き起こしている。タイ族園は、地域住民の生活領域を観光化し、一方的な考えにもとづいてそこを保護しようとする。それは、文化遺産保護を装った観光開発である。求められているのはそうではなく、文化の担い手と地方政府、開発業者、専門家、旅行仲介者の五つの主体が調和的な関係を保ち、過度の商業主義から「生きた遺産」たる地域コミュニティを保護することのはずだ。地域コミュニティを基盤としつつ、文化遺産保護と観光開発を両立させ、地域の自然や歴史、生活文化を地域ブランド化に結びつける取り組みが求められている。

そのための一方策として、生活文化と観光文化の領域と機能をより明確に区別し、両者のバランスをとることが考えられる。観光産業にかかわる政府と公司、開発業者、村民など、諸主体の利益配分を改善する開発モデルも出されている（孫・張 二〇一五、桂・呂 二〇一二）。このモデルでは、観光空間と生活空間を区別したうえで、文化空間の視点から資源の管理と運用をおこなうことが提唱されているが、「公司＋農戸」の開発方式が矛盾を内在していること、観光空間と生活空間は相互に関係しあっていることなど、保護と開発の両立をめざすことの課題は多い。

観光化の影響は、さまざまな分野に及んでいる。村人の日常的な生活文化や風俗習慣は、観光客の消費の対象である。このため、演出された民族文化は常に変動し、本物らしさを保持しつつ、質の低下を回避し続けていかねばならない。そのためには、観光客のニーズをたえず更新していくことが求められる。観光化に伴う伝統文化の商品化や俗化、形骸化などの危機は乗り越えられていない。いわゆる伝統の維持は、外部から訪れる観光客の好みに合わせておこなわれ、タイ族の視点が考慮されない点において、矛盾をはらんだ商品化と呼ぶことができる。イメージどおりの経験を観光客に提供することが持続可能な発展に結びつくかどうかは、未知数の部分を残している。

一九八〇年代に始まるシーサンパンナの観光開発は、九〇年代に大規模化した。こうした中で、シーサンパンナでは、生活空間が観光地に仕立てあげられ、観光ガイドブックでエスニック観光の拠点として紹介されている。タイ族園は、その代表的な施設である。二〇〇〇年代になると、文化遺産の保護が国の文化政策の課題となり、文化遺産の認定がブランディング・システムとして機能するようになった。市場経済化の波は、タイ族の人びとをいっそう現代的な都市文化に向かわせており、文化遺産保護と開発の葛藤がさまざまな場面で生じている。とりわけ村人は、気づかぬうちに内規や法令を押しつけられ、多大な不利益を被っている。開発による変化と文化遺産保護によるブランド維持を均衡させ、コミュニティの参加を促すことが課題である。

## 結び

中国では、二〇〇〇年代になって文化遺産の保護が国家レベルの文化政策に組み込まれた。ユネスコが提唱する文化遺産の概念がとり入れられたことで、従来の民族・民俗文化の保護という視点に加え、文化的景観や文化空間などの「生きている遺産」の概念も同等に重要な意味を持つにいたっている（河合 二〇一七）。非物質文化遺産の保護を実現するために、持続可能な観光開発の具体的な解決方法が模索されている。しかし、地域住民の同意や関与が不十分なまま観光開発が進むことが少なくなく、景観を含めた文化遺産の損傷や変容や利益配分のアンバランスなど、さまざまな葛藤が生じている。少数民族の村落観光において文化を保護するうえでは観光と文化保護を両立させるだけでなく、村落で生活の場とする人びとに配慮し、文化遺産という公共財について、保護と開発のバランスをとることが課題である。そして、観光の持続可能な発展をとおして、民族・民俗文化を保護するとともに、村落を舞台として展開される文化実践と社会空間の相互作用について検討を重ねていく必要がある。

　過度の商業主義から地域コミュニティを守り、現地の人びとの雇用を確保しながら「生きた遺産」を保護する方式が求められている（本書序章を参照）。そのためには、地域の自然と歴史、生活文化をふまえて地域全体をブランド化することと、地域コミュニティを主体として観光開発を進めていくことが求められる。政府が観光開発を主導する過程で、民族文化の演出と文化的再編がどのような方向に向かうのか、注意深く見守っていく必要がある。経済発展戦略を有効に進め、地域格差を解消していくことも、観光開発に期待されている。持続的な観光開発の推進と民族文化産業の育成は、地域・民族間の経済的格差の解消にとって有益であるばかりでなく、少数民族の文化的特色を活用した多民族国家としての調和と共存の実現に対して必要不可欠である。文化遺産という公共財について、保護と観光開発の発展のバランスをとれる持続発展可能な道を模索していくためには、他の地域の事例をもふまえた比較研究が求められている。

（1）長谷川 二〇〇一、二〇〇六を参照。一九八六年四月に水かけ祭りでムンハムを訪ねたのが最初である。以来、短期間ではあるが、参与観察を継続してきた。

（2）劉 二〇一〇、張・李 二〇一〇もあわせて参照。

（3）範文武の経歴は以下のとおり。一九五六年生まれ。一九七九年、両親に従ってムンハムに移住、橄欖壩農場の高校を卒業後、一年間、学校の教師（同農場七分場）を務めた。その後五年間、団委書記兼青年幹事（同農場七分場）を務め、経営や体制改革にあたった。その間、果物加工の工場（橄欖壩罐頭食品廠）の主任なども兼務し、業績を上げ、橄欖壩農場の青年リーダーに抜擢された。タイ族園の経営戦略については、以下を参照。「西双版納傣族園傣民族文化的保護与発展」（二〇〇〇年四月二十日）、「〝傣家

楽〃旅游項目実施方案」（二〇〇二年六月二十三日）、「傣族園発展給景区村民帯来的利益」（二〇〇三年十二月二十五日）、「保護干欄式建築的具体措施和弁法」（二〇〇四年六月二十日）、「西双版納傣族園景区発展社区旅游的概況―解析西双版納傣族園〃公司＋農戸〃的成功嘗試」（二〇〇五年七月五日）（範 二〇一一）。

（4）タイ族園、はコミュニティ参加型の観光開発の典型例として研究者の注目を集めている。黄ほか 二〇〇六、孫・保 二〇〇四、孫・張 二〇一一、孫・張 二〇一五などを参照。

（5）この点に関して、孫九霞と張倩は現地調査に基づき、園内のタイ楼を「伝統創新型」、「固守伝統型」、「観望行動型」、「顛覆伝統型」に分けている。伝統創新型は、タイ家楽経営のエリートグループの所有物件に多い。彼らは、観光経営のためにタイ楼を改造し、民族特色を維持しつつ、現代化された生活の要素を積極的に吸収している。固守伝統型は、タイ家楽経営者の所有物に多い。観望行動型は、新式のタイ楼を流行に従って創造する経営者が所有する。彼らは、積極的に観光客を受け入れるが、資金不足のため投資を節約し、いずれは経営の乗り出そうとしている。顛覆伝統型は、宿泊客だけを受け入れる経営者が所有する異化建築である。彼らは、タイ家楽に関する助成を公司側から受けていないため、伝統的な建物を建てる動機がないとしている（孫・張 二〇一一）

## 参考文献


河合洋尚（二〇一七）「創造される文化的景観――客家地域の集合住宅をめぐる文化遺産実践」飯田卓（編）『文明史のなかの文化遺産』一五一―一七六頁、臨川書店。

長谷川清（二〇〇一）「観光開発と民族社会の変容」佐々木信彰（編）『現代中国の民族と経済』一〇七―一三一頁、世界思想社。

――（二〇〇六）「エスニック観光と『風俗習慣』の商品化――西双版納傣族自治州の事例」塚田誠之（編）『中国・東南アジア大陸部の国境地域における諸民族文化の動態』一七三―一九四頁、国立民族学博物館。

刀波主（編）（二〇一〇）『傣族非物質文化遺産概说』民族出版社。

鄧永進（二〇〇九）『民族旅游研究』南開大学出版社。

範文武（二〇一一）『守望竹楼』雲南出版集団公司。

範文武（主編）（二〇〇九）『西双版納傣族園十年発展回顧（紀年西双版納傣族園建園十周年）（一九九九―二〇〇九）』内部印刷。

桂榕・呂宛青（二〇一二）「旅游―生活空間与民族文化的旅游化保護―西双版納傣族園為例」『広西民族研究』（三）：一八八―一九五。

方慧・黄琪・周芳・熊琼芬（二〇〇二）『雲南少数民族伝統文化的法律保護』民族出版社。

馮暁飛（二〇一四）「緑洲逐梦人西双版納生態力回眸」西双版納傣族自治州文学芸術界連合会（編）『美麗家園』八五―一〇一頁、雲南出版集団・雲南人民出版社。
黄亮・陸林・雨蓮（二〇〇六）「少数民族村寨的旅游開発発展模式研究——以西双版納傣族園為例」『旅游学刊』二一：五三—五六。
黄映玲（二〇一〇）『西双版納発展論』雲南大学出版社。
黎明（二〇〇七）「論我国少数民族非物質文化遺産保護的法源問題」『民族研究』（三）：一一—一九。
李湮（二〇一二）「協調西双版納傣族園村人内部利益関係的実証研究」『広西経済管理幹部学院学報』二四（三）：三五—四三。
劉朝暉（二〇一〇）「中俄非物質文化遺産保護比較的研究——基於文化空間分析視野」『中南民族学院学報』三〇（一）：二四—二九。
史軍超（二〇〇三）「橄欖壩傣族郷村文化開発」張徳文・納麒（編）『雲南文化発展藍皮書二〇〇二—二〇〇三』四二一—四二九頁、雲南大学出版社。
孫九霞・保継剛（二〇〇四）「社区参与的旅游人類学研究——以西双版納傣族園為例」『広西民族学院学報』二六（六）：一二八—一七一。
——（二〇〇六）「旅游発展与傣族園社区的郷村都市化」『中南民族大学学報』二六（二）：四〇—四四。
孫九霞・張倩（二〇一一）「旅游対傣族物質文化変遷及其資本化的影響——以傣楼景観為例」『広西民族大学学報』三三（三）：七—一三。
孫九霞・張皙（二〇一五）「民族旅游社区交往空間研究——西双版納傣族園為例」『青海民族研究』二六（一）：一—八。
田艶・王若冰（二〇一一）「法治視野下的傣族伝統建築保護研究」『雲南社会科学』（一）：八〇—八三。
汪俊・朱暁輝（二〇一二）「以企業為主体的民族村寨旅游開発模式的思考——以雲南省西双版納傣族園景点為案例」『経済研究導刊』二〇一二（五）：一〇五—一〇八。
烏丙安（二〇〇七）「民俗文化空間——中国非物質文化遺産保護的重中之重」『民俗文化論壇』（一）：九八—一〇〇。
呉炆佳・銭俊希・朱竑（二〇一五）「商品化民族節日中表演者的角色認同与管理——以西双版納傣族園潑水節為例」『旅游学刊』二〇一五年（五）：五五—六四。
西双版納傣族自治州地方志編纂委員会（編）（二〇〇二）『西双版納傣族自治州志』上冊、新華出版社。
向雲駒（二〇〇八）「論〝文化空間〟」『中央民族大学学報』（一）：八一—八八。
肖遠平・柴立・王偉烈（編）（二〇一五）『中国少数民族非物質文化遺産発展報告』社会科学文献出版社。
張暁萍・李鑫（二〇一〇）「基於文化空間理論的非物質文化遺産保護与旅游化生存実践」『学術探索』（六）：一〇五—一〇九。

# 商品化と反商品化

——マダガスカル山村の無形文化遺産

飯田　卓

アムルニ・マニア地域圏
アントゥエチャ郡
マダガスカル共和国
0
200km
1/2.044.700

文化という概念はとらえにくい。とりわけヨーロッパ諸言語では、文化という語は農耕と同じ語根をもち（たとえば英語のculture）、自然の生命力と無関係でないにもかかわらず、自然から距離を置いた人為の枠と考えられてきた（吉見 二〇〇三、Eagleton 2000）。日本語の文化も、文明という類語が意味するような洗練というニュアンスをもついっぽう（たとえば「文化勲章」）、人びとが無意識に身につけている「集団が共有する習慣や様式、価値観」一般を意味することがある（たとえば「異文化理解」、Kluckhohn and Kelly 1945）。天才が創造しエリートが享受する「文化」と、民衆を含む万人が有する「文化」は、相容れない考えかたであるにもかかわらず、日常的には「文化」という同じ語で指示されている。

いっぽうで、文化遺産という語は当初、どちらかといえば洗礼されたエリート文化に近い意味内容をもっていた。ユネスコ世界遺産が「顕著な普遍的価値」を重視し、高度な洗練や唯一性を遺産指定の条件としてきたことは、すでに序論で述べたとおりである。ところが、世界遺産委員会がグローバル・ストラテジーを掲げ、無形文化遺産条約が締結されるなかで、担い手にとっての価値が重視されるようになり、文化遺産の概念は民衆的な文化現象を取りこみつつある。ここでも、文化遺産という語は、意味内容が多義的になっているようにみえる。エリート的な文化現象が、民衆的な文化現象を含みこむようになってきた。

しかし、文化行政的な視点からではなく、文化を実践する人びとの視点から見ると、事情は異なる。とりわけ文字の使用頻度が少ない社会では、文化や文化遺産に対応する語がもともとなかった（本書阿部論文を参照）。そこで支配的だったのは、民衆的な文化現象である。その民衆的な文化現象が、商品化の進展により、洗練を重視するエリート的な文化現象を含みこむようになってきた。現代の日本社会で文化遺産を考える場合とは、ちょうど逆である。こうした現象は、交通や通信の手段がかぎられた「民俗社会」が急速に消費社会へと移行するとき起こるらしい（飯田 二〇一七、本書長谷川論文を参照）。

本章では、そうした急速に変貌する社会での文化遺産をとりあげる。舞台は、マダガスカル中央高地部にあるザフィマニリ人（Zafimaniry）の村落である。ここでは、豊富な森林資源を活用しておこなわれてきた木彫りに関する知識が、二〇〇三年ユネスコによって「人類の口承および無形遺産の傑作」に数えられ、二〇〇八年には他の「傑作」とともに無形文化遺産の代表一覧表に記載された。わたしがこの地域をはじめて訪れたのは二〇〇七年のことで、二〇〇九年から二〇一二年までのあいだに調査と展示資料収集のため八十七日間この地域に滞在した。本章の記述の大部分は、この期間にわたしが経験したことがらにもとづいているが、二〇一三年と二〇一四年、二〇一五年におこなった短期の調査旅行で得た知見も適宜とり入れた。

ザフィマニリの事例をみることで、ローカルな文化現象とグローバルな文化現象の相互作用を明らかにし、文化がもつ多義的な価値を明らかにすることが、本章の目的である。

## 一　ザフィマニリ文化の発見

マダガスカルでは国勢調査などでエスニシティ（民族）を問うことがないため、ザフィマニリの人口規模は不明だが、一万人を大きく上回ることはないと推測される。人口が二〇〇〇万人を超えるマダガスカルのなかで、この数はひじょうに小さいため、彼らの居住地域を離れるとザフィマニリという民族名はほとんど知られていない。そもそもザフィマニリ人自身、ベツィレオ人（Betsileo）やメリナ人（Merina）など他の有力な民族の一部にザフィマニリが含まれると考えることが少なくない。しかし近年は、彼らの文化が他のマダガスカル人のものとくらべても特徴的であるという理由により、ザフィマニリ人としてのアイデンティティが強固なものになりつつある（内堀 二〇一三）。

ザフィマニリの文化的特徴として第一にあげるべきは、その生業である。彼らの居住地は、島の中央高地部が東海岸に向かって落ちこむ位置にあるため、急峻で、標高は千メートルから一六〇〇メートルほどの高さにわたる。このため交通が不便で、自動車が通れる道路はザフィマニリ居住域の辺縁にまでしか達していない。水田を拓くのも容易ではなく、東海岸部で栽培されてきた陸稲も生育しない。このため、周囲の森林を焼いた後に作物の種子を播く焼畑耕作が、生業の重要な位置を占めてきた。主要な作物はトウモロコシやサツマイモなどである。このことは、水田稲作を主要な生業とする中央高地部の人びとからみると特異であったし、マダガスカル全体からみても、交通が不便なために農作物の交換が制限される状況というのは、それほど多くなかった[1]。ザフィマニリ居住域でベツィレオ式の棚田耕作が始まったのは、二十世紀なかばのことにすぎない。

写真１　ザフィマニリ家屋（2010年７月撮影）

ザフィマニリ文化がユニークなものとみなされる別の理由として、家屋建築の様式がある。十九世紀、マダガスカル中央高地部の一帯には木造家屋が林立していたが（Decary 1958）、ヨーロッパ人がレンガ製造の技術をもたらしたことにより、家屋の様式が一変した。その背景には、木材価格の上昇もはたらいていたと思われる。しかしザフィマニリ居住域では、木材の商業的伐採がほとんどなく、レンガを効率的に輸送できる道路もなかったため、昔ながらの木造家屋がこんにちも多くみられる（写真１）。核家族を超える規模の人数が住んでなおゆとりある規模の木造家屋が残るのは、現在、このザフィマニリ居住域だけだといわれる。この木造家屋は「ザフィマニリ家屋」と呼ばれる。おそらく、地域の外から来た訪問者がそのように名づけ、ザフィマニリ自身もそう呼ぶようになったのだろう（飯田二〇一三ａ）。

ザフィマニリ家屋は、鉄釘をいっさい使うことなく建てることができる。わたしの知るある年長者は、このようすを、強制を受けること

写真2　窓に刻まれたザフィマニリ模様（2015年11月撮影）

なく互いの協力で団結する人びとに喩えていた。そして、彼らの家屋は、互いの愛情や協力を重視するマダガスカル人すべての理想を体現したものであり、ザフィマニリ家屋はその意味でも洗練されているのだと強調した。

ザフィマニリ家屋は、他の点でも文化的価値を体現している。時間を経て強固さを備えることが、家屋のような物質においても人間の結びつきにおいても、理想とされるというのである（Bloch 1993, 1995a）。若い夫婦が住む家屋では、竹筒の縦に切れ目を入れて開いた竹材（ひしぎ竹）を網代に組んで壁とすることが多い。これは、若い夫婦の貯蓄がまだ多くなく、家屋も簡素なものにならざるをえないためである。しかし、網代の壁はけっして丈夫なものではない。そこで夫婦は、貯蓄ができると、少しずつ網代を木材におき換えていく。こうして備わるにいたる強固さは、家屋が次第に獲得していく美徳であり、人間において家族関係が少しずつ強固なものになるのと軌を一にする。つまり、生涯をかけて強固さを備えていくというザフィマニリの人生観が、木造家屋に反映され、物象化されているのである。

ザフィマニリの文化的特徴にもうひとつ、開き戸式の木製窓にほどこされる幾何学模様の浮彫りがある（写真2）。多くのモチーフは、いくつかの基本的な要素を組み合わせて長方形や円形に配置したもので、シンメトリックな美しさが印象的だ。この模様に初めて接する人のなかには、この模様が家紋や呪符の役割をはたすのではないかと聞く人がいる。しかし、わたしの理解するかぎりそうした意味はなく、長い時間をかけて家屋が強固さを獲得するプロセスの仕上げとしてほどこされるといったほうがよい。近代的な建材や塗料が入ってくるまで、木彫りは、家屋装飾の数少ない手段のひとつだった。

この地域で長く人類学的調査をおこなってきたモーリス・ブロックは、文化の内情を知らない人たちの考えかたに対して、警告を発する。そうした人たちはしばしば、「プリミティヴ・アート」と呼ばれるものが不可思議な象徴的意味に満ちみちていると誤解しがちであり、ザフィマニリ模様にも象徴的意味を求めるのだと（飯田 二〇一三b、Bloch 1995b も参照）。しかし実際のザフィマニリの木彫りは、あくまで、互いに区別がつきにくい家屋に個性を与えるものだ。

木造家屋の建造は、窓の浮彫りとともに、ザフィマニリにとって特別な木彫りである。一般の人びとは、生涯を通じて一軒の家しか建造しない。したがって、少なくともこの数十年間、家の施主たちは住まいを建てるために熟練の大工を雇ってきた。資金が足りなければ、大工たちはほぞとほぞ穴の加工だけを受けもち、他の作業は施主の家族たちがおこなった。浮彫りも同じで、熟練した職人が彫ることもあったが、施主たち自身がおこなうこともあった。いわば、完全に産業化していない工芸だったのだが、洗練された浮彫りが外来者を魅了したからこそ、木彫り技術全体がユネスコの無形文化遺産一覧表に記載されるまでになったのだろう。

こうした奢侈品とは反対に、より消耗しやすい生活必需品は、使用者自身が製作した。居住地全体が山がちで交通の便がよくないために、住民は、自家消費のための手工業をおこなうのがふつうだったのだ。そのようにして作られた工芸品には、農繁期で食糧備蓄が少なくなるときに採集したハチミツを運んだり保管したりする容器や（写真3）、訪問者に使ってもらう腰かけ（写真4）、焼畑に火をかけるさいに必要とされた火打石を収める容器（写真5）などがある。

日常の用を満たすための木彫り技術は、いくつかの特徴をもっている。第一に、身近なものを素材とすること。第二に、最適な素材と加工法を選びとるための豊富な博物学的知識を基礎としていること。第三に、数少ない工具でおこなう代わり、使いかた（身体技法）を多様化させてさまざまな工程をこなしていること。第四に、そう

写真3　ハチミツ容器　模様なし（左）と模様あり（右）2009年9月撮影

写真4　腰かけ　模様なし（左）と模様あり（右）2009年9月撮影

写真5　火打石容器　模様なし（左）と模様あり（右）2009年9月撮影

した技術の習得は、制度化された教育の場でなくさまざまな機会におこなわれること。こうした特徴は、ホームセンターなどでさまざまな素材や工具をそろえてからおこなう先進国の工芸と、大きく異なっている。

それから上記の特徴に加えて、伝統的なザフィマニリの木工芸品は、材を削って形を整える「刳りもの」である。複数の部品を組み合わせる「指しもの（組みもの）」はまったくみられず、しいていえば、木造家屋だけが例外的な指しものである。この傾向が変化していることも、後段では述べたい。

## 二　木彫りの商品化

前節での記述が完全にあてはまるのは、じつは、もはや過去のこととなってしまった。まったく変わったわけではないものの、現在では、現金経済の浸透にともなって生じた例外がいくつかある。そうした変化は、ザフィマニリの農民たちが工芸品を売るようになった一九六〇年代に始まったと推測される。最初に工芸品を買ったのは、フランス人のカトリック神父だ。買いあげの目的は、凶作時の食糧不足を少しでも軽減することだった(Peltereau-Villeneuve 1991)。また同じ頃、マダガスカル最大の高等教育機関であるアンタナナリヴ大学の附属博物館が、マダガスカル全土で標本資料の収集をおこない、山岳部で継承されてきた「民芸」も大量に収集した(Vérin 1964)。その結果、洗練されたザフィマニリの木彫りがまず海外の人びとに認知されるようになり、のちにはマダガスカル国内の富裕層に知られるようになった。

貨幣経済の浸透は、木彫りの製作に関して、以下に述べるさまざまな効果をもたらした。

### 1　職業化

商品化が始まる以前、木彫りは、日用品を自作するための一時的労働にすぎなかった。ザフィマニリは農耕をおもな生業とするため、人びとは、畑仕事のないときに木彫り仕事をおこなった。しかし、家計において現金使用の比重が増してくると、一部の農業者は、木彫りに多くの時間をさくようになった。ただしその変化のスピードは、役場までの距離などにより、村ごとに異なっている。車道が通じていて多くの海外観光客が訪れる役場所在地のアントゥエチャ村(Antoetra)では、二〇一二年当時、「フルタイムの」木彫り職人がみられた。彼らは、農地を所有するが畑仕事を雇い人に任せ、自分は木彫りに専念する。プロと言ってもよいかもしれない。

工芸品を買うのは、海外からの観光客にかぎらない。3で述べるように、プロの職人から他のザフィマニリが製品を買うこともある。

### 2　模様のアイコン化

幾何学模様は、もともと木製窓だけにほどこされていたもので、容器や腰かけのような実用品には必要なかっ

写真6　アントゥエチャ村の工芸店（2012年7月撮影）

た。しかし、現在アントゥエチャ村にある工芸品店では、模様の入ったさまざまな工芸品をみることができる（写真6、写真3〜5の右側写真も参照）。訪問者にとって、そうした装飾つきの品は、ザフィマニリの人びとに出会った証しという意味をもつ。いっぽう、家屋の部材は遠くに運べないが、小さな品なら家まで持ち帰れる。携帯できるような小さな木彫り製品に模様がほどこされたのは、ごく自然なことだったのだろう。

一九六〇年代以前に模様のついた工芸品がまったくなかったかというと、そうとは言いきれない。アンタナナリヴ大学が一九六三年と六四年にザフィマニリ工芸品の資料を集めたとき、模様のついた工芸品が窓以外にもたくさんあった（Verin 1964）。しかし、模様はまずもって窓にほどこされるものだったのであり、工芸品店に並ぶ商品のほとんどに模様がほどこされるのは、訪問者の好みに合わせた結果にほかならない。

## 3　あらたな形状と様式

地域外の人たちがザフィマニリの木彫り技術を認知するようになると、あらたな形状の工芸品が出現した。もっともよく知られているのは、二枚の板を組みあわせて使う組みたて式椅子である（写真7）。この椅子は、アントゥエチャ村だけでなく首都アンタナナリヴでも売られ、ザフィマニリ椅子と呼ばれている。しかし形状からみると、もともとはアフリカ大陸部で古くから使われていたもので、マダガスカルのものではない。アンブヒマンザカ村（Ambohimanjaka）の人によると、村の年長者が若かった頃、ミシェル・ペルティエというカトリック神父がこの椅子をはじめて注文して作らせたという。この神父の名は明らかに、地域で工芸品の買いつけを始めたミシェル・ペルトロ＝ヴィユヌーヴの名が誤って伝えられたものだ（Peltereau-Villeneuve 1991）。ザフィマニリの木彫り職人はこのように、新奇な顧客に対して新奇な製品を作るようになった。とはいえ、この椅子をザフィマニリ椅子と呼ぶのが不適切だとは、一概にはいえない。というのも、この形状の椅子はザフィマニリの家庭でも使われており、とくに来客の多い家でしばしばみられるからだ。観光客むけに変更されたスタイルは、模様つきの実用品も含め、ザフィマニリの生活に還流しつつあるといえる。

新案の工芸品としては、他に衣装箱があげられる。これは、複数の部材を組みあわせるという、伝統的には家屋建造だけがとり入れていた工法を用いている。衣装箱を作れる指物師が現在もザフィマニリ地域にいるのか、それはわからない。なぜなら多くのザフィマニリ職人は、木材をただ削って製品の形を整えており、多数の部材を鉄釘で留めて衣装箱を作るのは得意でなさそうだからだ。衣装箱を作る指物師は、アクセスがよく鉄釘を入手しやすい村に拠点を置いている（いた）はずであり、アントゥエチャ村以外で自動車が通うほぼ唯一の村、アンブヒミトゥンブ村（Ambohimitombo）がその拠点だったとわたしはみている。指物師が住んでいたのは数十年前のことらしく、現在ではこの村でも衣装箱を作る人がいない。

写真７　組みたて式椅子（2009年9月撮影）

新案の工芸品としてはまだほかに、聖書を入れるための木箱、卓上用の調味料入れ、ナイフの鞘、装飾入りの円盤などがある。最後の円盤というのは、直径が二十〜三十センチほどの大きさで、両面に幾何学模様が彫られている。ザフィマニリの木彫り職人はこれをスプラ（フランス語で、皿の下に敷くソーサーのこと）と呼ぶが、じっさいにこれを皿敷きに使う買い手が多いとは思えない。むしろ、ザフィマニリ模様を見せるため、壁にかけたりスタンドに立てたりするのに適している。

最後の事例は、新案品としてはもっとも古い時代に遡るものと思われる。それは、四本脚のついた西洋風の椅子である。いっけんふつうの椅子にみえるが、よく見ると、一本の大きな材から彫られた一木造りであることがわかる。ザフィマニリの人たちがヨーロッパ人のために製品を作りはじめたとき、複数の部材を組みあわせる工法にはなじみがなかった。このため彼らは、多量のおが屑を削りだしながら、原木よりもはるかに小さいこの椅子を苦心して作ったのだ。現在は、ザフィマニリ地域を訪れる海外観光客がはるかに多いため、多くの時間と労力をかけてひとつの高級品を作るよりも、安価な製品を大量に作って売るほうが得である。この様式の椅子がもはや作られないのは、そのためだろう。

写真8　ある職人が使っていた道具一式

## 4　工具と素材のイノベーション

木彫りの商品化は、工具の多様化をもたらした。写真8は、ある職人が工房に置いていた工具の一式である。粗加工のための道具など、この中に含まれない工具もあるかもしれないが、この写真で重要なのは、ローカルな鍛冶師が作れないような細かい工具が多数あることだ。一部は、工場の工作機械で作られたのだろう。このことは、古い時代の工具についても明らかにしたうえで、あらためて論じたほうがよさそうだ。

この写真でもうひとつ注意したいのは、右上にある黒い円形の物体である。これは靴墨で、完成品に光沢をだすために用いられる。見た目に美しい製品が好まれるようになったいっぽうで、そのために適した素材は、製作地から遠いところまで行かなければ入手しにくくなっている。そのために木彫り職人は、靴墨を用いてふつうの木材を美しくみせようとしているのだ。職人がこの靴墨を呼ぶときのリダという名は、もっともよく使われる靴墨の商品名「リュード」が訛ったもので、一九九〇年代以降にマダガスカルとの貿易額を伸ばした中国で製造されている。マダガスカルの山岳部で工芸品を作る場合ですら、輸入した素材が不可欠になっているのである。

## 5　職人から作家へ

ここまでのくだりで「プロの職人」という表現をしてきたが、彼らの一部は作家（アーティスト）を自称している。作家を名乗るために、彼らは、たえず顧客を探しつづけていなければならない。そのための方法のひとつとして、海外観光客が集まるアントゥエチャ村には、彼ら作家の作品を展示即売する店が複数ある。また、そこに作品を展示しない作家は、外来の顧客とつながる長距離のコネクションをもっている。

現金獲得の手段が多様化すると、立体的な作品をまったく作らず、古民具にもっぱら幾何学模様だけをほどこす作家も現れた。そうした古民具のひとつに、遠くの村から買いつけてきた米びつがある。これは、収穫した米を保存しておくためのものだが、ザフィマニリのものではなく、より標高の低い熱帯雨林に住むタナラ人(Tanala)が使っていたものだ。タナラの居住地の森には大径木が多く、そこから作った巨大な木材を刳りぬいて、この米びつが作られる。これにザフィマニリ風の模様をほどこすと見栄えがよいが、ザフィマニリが稲作と米食をおこなうようになったのは二十世紀なかば以降のことである。模様のある米びつをザフィマニリ工芸とみなすかどうかは、議論の分かれるところだろう。

## 三　ザフィマニリ工芸の遺産化

二〇〇〇年代には、ラヴァルマナナ大統領がリベラルな外交政策をとったため、マダガスカルを訪れる海外観光客の数が著しく増えた。それにともない、この地域を訪れる観光客も激増した。その大多数は海外から来た人たちだ（Mancinelli 2014）。こうした変化の結果、アントゥエチャ村では、多くのザフィマニリがガイドやポーターの仕事に従事するようになり(2)、商品として売れる工芸品の数量も増えた。また、週に一度だけ市が開かれるこの村では、他の村からの訪問者数が増え、農作物や工芸品を売った現金で工業製品を買って帰るようになっている。人口も増えた。わたしの職場である国立民族学博物館の撮影班が布の織り工程を取材するためアントゥエチャ村で一九九八年に撮ったビデオを見ると、二〇一二年現在にくらべて、明らかに家屋の数が少なかったことがわかる。

二〇〇三年には、ユネスコが、ザフィマニリの木彫り知識を「人類の口承および無形遺産の傑作」に指定した。現在、この木彫り知識は、無形文化遺産の代表一覧表に記載されている(3)。木彫り知識の文化遺産化は、ザフィマニリ工芸品の需要をいっそう高め、いっそう多くの観光客を呼ぶことになった。このためザフィマニリの人びとは、かつてないほどに現金経済に依存するようになっている。いっぽうで、無形文化遺産としてのザフィマニリの知識には、少なからぬ変化が生じた。

### 6　特定の考えの正典化

木製窓やその他の品にほどこされるザフィマニリ模様は、特別な意味をもたないが、地域の外から来た人びと（よそ者）はそれを「知りたがる」。その結果、地元にくらすザフィマニリのガイドは、よそ者からの質問に答えて模様の意味を「説明する」。よそ者たちの思いこみを助長するのはガイドたちだけでなく、国際機関も同罪である。ユネスコのマダガスカル事務所は、図1のような表を作成して小冊子に掲載した（Ny Birao Mpandrindra UNESCO 2008）。この小冊子の説明文はガイドの説明とほぼ同じで（飯田 二〇一三b）、複数のアントゥエチャ村民によると、もともとはサカイヴ村（Sakaivo）に住んでいた熟練の大工（二〇一三年に逝去）から聞きとったものだという。

この説明が正しいのか誤っているのか、わたしには判断しがたい。しかし、こうした知識があまりにたやすく身につくならば、無形文化遺産の価値がじゅうぶん伝わらなくなるおそれがある。無形文化遺産の本質に関わる知識は、印刷物を通してではなく、集団の内部で口承によって伝えられてこそ価値を増す。したがって、ユネスコが作ったこの小冊子は、無形文化遺産を活性化すると同時に損ないもするという、相矛盾する効果をもたらすことになろう。

図　幾何学模様の基本モチーフの例

| | 名称 | 意味（象徴） |
|---|---|---|
| 1 | バナナの房 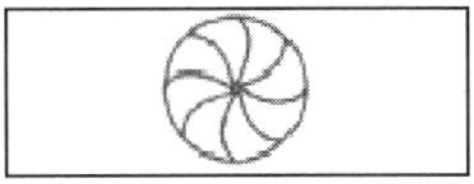 | 別れずにくらすという願い |
| 2 | 星 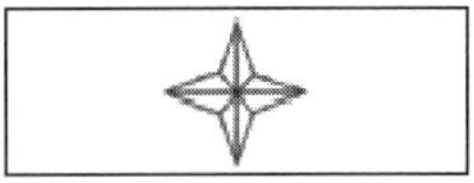 | 見通しよくくらすという願い |
| 3 | 陽射し 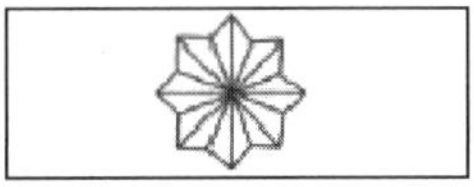 | 正直さ（心の明るさ）<br>誠実さ<br>家族の紐帯 |
| 4 | ハチの巣の目  | 相互信頼<br>共同作業<br>喜び（甘美さ）の分かちあい |

図1　幾何学模様の基本モチーフの例

## 7　景観の複製

わたしが二〇一三年七月にアントゥエチャ村を訪れたとき、村人たちのあいだでは、住まいの新築をフランス関係のＮＧＯが支援してくれるという噂でもちきりだった。金融的な支援はもっぱら木造家屋に対しておこなわれ、レンガ造りの家屋は対象でない。ただし、レンガ造りの家屋の所有者も、住んでいる家屋を解体すれば、木造家屋の建材と大工の給料をもらえるという。驚いたことに、六十人もの人がこのプログラムに応募したという。二〇一五年十月に再訪したときには、新築された五十五軒の木造家屋と、補修を受けた十件の旧築木造家屋が、ＮＧＯから融資を得ていた。旧築の木造家屋は、解体することを求められず、傷んだ部材だけが交換されたという。

このプログラムを実施したのは、「村と人（Des Villages et des Hommes）」というＮＧＯだ。この団体の公式ウェブサイトによると(4)、プログラムの実施経費は、二〇一三年一月にパリで展示競売会を催したときの寄附で賄われたという。そのギャラリーのウェブサイトは次のように述べる。

> 七十二人の現代美術作家による、マダガスカルに対する援助。マダガスカル中央高地のザフィマニリの人びとが手で彫りをほどこしたドアや窓を基材として、この作家たちは七十二点の作品を創作した。この作品は、現代美術とともにザフィマニリ文化を表裏両面から眺めるよう、わたしたちを誘う。作品の競売で得られたすべての収益は、毎日一米ドル以下で生計を立てるこの恵まれない人びとを支援するために使われる。ザフィマニリの専門技術の源泉たるアントゥエチャ村の人びとは、この支援によって水と健康と教育を手に入れる。そして、尊厳ある彼らの文化にふさわしい自然環境をも――(5)

それぞれの「美術品」は八百から一万五〇〇〇ユーロで競りおとされ、総売りあげは二十七万ユーロにのぼった。プロジェクトそのものは人道的な目標を掲げているが、西洋の現代美術作家にくらべて、ザフィマニリ職人の貢献が過小評価されていることは認めざるをえまい。しかしここでは、この問題についての深入りを避けよう。

家屋と景観の「伝統化」は、観光客にとって明らかに好ましいことだ。ウェブサイトが述べるように、この刷新作業は、ザフィマニリ文化を尊重する新景観を創造する。それというのも、この作業によって木造家屋は、伝統的にはたしてきた重要な役割を再びはたすようになるからだ。しかし、注意深い人ならば、あらたにつけ加わった変更を見逃さないだろう。

家屋の密度が高くなったため、新築される家屋は、長軸を南北に向けるという伝統的な配置をとれなくなっている。長軸を東西に向けた家屋は十九軒、すなわち新築された五十五軒の三十四・五パーセントにのぼる。そうした家屋では、一部の家具の配置を変えざるをえず、文化的観点からみてより深刻なことに、年長者が祖先の力を借りて年少者に祝福を与えることができなくなっている。祖先の力は、家屋の北東隅から生ずるものと決まっているのに（森山 一九九六も参照）、家屋の軸方向が異なっていては、祝福の場所と家具の配置が整合しなくなってしまうためだ。

こうした変更は、これまでにも、より安価に建てられる泥造りの家において生じてきた。これに対して木造家屋の所有者たちは、伝統的な家屋配置とシンボリズムを維持してきたのだが、今後はそうした状況も変わっていく可能性が高い。

## 8 資源枯渇の危険性

文化の持続性という観点からみると、もうひとつ、短期間に集中して特定の樹種を枯渇させるのではないかという懸念がある。

ひとつの家屋を構成する何百もの部材は、用途に応じて約二十のグループに分類される（飯田 二〇一三a）。屋根材には軽い材、屋根を支える柱には重い材というように、それぞれのグループにはそれぞれ適した樹種がある。森が豊かなために伝統的な木造家屋が多数を占めるフェンプナ村（Fempina）でわたしがおこなった調査によると、棟持ち柱（andry）に使われていたのはナトゥという樹種（nato, *Faucherea parvifolia*、アカテツ科）[6]か、代用種であるルチャ（rotra, *Eugenia* sp.、フトモモ科）のいずれかで、どちらも比重が高かった。比重が高いということは、その個体が時間をかけて生長したことを意味する。よい家屋を建てるためには、特定樹種の老齢個体が必要なのだ。

一般的にはこのようにナトゥが好まれるにもかかわらず、二〇一三年七月から二〇一四年三月までの期間にアントゥエチャ村で新築された家屋においては、実際にナトゥが棟持ち柱として使われる割合は半分にすぎず、ルチャはまったく使われていなかった(7)。さらに、建造中の家屋を案内してくれたアントゥエチャ村のある農業者によると、わたしたちが実見した棟持ち柱のほとんどは若齢のときに伐採されているため、何十年も柱として使うのは無理だろうという。この農業者は、かつて遠隔地において木材伐採や製材の仕事にたずさわったことがあり（Bloch 2005を参照）、その意見は信頼に足る。もし彼の考えが正しいとすると、新築された家々は、不適当な部材から作られていることになる。

家屋建築に適した木材は、すでに枯渇してしまったのだろうか？　これらの新築家屋が改築をおこなうとき、あるいは近ぢか他の誰かが家を新築しようとするとき、建材をどこで見つければよいのだろうか？　詳細についてはさらに調査しなければならないが、わたしが観察したことがらは、資源枯渇の進行を示しているように思える。

## 9　ザフィマニリ・アイデンティティの形成

工芸品の商品化は、ザフィマニリ・アイデンティティの形成にも深く関わっている。一九九〇年代にザフィマニリを調査した内堀基光によると、木彫り生産が盛んになるにつれて、ザフィマニリの村を訪れる観光客数が増えたという。また、そこで売られている工芸品は、ザフィマニリという民族名や居住地に結びついた「しるし」としての価値をもたなければ、正当に評価されることもなかっただろうという（内堀　二〇〇七）。よそ者としてのわたしの目からみて、そうした「しるし」のうちでもっとも効を奏したのは、首都の人びとや海外観光客が「ザフィマニリ模様（sikotra Zafimaniry）」と呼ぶ幾何学模様だろう。よそ者たちの見かたがザフィマニリの考えにも反映されるようになった結果、幾何学模様はザフィマニリ文化の象徴となり、その象徴に囲まれてくらす人たちの帰属意識を醸成するようになった。つまり、ユニークな幾何学模様をめぐって、ザフィマニリ・アイデンティティがたち現れつつあるのだ。

## 四　文化の客体化にともなう商品化と反商品化

ザフィマニリの人たちは、自分たちが使う道具や容器を作るため、木彫りをおこなってきた。だが近年は、観光客をはじめとする他の使用者のためにも工芸品を製作している。使用価値しかなかった木彫りに、交換価値が生じたのだ。いわゆる価値形態論に深入りするまでもなく（マルクス　一九六九）、この変化は、商品たる木彫りの性質を大きく変える。本章で紹介してきたいくつかの例は、ザフィマニリ自身以外の使用者（消費者）の好みや価値観が反映された結果といえよう（たとえば2、3、4）。また、商品化が木彫り生産の量的増加をうながしたことで生じた効果や（たとえば8）、同じく商品化にともなう社会分業化によって生じた効果もある（たとえば1、5）。

しかし、商品化と直接的には関わらなさそうな変化もある。たとえば、ザフィマニリ・アイデンティティの形成（9）をどのように考えればよいだろうか。もちろん、商品化という事態がなければ、木彫りを通じて彼らが矜持を得ることはなかった。しかし、この効果をもたらした直接のきっかけは、木彫りを買うかどうかにかかわらず、ザフィマニリを知らなかった人たちが彼らを知るようになったことである。ザフィマニリ文化の一部についての情報が広範に流通し、よそ者によって記憶されること、そして、それを知ったザフィマニリ自身が自分たちの文化の一部（あくまで一部）を選びとり、さらに別の人たちに提示すること、さらに、その効果を学んだ別のザフィマニリが同じように文化の一部を提示すること……そうした波及的なできごとの連続によって、ザフィマニリ・アイデンティティは形成されたのだと推測できる。

操作の対象として文化の一部を選びとり、そのことによってあらたな文化現象を創造していくプロセスは、文化の客体化と呼ばれる（太田 一九九三）。この現象は、文化が売り買いされなくとも、通信手段や交通手段が発達して情報が流通するようになれば、遅かれ早かれ生じよう（関 二〇一七、吉田 二〇一七を参照）。ザフィマニリの商品化は、ザフィマニリ文化の客体化より先に始まったようにみえる。しかし、商品化に先鞭をつけたキリスト教神父は、ザフィマニリ文化をすでに客観的に評価していたわけだから、客体化のプロセスはそのときすでに始まっていたといえる。そう考えれば、商品化もまた客体化のプロセスのひとつとみなすことができる。

ザフィマニリ文化に生じつつあることは、すべて、「文化の客体化」という大きな流れに沿ったものと理解できる。商品化だけでなく、ザフィマニリ・アイデンティティの形成も同じだ。しかしわたしは、「文化の客体化」を提唱した太田と異なり、それが文化の創造に結びつくという肯定的な側面だけを強調するつもりはない。たとえば、ザフィマニリ文化が地域の文脈から遊離してしまったことにより、地域の自然環境に負荷がかかるおそれがあるという問題点（8）を指摘できる。それにもかかわらず、ザフィマニリ文化に関して起こっていることがらは、たんなる商品化にとどまらない包括性をもつため、ここでは、一連のプロセスを客体化と呼ぶことにする。

また、ザフィマニリ文化にまつわる変化は、初期段階で商品化のプロセスに似ていても、どこかで反商品化に転じる性向を備えている。なぜなら、ザフィマニリ工芸の価値は、万人の利便に資する可能性たる交換価値だけでなく、特定の人たちにとってのみ意味のある記号性を帯びており、それが売買される理由になっているからである。具体的にいうと、ザフィマニリ工芸は、農民たちが自家使用のために作ったものであり、その土地でしか手に入らない。少なくとも旅行者たちはそのように信じており、ザフィマニリ自身を別にすれば、現地を訪れた幸運な旅行者だけがザフィマニリ工芸を所有できる。旅行者にとって、手元のザフィマニリ工芸は、稀少な旅行経験を示す記号であり、商品として簡単に入手できれば、価値が半減してしまう。したがってザフィマニリ工芸は、模様をはじめとする様式が土地や人びととの関わりを維持するかぎりにおいてのみ価値をもち、この関わりを断ちきるほどに商品化が進んだ場合には、売り手側も買い手側も商品化にブレーキをかけると予想される。

ザフィマニリ文化が商品化に対してこうした両義的なふるまいを示すのは、文化について相反する二つの考えかたがあり、ザフィマニリ文化が両者のあいだで揺れるからだ。ひとつは商品化となじみやすい「鑑賞のための文化」という考えかたで、もうひとつの商品化となじみにくい文化は「生存のための文化」である。両者の対立は、冒頭で述べた「エリート文化」と「民衆文化」の対立にほぼ重なる。

「鑑賞のための文化」の典型は、エジプトのピラミッドや日本の庭園、ヨーロッパの教会建築など、権力者たちが築きあげた文化だ。この意味での文化は、支配階級にのみそなわっており、その階級に属する人たちは、文化に対する個人のセンスをたえず洗練しようと努めてきた。十八世紀ヨーロッパで宮廷文化が花開いたとき、人びとを魅了したのはこの文化である。もうひとつの「生存のための文化」は、ロマン主義とともに十九世紀ドイツで生まれた。当時のロマン主義者たちは、イギリスやフランスで繁栄していたエリート文化に対する反発から、民間の口頭伝承や民謡にみずからの文化の拠りどころを見いだし、熱心に記録した。この活動はやがて、フォークロア運動としてヨーロッパ全体に広がり、日本にも飛び火する。しかしその時点では、民衆文化はなお、鑑賞や娯楽の対象という側面を強く残していた。二十世紀になり、ドイツ人であるフランツ・ボアズがアメリカに渡って文化人類学を創始したとき、文化は、習慣や制度や価値観の総体をなすものとして再定義される。ここにいたって民衆文化は、相互に結びつく多数の要素の集合体となり、人びとが生まれ落ちて成長していく場とみなされるようになった（Eagleton 2000）。

対比的にいえば、「生存のための文化」は、個人の経験が同時代の人たちと共有されたのち、さらに世代を超えて共有されるというプロセスをふまえて形成される。それには長い時間がかかるものの、集団にとっての有用性を基準として経験が取捨選択されるため、その文化は集団が共有する価値観や既存の生活様式、周囲の自然環境などと調和することが多い。この意味で、「生存のための文化」は特定の地域ないし集団にとって比較的長期間にわたり有用で、あらゆる諸要素を包括する全体となるにいたる。ただしそれは、普遍的に有用なわけではなく、普遍的に広がる全体でもない。マダガスカル語においてこの意味での文化をあらわすフンバ（fomba）という語が「方法」「性質」などの意味を併せもつのも、それが機能する文脈が限定されていることに由来しよう。こうした意味での文化は、限られた条件のもとでのみ、個人の行動に指針を与える。

いっぽう、「鑑賞のための文化」は、別の意味での全体性を体現する。この場合の全体性は、一定の嗜好をもつ消費者を対象として、販売戦略が異なるレベルでの鑑賞を結びつける結果だ。地方自治体が考案したマスコットキャラクター（いわゆる「ゆるキャラ」）がさまざまな商品のパッケージに流用され、観光旅行の目的地を選ぶのに影響することは、その一例といえよう。こうした全体性を形成するのは、情報を生成したり流通させたりするメディアであり、個人の行動もまたメディアを通じて模倣されることがある。しかし文化を鑑賞する行為は、個人の行動に指針を与えることもあるものの、そうでない場合も少なくない。マダガスカル語においてこの意味での文化をあらわすクルンツァイナ（kolon-tsaina）の直訳が「精神の育成」であることも、鑑賞が効果をあらわすまでに時間がかかり、即時的な行動指針にならないことを示しているように思う。

ザフィマニリの木彫りは、乏しい物資だけで生活するために不可欠な技術であり、「生存のための文化」の重要な一角をなしていた。それは、外部者のまなざしから独立して発展したもので、商品として流通するなどとは着想すらしえなかった（本書阿部論文を参照）。しかし道路が整備され、地域の外から便利な工業製品がやって来るようになると、手間ひまのかかる技術が生活ではたす役割は相対的に低下する（本書長谷川論文を参照）。じっさいに、木彫りより手間がかかる織り技術は、もはや消滅寸前にある(吉本 二〇一三)。ただし幸いなことに、木彫り技術のほうは、ザフィマニリ文化のユニークさを外部者に誇示する手段として価値を増し、「鑑賞のための文化」の源泉となった。

ザフィマニリの木彫りは、「生存のための文化」と「鑑賞のための文化」のいずれかになりきってしまうことはない。「生存のための文化」は、外部からのモノや情報の浸透によって重要性が低くなっており、ザフィマニリの居住地域でもフンバは断片化しつつある。また、ザフィマニリ工芸は、「鑑賞のための文化」として流通するにはあまりに多様な品質を含んでいる。ザフィマニリ工芸には実用品とアート作品が混在し、職人と作家が併存していることを想起すればよい(5)。品質管理を徹底したとしても、ローカルな記号性が失われてしまっては価値が半減するおそれがあるため、ザフィマニリ工芸は「生存のための文化」の性格をかなりのていど残すことになろう。また、木彫りの様式と土地や人びととの記号的な結びつきを維持していくために、様式を目まぐるしく変えるようなマーケティング戦略はとりにくいし、土地や人びととの急激な変化も、外部者に気づかれないよう偽装しなければならない(7)。

ザフィマニリ地域において、文化の客体化は、二つの文化概念の相互交通を可能にし、人びとがどちらかの文化を戦略的に選びとれるような状況を作りあげた。そのなかで、商品としての木彫りと反商品としての木彫りという相反する考えかたが並存し、一方から他方への変化も双方向的に生じているのだといえる。

## 五　現代を生きぬく伝統という戦略

文化についての二つの考えかたを併せもつ別の例としては、二十世紀後半にカルチュラル・スタディーズが対象とするようになった、一連のポピュラー文化がある。これらの文化は、時代として経験されつつ鑑賞されるという意味で両義的だが、ザフィマニリ文化の場合と異なって、生存のための諸要素と関わりを築く前に忘れられてしまうことが多い（Kirshenblatt-Gimblett 1995）。ザフィマニリは対照的に、みずからが生き経験してきた文化の側面を、伝統ないし遺産として鑑賞できるかたちで意図的に提示する。それは、完全に商品化しえないという中途半端な性格を、矜持として鮮やかに反転させる。

　わたしが遭遇したもっとも鮮やかな語り口は、幸運なことにビデオに記録できた。国立民族学博物館でザフィマニリのくらしを展示したとき（飯田 二〇一三a、b）、ザフィマニリの年長者自身の表現でそのくらしについて語ってもらったのだ。そのとき、この年長者は、鉄釘を使わずにほぞとほぞ穴の組みあわせだけで建つ家屋をひき合いに出し、同時にザフィマニリ文化の理念をも語った。その内容は本章の前半でも触れたが、該当部分を引用して詳しくみておこう。

> ザフィマニリの家は、部材を寄せあわせ、模様を入れて建てる。技巧をこらした伝統的な家では、理想が形にあらわれます。ザフィマニリは、そのことを重んじて、家を建ててきたのです。
>
> 　協力と愛情があってこそ、はじめて家が建ちます。ザフィマニリの建築で大切な考えは、互いを愛し、尊ぶことです。東の柱を立ててはじめて、西の柱が立ちます。南の柱ができると、北の柱ができます。そうやって、家がひとつにまとまり、建ちます。建築には、愛と協調が必要なのです。
>
> 　しかもこの家は、釘を使わずに建てます。釘などを使わずに、部材が支えあい建つのです。それは、心がひとつということ。愛情がひとつということ、ひとつの家族ということです。旅行者が私たちのところに来たら、この、ひとつの心という考えをわかってくれるはずです。これは家の形だけでなく、人のくらしについてもいえることです。
>
> （原文はマダガスカル語、傍線は引用者）

傍線部分に注意していただきたい。この年長者は、明らかに、外部者にとっても価値あるものとして自分たちの文化を提示しようとしている。その態度は、物質的な貧しさを自嘲するときと対照的だ。

ザフィマニリの人びとは物質的にも経済的にも豊かといえないが、それでもこの年長者は、都市部の人たちに多くのことを教えようとしている。大都市で尊重されなくなりつつある相互扶助のモラルを、彼らザフィマニリは保持しつづけているのだと。彼らの文化がもつ価値について、この年長者は、若い頃に従事していた森林伐採と製材の季節労働（Bloch 2005）をとおして学んだと思われる。相対的に貧しいザフィマニリの年長者は、皮肉なことに、唯物論者や資本主義者の生活様式を痛烈に批判する。この批判力に目を向けるなら、いっけん因習的にみえるザフィマニリ文化は、むしろ先進的な生活流儀だともいえよう。保守性と先進性の同居を可能にするのは、物質的な貧しさと精神的な豊かさの結びつきだ。引用した語りは、伝統を徹底させることによって現代社会での優位性を保持しようとする、果敢な意思表明にほかならない（竹中 二〇一七も参照）。

言いかえれば、この年長者は、現代を生きぬくための伝統としてみずからの文化を位置づけ、それによって「生存のための文化」とも「鑑賞のための文化」とも異なる第三の道を示している。それは、民衆とエリートのあいだで共有されうる文化であり、一部は商品化しえても商品化しえない残余も併せもつ文化である。

観光客など外部の人たちは、ザフィマニリ文化を商品として消費しようとする。彼らは、ザフィマニリ文化を生きてきたわけではないのだから、文化消費の傾向が強いことは致しかたない。しかし、ザフィマニリの人たちは、単純にそれを受けいれるだけでなく、自分たちの立場も主張することがある。彼らの木彫り地域の自然環境や社会生活に埋めこまれており（8）、工業製品のようにして生産できない以上、それは当然のことだ。文化は客体化されたことで、より複雑な状況を生きるようになっているといえる。

謝辞

本章のもとになった調査は、日本学術振興会の科学研究費補助金（JP19401041, JP21242034, JP22310159, JP25360035, JP15H01910）の助成を受けた。また、国立民族学博物館の資料収集や特別展準備にさいしても、多くの情報を得ることができた。記して関係者にお礼申しあげる。

（1）マダガスカルの焼畑耕作民としては、タナラ人の人口規模が大きい。生業をも調査項目に含めたアメリカの文化人類学者は、他の民族に先がけてこの焼畑農耕民を調査した（Linton 1933）。たんに生業がめずらしいというだけでなく、人びとの往来を阻むような地理環境でのくらしが、研究に値するとみなされたのだろう。ちなみに、ザフィマニリの居住域は、このタナラの居住域と隣接している。

（2）地域の外からの訪問者にとってもうひとつの玄関口となるアンブヒミトゥンブ村（Ambohimitombo）は、アントゥエチャ村にくらべてアクセスが悪いため、観光客からの恩恵は少ないと思われる。

（3）ザフィマニリの木彫り知識が二〇〇三年に「人類の口承および無形遺産の傑作」に指定されたとき、無形文化遺産条約はまだ発効していなかった。この条約は同じ二〇〇三年のユネスコ総会で採択され、二〇〇六年に発効した。二〇〇一年、二〇〇三年、二〇〇五年の三回にわたって選定された「人類の傑作」すべてが自動的に無形文化遺産の代表一覧表に記載されるにいたったのは、ようやく二〇〇八年になってからである（本書兼重論文を参照）。

（4）http://www.desvillagesetdeshommes.com/（二〇一五年九月十九日閲覧）。

（5）http://www.christies.com/Artists-Angels-pour-Madagascar-24390.aspx（二〇一五年九月十九日閲覧）。サイトには七十二人の現代美術家が七十二点の作品を制作したと記されているが、サイトで公開されている作品を数えてみると七十五点ある。

（6）腊葉《さくよう》標本の同定にもとづく。クーロはこの種を *Labramia* sp. と同定し（Coulaud 1973）、ユネスコ事務所は *Sideroxylon* sp. と同定している（Ny Birao Mpandrindra UNESCO 2008）。いずれもアカテツ科の種だが、ユネスコ事務所は、他にテリハボク科の *Calophyllum* sp. もナトゥに対応することがあるとしている。

（7）観察した棟持ち柱は二十二本で、そのうち十八本が棟木両端を支えるアンヂ・マンギシ（andry mangisy）で外から観察できた。残る四本は棟木の中央でそれを支えるアンヂ・マファナ（andry mafana）であり、わたしが家の中に入ることを許諾してくれた所有者の好意ではじめて観察できた。五軒の家屋は施錠されていたため、内部にあるアンヂ・マファナの樹種を同定することはできなかった。

二十二本のうちナトゥは十一本であり、他はタンブネカ（tamboneka, *Ravensara acuminate*、クスノキ科）が六本、ラルナ（laloña,

*Weinmannia bojeriana*、クノニア科）が二本、ハズアンブ（hazoambo、未同定）二本、メランダヒ（merandahy, *Maesa lanceolate*、ヤブコウジ科）一本だった。新築される五十五軒すべてを調査すれば、ナトゥの割合はもっと少ないと予測される。

## 参考文献


飯田卓（二〇一三a）「文化の象徴としての家」国立民族学博物館（編）『霧の森の叡智――マダガスカル、無形文化遺産のものづくり』四八―五五頁、国立民族学博物館。

――（二〇一三b）「焼畑から受け継いだ粗さと細やかさ」国立民族学博物館（編）『霧の森の叡智――マダガスカル、無形文化遺産のものづくり』六八―七五頁、国立民族学博物館。

――（二〇一七）「人類的課題としての文化遺産――二つの文化が出会う場所」飯田卓（編）『文明史のなかの文化遺産』一二―三五頁、臨川書店。

内堀基光（二〇〇七）「金になるということ――イバンとザフィマニリの集落におけるサブシステンス活動と小商品」小川了（責任編集）『資源人類学第四巻　躍動する小生産物』一〇五―一三五頁、弘文堂。

――（二〇一三）「村落生活における時間と空間」国立民族学博物館（編）『霧の森の叡智――マダガスカル、無形文化遺産のものづくり』一一八―一二五頁、国立民族学博物館。

太田好信（一九九三）「文化の客体化――観光をとおした文化とアイデンティティの創造」『民族学研究』五七（四）：三八三―四一〇。

関雄二（二〇一七）「遺跡をめぐるコミュニティの形成――南米ペルー北高地の事例から」飯田卓（編）『文明史のなかの文化遺産』六三―九三頁、臨川書店。

竹中宏子（二〇一七）「遺跡を担う変わり者――スペイン・ガリシアの古城をめぐるM氏とアソシエーション」飯田卓（編）『文明史のなかの文化遺産』二八三―三〇七頁、臨川書店。

マルクス、カール（一九六九）『資本論（一）』フリードリヒ・エンゲルス（編）、向坂逸郎（訳）、岩波書店。

森山工（一九九六）『墓を生きる人々――マダガスカル、シハナカにおける社会的実践』東京大学出版会。

吉田憲司（二〇一七）「伝統の創成と開かれたアイデンティティ」飯田卓（編）『文明史のなかの文化遺産』一七七―二〇五頁、臨川書店。

吉見俊哉（二〇〇三）『カルチュラル・ターン、文化の政治学へ』人文書院。

吉本忍（二〇一三）「消滅の危機に瀕した遺産」国立民族学博物館（編）『霧の森の叡智――マダガスカル、無形文化遺産のものづくり』九四―一〇三頁、国立民族学博物館。

Bloch, Maurice 1993　Zafimaniry Birth and Kinship Theory.　*Social Anthropology* 1 (1b): 119–132.

———1995a　The Resurrection of the House amongst the Zafimaniry of Madagascar.　In Janet Carsten and Stephen Hugh-Jones (eds.) *About the House: Lévi-Strausse and Beyond*, pp. 69–83, Cambridge: Cambridge University Press.

———1995b　Questions Not to Ask of Malagasy Carvings.　In Ian Hodder (ed.) *Interpreting Archaeology: Finding Meaning in the Past*, pp. 212–215, London: Routledge.

———2005　*Essays on Cultural Transmission*, Oxford: Berg.

Coulaud, Daniel 1973　*Les Zafimaniry, un groupe ethnique de Madagascar à la poursuite de la forêt*, Tananarive: FBM.

Decary, Raymond 1958　*Contribution à l'étude de l'habitation à Madagascar*, Pau: Imprimerie Marrimpouey Jeune.

Eagleton, Terry 2000　*The Idea of Culture*, Oxford: Blackwell.

Kirshenblatt-Gimblett, Barbara 1995　Theorizing Heritage.　*Ethnomusicology* 39 (3): 367–380.

Kluckhohn, Clyde and William H. Kelly 1945　The Concept of Culture.　In Ralph Linton (ed.) *The Science of Man in the World Crisis*, pp. 78–106, New York: Columbia University Press.

Linton, Ralph 1933　*The Tanala: A Hill Tribe of Madagascar*, Chicago: Field Museum of Natural History.

Mancinelli, Fabiola 2014　Shifting Values of "Primitiveness" among the Zafimaniry of Madagascar: An Anthropological Approach to Tourist Mediators' Discourses.　*Journal of Tourism and Cultural Change* 2014 (DOI : 10.1080/14766825.2014.939391).

Ny Birao Mpandrindra UNESCO 2008　*Ny Zafimaniry, nikajy ny kolontsainy Zafimaniry, une culture conservée*, Antananarivo: Repoblikan' i Madagasikara.

Peltereau-Villeneuve, Michel 1991　Le pays Zafimaniry et son art.　In Pierre Vérin et Michel Peltereau-Villeneuve *Les Zafimaniry et leurs traditions esthétiques* (Série Langue et Civilisation 16), pp. 5–12, Paris: INALCO.

Vérin, Pierre 1964　Les Zafimaniry: un groupe continuateur d'une tradition esthétique malgache méconnue.　*Revue de Madagascar* 27: 1–76.

# 第五部　文化行政への問いかけ

# 変化のただ中の継承者育成

## ——中国の無形文化遺産保護劇団・西安易俗社の事例から

清水拓野

陝西省西安市
中華人民共和国
0
500km
1:4.013.600

# はじめに

建造物のような有形文化と比べて、芸能、工芸技術、儀礼・祭礼などの無形文化は、人を媒介として身体的に継承される形に残らない文化実践といえる。こうした文化実践を次世代へと継承していくのは容易でない。もし弟子が十分に技を習得していない段階で師匠が急にいなくなると、技の継承がきわめて困難になる。十分な学習意欲と忍耐力と習得能力をもつ後継者が見つからなくても、技の継承は断裂してしまう可能性がある。このように、無形文化の継承は一筋縄ではいかず、どこかでひとつの歯車が狂うと、達成できなくなってしまう恐れがある。

したがって、こうした無形文化が文化遺産として保護・保存の対象となるのは、とても意義深いことである。無形文化遺産となることで、国や地方自治体はいろいろと救済策を講じるようになり、人々はより積極的に継承の問題に向き合うようになる（小谷 二〇一七、本書笹原論文も参照）。ところが国によっては、無形文化遺産をめぐる政策に深刻な問題があり、保護や継承においてさまざまな支障をきたしているところもある。無形文化遺産の保護に乗り出してまだ日が浅い中国でもそうであり、保護・継承の現場では、政策的な矛盾からくる継承問題がしばしばみられる（本書兼重論文を参照）。

本章では、二〇〇六年に国家級の無形文化遺産になった中国伝統演劇・秦腔《しんこう》について、西安易俗社という有名劇団を例にとり、その保護・継承の現場でどのような問題がみられるかを報告する。現代中国のような時代の移り変わりが激しい社会では、安定した社会に比べると、芸能のような無形文化が失われやすい。その意味で、秦腔の国家級リスト記載は、意識的な保護を促した点で大いにメリットがあった。しかし、文化行政の政策的矛盾により、西安易俗社は深刻な継承問題にも直面している。本章では、当事者たちが直面する伝統演劇の継承をめぐる現実に迫るとともに、文化行政はどうあるべきなのかという点についても論じる。また、「人材育成」に焦点を当てて無形文化遺産の継承問題を考察することの意義についても検討してみたい。

## 一　無形文化の継承過程の特徴

中国伝統演劇の具体的な状況を述べる前に、芸能などの無形文化の継承過程の基本的特徴について簡単に整理しておきたい。後述するように、本章で取りあげる秦腔の事例は、革命や改革に翻弄された状況下での継承の実態を示すものであるが、社会的変化がそれほど激しくなくても、時間経過とともに消失し物理的痕跡をとどめない無形の文化を継承していくのは容易ではない。そのことを改めて確認しておこう。

無形文化の継承過程の特徴としては、口頭伝承を介していることがまずあげられる。継承されるものの内容や当事者たちの柔軟性などによって、文字教材や映像教材がもちいられる度合いには差があるものの、多くの場合は口伝が中心的な継承方法として位置づけられている。たとえば、日本の大衆演劇では、口立て稽古と呼ばれる稽古方法が重視されており、師匠の示す手本をつうじた口伝によって、芝居のせりふや身体的所作が弟子に継承されるという（鵜飼　一九九五）。同様の口伝は狂言などでもみられる（Salz 1998）。

口伝を重視することと関連して、芸を体得する模範的な存在としての師匠の重要性も指摘できる。少なくとも技の習得の初期段階では、模倣と観察をとおして師匠のやり方をくり返し身体に刷り込むことが、弟子にはしばしばもとめられる（Schechner 2006、本書俵木論文も参照）。また、文字教材や映像教材は師匠の口伝の代わりにならない、と考える当事者も少なくない[1]（清水　二〇一二）。

スミスは、日本の家元制度の基本的特徴として、権威性（authority）や継続性（continuity）や排他性（exclusivity）などをあげているが、イエの存続や家元の権威維持のために芸の継承者を排他的に厳選する芸能の場合、師匠の存在はとりわけ大きい（Smith 1998）。何らかの理由で急に師匠がいなくなると、芸の継承が出来なくなるだけでなく、特定の流派の存続さえ危うくなる可能性もある。しかし、家元的な師匠の不在に限らず、普通の師匠が稽古中にちょっと不在にしているだけでも、弟子は困ることがある。たとえば、千葉県松戸市の三匹獅子舞の稽古について調査した上野によると、師匠が不在のとき、舞手たちは互いの記憶をたどって所作を確認せざるをえなかったという（上野 一九九四）。同様の状況は、秦腔の稽古中にもみられたが（清水 二〇一二）、これも口伝という継承形式における師匠の決定的な重要性と関係があるといえるだろう。

加えて、無形文化の継承過程の特徴として、技を厳密に継承することはそもそも不可能である、という点を強調しておきたい。当事者たちがいかに伝統を重んじ、代々伝わってきた技を次世代に厳密に伝えていこうとしても（藤田 一九九五）、口伝によって人を介して継承していく限り、それは無理なことである。広島県安芸郡倉橋町室尾地区の三味線継承について取りあげる小林は、芸能の継承を「伝言ゲーム」のようなものと表現しているが（小林 一九九五）、もしその芸能で文字教材や映像教材もほとんど受容されておらず、おもに口伝だけで人から人へと継承が行われているとしたら、本当に「伝言ゲーム」のような様相を呈しているのかもしれない。そして、実際の「伝言ゲーム」のように、長い時間の間には継承内容に食い違いが生じるだろうことは、想像に難くない。さらに、学び手が継承過程においてオリジナルなものを少し挿入する、ということもありえる（本書川瀬論文を参照）。静岡県西浦の西浦田楽の舞を分析する藤田は、舞手が代々伝わってきた舞の型の模範に従いながらも、拍子の流れから少し離脱する形で型に微妙なズレを付与していく様を明らかにしている[2]（藤田 二〇〇七）。こうした事例は、表面上は均質的にみえる技の継承過程にも、常に一定の変容・改変が起こっていることを示している。

以上では、芸能の事例を中心として、無形文化の継承過程の基本的特徴について簡単に整理した。これまでの記述から、革命や改革があるような社会的変化の激しい状況でなくても、「伝言ゲーム」のような師匠から弟子への直接的な口伝をきわめて重視しているので、無形文化の継承は一筋縄ではいかない、という点が改めて明確になった。ところで、本章で取りあげる中国伝統演劇の場合は、激動の時代に翻弄されてきたので、話はさらに複雑である。次節では、筆者が二〇〇〇年九月以来調査してきた秦腔の事例に注目しつつ、その継承状況の概要を述べたい。

## 二　秦腔の継承状況の概観

本章で事例とする秦腔は、陝西省や甘粛省などの中国西北地域でとりわけ盛んな地方劇である。その歴史はかの有名な京劇よりも古く、遅くとも十六世紀末ごろから成立していたといわれている。秦腔は歌舞伎や能のようにきわめて様式的であり、役者の演技は歌、せりふ、しぐさ、立ち回りの四要素から成り立っている。そして、役者はこれらの表現技法を駆使して、小道具をほとんどもちいずに、体ひとつで人物表現をしなければならない。(3)

### 秦腔の継承過程の二つの特徴

秦腔の継承過程には、互いに関連した次の二つの特徴がみられる。すなわち、①口伝の重視と②長年に渡るトレーニング、という二点である。このうち、①の口伝（〝口伝心授〟と呼ばれる）に関しては、前節で述べた日本の大衆演劇や狂言などと同様に重視されている。秦腔の稽古では、文字教材や映像教材も多少はもちいられているものの、芸の習得において中心的な役割をはたすのは、やはり口伝である（清水 二〇一二）。たとえば、芝居の稽古における歌やせりふの抑揚やテンポ、身体的所作などは、師匠からの口伝によってしか学べない。秦腔には台本があり、最近では有名演目のＤＶＤも出ているが、そうしたものだけでは、秦腔を習得できないのである。

上記②の長年に渡るトレーニングに関しては、秦腔演劇界に伝わる格言「舞台上の一秒間の演技は、舞台下の十年間の下積みによって支えられている（台上一秒鐘、台下十年功）」も示唆するところである（中国戯曲志編纂委員会・《中国戯曲志・陝西省》編纂委員会　一九九五）。この十年というのは、あくまでも比喩であるが、先述のように秦腔の演技は歌、せりふ、しぐさ、立ち回りといった諸要素から構成されており、舞台上でちょっと演技するだけでも数多くの表現技法が必要となるので、その習得にも長年のトレーニングが欠かせない（Shimizu 2010）。秦腔は現在、おもに専門の演劇学校で教えられているが、役者は劇団に入団する前に、最低でもそこで五年は芸の基本を学ぶことになっており、入団後も演技術に磨きをかけ続けなければならない。

## 秦腔の俳優養成史

では、秦腔はこれまでどのように継承されてきたのだろうか。筆者がおもに調査した西安市付近の状況に絞って、中華民国期ごろ（一九一二〜一九四九年）から現在までの俳優養成史を概観してみたい。ここで結論を少し先取りして述べると、秦腔の継承は、時代によってその仕方や内容に違いがあるだけでなく、全体として時代に少なからず翻弄されてきた、という点が指摘できる。これは、近現代の中国社会が革命や改革によってめまぐるしく変化してきたからである。

まず、民国期のころまでは、秦腔の俳優養成はおもに〝科班〟と呼ばれる徒弟教育組織で行われていた（陝西省戯劇志編纂委員会　一九九八）。これは、複数の師匠（科班の長とその他の教師など）と弟子たちから構成される集団教育を基本とした養成組織である。この科班は民営組織であり、設立形式や経営規模もさまざまだったので、いくつかの異なるタイプが存在していたが（中国戯曲志編纂委員会・《中国戯曲志・陝西省》編纂委員会　一九九五）、多くの科班には封建的色彩が濃厚にみられた。その点は、たとえば、師匠と弟子のあいだで交わされた身売り証文的な契約書（弟子の一切の運命を師匠に委ねるという徒弟契約書）や、稽古中に行われた体罰まがいの教授法（弟子に体で芸を覚えさせる稽古法）の存在にもみて取ることができる（清水　二〇一〇）。

ところで、中華人民共和国の建国後（一九四九年以降）、秦腔の俳優養成を取り巻く社会環境も大きく変わった。

それまで存在していた封建的な科班は、国営演劇学校に取って代わられたのである。その背景には、全国統一をはたした中国共産党が、人民（特に労働者・農民・兵士）に奉仕して、無産階級革命に貢献できるように秦腔の形式や内容を改造した、という事情がある。すなわち、秦腔は、プロパガンダ芸術として、人民教化と政治宣伝の手段として重視されるようになり、役者は人民に奉仕する戯劇工作者（国が認める上演芸術の仕事に従事する者）となったので、国が俳優養成にも直接関わるようになったのである（井口 二〇〇九）。(4)

こうした秦腔の改革は〝戯曲三改〟（伝統演劇三大改革）と呼ばれ、役者の政治思想や境遇、劇団の運営方式、演目内容などの改革を含む幅広いものであったが（甄・史 二〇一〇）、この改革の流れのなかで、秦腔の俳優養成は次の二つの点でとりわけ顕著に変化した。まず、師弟関係における封建的色彩が払拭され、身売り証文的な契約書や体罰まがいの教授法などもなくなった（北京市芸術研究所・上海芸術研究所 一九九九）。さらに、秦腔の俳優養成は、教材とする演目内容や学生にもとめられる役割という点で、政治的色彩を強めていった。

演目に関しては、一九五〇年七月に設立された戯曲改進委員会の主導下での演目内容改革に影響を受けて、それまで演じられてきた封建思想を宣伝する王侯貴族の物語や、妖怪や幽霊信仰と関連する迷信劇や、風紀を乱す卑猥な演目などが、国営演劇学校で教授されなくなり、愛国主義の精神を宣揚する演目に改められた（傅 二〇〇二）。また、学生は、建国当初の一九五〇年代から一九六〇年代にかけて流行った〝又紅又専〟（プロレタリアートの政治思想と専門技術の両方を身につけること）というスローガンのもと、望ましい政治的思想を身につけるために、政治運動や社会活動（工場や農村での労働奉仕など）にも参加していた（陝西省戯曲学校研究室 一九五九）。

ただし、一九六六年に文化大革命（文革）が始まると、社会的混乱のなかで国営演劇学校も閉鎖され、文革後の一九七八年まで人材育成が中断されてしまった。一方、この期間、秦腔のすべての伝統演目と一部の現代演目は、封建的・資本主義的と批判されて、上演さえも禁止された。そして、文革期の十年間は、革命模範劇ばかりを上演していたのである（松浦 二〇〇〇）。つまり、『三国志』や『水滸伝』などの伝統演目も上演禁止になり、芸を担う師匠も迫害に遭って職を追われたので、若手俳優は、そうした演目に含まれる思想や伝統的な型・技を学ぶ機会も失ってしまった。こうした状況が秦腔の継承過程に大きな問題をもたらしたことは、いうまでもないだろう。

さて、改革開放政策が始まる文革後の一九七八年には、多くの国営演劇学校が再開したものの、文革による混乱によって、再開後も多くの教職員が元の職場に復帰できなかった。筆者がかつて調査した陝西省芸術学校(5)もそうした状況にあり、それまでの校風を継承しつつも、当校は文革後に教職員の陣容が一新され、新たな学校として再出発したのである（潘 一九九八）。師匠から弟子へ口伝によって芸を継承する秦腔にとって、これは大きな痛手であった。文革前に当校に勤務していた舞台経験の豊富な教師（秦腔演劇界の名優も含め）が何人も抜けてしまったことで、教師の演技指導力のレベルが全体的に落ちてしまったからである。なお、文革後の俳優養成には、かつてほど濃厚な政治的色彩はみられず、学生は政治運動や社会活動にも参加しなくなった、ということをつけ加えておきたい。

今でこそ国家級の無形文化遺産となって保護されるようになった秦腔も、革命や改革によってこれまで大いに翻弄されてきた、という点がとりわけ重要である（清水 二〇一四）。まず、民国期から中華人民共和国の建国にいたる段階で、秦腔演劇界は演劇三大改革によって大きく変貌し、継承される演目内容も変化した。そして、文革によって上演演目が革命模範劇に限定され、演劇学校が閉鎖されると、秦腔の継承に著しく支障をきたすようになった。雲南省麗江ナシ古楽団の調査をした宗によると、文革期の下放運動の影響で、三十代後半から六十歳までの継承者が少なくなるという「年齢の断層現象」が顕著になったという（宗 二〇一三）。秦腔の場合は、伝統演目の上演を禁止された文革期に革命模範劇だけを演じた若い世代の俳優が、伝統演目でもとめられる伝統的な型や技などを文革後にうまく演じられず、別の意味での断層現象がみられた。このように、中国のような激動の近現代史を歩んできた社会では、秦腔を始めとした無形文化の継承過程は、いろいろな形で深刻なダメージを受けているのである。

## 三　西安易俗社の歩み

ここで、秦腔演劇界の代表的な劇団である西安易俗社を取りあげて、秦腔の保護・継承の問題により具体的に迫りたい。西安易俗社も秦腔そのものと同じように、これまで時代に大いに翻弄されてきた（清水 二〇一六）。

### 基本的特徴

西安易俗社とは、一九一二年（民国元年）の辛亥革命時に、陝西同盟会会員の李桐軒や孫仁玉といった人物たちによって、西安で設立された秦腔劇団（当初の呼び名は陝西易俗伶学社）である。彼らは、戯曲改良運動（伝統演劇に民衆を啓蒙する役割をもとめた愛国主義運動）に携わる進歩的知識人と呼ばれる者たちであった。西安易俗社は、単に演劇を娯楽のために上演する公演組織ではなく、演劇をとおして民衆を啓蒙し、古い風俗習慣を改めて、社会教育を補助するという高い理想をもつ劇団であった（陝西省戯劇志編纂委員会 一九九八）。その背景には、日本も含めた八カ国の列強による侵略や清政府の腐敗問題などに直面し、当時の秦腔演劇界が民衆の旧態依然とした思想・習慣を改め、愛国主義の精神を高揚させようとした、という事情があった。したがって、このような高い理想を実現するために、西安易俗社は俳優養成組織を付設し、役者見習いに芝居の稽古のみならず、国文や習字や数学といった一般教育も行って、民衆教育の担い手としてのその素養向上に努めた。

このように、西安易俗社は、学識豊かな者たちによって運営された先進的な劇団として、設立当初から秦腔演劇界で注目を集め、大きな影響力をもっていた。とくに、その付属の俳優養成組織（科班）は、民国期当時としては珍しく、技芸の訓練に限らない一般教育も行っていたので、西安とその近郊にあった他の多くの民営劇団から模範とされた（焦・閻 二〇〇五）。そして、西安易俗社は、現在まで百年あまりも存続し、秦腔演劇界の象徴的な劇団であり続けたので、二〇一四年一月に国家級無形文化遺産である秦腔を保護する無形文化遺産保護劇団となった。

## 西安易俗社の歴史

西安易俗社は百年あまりの歴史をもつが、現在まで次の時期を経てきた。すなわち、①劇団創立から中華人民共和国の建国前夜まで（一九一二～一九四九年）、②建国当初から文革まで（一九四九～一九六六年）、③文革後から現在まで（一九七八～二〇一五年）の三時期である。

写真1　西安易俗社の正面玄関（2006年8月20日撮影）

①の時期には、西安易俗社の創始者・李桐軒の指導下で、秦腔の伝統演目の改良を積極的に行った。李桐軒は、一九一三年十月に当劇団の『易俗雑誌』創刊号に発表した「甄別旧戯草」という論文の中で、秦腔の三〇六本の伝統演目を取りあげ、民衆教育に相応しい内容か否かにもとづいて、演じるに値しない演目、部分的に修正したら演じられる演目、おおむねそのまま演じても大丈夫な演目という三つに分けた（何 二〇一〇）。時代に即した啓蒙的な演目を演じるために、当時の悪習とされていた女性の纏足、アヘン吸飲、売春婚、幽霊や妖怪の信仰、賭博といった内容を含む演目を有害として淘汰・修正し、愛国主義の精神を宣揚する『三回頭』、『三滴血』、『奪錦楼』などのような演目も多数創作し

たのである。これが、西安易俗社によってもたらされた秦腔の伝統演目の「改良」である。

西安易俗社は、こうして従来のものを修正したり、新たに創作したりした啓蒙的・愛国的な演目を携えて、一九二一年の漢口公演を皮切りに、山東、山西、河北、河南、安徽など中国各地へ巡回公演に赴き、大きな成功を収めた。さらに、一九三〇年代には二回の北京公演も行って、梅蘭芳や斉如山や馬連良といった京劇界の著名人からも高い評価を得た（何 二〇一〇）。かの魯迅も一九二四年に西安易俗社の演目を五回もみて絶賛したという（西安市記念易俗社七十周年辦公室 一九八二）。このように、当時の西安易俗社は、演劇をとおして民衆を啓蒙する、というその基本方針を全国規模で積極的に実行していたのである。

西安易俗社は、上記②の時期（建国当初から文革まで）には、革命文芸事業に奉仕するために国営化され、風紀の乱れを考慮してそれまで受け入れていなかった女子生徒も養成するようになり、組織的に大きな変貌を遂げた。演目に関しても、第三節で述べた演劇三大改革の影響で、社会主義革命を称揚し、土地改革の宣伝、反革命分子の鎮圧、ならず者の思想改造などに役立つような、『劉胡蘭』、『両家親』、『保衛延安』、『魚腹山』といった新たな演目を次々と創作した（何 二〇一〇）。そして、西安易俗社のおもな俳優たちは、そうした演目を携えて、一九五三年三月には中国人民赴朝慰問文芸工作第五団に参加し、慰問上演のために朝鮮戦争の前線に赴いた。また、一九五〇年代から一九六〇年代には、劉毓中、肖若蘭、王天民といった看板俳優たちが、全国第一回戯劇観摩大会などの催しで何度も受賞し、西安易俗社の名を世に知らしめた。ただし、一九六六年に文革が始まると、西安易俗社は「封建社会の残留物」や「資産階級の改良主義的産物」とみなされて、劇団内に造反組織が作られ、社名も西安市戦闘劇団と改名され、正常な運営が出来なくなってしまった（蘇 一九九二）。

上記③の時期（一九七八～二〇一五年）に入って一九七九年ごろになると、西安易俗社は、国内外で公演活動を本格的に再開した。国内では、その年に北京で開催された建国三十周年記念公演に参加し、『西安事変』という演目で創作賞をとって脚光を浴びた。(6) また、海外公演に関しては、政府が編成した海外訪問芸術団による一九八一年の京都公演や一九九八年の韓国公演などに、数名の俳優と楽隊人員を送り出した。その一方で、西安易俗社は、文革による破壊から、かつてのように自前の俳優養成組織で人材養成ができなくなり、西安市芸術学校などの伝統演劇専攻コースがある演劇学校に俳優養成を一任するようになった。この芸術学校からは、一九八四年と一九九九年に数十人の卒業生を受け入れ、文革中にはたせなかった劇団の若返りを実現した。

こうして、西安易俗社は、文革によってもたらされた困難を乗り越えて、着々と回復しつつあったが、一九八〇年代半ばごろから、改革開放政策がもたらした娯楽の多様化やテレビの普及によって、秦腔を観劇する人の数が減り、劇団経営も次第に苦しくなっていった。そうしたなかで、西安市政府は、二〇〇七年六月に、文化体制改革[7]の一環として、西安市内の四つの秦腔劇団を統廃合して人員整理し、縮小しつつある秦腔演劇市場に対応しようとした。こうして設立されたのが、西安曲江新区管委会が管理する西安秦腔劇院という企業化した秦腔劇団であり、西安易俗社はその傘下の一部門となったのである（何 二〇一〇）。

このように、西安易俗社は、時代に翻弄され続けてきたが、秦腔の保護・継承を推進する無形文化遺産保護劇団となった現在でも、それは変わっていない。次に、秦腔の継承過程に大きな影響を与えた近年の文化体制改革に焦点を当てて、伝統演劇の継承をめぐる現実に迫りたい。まず、保護劇団化した背景について詳述する。

## 四　背景にある芸風断絶の危機

前節でも述べたように、西安易俗社は、二〇一四年一月に無形文化遺産保護劇団となった。その背景には、秦腔演劇界のさまざまな要因が絡んでいるが、究極的には芸風断絶の危機と深い関係がある。

西安易俗社は、現存する中国の伝統演劇劇団では最古のものとされており、百年の歴史を有する由緒正しい劇団である。そして、先述の戯曲改良運動と関わる進歩的知識人たちによって、民衆教育を目的とした啓蒙的な演目を数多く独自に創作し、それを代々受け継いできた。また、付属の俳優養成組織を創設し、一般教育も重視して、そうした啓蒙的な演目を演じられる俳優の育成に励んできた。ところが、文革中は、それまで演じてきた伝統演目が演じられなくなり、陝西の梅蘭芳とまで呼ばれた王天民を始めとする西安易俗社の名優も迫害で命を落とし、劇団人員の若返りに貢献していた俳優養成組織も閉鎖されてしまった。さらに、それと関連して、文革期に革命模範劇しか演じてこなかった若い世代の俳優が、伝統演目でもとめられる伝統的な型や技などをうまく演じられない、という意味での断層現象が文革後にみられるようになったのである(8)。

このように、西安易俗社は、文革によって深刻な芸風継承問題に直面したが、それでも文革後には名誉回復をはたし、一九七九年ごろから国内外で公演活動を再開できるようになり、西安市芸術学校に委託するという形で人材養成も継続するようになった。しかし、西安易俗社は、文化体制改革を発端とする二〇〇七年六月の劇団の再編により、さらに深刻な継承問題を抱えるようになるのである。前節でも述べたが、この文化体制改革は、複数の劇団を統廃合して人員整理することで、不振状態にある秦腔劇団の存続をはかろうというものであった。そのため、西安易俗社は、西安市内の他の三つの劇団と合併され、伝統や芸風が著しく異なる他劇団との統合によって、西安易俗社独自の芸風の維持・継承はきわめて困難になった。また、四十才以上の役者が早期退職させられ、若手俳優や楽隊人員ばかりになってしまった。そして、西安易俗社がこうした状況に陥ったため、西安市芸術学校などと提携して人材養成することもできなくなった。もはや独立した劇団ではなく、西安秦腔劇院の一部門となり、衰退が著しい西安易俗社に卒業生を送り出そうという演劇学校もなくなってしまったからである。

さて、文化体制改革がもたらしたこうした弊害によって、人々は西安易俗社の芸風の断絶を危惧するようになるが、二〇一二年に創立百周年を迎えて、彼らの危機意識はさらに高まった。そもそも西安易俗社は、熱狂的な演劇ファンを多くもつ秦腔演劇界の象徴的劇団であり、創立以来十年ごとに記念活動を行ってきた（蘇 一九九二、西安市記念易俗社七十周年辨公室 一九八二）。一方、秦腔が二〇〇六年に国家級の無形文化遺産になると、政府によって西安易俗社から秦腔の芸風を後世に伝える流派伝承人が二人も選ばれ、秦腔演劇界におけるその存在意義を改めて高め、人々を大いに喜ばせた。西安易俗社は、まさにこうしたタイミングで二〇一二年に創立百周年を迎えたので、秦腔演劇界をあげて数週間に及ぶ記念公演活動などを催し、大いに盛り上がった（写真2）。そして、こうした記念活動をとおして、人々は西安易俗社の百年の歴史を改めて振り返り、百周年記念ウェブサイトを作ったり、演劇雑誌『西安芸術』のように約四百ページもの特集号を発刊したりするなどして、これまでの栄光に深い敬意を払った（西安市芸術研究所 二〇一二）。だからこそ、西安易俗社が文化体制改革によって、先に述べたような芸風断絶の危機に直面する現状をみて、人々はきわめて残念に思い、芸風を守らなければならないという危機意識をさらに強くもつようになったのである。

写真2　西安易俗社の創立100周年記念公演の様子（2012年8月23日撮影）

以上が、西安易俗社が二〇一四年一月に無形文化遺産保護劇団になったおもな背景である。文化体制改革などによってもたらされた芸風断絶の危機をどうにかしたいという人々の思いが実って、それは実現したのである。ただし、無形文化遺産保護劇団になっても、すべての問題が解決したわけではない。次節では、保護劇団化の意義と課題について記述・分析したい。

## 五　乗り越え難い人材育成問題

西安易俗社は、二〇一四年一月に無形文化遺産保護劇団になってから、どのように変わりつつあるのだろうか。保護劇団化してからまだ日が浅いので、今後さらに状況が変化していくことが予想されるが、取りあえず現時点（二〇一五年八月の最終調査時）での状況を述べたい。

端的にいえば、保護劇団化にはメリットと課題の両方がある。メリットとしては、独立した劇団という地位を失い、西安秦腔劇院の一部門として吸収・合併された西安易俗社のこれ以上の解体を防げることがある。文化体制改革によって円熟した演技力をもつ四十才以上の役者が早期退職させられ、近年の財政難から一時は拠点とする易俗大劇場の身売りまで検討していた西安易俗社であるが、保護劇団化したことで劇団人員と関連施設（とくに伝統的な建築物）に対する保護意識が高まり、そうした動きにも歯止めがかけられるようになった。また、政府からの補助金ももらえるようになり、西安易俗社関連の文献資料の保存や特定演目の撮影記録に投入できる資金も充実しつつある。たとえば、西安易俗社に現存する約千冊の脚本、三百冊あまりの社史関連資料、数千枚に及ぶ写真を整理したり、劇団の芸風を伝える伝承人を新たに年配俳優のなかから選定して弟子への教育活動に励ましたり、ということが積極的に行われている。さらに、『双錦衣』などの西安易俗社の伝統演目を新たに創作し直して映像記録に残したり、西安易俗社の中心的な劇場である易俗小劇場を一〇〇〇万元ほどかけて修復したりもしている。

このように、保護劇団化には多くのメリットがあるが、残された課題も少なくない。とりわけ、人材育成という面では、西安易俗社は、現状では乗り越え難い深刻な問題に直面している。すなわち、文化体制改革によって四十才以上の役者が早期退職してしまったことをめぐる問題である。秦腔のような伝統芸能では、芸の習得には長年の月日がかかり、四十代くらいでようやく「味のある演技」ができるようになる。したがって、役者にとって四十代というのは脂の乗った年代なのであるが、そうした看板役者たちがいなくなってしまい、二十〜三十代の若手俳優ばかりで西安易俗社の代表演目を演じているのが現状である。さらに、若手俳優が演技のお手本とすべき四十才以上の先輩俳優を間近でひんぱんにみられなくなってしまったのも、彼らの芸の習得にとっては大きな痛手である。確かに、先輩俳優たちのなかには、早期退職後もしばしば劇団の稽古に顔を出し、若手に芸を指導する者もいる。しかし、それはあくまでも個人的な好意でやっていることであり、先輩俳優たちはすべての公演や稽古に立ち会うわけではないので、若手もかつてのように上の世代と日常的に接して学ぶという機会に恵まれなくなった。

そもそも、西安易俗社には、いつの時代も異なる世代の俳優が在籍し、若手は上の世代との日常的な交流をとおして芸を習得してきた。たとえば、西安易俗社の創設当初は、数年ごとに新たな若手俳優の集団を募集し、互いに切磋琢磨して、後輩俳優は先輩俳優（年配俳優や師匠も含めて）に見習って芸を磨いた（蘇　一九九二）。一方、筆者の調査当初の二〇〇〇年九月～二〇〇二年九月には、西安易俗社には二つの公演グループがあり、どちらにも若手俳優（二十～三十代）から年配俳優（五十～六十代）までがバランスよく配置され、公演活動や日々の稽古をとおして若手が先輩俳優から学びやすいように配慮されていた。

ところが、そうした維持されるべき状態が、文化体制改革によって四十才以上の役者が早期退職したことで、人為的に破壊されてしまったのである。実際のところ、文化体制改革が本格化する直前の二〇〇四年に、そのような破壊が起こり得ることを予見した当時の冀福記社長は、西安市芸術学校を卒業して西安易俗社に入社したばかりの二十代の若手俳優たち各自に指導教官を任命した。冀社長は、文化体制改革による混乱によって、誰がどの若手俳優を稽古指導するかということが曖昧にならないようにと、西安市文化局主管の演劇雑誌『西安芸術』という公の場で、誰と誰が師弟関係にあるかを明文化して公表したのである（段　二〇〇四）。

冀社長のこうした措置自体、芸習得における先輩俳優の重要性を示唆しており、評価に値する試みであったが、西安易俗社が二〇〇七年六月に西安秦腔劇院の一部門として吸収・合併された後は、冀社長も引退してしまったので、この時に作られた師弟関係も自然消滅してしまった。また、西安秦腔劇院を管理する西安曲江新区管委会のリーダーたちが、秦腔のことをあまり理解していないことも、若手俳優たちが師弟関係の下で真面目に稽古する意欲を失わせている。かくして、劇団の今後の発展と関連のある人材育成事情に目をむけるとき、保護劇団化した西安易俗社には、すぐには乗り越え難い問題が存在していることがわかる。保護劇団化してもいいこと尽くめではないのである。

## 六　文化行政のあるべき姿

これまでの記述から、近年の文化体制改革が西安易俗社の芸風の継承に暗い影を投げかけていることが明らかになったが、では中国の文化行政は本来どうあるべきなのだろうか。最後にこの点について論じたい。

二〇〇五年ごろから西安でも本格化した文化体制改革は、西安易俗社にとっては、実に最悪のタイミングで始まってしまった。何しろ、ユネスコの無形文化遺産条約などの影響を受け、中国で無形文化遺産が一種のブームとなり（白 二〇〇九、周 二〇一四、宗 二〇一三）、その流れのなかで二〇〇六年に秦腔が国家級の無形文化遺産になったばかりだったのに、その翌年の二〇〇七年に、西安易俗社は他の劇団とともに西安秦腔劇院へと吸収・合併されてしまったのである。つまり、秦腔演劇界の代表的な劇団として秦腔の保護・継承に大きな貢献ができるはずの西安易俗社は、まさにこれからというときに解体されてしまったのであるが、このタイミングでの解体は、いくら劇団の統廃合と人員整理によって不振状態にある秦腔劇団の存続をはかろうとするものであったとしても、多くの人々にとって納得のいくものではなかった。文化体制改革のあり方そのものに対しては、確かにさまざまな意見が存在するものの、西安易俗社の解体に関しては、秦腔演劇界ではおおむね残念な出来事として捉えられている。

したがって、文化行政（少なくとも陝西地方の文化行政）は、全国的な無形文化遺産ブームの到来に配慮して、劇団の統廃合と人員整理のタイミングをもっと考えるべきであったが、人員整理の仕方そのものにも大きな問題があるといわざるをえない。端的にいえば、陝西地方の文化行政のトップは秦腔に詳しい者たちでなかったようであるが、秦腔のような芸能の特徴を少しでも理解していたら、四十才以上の役者を早期退職させるという措置はとらなかっただろう。第二節でも述べたように、芸能のような無形文化は、口伝をとおして師匠から継承されることが不可欠であるが、芸能の継承はそうした条件が整っていても「伝言ゲーム」のように難しいのに、四十才以上の師匠的な役者が早期退職によって人為的に排除されたのである。これでは、芸風の継承がきわめて難しいのは想像に難くない。

さらに、陝西地方の文化行政は、秦腔のことをあまり理解していない西安曲江新区管委会に西安易俗社の運命を委ねた、ということでもしばしば批判されている。たとえば、西安易俗社がこの管委会が管理する西安秦腔劇院の傘下に入ってから、筆者は以下のような発言を俳優たちからしばしば聞いたことがある。

トップの人たちは、秦腔のことを本当にはわかっていないので、毎日の基礎トレーニングもやれとはいいません。だから、西安易俗社時代には頑張っていた役者たちのなかには、やる気をなくして、ちょっとだれてしまっている者もいます。

（二〇〇九年三月十四日に行った取材記録からの抜粋）

リーダーたちは、観光市場のことを意識しすぎて、西安易俗社の芸風を踏まえた伝統演目の上演よりも、観光客うけをねらって華やかな舞台セットを使った新編演目の創作を重視しています。しかし、もともとの秦腔ファンがみたい演目を軽視しているからか、そうした新編演目も評判が良くありません。

（二〇一一年九月三日に行った取材記録からの抜粋）

ひとつ目の発言は、ある三十代半ば（二〇〇九年三月の取材当時）の西安易俗社の女優によるものであるが、彼

写真３　大型４Ｄ秦腔ショー『夢回長安』（2010年３月16日撮影）

女は、秦腔俳優にとって欠かせない基本的な型や技の練習が日課としてもとめられなくなった、というのである。第三節でも述べたが、秦腔はさまざまな表現技法から構成される非常に様式的な芸能であり、「舞台上の一秒間の演技は、舞台下の十年間の下積みによって支えられている」という格言も示唆するように、芸を磨くためには地道な日々の反復練習が欠かせない。そして、多くの秦腔劇団では、ウォームアップも兼ねて、朝にこうした基礎練習をする俳優が多いのであるが、西安秦腔劇院ではそれをきちんと管理する者さえいないのである。

一方、二つ目のコメントは、ある三十代半ば（二〇一一年九月の取材当時）の西安易俗社の男優によるものであるが、彼によると、西安秦腔劇院は、国際観光都市としての西安という立地条件を活かして、国内外の観光客をターゲットにした新編演目の上演に力を注いでいるというのである。実際のところ、近年、西安秦腔劇院は、唐や漢など十三の王朝の国都だった長安の悠久の歴史を賛美する『夢回長安』という演目を創作し、何度も上演した。これは豪華な舞台セットを駆使した大型４Ｄ秦腔ショーであり、交響曲や歌舞の要素も大胆に取り入れた作品であるが、小道具をほとんどもちいない秦腔の素朴な伝統演目とは大いにかけ離れた芸風のものである（写真３）。また、西安秦腔劇院に属する西安易俗社以外の俳優も上演に参加しているので、[9] 従来の西安易俗社の演目とは似ても似つかないものになっており、少なくとも古くからの秦腔ファンのあいだでは評判が良くない。しかし、西安秦腔劇院では、それでも観光客を重視する方針を改めようとはしないので、西安易俗社の芸風の継承や秦腔の伝統演目の継承という点で状況は深刻なのである。

さて、こうした状況にあって、文化行政はどうあるべきなのだろうか。これまで述べてきたいくつかの状況は、西安易俗社が無形文化遺産保護劇団となった今でも、ほとんど変わっていない。第六節で述べたように、文献資料の保存や特定演目の撮影記録や伝承人の選定などといった点では、確かに状況は大いに改善されつつあるものの、これまで前節と本節で取りあげてきた芸風継承や人材育成をめぐる問題に関しては、まだまだ解決からほど遠い状態にある、といわざるをえない。そして、一番の問題は、文化行政に携わる政府の役人たちの多くが芸風継承や人材育成の基本的特徴を十分に把握していないことである（福岡 二〇一五）。彼らがそれを十分に理解していたなら、あのタイミングで秦腔演劇界の文化体制改革を実施し、文革ですでに大きな被害を受けていた西安易俗社にさらなるダメージを与えることもなかっただろう。秦腔の継承における師匠の口伝の重要性をわかっていたなら、四十才以上の役者を早期退職させて師弟関係を人為的に破壊する、ということもなかったに違いない。

というわけで、文化行政は、第二節で述べたような無形文化の継承過程の基本的特徴をしっかり理解するとともに、秦腔のような芸能の場合は、時代に翻弄されてこれまでどの程度のダメージを受けてきたかをきちんと検証すべきだろう。秦腔や西安易俗社に対する保護・保存の活動は、そうしたことを十分に踏まえて行われるべきである。また、西安易俗社に関していえば、文化体制改革によってもたらされた混乱のせいで、一九九九年以来ずっと新たな若手俳優を獲得しておらず、劇団の若返りが急務となっている[10]。したがって、文化行政は、演劇文化を特定演目の映像撮影や文献資料の保存などによって記録に留めるだけでなく、若手の育成をとおして人から人への継承という形でも促進していかなければならない。それは、劇団の芸風を伝える伝承人の選定に止まらず、人材育成や芸風継承にとって必要な教育環境（きちんとした師弟関係があり、毎日の基礎練習ができるような環境も含む）を整えることも意味する。

## おわりに

本章では、「人材育成」に焦点を当てて無形文化遺産の継承問題を考察してきた。中国における無形文化遺産の継承といえば、流派伝承人の選定や特定作品の映像記録化に関する議論をよくみかける（祁 二〇〇六、蕭 二〇〇八、太田 二〇一三）。すなわち、当の無形文化を次世代に伝えうる権威や代表的人物を選定したり、代表的な演目や作品を映像記録に残したりして、無形文化を保護・保存し、命脈を保たせるべきだというのである。しかし、保護の対象となる無形文化の継承範囲や衰退の程度にもよるが、もし当の無形文化がある程度の規模の実践者集団を抱え、受動的に伝統を継承するだけでなく、今後も発展し続けることを志向するようなものであれば、その無形文化の継承過程の基本的特徴を踏まえて、それを促進させるように教育環境（人材育成環境）のあり方そのものも考えていくべきである。

本章で取りあげた秦腔もそうした発展指向をもつ無形文化のひとつであるが、ここで筆者が試みたのは、秦腔の継承・発展のサイクルの特徴（芸能一般の継承・発展サイクルとも多くの共通点をもつ）を整理し、西安易俗社の事例においてはそのどこに問題があり、文化行政は秦腔の継承・発展のためにそれにどう対応すべきか、について明らかにすることであった。これまで筆者は、陝西地方の秦腔の俳優養成に関する研究を積み重ねてきたが（清水 二〇〇六a、二〇〇六b、二〇〇七a、二〇〇七b、二〇一一、二〇一七）、秦腔が独自の複雑な継承・発展サイクルをもつこと、また、激動の近現代史を経てきた中国社会では、秦腔のような芸能の継承・発展は容易ではないことなどを痛感してきたからである。そして、秦腔のそうした事情をよく知らない文化行政の役人たちが、本章で述べた文化体制改革による西安易俗社の解体事件などにもみられるように、無形文化遺産政策に関してはまだ模索段階なので、政策的矛盾によって秦腔の継承問題に悪影響をもたらしているからでもある。

以上が、本章で「人材育成」に焦点を当てて無形文化遺産の継承問題を論じてきた理由である。日本と比べても(岩本 二〇〇七)、無形文化遺産保護の実践経験がはるかに乏しい中国では、今後も西安易俗社のような継承問題は十分に起こりえることなので、こうした「人材育成」という視点からの無形文化遺産研究は、大いに意義があるといえるだろう。文化体制改革のようなトップダウンの政策は、一度降りかかってくると流れを逆転することは極めて困難であるが、本章で示したような教育研究は、無形文化の継承・発展サイクルと無形文化遺産政策の関係性を詳しく分析することで、その継承・発展の阻害要因を明らかにすることには貢献できるだろう。その意味でも、このような教育研究を今後も重視していきたい。

(1) 宮大工の場合も、学び手を丸暗記に誘い込み、弟子の思考を停止させる危険性があるので、書物などの「文字知」を敬遠し、親方の教えやその仕事ぶりの観察をより重視するというが(川口 二〇一一)、芸能に限らずこうした業界でも、師匠の口伝に取って代わるものがない、と捉えられている(本書飯田論文も参照)。

(2) 同様のことは、エチオピア西南部アリ女性職人の土器作りの過程を分析する金子も指摘しており、土器の成形過程における職人の指使いの仕方に注目すると、親子の職人のあいだでさえも、成形の工程(金子が「工程単位」と呼ぶもの)の順番や特定工程の有無などに違いがみられたという(金子 二〇〇七)。これは、芸能分野以外でも、継承過程における技の変容がある、ということを示している。

(3) 秦腔の芸能的特徴の詳細については、拙稿(清水 二〇一〇、二〇一五)を参照されたい。

(4) 厳密には、このように重視されるようになったのは、中国共産党が全国を統一する前の延安時代(延安に拠点を構えていた一九四〇年代初頭ごろ)のことである(甄・史 二〇一〇)。

(5) この学校については、拙稿(清水 二〇〇五、二〇一二)でも取りあげている。

(6) 一九七八～一九九八年までの西安易俗社の上演演目や獲得した賞の詳細については、何(二〇一〇)を参照されたい。

(7) これは、一九九〇年代半ばごろから全国規模で始まり、芸能、出版、映画、放送の業界などを幅広く対象とする構造改革のことであり、計画経済時代の非効率的な制度を改革し、人々のますます高まる精神文化への欲求に応えるためのものである。二〇一二年に、陝西省及び西安などは、この文化体制改革の先進地区として国から表彰されている(李 二〇一四、張 二〇一〇)。

(8) こうした断層現象に対処するため、文革世代の俳優は、文革後に西安市芸術学校などで伝統演目の稽古を一定期間受け直したほどである。

(9) 西安秦腔劇院は、西安易俗社の他に、三意社、五一劇団、秦腔一団という芸風がまったく異なる三つの劇団が合併・統合して出来たものなので、上演活動に参加する俳優の陣容は雑多な混成部隊といった感じになっている。

（10）この点に関しては、つい最近、三十五才以下の役者を新たに募集する、というネット広告を西安易俗社は出したばかりである。かつてのように、自前の俳優養成組織や提携する演劇学校から若手俳優を確保できないので、オーディションという形で実践経験のある若手（とくに二十代後半から三十代前半くらいまで）を広く社会から集めようとしている。

参考文献

井口淳子（二〇〇九）「声と音による「革命」の表象――農村の曲芸（語り物）を中心に」韓敏（編）『革命の実践と表象――現代中国への人類学的アプローチ』二九―五一頁、風響社。

岩本通弥（二〇〇七）「現代日本の文化政策とその政治資源化――「ふるさと資源」化とフォークロリズム」山下晋司（編）『資源人類学02　資源化する文化』二三九―二七二頁、弘文堂。

上野誠（一九九四）「稽古とその場――「伝承」を考える」松戸市立博物館（編）『松戸市立博物館調査報告書1　千葉県松戸市の三匹獅子舞』一七三―一八六頁、松戸市立博物館。

鵜飼正樹（一九九五）「大衆演劇における芸能身体の形成」福島真人（編）『身体の構築学――社会的学習過程としての身体技法』二九七―三五五頁、ひつじ書房。

太田出（二〇一三）「太湖流域漁民の香頭と賛神歌――非物質文化遺産への登録と創り出された「伝統」」氷上正・千田大介・山下一夫ほか『近現代中国の芸能と社会――皮影戯・京劇・説唱』三一―六三頁、好文出版。

金子守恵（二〇〇七）「手指を使って土器をつくる――エチオピア西南部アリ女性職人による身体技法」菅原和孝（編）『資源人類学09　身体資源の共有』一二五―一五五頁、弘文堂。

川口陽徳（二〇一一）「「文字知」と「わざ言語」――「言葉にできない知」を伝える世界の言葉」生田久美子・北村勝朗（編）『わざ言語――感覚の共有を通しての「学び」へ』一〇一―一三三頁、慶応義塾大学出版会。

小谷竜介（二〇一七）「文化財の多様なまもり方――民俗芸能に引き寄せられた人たちのコミュニティ」飯田卓（編）『文明史のなかの文化遺産』三九―六一頁、臨川書店。

小林康正（一九九五）「伝承の解剖学――その二重性をめぐって」福島真人（編）『身体の構築学――社会的学習過程としての身体技法』二〇七―二六〇頁、ひつじ書房。

清水拓野（二〇〇五）「教育を再文脈化する――身体技法の習得過程からみた演劇学校」山下晋司・福島真人（編）『現代人類学のプラクシス――科学技術時代をみる視座』二六七―二七九頁、有斐閣。

――――（二〇〇六ａ）「演技習得の人類学的エスノグラフィーにむけて――身体技法論からみた中国西安市の秦腔教育」『演劇研究

センター紀要』Ⅵ：一五七―一六八。

――（二〇〇六b）「秦腔の俳優教育からみた中国伝統演劇の世界――演劇をつうじた文化理解のために」朱浩東（編）『観光・環境・共生――比較思想文化論集』一〇九―一二七頁、三一書房。

――（二〇〇七a）「徒弟制教育研究からみた現代中国の伝統演劇教育――秦腔の俳優教育における師弟関係の分析を中心に」『演劇研究センター紀要』Ⅷ：一六三―一七六。

――（二〇〇七b）「中国の伝統演劇にみる芸能教育の未来像――秦腔の俳優教育の「素質」に注目して」朱浩東（編）『人間形成の課題と教育――論集』一四七―一七四頁、三一書房。

――（二〇一〇）「現代中国の「科班」の特徴と展開――陝西地方の三つの民営演劇学校の考察」『中国21』三三：二六三―二八二。

――（二〇一一）「市場経済時代の演劇リーダーたちの挑戦――秦腔の振興活動をとおした文化の継承と発展」朱浩東・今井康雄・清水拓野ほか（編）『教育の情報・協同・共生』一三―二八頁、中山出版。

――（二〇一二）「中国伝統演劇の教授・学習過程の教育人類学的研究――秦腔演劇学校の〝口伝心授〟実践に注目して」『演劇映像学：演劇博物館グローバルCOE紀要』二：一一三―一三三。

――（二〇一四）「翻弄された地方劇――中国の秦腔」『月刊みんぱく』三八（九）：一四―一五。

――（二〇一五）「博物館建設と学校設立にみる伝統演劇界の再編過程――陝西地方・秦腔の事例から」韓敏（編）『中国社会における文化変容の諸相――グローカル化の視点から』一九九―二二四頁、風響社。

――（二〇一六）「文化遺産保護劇団化する百年劇団・西安易俗社の光と影――保護と継承をめぐるある伝統演劇劇団の葛藤」河合洋尚・飯田卓（編）『中国地域の文化遺産――人類学の視点から』国立民族学博物館研究報告一三六：二二五―二四五。

――（二〇一七）「秦腔の俳優教育の広がる教育格差が示唆すること――唱念教育の学校化の特徴と展開に注目して」『地域研究』一七（一）：一一―二一。

周超（周橋訳）（二〇一四）「中国の「無形文化遺産法」」『中国21』三九：一六七―一八〇。

宗ティンティン（二〇一三）「中国無形文化遺産の保存と継承に関する一考察」『貿易風――中部大学国際関係学部論集』八：一二〇―一二四。

白庚勝（二〇〇九）「中国の無形文化遺産保護」独立行政法人　国立文化財機構『第三十回文化財の保存・修復に関する国際研究集会報告書　無形文化遺産の保護――国際的協力と日本の役割』三五―四〇頁、東京文化財研究所　無形文化遺産部。

福岡正太（二〇一五）「無形文化遺産と音楽研究」『月刊みんぱく』三九（二）：一四―一五。

藤田隆則（一九九五）「古典音楽伝承の共同体――能における保存命令と変化の創出」福島真人（編）『身体の構築学――社会的学習

過程としての身体技法』三五七―四一三頁、ひつじ書房。

――――（二〇〇七）「歌舞が儀式的なものとなる機構――西浦田楽に見られる「離脱」と「放置」」菅原和孝（編）『資源人類学09 身体資源の共有』一五七―一八八頁、弘文堂。

松浦恒雄（二〇〇〇）「翳りなき表象――秧歌劇から革命模範劇へ」牧陽一・松浦恒雄・川田進（編）『中国のプロパガンダ芸術 毛沢東様式に見る革命の記憶』一五九―一九五頁、岩波書店。

北京市芸術研究所・上海芸術研究所（組織編著）（一九九九）『中国京劇史』全三巻四冊、中国戯劇出版社。

段金銘（二〇〇四）「培養青年新秀的挙措」西安市芸術研究所（主弁）『西安芸術』第二期、四二―四四頁、陝西恒豊印務包装有限公司。

傅謹（二〇〇二）『新中国戯劇史』湖南美術出版社。

何桑（編著）（二〇一〇）『百年易俗社』太白文芸出版社。

焦文彬・閻敏学（二〇〇五）『中国秦腔』陝西人民出版社。

李珊（二〇一四）「陝西文化体制改革探析」解放軍理工大学政治部（主弁）『学習導刊』第五期、一―三頁、総参政治部主管。

潘哲（一九九八）「陝西省芸術学校簡史」陝西省芸術学校学報『芸園 省芸校二十年校慶特刊』第一期、五―一一頁、内部資料。

祁慶富（二〇〇六）「論非物質文化遺産保護中的伝承及伝承人」西北民族大学（主弁）『西北民族研究』第三期（総第五〇期）、一一四―一二三頁、西北民族大学。

陝西省戯劇志編纂委員会（編）（魚訊主編）（一九九八）『陝西省戯劇志・西安市巻』三秦出版社。

陝西省戯曲学校研究室（編）（一九五九）『長安芸壇発新枝』長安書店出版。

蘇育生（主編）（一九九二）『易俗社八十年 一九一二―一九九二』三秦出版社。

西安市記念易俗社七十周年辨公室（編輯組編選）（一九八二）『西安易俗社七十周年資料匯編』内部資料。

西安市芸術研究所（主弁）（二〇一二）『百年風流 西安易俗社百年華誕記念専刊』第二―四期合刊、陝西恒豊印務包装有限公司。

蕭放（二〇〇八）「関于非物質文化遺産伝承人的認定与保護方式的思考」中山大学中国非物質文化遺産研究中心（主弁）『文化遺産』第一期、一二七―一三二頁、中山大学中国非物質文化遺産研究中心。

張毅（二〇一〇）「陝西以文化体制改革引領文化産業崛起」陝西省企業連合会・陝西省企業家協会（主弁）『現代企業』第一期、一九頁、《現代企業》雑誌社。

甄業・史耀増（編著）（二〇一〇）『秦腔習俗』太白文芸出版社。

中国戯曲志編纂委員会・《中国戯曲志・陝西省》編纂委員会（一九九五）『中国戯曲志・陝西巻』中国ＩＳＢＮ中心出版。

Salz, J. 1998 Why Was Everyone Laughing at Me? Roles of Passage for the Kyogen Child. In J. Singleton (eds.) *Learning in Likely*

*Places: Varieties of Apprenticeship in Japan*, pp. 85–103, Cambridge: Cambridge University Press.

Schechner, R. 2006 *Performance Studies: An Introduction* (Second Edition), New York: Routledge.

Shimizu, T. 2010 Attractive Features and Potential Value of the Chinese Traditional Theater School as a Tourist Spot: A Case Study of the Shaanxi Opera in Xi' an City. In M. Han, and N. Graburn (eds.) *Tourism and Glocalization: Perspectives on East Asian Societies*, pp. 55–75, Osaka: National Museam of Ethnology.

Smith, R. J. 1998 Transmitting Tradition by the Rules: An Anthropological Interpretation of the Iemoto System. In J. Singleton (eds.) *Learning in Likely Places: Varieties of Apprenticeship in Japan*, pp. 23–34, Cambridge: Cambridge University Press.

# 地域文化遺産の継承

日髙真吾

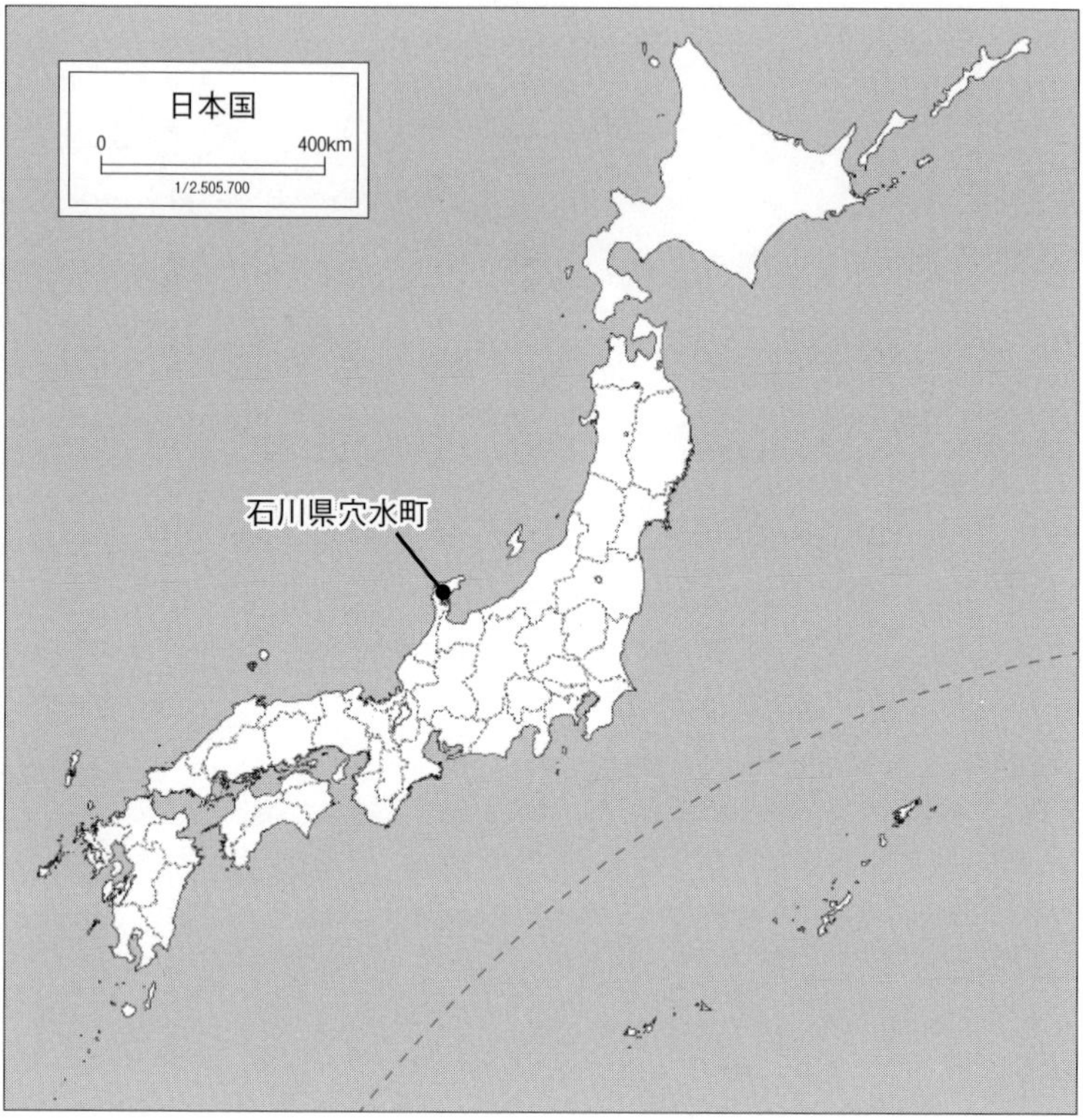
日本国
0
400km
1/2.505.700
石川県穴水町

# はじめに

日本のなかで地域の文化遺産の保護を考える場合、その主体者には地域住民はもちろん、文化行政が大きな役割を果たす場合が多い。これは、一九五〇年に成立した文化財保護法の影響によるところが大きいといえる。現在の日本における文化遺産（法的な呼称は「文化財」）保護活動は、明治期の岡倉天心、フェノロサらを中心とした古社寺の宝物調査に遡ることができる。この活動は、開国以降、強烈に押し寄せる欧米文化が日本人の生活文化に大きな変化をもたらせていくなかで、日本という国がそれまで育んできた文化を再発見する活動であった。そして、その結果、国や地方自治体が国宝や重要文化財、指定文化財という文化財の価値づけをおこない、その保護についても行政が責任をもって実施するという現行の文化財保護法の整備へと受け継がれていった。

このような行政主体の文化遺産の保護制度は、世界に誇ることのできる法律ではないかと考える。しかしながら、わが国では文化遺産護のための法制度を整えていながらも、社会全体を見渡してみると文化そのものへの関心が高いとは言い難い（本書笹原論文を参照）。筆者はその要因として、文化財保護法で取り扱われる文化財は指定文化財のみであると一般に解釈されていることにあるのではないかと考えている。しかし、筆者は、指定文化財のみが文化財であるという立場はとらず、指定されていない数ある文化遺産も含めて文化財と定義する。したがって、文化財保護法のもと、行政は指定、未指定に限らず、あらゆる文化遺産の保護に責任をもってあたるべきと考えている。

以上のことから、本章でも触れることになる災害で被災した文化財のレスキュー活動（以下、文化財レスキュー）においても、指定／未指定に関わらず、行政が文化財保護のための作業に参画することは当然の義務であると考えている（日高 二〇一五）。また、文化財レスキューといえば有形の文化遺産をまず想像しがちだが、有形の文化財を継承する意味を正しく伝えるためには、歴史的な記憶や無形の文化遺産が地域のなかで継承されていくことも重要である（橋本 二〇一七も参照）。さまざまなタイプの文化遺産が総体的に伝えられてこそ、地域文化遺産の継承がはたされるというイメージを筆者は持っている。

本章ではこうした筆者の考えを明らかにするため、今一度、文化財保護法を読み解きなおすとともに、石川県穴水町において筆者がたずさわった有形の指定文化財と無形の記憶の継承について述べる。そのことをとおして、地域文化遺産を継承していくうえでのひとつのモデルを提示したい。

## 一　日本における文化財保護の考えかた

文化財保護法第1章「総則」第1条では、文化財の保存について以下のように記し、文化財を保存し活用していくことの決意表明をしている。

この法律は、文化財を保存し、且つ、その活用を図り、もつて国民の文化的向上に資するとともに、世界文化の進歩に貢献することを目的とする。

また、第1条に続き第2条では、文化財の定義について以下のように示されている。

この法律で「文化財」とは、次に掲げるものをいう。
一　建造物、絵画、彫刻、工芸品、書跡、典籍、古文書その他の有形の文化的所産でわが国にとつて歴史上又は芸術上価値の高いもの（これらのものと一体をなしてその価値を形成している土地その他の物件を含む。）並びに考古資料及びその他の学術上価値の高い歴史資料（以下「有形文化財」という。）

二　演劇、音楽、工芸技術その他の無形の文化的所産でわが国にとつて歴史上又は芸術上価値の高いもの（以下「無形文化財」という。）

三　衣食住、生業、信仰、年中行事等に関する風俗慣習、民俗芸能、民俗技術及びこれらに用いられる衣服、器具、家屋その他の物件でわが国民の生活の推移の理解のため欠くことのできないもの（以下「民俗文化財」という。）

四　貝づか、古墳、都城跡、城跡、旧宅その他の遺跡でわが国にとつて歴史上又は学術上価値の高いもの、庭園、橋梁、峡谷、海浜、山岳その他の名勝地でわが国にとつて芸術上又は観賞上価値の高いもの並びに動物（生息地、繁殖地及び渡来地を含む。）、植物（自生地を含む。）及び地質鉱物（特異な自然の現象の生じている土地を含む。）でわが国にとつて学術上価値の高いもの（以下「記念物」という。）

五　地域における人々の生活又は生業及び当該地域の風土により形成された景観地でわが国民の生活又は生業の理解のため欠くことのできないもの（以下「文化的景観」という。）

六　周囲の環境と一体をなして歴史的風致を形成している伝統的な建造物群で価値の高いもの（以下「伝統的建造物群」という。）

このことから、文化財保護法では、広範囲な文化財群を文化財として認定していることがわかる。さらに第3条では、文化財の保存について政府及び地方公共団体が果たすべき責務を以下のように示している。

政府及び地方公共団体は、文化財がわが国の歴史、文化等の正しい理解のため欠くことのできないものであり、且つ、将来の文化の向上発展の基礎をなすものであることを認識し、その保存が適切に行われるように、周到の注意をもつてこの法律の趣旨の徹底に努めなければならない。

したがって、第1条から第3条からは、わが国の文化財とは、「国の歴史、文化等の正しい理解のため欠くことのできないものであって、将来の文化の向上発展の基礎をなすものであることから、国、地方公共団体によって、その保存が適切に行われるようにしなければならない」と明確にうたわれているのである。ここで注目されるのは、「国の歴史、文化等の正しい理解のため欠くことのできないもの」として、指定／未指定の区別が明記されていないことである。指定についての規定は、第3章「有形文化財」第1節「重要文化財」第1款「指定」の第27条で以下のように定められている。

文部科学大臣は、有形文化財のうち重要なものを重要文化財に指定することができる。

ここでは第2条の有形文化財という文化財群のなかから、重要なものを選んで指定することができるとはじめて明記されている。つまり、まずは「国の歴史、文化等の正しい理解のため欠くことのできないもの」を有形文化財として位置づけたうえで、そのなかから重要なものを指定文化財とするとしているのである。また、そのあとの第3款「保護」の管理又は修理の補助について、第35条に以下のように定められている。

重要文化財の管理又は修理につき多額の経費を要し、重要文化財の所有者又は管理団体がその負担に堪えない場合その他特別の事情がある場合には、政府は、その経費の一部に充てさせるため、重要文化財の所有者又は管理団体に対し補助金を交付することができる。

なお、これらの条項は、民俗文化財についても同様に適用される。第3節「重要文化財及び登録有形文化財以外の有形文化財」第83条によると、重要有形民俗文化財の保護には、第34条の2から第36条まで、第37条第2項から第4項まで、第42条、第46条及び第47条の規定を準用する。

のである。

とされ、重要文化財に準じた補助制度であることを示している。このことから、指定文化財のみを保護するための法律として文化財保護法を解釈する前述の立場は、この補助金制度にだけにとらわれた解釈ではないかと思うのである。

そこで、これらの条文の解釈についてまとめにはいりたい。まず、第1条、第2条を読み解くなかで気づくのは、そもそもこれらの条文をまとめている文化財保護法の総則において、文化財の定義に、指定／未指定という区分は設けられていないということである。また、第3条で国または地方公共団体で責任をもって保存する対象の文化財も指定／未指定を問うていない。つまり、指定／未指定に関係なく「国の歴史、文化等の正しい理解のため欠くことのできないもの」はすべて有形文化財であり、これらの文化財全般を国または地方公共団体の行政は責任をもってその保護に当たらなければならないと書かれているのである。したがって筆者は、文化行政でよくいわれているような、行政が関われる文化財は指定品だけであり、未指定品には関与できないという考え方には賛同できない。指定文化財は、未指定の文化財という比較対象があって初めて重要かどうかの評価、選択ができるものであり、行政が負うべき文化財の責任対象から未指定の文化財を排除してしまっては、もはや指定文化財というものは成り立たないのである。

また、これら文化財の保存活動は、補助金制度を利用した保存修復や保存処理だけではない。文化財の保存活動は日ごろから、地域の文化財を正しく評価し、きちんとした管理をおこなうことではじめて達成されるものであり、文化行政はこの日常の保存活動にも積極的な責任をもたなければならない。だからこそ、災害で地域の文化財が被災した場合、たとえ文化財指定を受けていなくとも、それらは行政によって、保存あるいは管理がおこなわなければならないと考えるのである。

こうした継承方針を念頭に、以下では、法的な用語である文化財に代わって文化遺産という語を積極的に用いたい。ここでいう文化遺産とは、指定を受けた文化財と未指定のものを含んでいるだけでなく、地域生活に根ざしつつも重要なものと意識されてこなかった文化的営みをも含みこんでいる(1)。これまでに指定を受けた文化財のなかには、行政や所有者の管理責任があまりに強調されすぎたため、地域住民のサポートを受けにくくなっているものがあまりに多い。そうした有形の文化財をよりよいかたちで伝えるためにも、意識化されていない「文化遺産」を意識化していくことはぜひとも必要である。そのうえで、地域の活動と行政とが連動しながら文化遺産が継承されていくことが望ましい。

こうした統合的な継承について考察するため、以下では、二〇〇七年の能登半島地震で被災した石川県穴水町指定の「明泉寺台燈籠」を修復する活動をとり上げる。この活動に関わって、地域の人びとの営みや行政が果たす役割について考えてみたい。

## 二　能登半島で被災した明泉寺台燈籠の保存修復の支援活動

### 穴水町指定文化財「明泉寺台燈籠」の保存修復の経緯

石川県穴水町指定文化財「明泉寺台燈籠」は、二〇〇七年三月二十五日に発生した能登半島地震によって倒壊した（写真1）。『平成十九年能登半島地震災害記録史』によると、この地震は以下のようなものだった（石川県二〇〇九）。

二〇〇七年三月二十五日（日）九時四十二分頃、能登半島沖の北緯三十七度十三分、東経一三六度四十一分、深さ約十一キロメートル（輪島市門前町剱地沖合付近）を震源とするマグニチュード六・九の地震である。

この地震によって、石川県能登地方を中心に七尾市、輪島市、穴水町で最大震度六強、志賀町、中能登町、能登町で震度六弱、珠洲市で震度五強、羽咋市、かほく市、宝達志水町で震度五弱を観測したほか、加賀地方でも震度四〜三を観測した。人的被害は、死者一人、重傷者八十八人、軽傷者二五〇人の計三三九人にのぼった。また、住家被害は、全壊六八六棟、半壊一七四〇棟、一部損壊二万六九五六棟の合計二万九三八二棟であり、非住家被害四四七七棟を合わせると、建物被害は合計三万三八五九棟（二〇〇九年三月三日現在）にのぼる被害となった。

写真１　被災後の明泉寺台燈籠（2007年６月13日撮影）

このような大災害の一報を受け、筆者も所属する一般社団法人文化財保存修復学会（以下、保存修復学会）の災害対策調査部会は、現地調査をおこないながら、災害発生直後、現地の被災文化財の対応窓口であった石川県教育委員会と情報交換をおこなっていった。そして、被災文化財の全容が明らかになるなかで、石川県教育委員会の要請に基づき結成された被災文化財の実質的な現地窓口となる「能登歴史資料保全ネットワーク」から、被災した明泉寺台燈籠に対する保存修復設計の支援要請を受け、錆止め処理と損壊箇所の接着をおこなう保存修復の設計書を提出した。それを受け、明泉寺台燈籠の保存処理が二〇〇七年度の穴水町の予算で決定され、本格的な保存修復事業が開始されることとなり、同年十二月に筆者の勤務する国立民族学博物館（以下、民博）に搬入された（中村 二〇一四）。これは、保存修復設計を筆者が担当し、保存修復業務を委託された公益財団法人元興寺文化財研究所とともに、実際の保存修復を実施することになったからである。

ここで、被災文化財の現地窓口から相談を受けた保存修復学会の災害対策調査部会について、簡単に説明を入れておきたい。保存修復学会は、文化財の保存修復を専門とする研究者で構成されており、文化財の保存修復に関連する日本の学会としては最も古く、最大の規模をもつ。保存修復学会の会員らは、都市直下型地震として未曽有の被害をもたらした一九九五年一月十七日の阪神・淡路大震災の際にも、文化庁の呼びかけで結成された「阪神・淡路大震災被災文化財等救援委員会」に多数参加して中心的な役割を果たした。そして、このときの経験をもとに、学会の運営を司る理事会のなかに「災害対策調査部会」を設置したのである（内田 二〇〇〇）。これにより、被災した文化財に対する支援を常に実施できる体制が整えられた。保存修復学会の災害時における主な支援活動は、被災した文化財の修理設計であり、災害対策調査部会は、文化財を所管する被災地の教育委員会と連携を図りながら、文化財の被害状況の情報収集をおこない、被災文化財の被害程度に応じた修理設計を監修している。そのときの活動で前提としているのは、被災地からの支援要請である。このことによって、学会からの一方的な支援活動ではなく、所有者との連携のもとに実施する活動として位置づけられ、両者が責任を共有しながら推進することを目指している。

被災した文化財の保存修復作業は、文化財レスキューでおこなわれる救出・一時保管・応急措置という三つの活動（東北地方太平洋沖地震被災文化財等救援委員会事務 二〇一二）を引き継ぐものである。したがって、応急措置の後におこなわれる保存修復に向けた修理設計の活動は、被災地が自身の力で「被災した文化財」を「元の文化財」へ戻すための活動の第一歩となる。そのため、保存修復学会がおこなっている保存修復設計書の作成は、被災文化財への効果的な支援活動として評価されている。

## 保存修復に伴って実施した明泉寺台燈籠の歴史研究

文化財の保存修復では、さまざまな保存修復の技術を用いて現状以上の劣化を防ぐため、本体の素材とは全く違った材料を用いる場合がある。この際、対象とする文化財の歴史的な背景や劣化に至った経緯を正確に把握せずに保存修復をおこなった場合、その文化財の文化的価値を著しく損ねてしまうこととなる。したがって、文化財の保存修復をおこなう際、その担当者は、対象とする文化財の文化的・歴史的な背景を明らかにしたうえで、保存修復で使用する材料及び修復方法を選択する必要がある。

明泉寺台燈籠の製作地である穴水町中居は、古来、鋳物業が盛んな地域であった。この地域における鋳物業の発生時期はつかみきれないものの、現存する資料は能登中居鋳物館において展示公開されており、最も古いものは室町期のものとされている。これらの手がかりから、保存修復をおこなうにあたって、明泉寺台燈籠の文化的・歴史的な背景を調査することとした。

これらの調査の結果は、二〇一〇年の『民具研究』においてすでに発表しているので、詳細は拙論を参照されたい（日高 二〇一〇）。なお、結果として明泉寺台燈籠は、鋳物産地の中心が中居から隣接する富山県高岡へと移っていくなか、中居鋳物の技術を結集して製作された最高傑作となる大型の作品であること、また、鋳造品としても非常に緻密な構造となっていることなどが明らかになった。

## 明泉寺台燈籠の保存修復作業

明泉寺台燈籠の保存修復作業は、事前調査をおこなったのち、錆止め材料をはじめとする保存修復材料を選定して実施した。最初に損傷程度を把握するため、肉眼による観察が難しい亀裂について、X線透過試験による確認作業をおこなった。この調査は、㈱ムサシと富士フイルム㈱の協力のもと、イメージングプレートを用いておこなった。X線観察の結果、肉眼で観察できる箇所以外に、目には見えない亀裂が多く発生していることを確認した。また、燈籠を鋳造した際に生じる気孔または気泡である鋳巣が多く確認でき、強度を十分にもたないことが明らかになった。そこで、矯正作業等には十分な注意が必要であることを再確認し、作業内容を取りまとめていった。

大きな作業内容は、全体の錆止め作業と、破損したことによって生じた歪みの矯正、欠損箇所の復元というものである（日高ほか 二〇〇八）。

全体の錆止め作業については、これまでの研究成果（日高 二〇〇九）をもとに、酸化しない不乾性油の精製オ

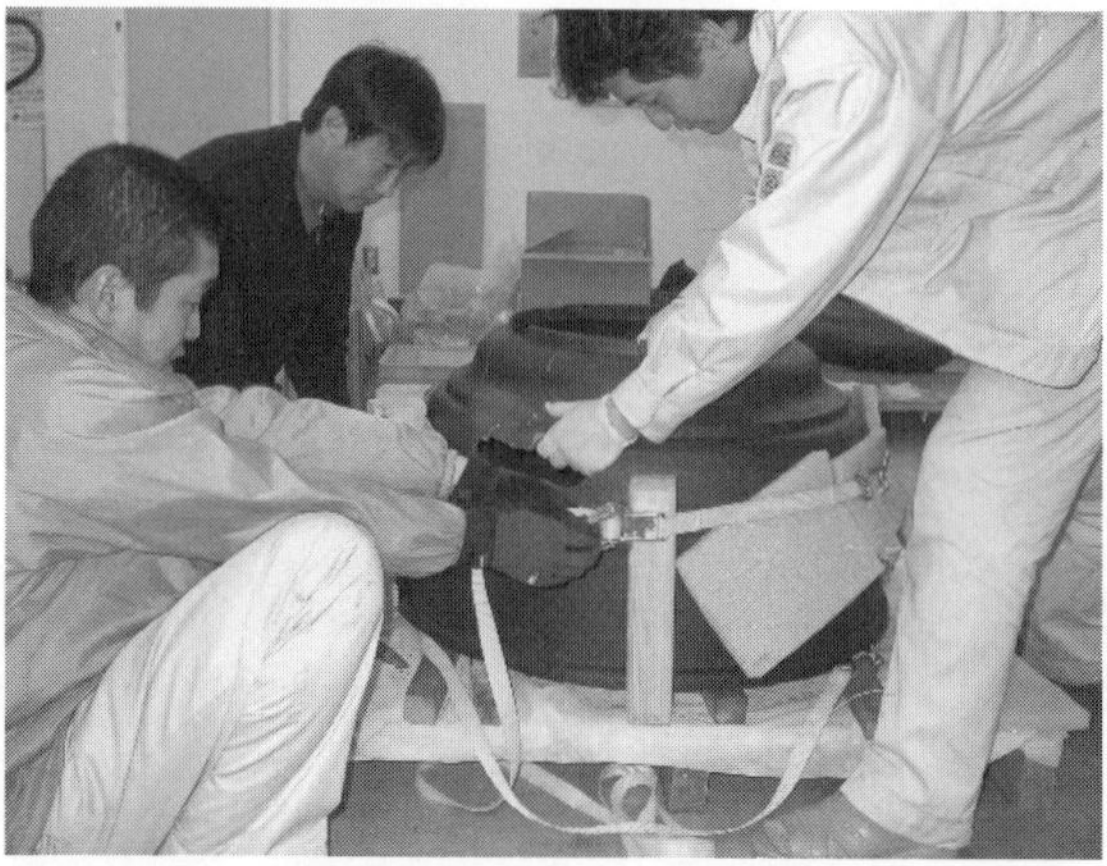

写真２　矯正作業（2008年２月和高智美氏撮影）

写真３　修復後５年後の明泉寺台燈籠（2015年３月和高智美氏撮影）

リーブ油でコーティングすることとした。この錆止め材料の選定には、明泉寺台燈籠が設置されている能登中居鋳物館の立地条件が大きく関係している。能登中居鋳物館は海岸に立地しており、さらに明泉寺台燈籠が置かれているエントランスには大きなガラス窓があるため、直射日光が入りやすい。そこで、明泉寺台燈籠の錆止め処理の効果期間は、通常の博物館で収蔵されている文化財よりも短く、定期的な錆止め処理が必要だと穴水町に伝えた。この案件について穴水町が協議した結果、中居鋳物保存会が定期的処理に協力することとなったため、将来おこなわれる穴水町での作業での安全性を考慮して、錆止め効果のある不乾性油の精製オリーブ油を選択したのである。

次に衝撃によって変形した個所について、荷締機等を用いながら、少しずつ矯正した。鋳物は一度破損すると、その強度が一気に落ちてしまう。したがって、無理に矯正しようとすると大きな破損事故を起こす危険性が高い。このため、矯正作業には三人の作業者が携わり、各々さまざまな角度から観察しながら、慎重に進めた（写真2）。また、欠損箇所はエポキシ樹脂で接着、復元し、最終的にはアクリル系絵具を用いて違和感のないように彩色した。

なお、これらの保存修復の作業では、塩化物イオンが高い保管環境での不乾性油の成分的な安定度が不明で、経年変化によって劣化するおそれもあったことから、明泉寺台燈籠を能登中居鋳物館に返却した後も経過観察を続けている。そして、返却から五年を経た現在（二〇一五年）も、安定した状態であることを確認している（写真3）。

## 三　明泉寺台燈籠の返却に伴って実施した「伝統文化子ども教室」

明泉寺台燈籠は、被災して三年後の二〇一〇年に、所蔵先の能登中居鋳物館に返却することになった。三年間にわたる保存修復事業の間、筆者はほぼ毎月のように穴水町に赴き、返却場所となる能登中居鋳物館の環境調査をおこなった。

このような現地での作業を進めるなか、中居鋳物保存会の方々には懇意にしていただき、さまざまな話をする機会に恵まれた。その際、中居鋳物の歴史的な背景や中居鋳物の文化継承の在り方がよく話題となった。特に、地域の子どもたちに中居鋳物の文化を理解してほしいという保存会の方々の願いは、文化財の保存を考えることを職業とする筆者にとっても大いに共感できるものであった。そこで、「明泉寺台燈籠」の返却にあわせて、地域の子どもたちを対象とした関連ワークショップを穴水町教育委員会とともに実施した。このワークショップでは、中居鋳物の文化について地域の子どもたちに体験を通してわかりやすく理解してもらうことを目的に掲げた。ワークショップのメニューを以下に示す。

・中居鋳物の歴史的な背景を知ることができる紙芝居の読み聞かせ
・中居の集落に残る鋳物を見学する歴史散策
・中居鋳物保存会が継承する「たたら唄」の指導
・中居で鋳造された塩釜が実際に使用されていた揚げ浜式塩田での製塩体験
・鋳物製作の基礎的な知識を得るための講義
・擬似的な鋳物製作体験および実際の鋳物製作の体験

以上、六つのメニューを穴水町教育委員会、中居鋳物保存会とともに整理し、ワークショップ運営のため穴水町教育委員会に全面的なサポート体制を作っていただいた。その際、ワークショップを実現するうえで、いかにして町民の理解を得るのかが議論された。現在、全国の市町村が合併を繰り返していることは周知の通りで、穴水町も例外ではない。穴水町は、明治以降十一の村が合併を繰り返し、一九五二年に穴水町と兜村、住吉村の三つの村が合併して現在の穴水町となった。したがって、能登半島地震復興関連イベントという位置づけで本ワークショップを企画した場合、中居地区のあった旧住吉村以外の自治会組織に対して町がどのように配慮するのかを整理しなければならなかった。この点は、筆者自身が改めて気づかされたことで、行政が実にきめ細かな視点をもつことを実感した。そもそも、地域で育まれた地域文化は、一つの文化事象だけで作られているものではない。複数の文化事象が組み合わさって形成されている。さらに、ひとつの地方自治体が取り扱う地域文化を改めて見直すと、複数の地域文化が存在していることに気づく。当然、行政には、これら複数の地域文化のすべてに配慮しながらその保護活動を展開することが求められるのである。筆者は、改めてこのことに気づいたとき、地方自治体が地域文化を保護することの難しさを実感した。この点を解決するため、ワークショップへの参加の呼びかけは穴水町全体に対しておこない、ワークショップの拠点は旧中居村に設置されている能登中居鋳物館として、準備を進めることとした。

次の課題は、イベント開催のための予算獲得である。地方自治体が単独で市民参加型の事業をおこなう場合、実現には多大な経費がかかることはいうまでもない。補助金をはじめ、少しでも多くの協力を得なければ、このようなイベントを実現することはできない。今回は、補助金を獲得しながら研究を進めている筆者の経験を活かすことができた。いくつかの補助金の情報を収集した筆者は、穴水町教育委員会と協力しながら申請書の記入内容や提出の時期などを協議し、補助金獲得に向けた準備を進めていった。そこで、本企画の主旨にあうものとして、当時、文化庁が公募していた「伝統文化子ども教室事業」（以下、「伝統文化子ども教室」）に応募することとした。「伝統文化子ども教室」とは、次代を担う子どもたちに対し、土曜日、日曜日などに学校や文化施設等を活用し、民俗芸能、工芸技術、邦楽、日本舞踊、武道、茶道、華道などの伝統文化に関する活動を、計画的、継続的に体験・修得できる機会を提供することを目的とした事業である（この事業は、二〇一〇年度をもって終了した）。応募の結果、助成金を受けられることとなり、二〇一〇（平成二十二）年度事業として伝統文化子ども教室「能登中居鋳物こども教室」と題し、実施することとなったのである。

## 伝統文化子ども教室「能登中居鋳物こども教室」の活動

二〇一〇年度に実施した「能登中居鋳物こども教室」は、夏休み前から十一月初旬にかけての土曜日と日曜日を中心に、十二回にわたり開催した。以下、当時の日報から簡単にその概要をまとめる。

第一回目のワークショップは、七月四日に穴水町住吉公民館、および能登中居鋳物館で開催した。参加者は十七名。穴水町に伝わる「中居の福鬼」と「間衛門騒動」という民話の紙芝居を読み聞かせ、子どもたちに馴染みのある地名を織り混ぜながら、中居が鋳物の産地であったことを理解してもらった。

第二回目のワークショップは、七月三十一日に穴水町中居地区と中居南地区で開催した。参加者は十六名。中居地区から中居南地区に到る「さとりの道」を散策し、散策路沿いの寺社をめぐりながら、中居鋳物の梵鐘や燈籠を見学し、実物の中居鋳物の作品に触れ合った。

第三回目のワークショップは、第二回目のワークショップ「さとりの道」散策終了後に実施し、穴水町住吉公民館と能登中居鋳物館で開催した。参加者は十七名。融点が摂氏一五〇度の低融点合金アロイを用いた化石のレプリカ製作をおこない、鋳物の製作工程を疑似体験することにより、型を取り、金属を流し込むという鋳物の基本的な工程についての理解をうながした。

第四回目のワークショップは、八月四日に珠洲市の奥能登塩田村で開催した（写真4）。参加者は十七名。中居で江戸時代から塩釜が造られ、能登一円に貸し出されてきたことや、塩作りの工程について学んだ。

第五回目のワークショップは、第四回目のワークショップ終了後に引続き、奥能登塩田村で開催した。参加者は十七名。奥能登で江戸時代に盛んにおこなわれていた揚げ浜式製塩について、塩汲みから塩釜による煮沸、実際に塩を得るまでの製塩工程を実体験した。このことによって、中居鋳物と製塩業との密接な関係について体験した。

第六回目のワークショップは、十月四日に穴水町住吉公民館、および能登中居鋳物館で開催した。参加者は十八名。大阪府枚方市にある旧田中家鋳物民俗資料館学芸員の武知邦博氏を講師として招へいし、鋳物の種類についてアニメーションの映像から学んだ。

写真４　製塩ワークショップ（2010年８月４日撮影）

第七回目のワークショップは、十月十六日に穴水町住吉公民館、および能登中居鋳物館で開催した。参加者は十七名。富山県高岡市にある地場産業センターの協力を得て、高岡市在住の鋳物工芸家の中村喜久雄氏を講師として招へいし、砂型を利用したスズ製のブレスレット作りをとおして鋳物製作を体験した。

第八回目と第九回目のワークショップは、十月二十七日と十月二十九日に穴水町立向洋小学校で開催した。参加者は両日とも十九名。中居民謡保存会が穴水町無形民俗文化財「中居タタラ唄」の指導をおこない、中居鋳物の製作過程で歌われていた作業唄を習得した。

第十回目のワークショップは十月三十日に穴水町住吉公民館、および能登中居鋳物館で開催した。参加者は十八名。能登中居鋳物館の見学のあと、第三回、第四回ワークショップで製作した化石のレプリカや、第七回ワークショップで製作した鋳物のブレスレットを展示する準備をおこなった。

第十一回目のワークショップは、十月三十一日に能登中居鋳物館で開催した。参加者は十八名。前日の第十回目のワークショップで準備した化石のレプリカや鋳物のブレスレット、「能登中居鋳物こども教室」の事業紹介のパネルを展示した。

第十二回目のワークショップは十一月三日にのとふれあいセンター、能登中居鋳物館で開催した。参加者は十九名。能登中居鋳物保存会の指導のもと、穴水町文化祭に参加して、第八回と第九回のワークショップで習得した穴水町無形民俗文化財「中居タタラ唄」を披露した。また、住吉公民文化祭に第三回、第四回ワークショップで製作した化石のレプリカや、第七回ワークショップで製作した鋳物のブレスレットを出展した。

## 伝統文化子ども教室「能登中居鋳物こども教室」を振り返って

明泉寺台燈籠の返却にともなうワークショップとして「能登中居鋳物こども教室」を企画した際、筆者がその対象を「子ども」としたのは、過去の地域文化を未来にむけて継承する担い手だからである。明泉寺台燈籠を生み出した中居鋳物という産業は、大正時代に廃絶し、もはや、明泉寺台燈籠をはじめとする過去の作品からしかその痕跡を感じることができない。しかし、中居鋳物で培われた技術はその後、左官業へと受け継がれている。したがって、中居鋳物の技術は、完全になくなったのではなく、違う形として生まれ変わったともいえるのである。このような変遷は、そこにくらす人びとの「生活文化」の継承という観点から、簡単に忘れ去られてはならないだろう。むしろ、緩やかな時間軸で生じた未来志向型の文化変遷として、積極的に評価されてもいいのではないかと考えるのである。

一方、災害という地域の文化や生活そのものを一気に破壊してしまう事態に際しては、そこで生じる文化の変化に注意しなければならない。過去の経緯を無視した生活の場の創出は、なんらかの矛盾を引き起こすことを、筆者たちはこれまでの経験からすでに体験してきた。だからこそ、地域に根差す博物館は、その地域の歴史を表現する記憶装置として、その地域で連綿と受け継がれてきた文化を伝える役割があると考えるのである。このような観点から、能登半島地震では、筆者は外からの支援者として、「能登中居鋳物館」という記憶装置を介しながら、これから地域を担っていく子どもたちに、中居の文化について体験してもらい、三年をかけて修復した明泉寺台燈籠を地域文化の象徴として、あるいは能登半島地震の記憶装置として受け継いでもらいたいという願いを込め、活動を展開したのである。

## おわりに

本章では、能登半島地震で被災した穴水町指定文化財「明泉寺台燈籠」の保存修復の支援活動を通して、行政と地域文化遺産との保護活動の関係について概観してきた。その結果、地域文化遺産を継承するためには、行政だけ、あるいは地域住民だけでは成立しないという現実が浮き彫りになったと考える。

被災した明泉寺台燈籠は、穴水町の指定文化財だったからこそ、その修復費用が早急に予算化され、理想的な流れのなかで保存修復の支援活動がおこなわれていったといえる。しかし、その保存修復活動のきっかけを作ったのは紛れもなく、地域住民のメンバーで構成される中居鋳物保存会であり、彼らの熱心な要請がなければ、穴水町という行政を動かすことができなかったであろう。一方で、町民からの要請を受けた穴水町は、穴水町教育委員会を中心として、被災した明泉寺台燈籠の修復活動を進めていった。そして、保存修復学会への支援要請や民博との共同研究を進めることで、その修復作業を実現化させた。そして最終的に、中居鋳物保存会、穴水町、民博の三者が協力し、国の支援を受けながら「能登中居鋳物こども教室」を実現し、その成果を町民に還元することができたのである。

「はじめに」でも述べたように、日本の文化財保護法は、世界に誇れる制度である。しかし、この制度は、使いこなさなければその素晴らしさを発揮できない。それを使いこなすには、地域住民や行政が自身の文化に対して誇りをもち、地域の文化遺産を保護する主体として、次に伝えていく雰囲気を醸成することが重要である。そして、筆者らのような支援者は、文化財保護法との向きあい方を示して情報提供をおこない、ときには地域住民と行政との仲介役としての役割を果たせると考える（橋本 二〇一七も参照）。

それでは、地域が自身の文化に価値を見出し、継承していく雰囲気を醸成するには、どのような視点が必要となるのだろうか。その視点について考える場合、地域文化とはどういうものかという点について、被災文化財の支援活動を通して考えてきたことを整理してみたい。

地域文化とは、歴史的な時間の流れで常に変化していくものだと筆者は捉えている。この変化は、時間が経過していくなかで、地域の人びとによって評価されることもあれば、評価されないこともあると認識している。そして、今を生きる人びとは、これまでの変化を評価したり否定したりしながら、今の生活環境を整えていく（竹中 二〇一七）。このような地域文化の変化は、博物館という施設でも感じる場合があるだろうし、さまざまな世代が結束する地域の祭礼や芸能などの場で体感する場合もある。しかし、災害は、長い時間をかけて緩やかな変化を遂げてきた「今」という生活の場を一瞬にして破壊し、さらには取り返しがつかないほど文化破壊を招く危険性を孕んでいる。筆者は、このことに一体どれだけの人が気づいているのだろうかと不安になる。災害後の復旧作業で、ガスや電気、水道のインフラが整えば、次の復興に踏み出せる。その後、寝食できる住宅が再建できれば、そこでくらしていける環境は整う。しかしながら、それだけで、災害からの復興が完了したといえるのだろうか。本当に豊かな社会が創出できているのだろうか。筆者はそうは思わない。災害から復興していくには、今まさに再建しようとしているくらしの場が、どのような歴史的な変遷を経ながら、今日に至ったのかということを正しく認識する機会が設けられることではないだろうかと考える。そして、その地域文化の変遷を正しく認識する主体は、これからその地域でくらしていく、あるいは地域を支える人びとだと考える。

災害からの復興過程で何より怖いのは、復興という名のもとに、これまで培われてきた地域文化の変遷を無視した新しい生活空間を創出させてしまうことである。人がそこに住みはじめ、長い時間をかけて作った生活環境は、その土地の自然に適合しながら成熟してきた文化をも孕んでいる。したがって、そのような長い時間の経過のなかでは、その土地の自然に適応するために、人びとは幾度となく失敗を繰り返しながら、そこに住んできたのである。災害後、新しく作られる生活空間に、このような経験が生かされないということは、再び過去の過ちを犯してしまうことになりかねない。その場合、この過ちの責任は、誰がとるというのだろうか。おそらく誰もとれまい。だからこそ、地域に根差した文化の保護を考え続けることは重要であり、そこに地域住民と行政の良好な協力関係が必要となるのである。さらにそこに支援者という仲介者が加わることで、地域文化の保護活動はより充実したものに鍛え上げられるのではないかと考える。このことは、災害時に限らず、実は平常時でも同じなのだと、文化行政はしっかりと自覚しておかなければなるまい。そして、何よりもこの点を地域住民が気付くことができるよう、さまざまな場や機会を作り出す実践が必要なのである。

このような視点から、本章では、外からの支援者としての筆者が「能登中居鋳物館」という記憶装置を介しながら、中居の文化を担っていく子どもたちにそれを体験してもらう機会として、「能登中居鋳物子ども教室」を企画した。本章で示したような地域住民、行政、支援者から成るコミュニティが、日本型の地域文化遺産の保護モデルを構築できる実践集団になるのではないかと考えている。

謝辞

本章執筆に当たり、穴水町教育委員会の岡本伊佐夫氏には全面的な協力をいただいた。また、執筆に当たっては、文化創造巧芸の和髙智美氏に修復記録の再整理等の協力いただいた。ここに記して謝意を表する。

（1）おそらく同じ理由により、文化庁などの行政機関も文化遺産の語を近年よく使っている。「文化遺産を活かした地域活性化事業」「日本遺産」などがその例である（巻頭の略号など一覧を参照）。

参考文献

石川県（編）（二〇〇九）『平成十九年能登半島地震災害記録史』石川県。

内田俊秀（二〇〇〇）「被災状況と文化財救出活動」文化財保存修復学会（編）『文化財は守れるのか――阪神・淡路大震災の検証』四―一八頁、クバプロ。

竹中宏子（二〇一七）「遺産を担う変わり者――スペイン・ガリシアの古城をめぐるM氏とアソシエーション」飯田卓（編）『文明史のなかの文化遺産』二八三―三〇七頁、臨川書店。

東北地方太平洋沖地震被災文化財等救援委員会事務局（編）（二〇一二）「東北地方太平洋沖地震被災文化財等救援事業（文化財等レスキュー事業）実施要項」『東北地方太平洋沖地震被災文化財等救援委員会平成23年度報告書』二六七―二六八頁、東北地方太平洋沖地震被災文化財等救援委員会事務局。

中村晋也（二〇一四）「能登半島自身における文化財保存修復学会の活動」『文化財保存修復学会第36回大会要旨集』三一七頁、文化財保存修復学会。

橋本裕之（二〇一七）「蝿としての研究者――無形文化遺産におけるよそ者の役割」飯田卓（編）『文明史のなかの文化遺産』三三七―三六三頁、臨川書店。

日高真吾（二〇〇九）「民俗文化財の防錆処理に用いる不乾性油の可能性」『近畿民具』三一／三二：三五―四六。

――――（二〇一〇）「被災した民俗文化財「明泉寺燈籠」の研究」『民具研究』一四一：四―一五。

日高真吾・園田直子・和高智美・内田俊秀・村上隆・森田稔・村田忠繁・中村晋也・岡本伊佐夫・下野聖・雨森久晃・川本耕三・尾崎誠（二〇〇八）「被災文化財の保存処理事例一――穴水町指定「明泉寺燈籠」を対象に」『文化財保存修復学会第三十回記念大会研究発表要旨集』七二―七三頁、文化財保存修復学会。

# おわりに

本書では、文化遺産がはらむさまざまな問題をできるだけ広くカバーしようと努めたが、網羅的というにはほど遠いかもしれない。しかし、担い手の視点を加えることで見えてきた部分が少なくないことも自負している。全体を見渡してみて、次の点を最後に強調しておきたい。

第一に、建造物や遺跡といった旧来の文化遺産だけでなく、芸能や祭事、はては知識や慣習といった無形のものまでが文化遺産と呼ばれるようになった結果、普遍的な基準だけでそれらの価値を測ることがますますむずかしくなってきており、担い手自身の価値観を理解して評価しなければならなくなってきている。こうした流れのなかでは、フィールド研究にもとづくモノグラフも参照される傾向が出てきており、実務と研究の垣根は低くなってくるであろう。

第二に、有形と無形という区別は便宜的なもので、有形の文化遺産でも人びとの営みに支えられることがあるし、無形の文化遺産でも物質的なよりどころがないわけではない。有形の要素と無形の要素は複雑に結びつきあいながらその文化的所産を支えているのであり、世代間の継承もそのことを意識しておこなう必要がある。このことは、第三点で述べる性質とともに、無形の要素をもつあたらしいタイプの文化遺産の性格をわかりにくくしている理由のひとつであろう。無形の要素が関わることによって、文化遺産を保護するためには、たんなる物理的修復にとどまらない社会的な側面までを含めて考慮する必要がある。

第三に、担い手自身の価値観は変わりやすい性質があり、また無形の文化的営みも物質的なよりどころが絶対的ではないため、反復されるたび徐々に変化していく。このことをふまえれば、とりわけ無形の側面を強くもつ文化的営みの場合、変わりながらうけ継がれていくことは自然である。むしろ留意すべき点は、その文化的価値が経済的価値に完全におき換わった結果よそ者に継承を委ねるようにしないこと、そして、次の世代が無理なく継承できるようにすることである。

第四に、遠隔地のコミュニケーションが容易となったこんにちのグローバル化社会では、担い手の価値観が誤解されて不当な評価を受けることも覚悟しなければならない。それを避けるためには、異なる価値観を持つ者たちのあいだでコミュニケーションを進展させるよう努力し、ときには文化行政もそれを支援していく体制が望ましい。

第五に、できれば文化行政は、担い手を尊重するしくみを整え、問題が生じればすぐに支援できるような体制づくりをしていくのが望ましい。日本でもそのためのさまざまな制度が存在するが、担い手自身がその「使いかた」に通じていないことが少なくない。この問題を解決するには、やはりさまざまな回路を通じたコミュニケーションに頼るほかはなく、担い手たちだけで解決するには限界があることを意識しておいたほうがよい。

第六に、担い手自身によってさまざまな文化遺産が認められるようになったこんにち、身近な文化遺産（とみなしうるもの）を共有するというかたちで文化運動をくり広げることが可能になりつつある。異なる価値観に対する寛容という原則を地球市民ひとりひとりが守るようにすれば、文化行政に頼らず立ちあがる草の根からの文化運動がくらしを豊かにしていく可能性がおおいにある。とはいえ、文化遺産がなんらかの価値に結びついている以上、さまざまな意味での競合は現段階では避けられない。たんなる自己の主張に終わらせるのではなく、高い理想をもってこうした文化運動に多くの人たちが参加することが期待される。

本書に収録した各論文は、国立民族学博物館の機関研究「文化遺産の人類学――グローバル・システムにおけるコミュニティとマテリアリティ」の研究期間（二〇一三―一五年度）中に実施したさまざまな集会での研究発表をもとにしている。とりわけ重要な発表機会となったのは、国際シンポジウム「文化遺産はコミュニティをかたどるか？――アフリカの事例から」（二〇一三年五月二十七日―二十八日）、公開フォーラム「文化遺産の人類学」

（二〇一四年十一月八日）、国際フォーラム「中国地域の文化遺産――人類学の視点から」（二〇一五年一月二十四日―二十五日）、および国際シンポジウム「無形文化遺産の継承における『オーセンティックな変更・変容』」である。このため、寄稿者すべてが一堂に会して議論をおこなったわけではない。また、それぞれの研究集会には個別の討議課題があったため、上記の問題意識だけが議論されていたわけではない。しかし、すべての研究集会は、発表者がフィールド調査で得た一次資料を共有しながら議論を進めた点で共通しており、各発表は、文化人類学と文化遺産との関係を帰納的に考察するために貴重な素材を提供していた。このため、研究集会とは異なる文脈において各発表を配列しなおし、あらたな研究分野の胎動を示すことも可能だと判断した。

こうした個別での意思疎通が可能だった背景として、行政が文化遺産の担い手に着目するようになっているにもかかわらず、個々の研究者がフィールドで出会ったことがらが行政はおろか現場に近い実務者にも知られていないという現実がある。本書の書き手たちは、自分たちが見聞きした情報が然るべきかたちで共有されていないことにある種の歯痒さを感じ、発表や執筆に臨んだ。その結果、論者によっては現状に批判的な態度を露わにしているが、このことは、それだけ行政の関心と論者の関心が大きく重なっていることを示している。文化人類学者と行政担当者の協業がどこまで可能かはわからないが、文化人類学者が向きあうべきもうひとつの「フィールド」がたち現れつつあることは確かだろう。今後の文化人類学と文化遺産学（ヘリテイジ・スタディーズ）とのあゆみ寄りを期待したい。

本書では、文化遺産学全般に文化人類学的な視点を導入するうえで効果的と思われる諸論考をとり上げた。文化人類学の分野において文化遺産という対象をあつかうことの意義に関しては、本書と並行して準備している姉妹編『文明史のなかの文化遺産』で詳しく論じている。この本も本書と同じく、四つの研究集会での研究発表をもとに構成されている。併せてお読みいただければ幸いである。

本書を刊行するにあたっては、臨川書店の工藤健太氏に企画の段階から相談に乗っていただき、本書を実現にまで導いていただいた。記してお礼申しあげる。

## 編者・執筆者紹介（五十音順）

［編 者］

飯田 卓（イイダ タク）

国立民族学博物館准教授。専門：生態人類学、漁民研究。『身をもって知る技法――マダガスカルの漁師に学ぶ』（臨川書店 2014）、『海を生きる技術と知識の民族誌――マダガスカル漁撈社会の生態人類学』（世界思想社 2008）

［執筆者］

阿部朋恒（アベ トモヒサ）

首都大学東京大学院人文科学研究科・博士後期課程。専門：社会人類学。「雲南省ハニ族の村で暮らす――文化（社会）人類学のフィールドワーク」『東北学』6号（はる書房 2015）、「網の上の社交場――中国雲南省の焼烤（シャオカオ）」『季刊民族学』39号3巻（千里文化財団 2015）

岩崎まさみ（イワサキ マサミ）

北海学園大学教授。専門：文化人類学。"Tasty Tonoto and Not-so-tasty Tonoto: Fostering Traditional Food Culture among Ainu people in Saru River Region." In *Indigenous Peoples' Food Systems and Well-being: Interventions and Policies for Healthy Communities* (Food and Agriculture Organization of the United Nations and Centre for Indigenous Peoples' Nutrition and Environment 2013)、『人間と環境と文化――クジラを軸にした一考察』（清水弘文堂書房 2005）

兼重 努（カネシゲ ツトム）

滋賀医科大学教授。専門：文化人類学、中国少数民族研究。「文化資源としての民間文芸――トン族の演劇『秦娘梅』の事例から」『中国の民族文化資源 南部地域の分析から』（風響社 2014）、『功徳の観念と積徳行の地域間比較研究』京都大学CIAS（地域研究統合情報センター）Discussion Paper Series No.33（共編著、京都大学 2013）

川瀬 慈（カワセ イツシ）

国立民族学博物館准教授。専門：映像人類学、アフリカ研究。『フィールド映像術』（共編著、古今書院 2015）、『アフリカン・ポップス！――文化人類学からみる魅惑の音楽世界』（共編著、明石書店 2015）

才津祐美子（サイツ ユミコ）

長崎大学多文化社会学部准教授。専門：民俗学、文化人類学。「日本における文化的景観保護制度の展開と課題」『世界遺産時代の民俗学――グローバル・スタンダードの受容をめぐる日韓比較』（風響社 2013）、「世界遺産という『冠』の代価と住民の葛藤――『白川郷』の事例から」『ふるさと資源化と民俗学』（吉川弘文館 2007）

笹原亮二（ササハラ　リョウジ）

国立民族学博物館教授。専門：民俗学、民俗芸能研究。『造り物の文化史――歴史・民族・多様性』（共編著、勉誠出版 2014）、『三匹獅子舞の研究』（思文閣出版 2003）

清水拓野（シミズ　タクヤ）

関西国際大学教育学部准教授。専門：文化人類学、教育人類学。『教育の情報・協同・共生』（共編著、中山出版 2011）、“Attractive Features and Potential Value of the Chinese Traditional Theater School as a Tourist Spot：A case Study of the Shaauxi Opera in Xi’ an City.” In *Tourism and Glocalization: Perspectives on East Asian Societies*（National Museum of Ethnology 2010）

菅　豊（スガ　ユタカ）

東京大学東洋文化研究所教授。専門：民俗学。『「新しい野の学問」の時代へ――知識生産と社会実践をつなぐために』（岩波書店 2013）、『川は誰のものか――人と環境の民俗学』歴史文化ライブラリー（吉川弘文館 2006）

高倉健一（タカクラ　ケンイチ）

葛飾区役所区史編さん専門員。専門：文化人類学、比較文化学。「世界遺産制度の問題点に関する一考察」『比較民俗研究』28（比較民俗研究会 2013）、「世界遺産保護における住民による主体的活動の重要性について」『年報 非文字資料研究』 7 （神奈川大学非文字資料研究センター 2011）

長谷川　清（ハセガワ　キヨシ）

文教大学文学部教授。専門：文化人類学、現代中国社会論（少数民族文化研究）。「〈森林〉の資源化と精霊祭祀のゆくえ――西双版納における「生態文化」のポリティクス」『民族文化資源とポリティクス――中国南部の分析から』（風響社 2016）、「『貝葉文化』と観光開発――西双版納における上座仏教の資源化と文化的再編」『中国の民族文化資源――南部地域の分析から』（風響社 2014）

日高真吾（ヒダカ　シンゴ）

国立民族学博物館准教授。専門：保存科学。『災害と文化財――ある文化財科学者の視点から』（千里文化財団 2015）、『記憶をつなぐ――津波災害と文化遺産』（編著、千里文化財団 2012）

俵木　悟（ヒョウキ　サトル）

成城大学文芸学部准教授。専門：民俗学、民俗芸能研究。「華麗なる祭り」『日本の民俗 9　祭りの快楽』（吉川弘文館 2009）、『民俗小事典 神事と芸能』（共編著、吉川弘文館 2010）

# 索　引

## あ行



## か行



## さ行

## た行



## は行



## ま、や行

文化遺産と生きる

二〇一七年五月三十一日　初版発行

編　者　飯　田　　卓
発行者　片　岡　　敦
印刷製本　亜細亜印刷株式会社

606-8204　京都市左京区田中下柳町八番地
発行所　株式会社　臨　川　書　店
電話(〇七五)　七二一-七一一一
郵便振替　〇一〇七〇-二-八〇〇

落丁本・乱丁本はお取替えいたします
定価はカバーに表示してあります

ISBN 978-4-653-04361-4　C0036